叢書・ウニベルシタス　910

フロイトの伝説

サミュエル・ウェーバー
前田悠希 訳

解題協力＝港道 隆

法政大学出版局

THE LEGEND OF FREUD, expanded edition by Samuel Weber
Copyright ©1982, 2000 by the Board of Trustees of the Leland
Stanford Junior University
All rights reserved

Translated and published by arrangement with Stanford University Press
through The English Agency (Japan) Ltd.

ジャック・デリダに
　　敬愛と友情をこめて

目　次

序　文　*1*

第Ⅰ部　取り置かれた精神分析　*7*

わが道を行く　*9*

ナルシシズムの問題　*18*

観察，記述，比喩言語　*32*

取り置かれたメタ心理学　*57*

一次および二次過程
抑圧
不安

第Ⅱ部　余　部　*101*

葉状体の意味作用　*103*

機知——子どもの遊び　*132*

毛むくじゃらの犬の物語　*156*

第Ⅲ部　ラヴ・ストーリー　*185*

分析家の欲望——遊びの中の思弁　*187*

The *Fort*！　*210*

v

思弁──差異を発する方法　*225*

余談，あるいは悪意の瞬間についての注記　*257*

不気味な思考　*303*
 二つの注記……
 身を投げる──『砂男』
 不気味な生起

解題にかえて──往復書簡　*355*

訳者あとがき　*387*

格闘の最中に息が切れそうになった時，僕は天使に思いとどまるよう懇願しました。そして天使はそれ以来そうしてくれています。しかし僕は，それ以来明らかにびっこをひいていますが，強者ではありませんでした。
　——S. フロイト『フロイト　フリースへの手紙 1887-1904』

序文

　「著者とは何か？」という論文の中でミシェル・フーコーは，科学の研究分野の定礎と，彼が言説実践と呼ぶものの創立とを区別している。「科学性の場合には」と彼は書いているが，「定礎する行為は将来の変容と同じ歩調をとる。すなわち，定礎行為はそれが可能にする様々な修正の集合の一部をなすということだ」。研究分野の定礎者は明らかに定義された空間を確立し，その内部で，あるいはそれとの関連で，彼の継承者が働き，教義の内在的な含意を展開し，「知識の現行形態」との類比を「再発見し」，定礎する言説を「まったく新たな領域へと」移送する。フーコーが「再活性化」と称する過程である。言説実践の場合はしかし，根本的に異なっている。

> 言説実践の創立は……後の発展や変容に影を投げかけるが，必然的にそれから分離している。回帰があるためには……まずは忘却があったのでなければならない。偶然の忘却ではない。何らかの無理解による隠蔽ではない。本質的で構成的な忘却である。実際，創立行為とはその本質において，忘却されずにいることはできない類のものである。……忘却の錠は，問題の言説性に外部から付け加えられたのではない。錠に自己の法を与えるのは言説性である。……加えて回帰は常に，テクストそれ自体への回帰である。テクストの中の窪みとして，その不在と欠落状態で記されているものへの特殊な注目をもってである。われわれは忘却が覆い，虚偽の，あるいは誤った充実が覆い隠した特定の空虚に回帰するのだ [1]。

---

(1) M. Foucault, "What is an Author ?" reprinted in: *Language, Counter-Memory,*

フーコーは，言説実践の創立者の例としてマルクスとフロイトを名指しているが，夢の解釈についてのフロイトの指摘をパラフレーズした可能性がある。フロイトが教えたように夢を解釈し，何であれ無意識の他の分節表出を解釈することは，単に歪曲された entstellt だけでなく，「虚偽の，あるいは誤った充実」という見え姿を生み出すことによって自らの歪曲作用を歪曲するテクストに「回帰する」ことである。そうした「回帰」はさらに，この歪曲を，その中に参与し，それらを反復することによってしか，つまりそれらを変容させることによってしか暴くことができない。

そうした自己 - 隠蔽する歪曲が長い間，フロイト精神分析の特権的対象だと認められてきたとしても，この領域が精神分析の言説そのものの機能を包含するまでに拡張されてきたのはやっと最近になってのことである。ジャック・ラカンとジャック・デリダの著作は，単に精神分析の概念とカテゴリーを一個人であるフロイトの著作に当てはめ，それによって精神分析の創立者の精神分析を行うことによってではなく，無意識の葛藤的な力動から意識の機能を引き出す中で，理論が伝統的に依存してきた認知と真理の概念を脱臼させる〔dislocate〕以外にない理論の問題を立てることによって，フロイトの言説そのものの地位を問いに付したのである。

したがって課されてくる問い，そして本書が取り組もうとする問いは，精神分析的思考そのものが，自らが思考しようと努力するものの効果から逃れうるのかというものである。無意識過程の破壊的な歪曲は，理論上は単純にある対象として認識されうるのか，あるいはそれらは理論的客観化そのものの過程にその痕跡を残すのではないか？　精神分析的思考そのものは，それが記述しようとする脱

Practice, ed. Donald F. Bouchard, Ithaca, NY, 1980, pp.133-135.〔本訳書では次のものを参照した。Michel Foucault, *Dits et Écrits 1954-1988* I, Gallimard, 1994, pp.806-808;「作者とは何か？」，『ミシェル・フーコー思考集成 III』蓮實重彥・渡辺守章監訳，筑摩書房，1999 年，pp.245-247.〕

臼——反復——を分かち合わなければならないのではないか？

　この問いに取り組むことは，フーコーが述べた意味においてフロイトのテクストに「回帰する」ことである。というのは，精神分析的思考が自ら記述するものに参入するとすれば，フロイトの著作が決して唯一のものではないにせよ，その参入の，あるいはむしろその闘争の特権的なシナリオを含んでいるからだ。無意識の理論を構築するという試みは不可避に，意味の入念な脱臼を伴う過程から意味作用を捻じ曲げようとする闘争を引き起こすからだ。私が辿り直そうとしたのはこの闘争のマークであり，その烙印である。そうする中で，私にはフロイトが書いたドイツ語に立ち戻る以外に方法はなかった——けれどもそれは喜びでもあった！　フロイトのドイツ語が，もちろんそれは真実ではあるが，彼のもともとの意図により近いからではなく，むしろそのもともとの意図の脱臼が不可避に，同じものの反復として自らを想い描くいかなる翻訳からも逃れざるをえない形で，図像的にそこに書き込まれているからである。そして翻訳が同じものの反復であるというこの発想は間違いなく，「オリジナル」テクストが何について話しているのか，または少なくともそれが何を言わんとしているのかを知っているのを前提するスタンダード・エディションの基準を形成している。そうした前提がほとんど常に「理論的」あるいは「認知的」な書物の翻訳をいているとしても，その前提の自明性は，とりわけ言語に，主体が意識的に言うつもりであることとは何か異なることを言うのを強いる力の遍在性を証明することに関与する言説の場合には大幅に低い[(2)]。フロ

---

(2)　これらの注記は，フロイトを英語圏の世界に導入するその功績がほとんど問われえないスタンダード・エディションの批判というよりも，フロイトを明確に，そして分かりやすくする中で払った代償の指標となることを意図している。それがフランソワ・ルスタンが述べたように，「フロイトの著作がフランス語翻訳の多数において，そしてスタンダード・エディションの英語訳においてさえ，その活力を，その意味さえ失っているのは，翻

イトのドイツ語テクストを，精神分析的思考の問いと闘争が自らを演じきる特権ある劇場にするのはこの差異である。それらのテクストでは，表立った命題と主張は，フロイトが，夢の中で表象される言説に，もしくは実際にあらゆる夢－表象に適用したのと同じ慎重さをもって読まれなければならない。夢－表象は後ほど呼び戻されることになるが，夢がそれをもってその脱形象化〔disfiguration〕，場面歪曲〔Entstellung〕を構築する素材しか提供せず，一般的には表面上の明瞭さゆえに，いっそう欺瞞的なのである。

　本書に現れるフロイトの「形象」が，スタンダード・エディションの形象と，それに由来する考えに関して脱形象化されているように見えるに違いないとしても，ほとんど驚くに当たらない。このテクストにおけるスタンダード・エディションの参照は，まさに読者がこの脱形象化を認識しうるように，それについて反省しうるようにするためになされている。というのは，フロイトの伝説が，われわれがいつ何時も「知っていた」にもかかわらず，ますます考えなくなっている不気味な力を取り戻しうるのは，すべてあまりになじみのあるようになったフロイトと，それとは別の，もっと慰めにな

　訳者たちには，統辞法によって規定されたフレーズの意味全体を翻訳することにしか興味がなく，言葉の配置やその反復にはまったく関心がないからである。表現並記がフロイトのテクストの中で尊重されなければならないとすれば，それは彼の著作がまさに自らが構築する機械だからであり，この機械……は彼の言説だからであり，それゆえその諸々の部品はその作動を不可能にすることなしには移動されえないからである」("Du style de Freud," F. Roustang, *...Elle ne le lâche plus*, Paris, 1980, p.35)。それに対して私は唯一，その「機械」がまさにその諸々の部品を移動させることによって作動するがゆえに，その働きはまさに，おそらく移動それ自体の過程を継続し，その過程に反射することによる以外には尊重されることもできないと付け加えよう。スタンダード・エディションの翻訳についての批判的な議論については，Bruno Bettelheim の *The New Yorker* における 1982 年の論考, "Freud and the Soul," 1 March 1982, pp.52-93 を見よ。

らない形象との間の差異に注目する時になってからだからである。

　　　　　　　　　　　　　　　　　　　　　　　　S. W.
　　　　　　　　　　　　　　　　　　　　　　　　1982 年

第 I 部

取り置かれた精神分析

　　心的なものの特異性をわれわれが公正に評価しうるのは，線画や原始的な絵のように輪郭線によってではなく，近代絵画のようなぼやけた色彩領域によってである。分けたあと，われわれは分けたものがいま一度一つになるがままにしなくてはならない。かくも把握しがたい心的なものの領域を目に見える［anschaulich］ようにするこの最初の試みに，どうか厳しくなり過ぎないでいただきたい。
　　　　　　　　　　　── S. フロイト『続精神分析入門』

わが道を行く

　1920年,戦争の余波の中で経済的に苦境にあったフロイトは,アメリカの雑誌への連載記事を書こうと考えていた。彼が最初の連載に提案したタイトルは「精神分析を論争に使うな」[1]であった。この提案は,それに先立つ何年かの間に精神分析にとって,いくつかの論争が帯びてきた重要性の指標であった。フロイトの思考と実践が惹き起こした抵抗は,1910年以来,新たな形を呈し始めていた。それ以前,精神分析に反対する者たちは直に精神分析に対峙せずに,その新しい動きを無視する方を好んでいた。しかしながら,精神分析がある程度まで地位を確立することに成功するや,もはやそのような戦術は十分ではなくなった。転換点は,フロイトの主導でなされた国際精神分析協会（IPA）の創設に結びつけることができる。4年後の1914年,フロイトはこの主導を動機づけた要因を「アメリカでの好意的な歓迎……ドイツ語圏での増加する敵意,そして……チューリッヒからの思いがけない援助の獲得」だと述べた（SE 14 p.42; GW X S.84; 著作集10 p.287）[2]。

---

[1] Ernest Jones, *The Life and Work of Sigmund Freud,* Vol.III, London, 1957, p.29〔本訳書では次のものを参照した。*The Life and Work of Sigmund Freud,* Vol.III, New York, Basic books, INC Publishers, 1953, p.29;『フロイトの生涯』竹友安彦・藤井治彦訳,紀伊國屋書店,1964年,p.394. 以下,「生涯」と略す。〕

[2] フロイトの引用は,可能な箇所はどこでも Norton Library edition を引用している。そうでない箇所は,*Standard Edition of the Complete Psychological Works*

精神分析運動は孤立の中から現れてきた。しかしそれが大きくなり，評価が上がり，関心を持たれるようになるにつれて新たな問題が出てきたが，フロイトはそのいくつかに対して，その新たな協会をもって対抗しようと望んだのだ。

　　私が公的な協会を作ることが必要だと考えたのは，精神分析が一度人気を博すや，それを横領するような濫用を恐れたためである。次のように宣言できる場を置くべきなのだ。「そのようなすべて無意味なことは分析とは関係がない。それは精神分析ではない」と。(SE 14 p.43; GW X S.85; 著作集 10 pp.288-289)

最高裁判所として，精神分析の純潔と一体性の管理者としての機能を果たす定めをもって，協会は外部からの攻撃にというよりはむしろ，まさに内部と外部の区別をくもらせる試みに向かっていた。この境界線はそれ以後，IPAによって確実に守られることになった。同時に，分析家の訓練（すなわち外から内への移行）を規制し，後援する定期会議を通して運動のメンバー間の「友好的な交流……と相互の援助」を奨励することによって，内部からの運動を強めるという務めももっていたのである（SE 14 p.44; GW X S.86; 著作集 10 p.289）(3)。

---

　of Sigmund Freud in 24 Volumes（London: Hogarth Press, 1953-66），巻とページはテクスト本文の括弧内にある。しかしながら私は，ほとんどすべての場合，引用した節を翻訳し直しているが，スタンダード・エディションへの言及は読者にとってコンテクストの，相対的な助けとして置いてある。〔以下，英語版 *Standard Edition*，ドイツ語版 *Gesammelte Werke*，著作集と刊行済みの全集，選集のページ数を添え，SE 14 p.42; GW X S.84; 著作集 10 p.287 と表記する。なおフロイトからの引用は，ウェーバーの使用している英語訳のみならず，上記の日本語訳を参照し，著者の議論の運びを加味して，ドイツ語オリジナルから翻訳するため，既訳と異なる部分がある。他の文献の場合も基本的に同じ形で表記する。〕
(3)　IPAはすなわち，集合的自我に非常によく似て組織されるべきであった。

しかしながら、それに続いた交流は友好的なものとはほど遠いということが判明する。「相互の援助」の拠り所となる代わりに、IPAはほとんどただちに戦場と化し、それによって精神分析に対する最も深刻な脅威はもはや、もっぱら外部からではなく、内部から起こるということを露わにしたのだ。事実上IPAを麻痺させ、それが防衛するために築いてきた運動をほとんど破壊しそうになった、IPA初期の年月を支配した分裂と葛藤の歴史はよく知られている。しかしながら、それらの闘争の重要性の問いはほとんど取り上げられることはなく、ましてや検討されることはもっと少なかった。

アーネスト・ジョーンズは、自身が指導的な役割を演じた運動の編年史家であるが、このような初期の葛藤を一種の幼児期の病として、早咲きの科学の成長痛として、従って成熟していくにつれて消える定めにあるものとして描き出すことによって説明しよう——あるいは正当化しよう——としている。ジョーンズは、分析の訓練が当時は未発達な段階にあったこと、そしてとりわけ教育分析が欠けていて、あるいはあっても不適切だったことが、彼が本質的に個人の問題だと考えるものを引き起こした主な要因だと指摘している。つまり、フロイトの権威を受け入れられなかった分析家たちの神経症的な振る舞いだったというのだ[4]。

この説明はしかし、当時フロイト自身がしていた説明に反響していても、ジョーンズ自身が精神分析の弁別特徴だと考えているものを説明できない。他の「科学」と比較すると、分析には特に内的な葛藤と向き合う困難な時代があったというのである。ジョーンズはこの問題を、「無意識の探求」が関わる「データ」、そして彼が特に

それについてフロイトは観察している。「自我は一つの組織であり、それは自由な交通とそのあらゆる要素の間の相互交流の可能性に基づいている」。『制止、症状、不安』、SE 20 p.98; GW XIV S.125; 著作集 6 p.328.

(4) Ernest Jones, *The Life and Work of Sigmund Freud,* Vol.II, London, 1957, p.143/ pp.126-129; 生涯 pp.310-312.

「ある個人的な偏見によって」再解釈されやすいと論じる「データ」へと遡る⁽⁵⁾。けれども、このことはなぜそうあるべきなのか、また、このことが精神分析を自然科学——おそらくは「科学」そのもの——から区別する構造上の特殊性を示しているのではないか、これこそジョーンズその人が追求していない問いである。それでも、精神分析「運動」を制度化しようとする最初の試みに続いて即座に起こった不和が、単に個々の不完全さや集合的な未熟さの結果だというよりは、むしろこの運動そのものの産物だったかもしれないということは、探求を要する可能性なのである⁽⁶⁾。

　ただし、この問いを検討する前に、核心に触れる出来事を手短に要約しておこう。IPAの設立一年後の1911年、アルフレート・アードラーは、ウィーン支部グループのフロイトが選んだ後継者であったがそれを脱退し、「精神分析自由学会」を築いた。翌年には、IPAの公的な機関紙である『精神分析中央雑誌』の編集者であったヴィルヘルム・シュテーケルが運動から離脱した。1913年にはついに、協会の初代会長であり、フロイトの後継者と称されたユングとの修復不可能な分裂を見ることになった。フロイトはユングに、自らの権威を「委譲＝転移」〔transfer〕したかったために、ユングの喪失はしたがって、単に個人だけでなく、精神分析の組織にも影響を与える最初の重大な「陰性転移」のケースとして記述することができる。

---

(5)　Ibid. p.145/ p.126, 129; 同書 p.310, 312.
(6)　制度化の問題は、近年の精神分析の文献においてますます注目を集めてきた。フランスの経験のコンテクストの内部では、フランソワ・ルスタンの研究、*Un destin si funeste*, Paris, 1976 が特に言及するに値する。おそらく彼がジャック・ラカンが創設した（そして1980年に解散した）エコール・フロイディエンヌのメンバーとして遭遇した問題に動機づけられ、ルスタンの研究は、精神分析運動の制度的な困難をフロイトのその信奉者との関係へと遡ろうとする。

しかしながら，治療としての分析的な状況の「外」で，ここでそのような用語を使うことを正当化しうるなら，陰性転移というのは，単にフロイト自身がアードラーとユングという離脱者への関係を描写する中でその語を用いているからばかりではない[7]。はるかに重要なのは，フロイトの記述がその葛藤を転移の磁場の中にしっかりと位置づけており，フロイトが論じるには，それが無意識の要因によって決定されていることである。しかし，その過程を議論する時（『精神分析運動史』，SE 14; GW X; 著作集 10），フロイトは奇妙にも通常の役割配分を逆転させる。分析状況とは違って，ここでは自発的かつ意識的に行為していると言われているのは転移の主体——フロイト自身——であるが，その一方で，転移の「対象」であるアードラーとユングは無意識的な動機によって拘束されているものと描かれているのである。「他人の権威に耐えられない」，そうフロイトは書いているが，ユングは「ましてや自分で権威を確立するには適していない」（SE 14 p.43; GW X S.85; 著作集 10 p.288）。そこに含まれる無意識の力は，ここで転移の行為にではなく，転移されているものを受け入れることの拒絶に現れる。そのような拒絶の最も明らかな影響は，転移する主体と転移の対象になる主体の両方を問いに付すのだ。フロイトとその権威をである[8]。精神分析の創設者は，

---

(7) 「私の気にかかっていたことは，この権威をもっと若い人に移譲することであった。私の引退後, 当然のように私の代わりになる人物である。それは, C. G. ユングしかありえなかった」（『精神分析運動史』，SE 14 p.43; GW X S.85; 著作集 10 p.288）。

(8) そうした葛藤状況は，ルスタンが問い質している状況の典型である。ルスタンは，それらの状況が，ヒエラルキーの内部でのそれぞれの位置の相互の承認と確証のために，フロイトとその信奉者によって共有されていた欲求に基づいた共犯関係を含んでいると結論している。ルスタンが吟味する葛藤一式の中にある重要な欠如が注目に値する。アードラーの欠如である。この切り捨ては，ルスタンがフロイトのその信奉者への関係の特質と考える類の権力闘争の概念の観点では，特別の重要性を帯びる。実際に，これら

もはや知らされざる部外者に帰することのできなくなったこの課題の深刻さを過小評価したわけではない。にもかかわらず、彼は公然とした対決は避けようとした。チューリッヒ支部との分裂のすぐ前に彼がフェレンツィに書いた手紙がある。

> 我々には真理があります。15年前と同じように私はそのことを確信しているのです……。私は議論に参加したことはありません。黙って拒絶し、わが道を行くことにしています [9]。

そして実際、フロイトの道がそのような発言が含意するようなまっすぐなものであったら、彼が論争に関与する必要も、さもなけれ

の闘争についてのルスタンの議論で立ち現れるテーマについての考え方は、フロイト以上にアードラーのそれにはるかに近いと思われる。たとえば「自分自身のために欲望する」「自分自身について話す」「自分自身のために書く」とルスタンが定式化する傾向はすべて——ルスタンのラカン的な類縁関係を考えると逆説的にも——フロイト以上にアメリカの自我心理学により密接な自我（＝自己）の自律性を暗に意味する。しかしながら、ラカン派の伝統において最も独立して最も批判的な分析家の一人でさえ、こうしてわれわれが「自我の言語」として記述してきたものを用いるという事実は、そう見えるかもしれぬほど矛盾しているわけではない。というのは、ラカンの分析へのアプローチが無意識的な欲望の「象徴的な」秩序とナルシシスティックな自我の「想像的な」秩序の間の対立項とヒエラルキーを築くことへ向かう限りで、後者はたやすく論争の対象として扱われうるし、こうしてナルシシズムの問題についてさらなる反省をする必要性をあいまいにするからである。そうした反省の欠如は、容易に、そうでなければ非常に示唆に富むルスタンの本に見られる自我の言語と「立場」へ入り込む類の過ちへの道を開きうる。それに反して以下の研究の狙いのひとつは、一定のナルシシズムがいかに精神分析的思考の克服できない葛藤的な地平をなし、それによってナルシシズムを「超えた」領域を策定しようとするいかなる試みも——それがラカンの（あの欲望の象徴的な秩序）であれ、フロイトのであれ——それが超越しようとするものによって規定されることがいかに避けられないかを証明することである。

(9) Letter of May 8, 1913, cited in Jones, Vol.II, p.168/ pp.148-149; 生涯 p.325.

ば今や道から外れてしまったこれまでの信奉者たちに関心を寄せる必要もなかったであろう。しかしながら、少なくとも新米たちの目には——おそらく彼らの目だけではなかったろうが——、アードラーやユングのような著名人の離脱は、それぞれが真理を標榜するさまざまな道が可能かもしれないということを示唆していた。この状況に直面して、フロイトにはほとんど、自分の道の正統性を擁護することが、したがってIPAがもともと満たすために作られた役割を遂行し、何が精神分析と呼ばれるに値し、何がそうでないのかに関する法を規定するという役割を果たすことが避けられなかったのだ。こうして、この仕事はフロイトのものになり、彼の『精神分析運動史』がその産物になった。

> ずいぶん前から私が唯一の精神分析家ではなくなっているけれども、私は、今日でさえ精神分析とは何か、それは何をもって心の営みを探求する他の方法と区別されるのか、そしてまさに何に精神分析という名前を割り当てるべきなのか、何を他の名で呼んだ方がいいのか、私以上に知っている者はいないと自分が主張するのは正当だと思っている。(SE 14 p.7; GW X S.44; 著作集 10 p.255)

精神分析という名前が問題になるところでは、その創設者で父親以外の誰が、何がそれに値し、何がそうでないかを決められよう？
それでもなお、フロイトがその名前を衛ることは、彼の立場が懸念させる以上に脆弱である。精神分析という良き名前は、その名前が自ら衛られるようにしうる範囲でしか衛られえないからだ。困難が生じるのはまさにここである。精神分析は、葛藤の理論であるにもかかわらず、フロイトによれば、それ自体が葛藤に最も不向きな媒体なのである。

> しかしながら、分析は論争での使用には適していない。それは被分析者の同意を、優越する者と従う者との状況を前提とする。それゆ

わが道を行く　　**15**

え，論争する目的で分析を行う人は誰でも，被分析者が今度は分析者に対して分析を振り向けることを覚悟していなければならない。したがって議論は，偏見のない第三者における確信の目覚めを排除する状態に達することになる。(SE 14 p.49; GW X S.93; 著作集 10 p.294)

　こうした考慮の結果，フロイトは裏切り者を論じるところに自らの目的を制限することになる。彼が主張するには，彼らを個人として分析しようとも，彼らの考えの内在的な質を批判しようともせず，その代わりにただ「これらの学説が分析の基本原理を否定しているか——そしてどの点で——ということを，そのためそれらは分析という名の下に取り扱われるべきではないということを示すつもりだ」という（SE 14 p.50; GW X S.93; 著作集 10 p.294)。

　フロイトは，『精神分析運動史』の論争的な第三部の最初からこうした主張をしているけれども，その時彼がし続けることは，まさに自分がするのを拒否すると宣言したことに他ならない。すなわち，反対者個人の分析と，彼らの考えの内在的な妥当性への評価である。それ自体においては，この方向転換にはほとんど驚くべきところがない。論争による限界画定が相手の価値の低下を含むことは避けられないのだ。なぜなら，違いを断言することはほとんど，他者の地位が自分自身のそれよりも劣ると主張することと区別できないからである。しかしながら，フロイトの論争を際立たせるものは，そのような主張が単純でも明快でもなく，しかもそれらが最後の決め言葉を持っていないということである。「脱退」の適切性を奪うために彼の導入する議論は——ドイツ語の Abfallsbewegungen〔脱落＝荒廃の動き〕はこの英訳語〔secessions〕の意味するところよりもはるかに示唆的である——それが始動させ，高め，守ろうと意図されたものの上に翻って落下する（fällt ab ないし zurück)。精神分析そのものの上にである。精神分析はまずそれによって汚染され，次には，避けようとしていた対決に引き込まれる。何が正確に精神分析なの

か——あるいは，それはどこへ向かっているのか——人々が疑問を抱き始めるまで，そこではますます戦線がはっきりしなくなるのである。

ナルシシズムの問題

　異端の非難には，正統性の主張が含まれる。精神分析が何で・は・な・いのかを言うためには，フロイトはそれが何なのかを述べなければならない。それゆえ彼は，以前の弟子が捨て去ったと自らが断定する精神分析学説の三つの本質的な構えを名づけることによって，アードラーとユングへの論争を開始する。フロイトが言及する理論とは「抑圧の，神経症における性的欲動力の，そして無意識の」理論である（SE 14 p.50; GW X S.93; 著作集 10 p.294）。こうして精神分析に不可欠の基礎を確定した上で，フロイトは正確に，二人の裏切り者がいかにそこから外れているかを証明してゆく。それに続く議論に現れるのは，精神分析からの二人の離脱は教義の個々の点に限ったことではなく，むしろ何かもっと根本的なものに関わるということだ。すなわち，理論的な洞察を生み出す思考様式そのものである。精神分析は，フロイトが断言するには，「総じて人間の心的生の完全な理論を提出しようと要求したことは一度もなく」（SE 14 p.50; GW X S.93; 著作集 10 p.295），この自らに課した故意の制限によって精神分析は，前は支持者であった者たちの理論とは深く区別される。アードラーの場合は，二人のうちではより率直なため，フロイトはそちらから始めている。

　　アードラーの理論は，まさにはじめから「体系」であった——それは精神分析が注意深くそうなるのを避けていたものである。それは，

たとえば夢素材に覚醒時の思考が行うような「二次加工」の際立った例である。アードラーの場合には，精神分析の研究を通して得られた新しい素材が夢素材に取って代わっている。このことは徹底して自我の立場から把握されていて，自我が慣れ親しんだカテゴリーの下にもたらされそこで，翻訳され，ねじ曲げられ——ちょうど夢形成で起こるように——間違って理解されている。さらに，アードラーの学説はそれが主張することよりも，それが否定することによって特徴づけられるのである。(SE 14 p.52; GW X S.96; 著作集 10 pp.296-297)

このようにフロイトは精神分析の夢理論を引き合いに出して，その思考が真の意味を捻じ曲げる定めにある夢の「二次加工」と同等とみなされるアードラーを批判し，究極的には失墜させる。アードラーは，一般理論を，体系を提出すると主張するにもかかわらず——むしろそれゆえに——なおさらたやすく精神分析によって取り込まれ，包摂されうるのだ。フロイトが暗示しているが，精神分析は，まさにそれが自分自身の限界を「知っている」ように見えるからこそアードラーの体系を，価値が低くとも，ある部分を同化し，残りを排除することによって吸収し，説明できるというのである。ただそのような排除は，フロイトが絶えず Abfallsbewegung だとして言及するものにしかふさわしくない。その語は単に脱落すること，精神分析の正しい道からの逸脱だけでなく，荒廃した産物の動きをも意味する。その上，フロイトがこの第三部を導入するために使うゲーテの『ファウスト』からとった銘句が糞便学の含蓄を先取りしている。"Mach es kurz! Am Jüngsten Tag ist's nur ein Furz!"（大まかに訳せば「さっさと片付けたまえ！　最後の審判の日が来たらそれも屁一発に過ぎない」となる。）

しかし，吸収と排除の過程は，フロイトの見解から推し測れるように，彼が予期していたほど容易ではないことが判明した。アードラーと精神分析が袂を分かってから長い年月が経った 1932 年フロ

イトは，アードラーの心理学がいまだに何とか「精神分析を食いつぶして，……一種の寄生生活」（SE 22 p.140; GW XV S.151; 著作集 1 p.501）を送っていると書いた。ただ，寄生虫でさえ「宿主」と何らかの共謀をせずには成長できないということは，フロイトが考えたがらなかった事柄の一面である。それでも，最後の著作の一つ『終わりある分析と終わりなき分析』を彼は，「去勢という岩盤」〔rock of castration〕と呼ぶものに言及するだけでなく，数年前には非常に強く非難したアードラーの「男性的抗議」の理論への示唆をもって締め括っている [1]。

フロイト側でのそうした持続的な魅惑は，アードラーに向ける明確な非難から見れば，その分だけいっそう注目すべきである。というのは，ある理論が二次加工の状態で機能すると断言することは，単にその理論が何を話しているのかが自分に分かっていない（理論的な言説にとっては十分に深刻である）ということだけでなく，さらに悪いことには，他人に知られないようにできていると主張することだからだ。「二次加工」は無知ばかりか，隠蔽と詐欺の戦術をも名指しているのだ。そして，そのいかにとなぜとを発見しようと思えば，『夢判断』に向かうだけでよい。フロイトはそこで初めて当の用語を論じている。

二次加工

フロイトはその観念を，「夢の作業」の章というコンテクストで，夢が葛藤を含む欲望を同時に表現しかつ隠す象徴化の第4のメカニズムとして導入している。しかしながら，他の三つの手続き——圧縮，移動，表現可能性の顧慮（Rücksicht auf Darstellbarkeit ——「舞台の上演可能性」と訳した方がいい語である）——とは対照的に二次的な練り上げないし加工は，夢にとっては本質的でありながら，

---

[1] SE 23 pp.252-253; GW XVI S.392; 著作集 6 pp.412-413.

まったく無意識的な活動に特有なものではない。反対にそれは「われわれの覚醒時の思考と区別できないある心的機能」に関わる（SE 5 p.489; GW II/III S.493; 著作集 2 p.402）。それが夢の作業の中で務めを果たしうるのは，まさにこの親和性のおかげである。合理性の外見を生み，夢の隠蔽を隠蔽するように仕組まれたもっともらしい理解可能性を生み，その上で意識にとって接近可能なものにする務めをである。二次加工によって，夢の要素は「意味を持つように見えるが，その意味は真の意義からありうる限りかけ離れた」ものになるのだ（SE 5 p.490; GW II/III S.494; 著作集 2 p.403）。

　二次加工はそれゆえ，本質的に無意識的な解釈の過程として描かれる。覚醒時の心の論理的で合理的な期待に沿うように見える形で，その素材を再編成し提示することによって，夢を見る者を欺くようにできているのだ。その結果，それらの，まさに最も筋の通った分かりやすいように見える夢が，実は最も当てにならないことになる。

> それらの夢を分析すると，ここでは夢の二次加工が最も自由に素材を扱っており，その中に本来備わっている関係を最少にしか保持しなかったのだと確信することができる。それは，われわれがそれを覚醒時の解釈に従わせる前に，いわばすでに一度解釈されていた夢である。（SE 5 p.490; GW II/III S.494; 著作集 2 pp.403-404）

もしこのメカニズムが「われわれがその影響をこれまで夢内容における制限と省略のみに認めてきた検閲の審級」（SE 5 p.489; GW II/III S.493; 著作集 2 pp.402-403）に割り当てられるなら，ここで検閲の新しい，より積極的な役割が明らかになる。二次加工を通してそれは「改ざんと追加」（SE 5 p.489; GW II/III S.493; 著作集 2 p.403）を生むが，そうした効果をフロイトは意識的思考の延長として記述している。

　われわれの覚醒時の（前意識的な）思考は，どのような知覚素材に

ナルシシズムの問題　　21

> 対しても，問題になっている機能が夢内容に対して振るまうのとちょうど同じやり方で振るまう。そのような素材の中に秩序を築き，関係を立ち上げ，知的に理解できる連関の期待の下に置くことは，覚醒時の思考には当然のことである。むしろ，われわれはあまりに遠くまで行き過ぎるのだ。手品師のトリックは，われわれの知性の習性に依拠することによってわれわれを欺く。与えられた感覚的な印象を分かりやすく組立てようとの努力の中で，われわれはしばしば，この上なく奇妙な過ちを犯し，われわれの目の前にある素材の真実を歪めたりするのである。(SE 5 p.499; GW II/III S.503-504; 著作集 2 pp.410-411)

フロイトが引用するそのような傾向を持った最初の例は，読むことに関わる。

> われわれは意味を乱す誤植を読み落し，それが正しいという幻想を抱く。(SE 5 p.499, GW II/III S.504; 著作集 2 p.411)

二次加工のだまし絵にとっての可能性の条件を提出するのは，われわれが見ているものを理解したいという，まさにその欲望である。われわれの覚醒時の心は，熱心に意味を見出そうとするあまり，理に適っているように見えるものを得るために容易に不合理を見逃すのだ。このような騙されやすさは，フロイトが主張するには，特に騙されやすい人に限ったことではない。それは覚醒時の思考そのものの特徴であり，そうして二次加工の「傾向的な加工」への道を開く (SE 5 p.490; GW II/III S.494-495; 著作集 2 p.404)。

フロイトによる語 "tendentious"〔傾向的な〕の使用は，ここでは彼の機知の研究を先取りしているが，彼は機知を「無害な」と「偏向した」という二つの基本的なカテゴリーに分ける。しかし，二次加工と機知の類似性は，両者が共有している攻撃的な意図よりもはるかに遠くにまで及ぶ。重要なことは，どちらのケースでも，そのような攻撃性が，無意識が自らの目的を押しつけるために合理的思

考の助けを借りるやり方に結びついていることだ。Witz〔機知〕は二次加工のように,「知的に理解できる連関の期待」によって可能になる。後ほどフロイトの機知の理論を論じる際,もっと詳細にこの点に立ち戻る機会があるだろう。ここでは,私はフロイトが二次加工の作業を,意識に反して,あるいは意識を犠牲にして,無意識によって演じられる一種の機知だと記述するそのやり方に注意を促すだけにしよう。

> 正常な思考の貢献の下に夢が生じるような,夢の決定的な形態に匹敵するものを探すとしたら,*Fliegende Blätter*[『吹き流れる葉』というユーモア雑誌]がそれで読者を長い間楽しませてきたあの謎めいた碑文以上のものは見当たらない。ある一文——対比のために,方言に属し,できるだけ奇抜な意味をもった文——に対して,それがラテン語の碑文を含んでいるという期待を呼びさますことになるのだ。その目的のために語の文字要素はその配列から引き抜かれ,音節になり,新たに配列される。そこかしこに本物のラテン語の語が立ち現れる。別のところでは,われわれは目の前にラテン語の短縮形を見ているように思う。さらに別のところでは,われわれは,碑文の破損した部分ないし欠損の外観によって,ばらばらのままの文字の無意味さなどないかのように思い込む。もし冗談に乗せられまいと思えば[wenn wir dem Scherze nicht aufsitzen wollen],われわれは碑文の部品ごときものすべてを無視し,文字をしっかりと見て,見せかけの配列に頓着せず,われわれの母語に属する語へと組み合わせなければならない。(SE 5 pp.500-501; GW II/III S.505; 著作集 2 pp.411-412)

夢を読むためには,われわれは与えられた語の連鎖に従って「理解する」習慣に抵抗しなければならない。その代わり,われわれは分析し,見かけ上の統一体を個々の,構成要素をなす文字に分解し,そのあとで,なじみが薄いにもかかわらず,それでも「われわれの母語」と比べうる言語に再配列する用意がなければならない。そうした読解過程は,言語と戯れる準備性が高いためになじみのもの

ナルシシズムの問題

(「碑文」の疑似ラテン語)を認知したいという欲望を阻み，かくして直接に意味に同意しようとする欲望を阻むことを前提にするのである。

体系的思考——哲学とアニミズム

この欲望——夢分析の主要な障害を表している——はそれゆえ，フロイトによれば，ほとんど定義によってそのようなしゃれに「乗せられる」〔fall〕(dem Scherze ... aufsitzen) 運命にある人々のカテゴリーに特徴的である。哲学者のことである。哲学者は，フロイトがハイネを引用して書いているように，ちょうど二次加工が「夢構造におけるギャップ」(SE 5 p.490; GW II/III S.494; 著作集 2 p.403) を埋めるように，「宇宙の見取り図における穴を……パジャマの切れ端と帽子で」(SE 22 p.161; GW XV S.173; 著作集 1 p.518) 埋めようとする。二次加工のたくらみにとって理想的な「カモになる」〔fall guy〕傾向の中で，哲学が知恵への愛であるよりも知恵への恐れであることが明らかになる。phobosophie〔叡智恐怖〕である。

哲学の，あるいは，一定の合理主義的な思考の特徴づけは『トーテムとタブー』で新たな注目を受けるが，そこでフロイトはもう一度，二次加工の議論を取り上げている。「世界についての最初の完璧な理論」(SE 13 p.94; GW IX S.116; 著作集 3 p.226) としての「アニミズム」を記述するというコンテクストで，フロイトは精神分析の観点から，そのような体系的思考の意味を説明するために二次加工の概念を使っているのだ。

> 夢の作業の産物の二次加工は，ある体系の本質と自負との見事な例である。われわれの内にある知的機能は，知覚の素材であろうと思考の素材であろうと，われわれが我がものにするいかなる素材からも，統一と連関と分かりやすさを求める。そしてその機能は，もし特殊な状況の結果，正しい連関を把握できなければ誤った連関を打

ち立てることを厭わない。(SE 13 p.95; GW IX S.117; 著作集 3 p.227)

『夢判断』におけるその概念の使用と比較すると、フロイトは二次加工の範囲をかなり拡張している。今ではその隠蔽機能は、もはや夢作業に限ったことではなく、むしろ体系的な思考一般を特徴づけるものとして現れる。そのような拡張は、しかしながら新たな問いを提起する。夢の中で二次加工が、それ自身が夢願望に含まれる葛藤機能である検閲機関の影響下で作用するとすれば、意識的で体系的な思考において作用する検閲の等価物とは何か？　「われわれの内には統一を要求する知的機能がある」とフロイトは断言するが、そう言う時、彼は問いを置き換えているにすぎない。というのは、いかにして「機能」は要求できるのか？　どんな手段で？　あるいは、もっと正確には、どのような条件下でそうした「知的な機能」が要求する力と、それらを押し付ける権力を獲得できるのか？

　この問いは『トーテムとタブー』の中では決して表明的にはなっていないにもかかわらず、フロイトのアニミズムについての議論はその問いによって形成されており、それは部分的な答えを提供している。アニミズムを単に体系的な思考の系統発生的な先駆にするだけでなく、むしろその範例にするものは、「世界全体を単一連関として一点から捉える」(SE 13 p.77; GW IX S.96; 著作集 3 p.212) 傾向であり、「世界の本質を余りなく解明」（同所）しようとする努力である。統一性と全体性はアニミズムを形成するカテゴリーであり、アニミズムをあらゆる体系的な思考のモデルにする。あらゆるものは同化され、何かを残したり外側に放置してはならない。

ナルシシズムと自我

　このアニミズム的思考のすべてを抱き込む包括的な性質は、心理学的な相関者を指し示している。ナルシシズムである。『トーテムとタブー』を書いた時代には、フロイトはまだナルシシズムを、彼

の後の理論のより構造的な観点からというより，大幅に発生的な現象として解釈していた。フロイトはしたがって，ナルシシズムを次のような時期として描いている。そこでは，

> それまでばらばらであった性的な欲動はすでに統一体へと組み立てられ，対象をも見つけている。しかし，この対象は外的な，個人に疎遠なものではなく，ほぼ同じ時期に構成された自分自身の自我である。(SE 13 p.89; GW IX S.109; 著作集 3 p.221)

統一体や全体性の観点で外界を包括的に理解しようとするアニミズム的な試みは，心的なものの中に新たに形作られた統一体に対応する。ナルシシズム的自我である。唯一の観点と，それが可能にするすべてを抱き込む理解は，自我の合成的統一体を反映している。それは「このナルシシズム的な組織は決して全部は放棄されない」(SE 13 p.89; GW IX S.110; 著作集 3 p.221) がゆえに，「人間は，リビドーにとっての外的な対象を見出したあとでさえ，ある程度ナルシシズム的なままである」(SE 13 p.89; GW IX S.110; 著作集 3 pp.221-222) がゆえに，アニミズムがナルシシズムと同様に，個人の歴史においても，人類の歴史においても残存しないと仮定する理由はない。それが起こる形のひとつが，まさに体系的な思考であるように思われる。

となると，「統一，連関，分かりやすさ」を要求する「知的機能」が自らの要求を強要することができるなら，そのために要するエネルギーは，いまや同定しうる源泉を持っていることになる。リビドーを備給されたナルシシズム的な自我である。体系的な思考は，この心的な組織に似せて世界を組織するのだ。われわれが「体系」と呼ぶ知的な構築物は，その起源においても，その構造においても同様に，それ自体がナルシシズム的であることが判明する。語源的な意味で，自我の鏡像として思弁的＝反射的〔speculative〕であるとともに"phobosophie"〔叡智恐怖〕でもあることが。ナルシシズム的

自我が世界の体系の中にある「溝や割れ目」を埋めるように駆り立てられるとするなら，それが恐れる〔自分自身の内の〕亀裂ははるかにもっと切実であろう。フロイトが描く「知的に理解できる連関への期待」，つまり理解できる意味への期待とはかくして，自らの葛藤に支配されたまとまりを，同じく自前の求心的な傾向に対して守ろうとする自我の反応を意味するように見える。意味の追求，構築の，統一化の，単一化の活動，還元不可能なまでに異質ないかなるものをも認めることができず，説明できない残留物を残すことの不能性——そのすべてが，排除しなければならないものに依存する分だけ，いっそう不安定で傷つきやすい同一性を築き維持しようとする自我の闘いを表している。要するに，思弁的な体系的思考は，外部を我がものにする自我の努力から力を引き出すのだが，フロイトが後に述べるように，自我とはこの外部の「組織された部分」(2)にすぎないのである。

アードラーとユング

今，フロイトのアードラーに対する査定に戻れば，もはやわれわれは，そうでなければ単純な矛盾だと考えられかねないものを見出すのに困ることはないだろう。一方で「特に思弁的な素質に恵まれたずば抜けた頭脳」を持っていながら，他方では，「無意識的な素材を評価する……」凡庸な「才能」しか持っていない（SE 14 p.50; GW X S.94; 著作集 10 p.295）というアードラーの特徴づけである。というのは，フロイトがナルシシズムや体系化，二次加工と結びつける思弁は，それがまさにそれ自身の無意識の影響を否認するよう駆られる限りで，「無意識の素材を判断する」のに不適当な思考形態だろうからである。このことは，少なくともフロイトがアードラ

---

(2) 「自我は実際，エスの組織化された一部分である」。『制止，症状，不安』，SE 20 p.97; GW XIV S.124; 著作集 6 p.327.

ーとユングに向けて発する評決の本質である。この構えの意味は不可避に，真正な精神分析が Abfallsbewegungen〔脱落＝荒廃の動き〕に対して無意識が二次加工に対して立つのと同じ関係に立つということである。まさに覆い隠すことによって精神分析に奉仕する Abfallsbewegungen は真正な精神分析によって十分に制御されるのである。

　しかし，いったいどれほど遠くまでこの類比をもってゆくことができるのか？　精神分析の裏切り者たちが——フロイトがそう断言するように——分析への真の依存性を隠すばかりではなく，そうする中で彼らは精神分析の利益にも奉仕すると結論できるだろうか（フロイトはあからさまに否定したことだろう）？　このことは，無意識に対してそうであるのと同じように，制度としての精神分析の利益がある種の自己隠蔽に依存するということを含意することになる。夢がその機能を満たすために，その真の性質をも，夢がそのように隠蔽しなければならないということをも隠蔽しなければならないのとちょうど同じである。精神分析が実践と理論のどちらをも含むという事実から見れば，もしそれらの可能性の条件がそのような二重の隠蔽を伴っているのであれば，その実践と理論とをどう解釈すべきだろうか？

　こうした問いは——それがどれほど詭弁的に見えようと——，フロイトが精神分析の権威を競争相手の上に，あるいは彼らに対抗して築くために無意識に言及する限り，避けて通るのは難しい。精神分析がこうした権威を要求し，それに伴ってアードラーとユングの教義を「二次加工」の理論版——つまり，実際にはそれが何を語っているのか本当は知らない偽の合理性の一形式——だと評価しうるのは，無意識の名の下に語ることによってだけである。しかし，もしアードラーとユングの理論が二次加工の例であれば，フロイト自身の理論についてはどうなのか？　無意識とその効果を構想し，明確に言い分けようとする精神分析の理論的努力は，フロイトがあらゆる体系的な思考に帰するナルシシズム的傾向から自由でありうる

のか？　精神分析は決して Weltanschauung〔世界観〕であるとは主張しなかったというフロイトの断言は，どんな理論も体系的な理解に依拠する限りにおいて，あらゆる合理的な説明と理論化を覆っているように見えるこの罠を免れるのに十分なのだろうか？

この問題を追及するひとつの方法――そして本書の全体に渡ってわれわれに関係する方法――は，フロイトが敵対者を一つに組み込む一般的な批判からしばらくの間，彼らの二つの体系を区別するやり方へとわれわれの注意を移すことである。同じ論争の相手にもかかわらずフロイトは，アードラーとユングには重要な違いがあると主張し，自分の好みを隠さないからだ。

> 扱われている二つの動きのうち，アードラーの方が間違いなく重要である。根本的に間違っていながらも，それは一貫性と整然性によって際立っている。それはさらに，依然として，欲動の理論の上に基づいている。ユングの修正は，それに対して，欲動の営み[Triebleben]との……連関をゆるめており，それ以外にも，……不明瞭かつ不可解で混乱しているために，それに向かって態度を取ることは容易ではない。どこでそれに手をつけようとも，それを誤解したのだと言うのを聞く覚悟をしなければならない。そうして，どのようにしてそれをきちんと理解するべきかは分からない。それ自体がとりわけ揺れ動くような形で登場するのである［Sie stellt sich selbst in eigentümlich schwankender Weise vor］(3)。

---

(3) 同書，SE 14 p.60; GW X S.105; 著作集 10 p.304. ルスタンはフロイト-ユングの関係をパラノイア的（フロイト）傾向と統合失調症＝分裂病的（ユング）傾向を持つ思考形態の間にあるものとして特徴づけ，フロイトは究極的には両方を「新しいタイプの理論化」に統合したと主張する（*Un destin si funeste*, p.73）。私がこの研究で練り上げるべき観点からは，この新しいタイプの理論化は Auseinandersetzung〔対決・論争〕の運動として，対立項の構築を通して規定し統合しようとする「パラノイア的な」努力と，そうした規定を移動させ脱臼させる「統合失調症＝分裂病的」傾向の葛藤の結果として現れる「分離」として指示される。

二つの理論を比べることによって、フロイトは奇妙な結論に達する。彼はアードラーを体系的（すなわちナルシシズム的）過ぎるといって非難するが、ユングのことは体系が不十分であるために劣ると思っている。アードラーは、フロイトが論じるに、少なくとも「根本的に間違っている」が、ユングはそうでさえない。つまり、ユングの教義はあまりに捕えどころがなく、schwankend〔不安定〕過ぎて、とにかくはっきりさせることが難しい。その時、ある程度の整然性や首尾一貫性、体系性が理論に不可欠なのだとすれば、疑問が残る。どの程度まで体系性が？　あるいはまた、たぶんこうだ。どんな種類の体系性が？

　フロイトがそのような問いに真正面から直面するのを避けたことはよく知られている。前の議論の後では、彼の気が進まない理由は、もっと理解しやすくなっているかもしれない。この問いを彼が扱うまれな機会の一つが『夢判断』の中にあるが、そこでは——ほとんど挿入句的に、そしてついでに——、あえて彼は理論とは何であるべきかを簡潔に定義する。

> 夢に関するある命題［eine Aussage］は、ある観点から観察された性質のできる限り多くを解明しようとしており、それと同時に夢の地位を現象のより広い範囲に関して規定するが、それを夢理論と呼んでも差し支えないだろう。（SE 4 p.75; GW II/III S.78; 著作集 2 p.66）

理論として資格を得るためには、説明は包含的で包括的な、一般化できるものでなければならない。要するに、体系的でなければならないのだ。そして、そのような説明の出発点は、ある特定の「観点」からなされた観察にあるのでなければならない。しかし、そのような観点は、フロイトがちょうど他者の場合には非難することになるものを、つまり自我の立場になることを回避させうるのか？　どの程度であれば、理論はナルシシズム構成的な自己欺瞞を逃れること

ができるのか？　これらがフロイトの論争によって提起される問いであり，その矛先は"Abfallsbewegungen"だけでなく，同じく精神分析でもあるのだ。

観察，記述，比喩言語

　フロイトがアードラーの「男性的抗議」という概念を拒絶するとすれば，それは彼が，「男性的抗議」がそこから現れてくるコンテクストとの関係，すなわち自我との関係においてしか適切に理解しえないものを，アードラーが当然だとみなしていると考えるからだ。自我を，心理学を築くことのできる基礎だと考えるどころかフロイトは，その領域を超えて徹底した探求を要する過程に依存する「合成的統一体」（zusammengesetzte Einheit）とみなす。ナルシシズムについての論文で——それはある点でアードラー批判を発展させている——フロイトは，「自我に匹敵する統一体は最初から個人の中には存在しないと考えるのが必然的な仮定である。自我は発達しなければならない」と強調する（SE 14 pp.76-77; GW X S.142; 著作集 5 p.112）。

　この発達史は，ナルシシズムの力動性と，それが対応するリビドー的な葛藤から切り離しえない。心的発達の原動力としてのアードラーの「男性的抗議」という概念は，防衛すべき自己同一性をすでに備えており，性的に分化した主体を前提にしている。もしフロイトのナルシシズム概念が，主体の内部に，究極的には自我そのものの内部に葛藤を据えるとすれば，「男性的抗議」という発想の方は葛藤を自我と他者との間に位置づける。もともと出来上がっているこの自我や自己という前提を，フロイトは次の一節で批判している。

> 精神分析の研究の立場からは，始めから「男性的抗議」の存在や意義が認識されていたが，アードラーに反して，それはナルシシズム的性質をもち，去勢コンプレックスに由来すると主張されてきた。それは性格形成に属し，多くの他の要因と共にその生成に加わるが，神経症の問題を完全に説明するには全く不十分である。それについてアードラーは，自我の利益に奉仕するやり方以外には何も考慮しようとしない。(SE 14 p.92; GW X S.159-160; 著作集 5 pp.124-125)

フロイトにとって，ここに含まれているのは単に発想の違いばかりでなく，まさに理論的構築の様式の違いでもある。彼はこの違いを重要性の高い例に訴えることによって解明しようとする。

> 幼児期の欲望における基本的な状況の一つを取り上げてみよう。子どもによる大人同士の性行為の観察である。分析が示すには，後に精神科医が関わることになる生活歴を持つ人の症例では，そのような瞬間に二つの衝撃が未熟な［unmündigen］目撃者を占拠する。目撃者が男児の場合，一つは能動的な男性の立場に身を置きたいという衝動であり，他方は，反対の傾向だが，受動的な女性に同一化したいという衝動である。それらの間で，これらの二つの衝動で状況の快楽の可能性は尽きる。もし，あの概念がどんなものであれ何らかの意味を持つのだとすれば，最初のものだけが「男性的抗議」と一致する。二番目のものを……アードラーは無視しており……，彼は自我の好みに合う，それによって促進されるこれらの衝動だけを重視している。(SE 14 pp.54-55; GW X S.98-99; 著作集 10 p.299)

フロイトにとって，原光景における主体の状況は，本質的な不統一によって特徴づけられる。子どもは，欲望によって二つの異なった，相互に排他的な方向に駆り立てられる。分岐点は葛藤に満ちた場所で，自我はそれに反応しようとする。しかし，その同一性と統一性は，フロイトにとっては，常にそれが組織しようとする不統一によって特徴づけられ構成される。

アードラーの方は，フロイトが論じるには，一つの格闘しか，「能

動的な男性」に同一化する傾向しか認めないだろう。葛藤に満ちた欲望の産物として定義される代わりに，アードラーの主体は，外部からの脅威としての葛藤に直面し，主体はそれに抵抗する。主体が，自らが欲望することを恐れ，自らが恐れるものを欲望すること，主体が同時に二つの場所，あるいはたぶん三つの場所に存在しようとすることなど，アードラー理論には入る余地のない観念である。それはもともと統一された主体を前提にしているからだ。それと同時に，そうした統一性は，この主体相関的に自らを位置づける理論の観点をも特徴づけるだろう。「男性的抗議」の概念に暗に含まれる統一性は，それが築こうとする理論の統一性であるだろう。理論的な構築物や対象としての「男性的抗議」の概念は，アードラーの理論に堅固で安定した観点を授けるのだ。これこそ，フロイトが自我の「立場」だといって批判する点である。主体——究極には理論的な主体——がそこに立脚しうる地点である。

　その意味で，アードラーの理論は単に精神分析の一つ，あるいはそれ以上の考えを捨て去っただけではなく，おそらくもっと重要なことにそれは，最初の，設立し統一する準拠点の助けなしには，複雑で葛藤的なプロセスを分節しようとする思考様式を維持できないということも意味する。ある理論の同一性は，それが構築する対象によって規定されるため，精神分析の同一性には，それ自身の動きの一部として，自らが正確に叙述しようとする葛藤の力動性を認める覚悟がなければならない。

葛藤と葛藤理論

　もし精神分析にとって，主体の同一性がもはや最初の，あるいは最終的準拠点ではなく，むしろ——「自我」として——きわめて両価的で，多かれ少なかれ危なっかしい「妥協形成」だと，すなわち組織しようとしても決して十分には統御できない力の葛藤の結果だとすれば，事態のこの状況を分節しようとする理論は，それ自

体も劣らず危なっかしく両価的(アンビヴァレント)なものになるだろう。自我そのものと同じように、固定された、分裂していない超越的な観点からそれ自体を定義することはできなくなるからだ。そのような観点を想定することは、アードラーが男性的抵抗という概念で試みたように、自分自身に体系的な自己欺瞞を強いることである。〈自己〉と〈体系〉を前提することによる欺瞞である。それは、われわれが先ほど遭遇した Urszene〔原光景〕に無関係ではないが、この欺瞞をフロイトは別の場面、別の光景に言及することによって解明する。

> そこでは自我はサーカスでのピエロの愚かな役割を演じているが、ピエロは観客に、ジェスチャーによって、演技場での変化すべてが彼の命令に応じて実行されているとの確信を植えつけようとする。しかし、そう信じ込むのは、観客の中で最も若い人だけである。(SE 14 p.53; GW X S.97; 著作集 10 p.298)

ピエロ――ドイツ語では "der dumme August"〔道化〕――はアードラー理論である。それは、自らが仮定する自我と同じように、自分が実は控えめな役割しか演じていないショーを統御するふりをする。しかし、その役割はまさにフロイトが記述する模倣にある。このことは、なぜ自我が認知と幻想の両方の場なのか、またなぜ一が他と分けがたいのかを説明する。もし区別が可能ならば――それはもちろん、フロイトの理論を含めてどのような理論にも必要な前提である――、それは場面の局所構造を考慮に入れる反省の努力によってのみ可能である。その局所構造の弁別特徴は、決して十分に、徹底的に見渡すことのできないものである。ちょうどピエロがショーの中の役割であるように、観客もまた同じである。もし最も若い観客自身がピエロに騙されるがままになるとすれば、それは見世物そのものによって騙されるのを嫌がるからである。そして、Urszene が証明するように、子どもの自我は自らの距離を保つことに正当な関心を抱いている。

ただ，その距離は怪しげなものでしかありえない。なぜなら，「演技場」は単にフロイトが無意識をそう描いてみせたように，あの「他の光景」のもう一つのイメージにすぎないからだ。そして，無意識という劇場には，あらゆる無意識の表現の中で最も「視覚的」である夢に関してフロイトがはっきりさせているように，見るべき単純な対象は存在しない。

> 夢‐幻想はある対象の単なる表象には立ち止まらない。それは本来，それが表現するものに夢自我を巻き込まざるをえず，そのようにして，演技や筋書き［Handlung］を生み出す。たとえば，視覚的な刺激によって引き起こされたある夢は，道路にある金貨を表すかもしれない。夢を見ている人は喜んでそれらを拾い上げ，持ち去るだろう。(SE 4 pp.84-85; GW II/III S.88-89; 著作集 2 p.75)

夢は，戦利品を持ち逃げする夢を見ているその人を表しているかもしれないが，しかし，そうする中で，同時にあらゆる夢の基本的な状況を表したのだ。戦利品は夢を見る人を夢から引き出し，また夢の中へと引き込むおとりである。その結果，夢の中で表された対象と出来事はみな"Handlung"になる——単に「出来事」であるばかりか，より重要なことに，ストーリー，シナリオ，筋書きにである。そして，夢を見る人の自我が参加者，演技者であるとしても，それが演じる役割は自我自身が作っているものではない。この役割は単純なものではない。自我は夢のさまざまなイメージの中に表現されうる。しかし自我の演技は，表象された夢内容を超えて表象のプロセスそのものを含み込むのだ。夢のナレーションである。常識の予想とは反対に，語りはある意味で，すでに自分自身に現前する夢を表現するだけではない。夢は，フロイトが意味深くも Darstellung (presentation〔場面設定〕) ではなく Entstellung〔場面歪曲〕と分類する語りのプロセスの中に，またそれを通してのみやってくる。歪曲，脱臼，脱形象化である。もしこのようなねじれた分節表出が夢にと

って「真実」でありうるなら，それはただ，夢がすでに歪みの，Entstellung のプロセスだからに他ならない。語られたものから語りを隔てる距離は，見世物から観客を隔てる距離と同じように，空虚な間隙なのではない。Darstellung の空間ではなく，Entstellung の空間である。要するに動き続ける空間なのである。

観察と解釈

この空間は理論にどのような余地を残すのか？——「自我の立脚点」のもっともらしい安全を拒否する理論のために？ 一つの答えを求めてわれわれは，フロイトのアードラー批判に戻る。

> 体系は完璧である。それを生み出すことは，解釈のやり直しの多大な仕事を必要としたが，その一方で，それは新しい観察を一つも提供してはいない。私は，それが精神分析には何の関係もないということを示したと思う。(SE 14 pp.57-58; GW X S.102; 著作集 10 p.302)

真の理論を特徴づけようとフロイトがここで思い起こさせるカテゴリーは——以前に『夢判断』から引用した一節にあったように——観察 Beobachtung である。フロイトが何度も何度も主張しているが，思弁的で体系的な理論のナルシシズムが，その観察の乏しさの中で明らかになっている。アードラーにとって，フロイトが断言するには，「観察は単に踏み切り台として役立っただけで，跳び上がったら捨てられる」(SE 14 p.54; GW X S.98; 著作集 10 p.299)。同様にユングは，「[彼の]体系を無傷のままに保存するために」「観察から，そして精神分析の技術から完全に背を向ける必要性を見出す」(SE 14 pp.62-63; GW X S.108; 著作集 10 p.307)。「観察から，そして精神分析の技術から」——では，それら二つは同じ一つのものなのだろうか？

少なくとも，フロイトはしばしばそう考えていたように見える。論文「ナルシシズム入門」——アードラーとユングからの論争的な

分離の跡を残したテクストである——の中でフロイトは，精神分析にとって高度にプログラムされた形での観察の重要性を強調した。

> 自我リビドーや自我欲動エネルギー［Ich-Triebenergie］などのような観念は，特に明らかに把握可能ではないし，十分に内実がある［inhaltsreich genug］わけでもない。つまり，当該の諸関係について，思弁的な理論なら，まず第一に，その基礎として鋭く限定された概念を手に入れたいであろう。ただし，私の考えでは，これが思弁的な理論と経験の解釈［Deutung der Empirie］に基づいた科学との違いである。後者は，その思弁が滑らかで論理的に傷つきようのない基礎づけを好みはせずに，漠然として消え入りそうな，ほとんど表象できない基礎的思考［kaum vorstellbaren Grundgedanken］を喜んで我慢するだろうし，よりはっきりとその発達の流れの中で理解しようと望むが，必要とあらば他のものと置き換える準備もできている。これらの考え方は，あらゆるものがそれに基づく学問の基礎ではなく，むしろ基礎はもっぱら観察［dies ist allein die Beobachtung］なのである。（SE 14 p.77; GW X S.142; 著作集 5 pp.112-113）

フロイトが観察に対して行っているように見える主張は，観察が，ただ観察だけが科学に「基礎」を提供し，思考の思弁的な形からそれを区別するということだ——それは十分明確で，あいまいさはないように見える。しかし，他のところでと同様にここでも，フロイトのテクストを注意深く読めば，テクストに含まれる断言が初見でそう見えるよりもっと複雑だということが明らかになる。そして実際，ここで輪郭を描かれている基本的な問題は，まさに「初見」の問題である。というのは，もしフロイトが思弁を観察に対立させるにしても，それは知覚の直接性の名の下にではない。知覚の直接性とは，精神分析におけるすべてのことが排除する傾向をもつことになる概念である。このように，フロイトが「もっぱら観察」が科学的思考の基礎でなければならないと主張するとき，彼の記述する科学は「経験の解釈に基づいた」ものである。とすれば問題は，一方

の観察と他方の解釈との間の関係を規定するというものになる。

　晩年のテクスト——1938年に書かれた『精神分析の概要』——で，フロイトはこの問題に戻っているが，精神分析に特有なある種の観察を説明しようと努めている。

> あらゆる科学は，心的装置に媒介される観察と経験に基づいている。しかしながら，われわれの言う科学はちょうどこの装置をその対象としているため，類比はそこで終わる。われわれは観察をまったく同じ知覚装置によって，まさに心的なものにある欠落の助けで，手許にある明白な結論で脱落を補い，それを意識的な素材に翻訳することによって行う。（SE 23 p.159; GW XVII S.81; 著作集 9 pp.168-169）

ここで，再び初見では，フロイトは精神分析の観察の特種性を，その対象が「心的なものにある欠落」として，積極的ではなく消極的に定義されるという事実だけから引き出そうとしているように見えるかもしれない。それは完全には間違っているわけではないだろう。だが，フロイトのテクストをさらに詳しく読むと，何かそれ以上のことが明らかになる。もし，分析的観察が「まったく同じ知覚装置」や「心的なものにある欠落の助け」に依存しているなら，そのような欠落（Lücken）は観察されるものの一部であると同様，観察者の一部でなければならない。そして，このことは個人と考えられる観察者にだけではなく，分析的観察そのもののプロセスにも当てはまる。この観察の差異を強調することが重要だとすれば，それはここで問題となっていることが，単に個人として精神分析家の誤りやすさだけではなく，そのような誤りやすさ——無意識の効果——が本質的な役割を演じるような新しい「科学」概念の可能性でもあるからだ。

　引用された一節におけるいくつかの定式化は，この観察の区別をあいまいにする傾向をもっている。フロイトは，分析家があたかもハイネの詩の哲学者のように，世界の「欠落」を「手許にある明白

な結論で」（durch naheliegende Schlussfolgerungen ergänzen）満たし，そうすることで無意識の，意識的「素材」への（es in bewusstes Material übersetzen）完璧な「翻訳」に達することを望みうるかのように書いている。しかし，もしそのような結論が「手許に」あるのであれば，問いが残る。誰の手に？　その手は，知覚装置そのものよりも，無意識の「欠落」によって刻印されている度合いが少しなりとも低いというのか？

　いずれにせよ，フロイトが記述する問題は，彼が提供する解決よりも示唆的で，より強力である。それ以上の制限規定がないため，彼の "naheliegende Schlussfolgerungen〔手許にある明白な結論〕" へのほのめかしは，最も直接的な，しかし最も当てにならない心的機関しか指示しえないのだ。（ナルシシスティックな）自我である。実際，まさに最初期の理論の，「幼児期の性理論」を生み出すのに責任があるのはこの自我である。そこで初めて，欲望は「知る欲動」の，Wisstrieb の形を取るのである。

男児の性理論

　たとえば，幼児にとって，大人はみんな生まれつきペニスを持っているはずだという事実以上にはっきりしている，näherliegend〔より手許にあって明白な〕ものはないように思われるし，何ものも，幼児が観察された素材をこの期待を踏まえて再解釈すること以上に正当なものはない。

> 男児は疑いもなく男性と女性の違いを認知するが，まず第一に性器の違いをそれと結びつける何のきっかけもない。彼が，すべての生き物に，人間や動物にも，自分自身がもっているのと同じような生殖組織があると想定するのは自然である。……この身体の部分は，絶えず……探求欲動［Forschertrieb］に新しい課題を立てる。彼は，自分のものと比べるために，他の人々にも同じ部分を見ようとする……。われわれは，そのような子どもがペニス欠如［Penismangel］

のはじめての発見にどのように反応するかは知っている。彼らは存在しないことを否定し，やはりペニスが見えると信じる。彼らは，観察と予断との間の矛盾［der Widerspruch zwischen Beobachtung und Vorurteil］を，ペニスはまだ小さいがこれから大きくなるだろうという逃げ道によって言いつくろう。次には徐々に，少なくともかつてはあったのだが，そのあとで取り除かれたという情動的な重大な結論に達する。ペニスの欠如は去勢の結果だと説明され，今や子どもは自分自身と去勢との関係と対決するという課題に直面する［sich mit der Beziehung der Kastration zu seiner eigenen Person auseinanderzusetzen］。(SE 19 pp.142-144; GW XIII S.295-296; 著作集 11 pp.99-100)

この「去勢コンプレックス」の記述を読むと，ほとんど避けがたく，フロイトにはたぶん明白で，かくも手許にある結論なのだと思われるものによって衝撃を受けざるをえない。女性性器を知覚することが多かれ少なかれ Penismangel〔ペニス欠如〕の知覚以上でも以下でもないという結論である。すなわち，暗にペニスをあらゆる性器のあり方の基準として設定した上での不在や欠如である。フロイトが断定するように，男児がこの仮説を立てるのが「自然である」とすれば，フロイトが，それに応じて用語を調整することも同じく「自然」だということになる。ちなみに，フロイトのペニス中心的な知覚モデルに，女性の身体と性器をめぐる他の様々なファンタジーの可能性をもって介入したのは，メラニー・クラインが初めてであった[(1)]。その時，われわれはここに「結論」——子どもの，そしてい

---

(1) フロイトのファルスと「去勢」の理論が対立項 visible/invisible〔可視の／不可視の〕——自我とその知覚との関係についての彼自身の議論が彼を問い直すことへと導く心理学的な優位性——によって形成されるとすれば，メラニー・クラインが発見した身体の内部に関わるファンタジーは，もはや知覚に特権を与えない。「身体の内部——見えざるもの——は無意識と超自我の代表となる」と彼女は *Die Psychoanalyse des Kindes*(Vienna, 1932), p.215n〔*The Psycho-Analysis of Children*, The Free Press, 1975, p.206;『児童の精神分析』

わば男性の自我の「見地」を採用するフロイトの結論——の一例を手にするが、それは見かけの近接性や自明性にもかかわらず、すでに手許近くにあるとはいえ、潔白でもなければ疑問の余地がないわけでもない結論なのである。

否認から分裂へ

しかし、もしフロイトによる去勢コンプレックス発達の説明が、精神分析そのものが提起する認識論的な問いへの答えとして"naheliegenden Schlussfolgerungen"〔手許にある明白な結論〕の概念に信頼を植えつけるために多くをなさないにせよ、それは、明らかにフロイトの主体概念の中核をなす状況の中で、観察と解釈の相互作用を問い質すことは可能にする。

もし子どもが観察の証拠を否認するとすれば、このことは、子どもの初期の心的発達を統括する「期待」や「予断」（Vorurteil）の力と優位性とを証明する。フロイトは Vorurteil を「自然な」と称するにもかかわらず、彼の記述は、後にナルシシズムとして知られるようになるものをも先取りしている。子どもの欲動の推進力は特殊な視覚経験に向かう。「彼は、他の人々にも同じものを見ようとする……」。知覚的認知は、つまりすでになじみのあるもの——「同じもの」——の観察は、子どもが欲望するものであり、この欲望は知覚「データ」を欲望の需要に屈服させるほど十分に強力である。欲望の発達は、フロイトが『夢判断』で描いているように、対象の知覚にではなく、対象の幻覚に結びついている(2)。「去勢コンプレッ

衣笠隆幸訳、誠信書房、1997 年、p.246〕の中で書いている。身体内部の不可視性は、それが現象的な対象の属性、ファルスではなく、したがって単なる可視性の否定の様態ではなく、むしろファンタジーそのものの場面であるという事実を通して、去勢における不可視の契機から区別される。

(2)「知覚の再出現は願望充足であり、欲求興奮からの知覚の完全備給が願望充足の最短の道である。この道が実際に歩まれる、つまり願望がこうして

クス」がその条件となる決定的な修正は，欲望の展開が単に幻覚の産物ばかりではなく，幻覚の物語への組織化を含むところにある。去勢の物語は，それを時間化することによって「知覚」と「予断」の間の矛盾を遅らせようとする。「昔々，あるところにペニスがありました……」。

「幼児期の性理論」はこのように，フロイトが常に「去勢」と特徴づける「ナルシシズム的」衝撃に対処するために子どもが自分に語るストーリーである。そのストーリーは，ナルシシズムにとって，それゆえ自我の発達にとっても絶対に構成的な Vorurteil〔予断〕を和らげる。予断すなわち，自分が「同じもの」の世界に住んでいるという子どもの確信であり，その世界では差異と他者性は，根源的で優勢な同一性の剥奪的で消極的な形としてしか，Mangel〔欠如〕あるいはかつてあったものの喪失としてしかみなされない[3]。しか

幻覚へと流入する心的装置の原初的な状態があると仮定することを妨げるものは何もない」（SE 5 p.566; GW II/III S.571; 著作集 2 p.465）。
(3) 「去勢」を実体化する——ラカンの去勢についても当てはまる（このことを説得的に論じている Philippe Lacoue-Labarthe and Jean-Luc Nancy, *Le titre de la lettre*［Paris, 1973］を見よ）——傾向にあるフロイトへのアプローチはどれも，それゆえナルシシズムも同様に実体化することを避けることができない。彼はしばしば自分自身の物語に魅了されるけれども，フロイト以上にその不可避性と同様，そうした魅了のナルシシスティックな性質を証明してきた人はいない。どんな理論的思弁もナルシシズム（常にではないけれども，あるいは最も興味深いのは，系統だった陳述や熟考の水準で）から自由ではない。フロイトの著作が継続的に考慮に入れる事実である。ラカンにとっては対照的に，「想像界」の擬似 - 存在論的秩序と同一視されることによって，ナルシシズムは主体によって少なくとも理想的には十分な成熟，すなわち「象徴界」への接近の中で，克服されるべき一歩として表象される。無意識的欲望はこうして，ラカンの中でナルシシズムを越えるものとして，本質的に「想像上の自我」とは区別されるものとして現れる。この「想像上の自我」の「回帰」はもちろん，エコール・フロイディエンヌの歴史が証明するように，それだけいっそう和解しがたいものである。

し，この根源的な同一性は，去勢のストーリーがいわば弁証法的に強化しようとしながらも，それが否認しようとする差異にますます従属してゆく。フロイトがこの，それによって主体が築かれる過程でもある従属の過程を説明するために使う用語が Auseinandersetzung である。「今や子どもは自分自身と去勢との関係と対決する [sich auseinandersetzen] という課題に直面する」。

　ドイツ語の動詞（sich) auseinandersetzen〔議論する，取り組む，対決する〕は非常に負荷が重く，フロイトの思考にとってきわめて重要なので，ここでは原語を保持する以外にはほとんど選択肢がないと思われる。通常の用法では，それは議題や問題や人を扱い，それらを処理する行為（sich auseinandersetzen mit...）と，フロイトがアードラーやユングに関して実行したような種類の論争との双方を意味する。さらに文字通りにとれば，つまりその構成要素（すなわち auseinandergesetzt〔離ればなれに置かれる〕）へと分析すると，語は分解の，あるいは少なくともすでに2回遭遇する機会のあった分析の過程を示す。第一に，フロイトが夢を（違うやり方で再構成するために，夢テクストのもっともらしい意味ありげな一続きの場面を分解しつつ）解読することが必要だと述べる種類の読解として。第二に，「能動的な」男性と「受動的な」女性への二重の同一化を達成するために，文字通り自分自身を分解する，Urszene〔原光景〕における子どもの拡散的抗争としてである[4]。これら様々な意味の間

---

(4) 原光景での子どもの「立場」あるいは「構え」（Setzung あるいは Stellung）は，実際は三重である。能動的な男性と受動的な女性の，二重の対立する同一視に加えて，子どもは両者から分離しながらもまさに参加している場面の観客として自らを設定する。原光景はこうして，主体が直面し（または知覚し）ようとする場面に対立し，先ほど言及した三つの立場の間で自己を分配あるいは分散させる中で，自分自身を分離する仕方の原型として出現する。欲望の能動的な主体，受動的な対象，能動／受動的な観客である。この Auseinandersetzung の過程において，アイデンティティ——自我の組織と立場——は他者性を変質させようとする果てしない格闘の両価的（アンビヴァレント）で葛藤

44　第Ⅰ部　取り置かれた精神分析

で，非常に複雑な形状が姿を現し始めるが，そこでは同一性の定礎（Setzung）は——主体の，対象の，あるいは意味そのものの定礎であろうと——ますます二重化の，あるいは相互分離過程の効果であるように見える（aus-ein-ander〔一－と－他に－分かれて〕）。そのような過程は，不可避に語り口(ナラティヴ)の分節形式を必要とするように思われる。つまり，原光景とともに「始まり」，「去勢」を構成する差異の否認の中で継続する「ストーリー」は，去勢の，発達しつつある主体への関係とのAuseinandersetzungで最高潮に達する。このAuseinandersetzungに特徴的だと思われるのは，正確には対象の幻覚（ペニスの不在あるいは存在）から関係の問題へと移行する傾向であり，その関係の中に主体そのものが抜き難く拘束され，そこで分割される。主体の分割，そのAuseinandersetzungは，自我と超自我との関係において頂点に達する。この関係は，原光景から去勢に至る「ストーリー」ないし歴史の中の転換点を記す。転換点というのは，去勢が，その異質性が喪失の形を帯びる語り口(ナラティヴ)を構築することによって，分割されていない同一性のフィクションを維持するための自我のナルシシズム的な努力を体現すると考えうるとすれば，超自我の創設は，自我がそれまでそこで——むしろそれによって——他者性との関係を画定しようとしてきた空間を変形させるからである。フロイトの（エスと自我と超自我の）第二局所構造は，もはや中立でも空虚でも連続的なものでもない。それはもはや，自我が対象や知覚の形で自らの非同一性に対峙し，喪失の形でその他者を時間化できる空間ではない。というのは，この空間は，分離した自己同一的な存在者がそこですべて固定した決定しうる場所を占める延長の空間ではないからである。むしろ，それは重なり合いによって特徴づけられる空間である。自我はエスから自分自身を分離させる〔apart〕ことによってのみ，エスの「組織された部分」として存在するよう

的な効果として現れる。

になるが,しかしそれはエスの一部〔a part〕のままである。同様に,自我の同一性は,もはや単なるそれ自身の「組織化」の関数だけではなく,むしろ超自我とのその(両価的な)関係の関数であり,超自我も今度は自我のナルシシズムの相続人でも,エスの産物でもあるのだ。自我はこうして,自らがそうではないものに自分自身を対立させる中でだけではなく,〈自己〉を,それが決して十分な同化も完全な排除もできない他の「審級」への葛藤を含む関係の中で分散させる中で自らを分割するのである (5)。

そうであれば,その〈自己〉を分離することによって自我が自分自身を分節するとしたら,この Auseinandersetzung の空間は観察と

---

(5) この三から成る局所論によって畳み込まれた空間は,われわれが見るように Auseinandersetzung の中で自我によって,不安をもって,不安を通して「投射された」ものとは極めて異なる。後者が伝統的なものと同じ,ユークリッド的,均一で連続的な延長という空間概念として示しうるとしたら,それぞれが固有の場所にある身体の入れ物(アリストテレス)——フロイトの局所論の空間——は,むしろ構成要素の葛藤的な重なり合いの空間である。それは,他者から分離する過程が,フロイトの次の注釈が指摘するように,自己を分離することに収斂する空間である。「自我のエスからの区別は正当なものに見えるが……しかしその一方で,自我はエスと同一のものであり,エスの特別に差異化した部分である。われわれがこの部分を全体に対比して考えるならば,あるいは両者の間に現実的な分裂が生じるならば,自我の弱さがわれわれに明らかになる。自我がエスに結びついたままで,区別しえないとすれば,その強さが示される。自我の超自我への関係もそれに似ている。多くの状況で,この二つは合流している。……自我とエスが,あたかも二つの区別された陣営であるかのように思い描くなら,それは間違っていることになるだろう」(『制止,症状,不安』,SE 20 p.97; GW XIV S.124; 著作集 6 p.327)。自我は要するに,エスや超自我「から区別しえない」時に最も強く,それらから自らを区別する時に最も弱い。自我の「症状」との格闘,症状の「異質な身体」を統合しようとするその努力,そして自我のその結果生じる崩壊(症状を体内化しようとする試みに続く「脱身体化」〔decorporation〕と呼びうるようなもの)についての,フロイトの後に起こる議論は,Auseinandersetzung の過程の図像的なモデルを供給する。

いう用語では解釈しえない。すなわち，それは決してそれ自体として観察できないし，対象に対面し，それを捕える主体の行為だと考えられる観察とは両立しない。観察は，フロイトが十分に気づいているように，葛藤を含む欲望の関数であり，単にある対象への反応や反動ではない。しかし，フロイトがこのことを「知っている」のだとしても，そのような知識が精神分析的な認識自体の地位に影響せざるをえないという単純かつ抵抗しがたい理由から，しばしばフロイトはそのことを「忘れる」。もし，精神分析の認識が観察できるデータに基づいていないのだとしたら，精神分析をたとえばアードラーやユングのナルシシスティックな理論から分離させようとするフロイトの努力は，果てしなく複雑さと困難を増すことになる。

比喩言語

この「忘却」の重要な一例は，フロイトの最も思弁的な論文，『快楽原則の彼岸』が提供する。このテクストの中でフロイトは，彼自身の思弁的な反復強迫と死の欲動の仮説を，ナルシシスティックな・・・・だけの単なる思弁と区別することによって，擁護せざるをえなくなっている。この擁護は，彼の新しい仮説を以前の仮説と対比する形を取る。

> ここで試みる欲動理論の第三段階が，先の二つの段階と同程度な確実性を要求することができないということを私は見誤ってはいない。性概念の拡張とナルシシズムの仮説 [Aufstellung] のことである。この二つの刷新は，観察の理論への直接的な翻訳であり，そのような・・場合に避けがたい範囲以上に誤謬の源を担っていたわけではない。欲動の退行的特徴の主張も確かに，観察された素材，すなわち反復強迫の事実に基づいている。ただ，ひょっとして私はそれらの意味を過大評価してきたのかもしれない [6]。

---

(6) 『快楽原則の彼岸』, SE 18 p.59; GW XIII S.64; 著作集 6 p.190, 強調は私のもの。

フロイトがここで取り上げている「第三段階」が最初の二段階より，なるほどさらに思弁的で，さらに憶測的であるとしても，三つのうちのどれ一つ「観察の理論への直接的な翻訳」として適切に記述しうるものはない。むしろ，最初の二つの「翻訳」でさえ，観察されたデータから単純に引き出されているとはとても言えない構造と概念を含んでいる。葛藤に満ちた欲望の身体的症状への転換というヒステリーの記述も，隠蔽としての夢分析も，意識の中の「ギャップ」の解釈を含んでおり，その解釈の中でその「ギャップ」を説明するために案出された（「一次」あるいは「二次」過程のような）概念構築によって不連続が橋渡しされるのである。しかしながら，議論のコンテクストが予弁法的である——すなわち先取りした反論に対応し答えることをもくろむ——ところでフロイトは，自分の心的なものへのアプローチ全体が別の状況では掘り崩す観察概念に改めて訴えるという都合のよい戦略を採用する。掘り崩すというのは，精神分析を，よりなじみのある形での科学から区別するものは，まさにそれが扱う「現象」の観察不可能性だからである。

> われわれは，生と死の欲動についての思弁を判定する際に，非常に多くの不審を抱かせる目に見えない過程［befremdende und unanschauliche Vorgänge］がそこで生じるということによって当惑する必要はあるまい。——たとえば，一つの欲動がもう一つの欲動から出てくるとか，あるいは欲動が自我から対象へと向きを変えるといったことである。これは単に，われわれが科学的な用語によって，すなわち心理学（正確には深層心理学）に特有の比喩言語［Bildersprache］によって仕事をするのを余儀なくされていることに由来する。われわれは，そうでなければ当該の過程をまったく記述することができなかっただろうし，実に，それを知覚することさえできなかっただろう。(SE 18 p.60; GW XIII S.65; 著作集 6 p.191, 強調は私のもの)

ここから，『彼岸』として本文中に括弧内に引用する。

精神分析が関わる過程の Unanschaulichkeit〔目に見えないこと〕を考えると，知覚——それゆえ a fortiori〔いわんや〕「観察」——は，データの理論への「直接的な翻訳」の根拠を提供することはできない。その上，これらの過程そのものは，エネルギー Übertragung（移送）の意味であろうと，表象の移動の意味であろうと，フロイトによって変わることなく，ある種の翻訳をなすものとして記述されている。観察されたデータを理論言語に翻訳するどころか精神分析が実際に行っているのは，フロイトによれば，ある翻訳を転記することに他ならない。その翻訳自体も，それを反復しそれに置き換わる Bildersprache〔比喩言語〕によってのみ知覚でき，観察でき，認知しうるものになるのである。

Übertragung のプロセス——転移——としてのこの精神分析的言説の特徴づけは，それが生み出す認知上の洞察がもつ性質に影響せざるをえない。

> われわれがメタ心理学的と呼ぶあらゆる議論の不確定性は，もちろんわれわれが心的体系の諸要素における興奮過程の性質について何も知らず，またそれについて何の仮説も立てるべきではないと感じていることに由来する。それゆえわれわれはまた，常に，そのつど新たな定式へと持ち込む，ある大文字のXをもって作業する。（SE 18 pp.30-31; GW XIII S.30-31; 著作集 6 p.168）

とすれば精神分析的理論の核心にあるのは，フロイトがわれわれにそう信じさせようとするように，観察されたデータへの特権的な近さではない。核心はむしろ，ここでメタ心理学的な Auseinandersetzung〔分離・対決〕そのものの交叉的暗号〔chiasmatic cipher〕として現れるその「大文字X」において，未知の，形象化かつ脱形象化された—— entstellt〔歪曲された〕——ものに対してもつ認知の特異な関係である。というのも精神分析理論は，両価的(アンビヴァレント)な運動の中で自

らを分離するからだ。すなわち，内部では諸々のカテゴリーに自己を分散させながらも，それらのカテゴリーが重なり合い収斂するのと同時に，理論がその時，自らに構成的な脱臼〔dislocation〕を異端の拡散という外へ向かう運動として，つまり理論が対峙し非難するものとして現れる「脱落＝荒廃運動」（Abfallsbewegung）として外部に投影する運動だからである。後に見るように，これはまさに抑圧，症状形成，不安，その他の防衛的な戦術素における自我の運動だとフロイトが記述するものに他ならない。このことにも驚くには及ばない。なぜなら，われわれが読んだばかりだが，記述は，記述された対象の関数というよりも，それを記述する Bildersprache〔比喩言語〕の関数だからである。

　このことは，精神分析の理論的言説が同語反復(トートロジー)だと非難することではないか？　ナルシシズム的で思弁的なものとして，多くの点でフロイトがアードラーとユングを批判したのと同じ形で？　精神分析的メタ心理学の Auseinandersetzung が閉じた，自己同一的な循環として同定されうるなら，答えは容易に得られるだろう。しかし，これから証明するように，フロイトの「大文字 X」によって脱形象化された運動は，まさに円環的ではないし，一度で決定的に同定することは不可能である。その運動が辿る軌道は，それが記述するもの，つまり，想起し，語り直しうる脱臼でありながら，決してそれ自体として理解されることがありえない Ent-stellung〔場面歪曲〕の軌道である。というのは，それを決定しようとする——言い換えればそれを認識しようとする——努力はどれも，「経済的」「局所論的」，そして「力動的」パースペクティヴが収斂し，重なり合うあの両価(アンビヴァレント)的な運動に捕え込まれ，フロイトのメタ心理学の交叉的で，非円環的で，省略的な Bildersprache〔比喩言語〕の中で不可避に自分自身を分離するからである。

　この Bildersprache の非円環的で非同語反復的な性質を証明するためには，われわれはそれを——その直接的な現れを，その定式と

定式化を——離れて，フロイトが観察の理論への「直接的な翻訳」だとして指示するあの「記述」の一つへと，しばらく向きを変えなければならない。この回り道は，少なくとも二つの理由によって避けられない。第一に，フロイトは自分が使用する言語への体系的で拡張した反省を展開するのを綿密に避けたが，彼がそうするのはなるほどもっともであった。というのは，そのような反省は，まさにその性質から，メタ心理学の比喩言語に，その基本的な規則と手続きを認識しうるメタ言語が取って代わりうるという前提に基づいていただろうからである。しかしながら，そんな想定をすることはまさしく，固定した不動の「自我の観点」から——高みの立場，すなわちその要素や効果の一つの立場から——メタ心理学の Bildersprache を規定する可能性を意味することである。それゆえ，メタ心理学的な言説をそれ自体として主題化したり対象化したりすることは，自我の自負と見かけの餌食になることに他ならないのだ。そうした身振りをしないことによってフロイトは——認識論的には素朴に見える危険を冒して——メタ心理学的な言説を反省的なメタ言語の威信に従わせることを拒むのである。第二に，より重要なことに，フロイトは自分が説かなかった（説きたくなかった）ことを実践した。彼はあの Bildersprache を，ほとんどその鏡像のように見える現象を記述するために使用したのだ。私は，Bilderschrift〔象形文字〕としての彼の夢言語の記述を参照している。それは絵画的な書体で，表意文字的なテクストである。この書体はもちろん，いかなる伝統的な意味においてもまさに理論的言説ではない。理論的言説は暴き発見しようとはせず，認識恐怖症的で，隠蔽しようと努力し，さらには，すでに見たように，自分自身の隠蔽を隠蔽しようとするからである。この Bilderschrift を記述する中でフロイトが，その書体が読まれるべき様式に触れることになるのは避けられなかったのである。

夢思考は，われわれがそれを知るやいなや，ただちに理解できるものである。それに対して夢内容は，いわば象形文字［Bilderschrift］で与えられていて，その記号［Zeichen］は個別に夢思考の言語へと翻訳されなければならない。もし，これらの記号を記号論的関係［Zeichenbeziehung］に従う代わりに，その形象価値に従って読もうとすると，われわれは明らかに誤謬へと導かれることになろう……夢は判じ絵なのである。(SE 4 pp.277-278; GW II/III S.283-284; 著作集 2 pp. 231-232)

フロイトによる夢言語の発想は，avant la lettre〔その言葉成立以前に〕構造主義的であるように思われる。夢記号の「価値」を規定するのは，その表象的，主題的な「絵画的」内容ではなく，むしろそれの他の記号への関係である。これら「他の」記号は何よりも，夢の「中で」表象される記号である。しかし，この限界——そして一般的には夢の内部と外部の間の区別——は，フロイトの議論の最中で次第に掘り崩されることになる。それでも，このフロイトの発想の弁別的で決定的な側面に到達する前にまず，ここで記述されている「関係の論理」が，すでに我々の二次加工についての議論で出会った論理と同一であることに注意しておこう。夢を適切に読むためには，その明らかな連続場面は無視されなければならないか，むしろ集中的に考慮されなければならないが，それは見た目に明らかな意味の視点からではない。個々の表意文字に表される意味はそれ自体が意味する要素であり，そこでは，個々のシニフィエの空間的，統辞論的な関係がしばしば規定力をもつ論理——あるいはむしろ「図像論理」——に従っている。夢は，フロイトが観察するには，

> 論理的な関連を同時性として表現する。……［夢は］二つの要素をお互いに近いところに示すが，それは夢思考の中にあると特別に緊密な［innigen］関連がそれらに呼応するものの間にあることを保証する。このことは，われわれの書字体系と似ている。"ab" は，二つ

の活字が一つの音節で発音されなければならないことを意味している。(SE 4 p.314; GW II/III S.319; 著作集 2 p.262)

夢の表現の様式を特徴づけるものは，特に「緊密な」あるいは「内密な」——innigen〔緊密な〕——意味論的関係がシニフィアンや書記素の「外的」関係の中へ，あるいは「外的」関係として書き換えられることである。意味は，一般的に対象（意識の対象）に本来含まれるとみなされるが，それは文字として，書字的に間隔を空けて置かれる結果，夢の書字体において，意味の担い手になるのは統辞的配置そのものである。このことは，夢と夢との互いに対する関係と同様，ひとつの夢の中の個々のシニフィアン同士の関係に当てはまる。しかし，おそらく最も重要なのは，それがまた，その語りに対する夢「そのもの」の関係にも当てはまることであろう。というのは，もし夢そのものが，それに先だって存在する「思考」と願望の書き換え直しの結果であるとしたら，このプロセスは夢を分節する反復と隠蔽のプロセスへと連なり，そこで最高潮に達するからである。夢のナレーションのプロセスである。

しかしながら，フロイトが夢の分節の共時的な性格——構造主義者，とりわけソシュールの記号論とのもう一つ別の驚くべき類似点である——を強調したことは，まさにこのジュネーヴの言語学者が la langue〔言語〕の着想から消し去ろうとしたまさにあの通時的な次元を含んでいる。フロイトにとって夢分節は二つの意味で通時的である。まず，夢は，それらを見かけ上固定的な Bilderschrift〔象形文字〕の共時性に書き換えることによって，先在する願望葛藤を再生産する。次に，この書字体はいわば夢を想起し物語る夢を見る人の語りの言説において，ただ事後的にのみ存在するようになるのである。

この過程を記述するためにフロイトが使う用語は，Entstellung であり，すでに述べたように，distortion〔ねじれ〕と dislocation〔脱臼〕

観察，記述，比喩言語　　53

の両方を意味している。もし，この二つの用語が一般的に自らの反対物——つまり歪みのない本来の固有の場所——を含意しているとしても，フロイトの語の用法は明白にそのような含意を排除している。彼がこのことを明確にしている一節が今一度，彼の概念が引き起こさざるをえない Auseinandersetzung〔分離・対決〕の予弁的な先取りによって際立っているとしても，もちろん偶然ではない。『夢判断』第 7 章のはじめでフロイトは，それまでの 6 つの章で練り上げた自らの夢分析に対してなされうる反論に焦点を当てる。そのうちの一つが，フロイトの以前の議論はみな著者の単なる投影以外の何ものでもないのではないかという論点である。なぜなら，それは夢そのものへの直接の接触に基づいているのではなく，信用も証明もできない事後的な証言にのみ基づいているというのだ。フロイトの答えは，いわば賭け金の競り上げである。

> われわれが夢を再現しようとする場合，それらを歪曲する[entstellen]のは本当である。そこに再び，われわれは正常な思考の検閲所による夢の二次的，しかもしばしば欺く加工と呼んできたものを見出す。しかし，この歪曲［Entstellung］それ自体は，夢の検閲の結果，夢思考が規則正しく従属する加工の一部以外のものではない。(SE 5 p.514; GW II/III S.518-519; 著作集 2 p.422)

反論に譲歩することによって，フロイトは反論から批判的な力を取り除こうとする。そう，夢の語りは再現であり，夢そのものを必然的に歪曲する—— entstellt ——ものだと彼は認める。しかし，その夢「そのもの」がすでに歪曲なのだから，これはまさにそれが被る後の歪曲の正当性を示すのである。それらはみな Entstellung の一般的なプロセスの部分であり，語りの主体は，夢の中にいる夢を見る人と同じくらいそこに巻き込まれているのだ。

外見上の夢の共時性は，こうして語りの隠蔽する通時性の中へとほぐれてゆく傾向にある。過程の中で，子どもが次第に（原光景の）

観察者の位置を捨てて,「去勢」における語り手の立場を引き受けてゆくのとちょうど同じように,観客としての夢を見る人の立場は,場面の,あるいはむしろシナリオの一要素であることが明らかになってくる。このようにして,子どもと同じように,夢見る人は語られたストーリーに参加するが,その参加は話すこと自体を包囲する。ナレーションはそれゆえ,夢がそこに位置づけられ,かつ同時に配置を崩す演劇として現れる。この意味で,夢の共時的な側面――それだけで理解されれば,あらゆる共時性と同様に超越的な立場への指示を含んでいるが――は,それを物語り直す語り口(ナラティヴ)によって捉えられ,移動させられるのである。

フロイトがこのようにして,夢を特徴づけるためにDarstellung〔場面設定〕のカテゴリーをEntstellung〔場面歪曲〕のカテゴリーによって置き換える時,そして「思考の特殊な一形態として」その特異性を構成するのは,顕在内容でも潜在内容でもなく,むしろ「夢の作業」(SE 5 p.506; GW II/III S.510-511; 著作集2 p.417)――言い換えればEntstellungの作業――であると強調する時,彼は夢の誤った規定を真の規定によって置き換えるだけではない。というのは,夢がEntstellungによって,Entstellungとして構成されているのであれば,このことは,夢の限界が,それが定義しようとするまさにその歪曲から自由になりえないプロセスによって規定されると断言するに等しいからである。そして,この立場を引き受けようとする「理論」が単に,外部からAuseinandersetzungを引き起こすのではないのは明らかだ。すなわち,それ自身から理論の正当化の伝統的な基礎を奪い,与えられた自己同一的な一般化できる対象への依拠を奪うことによって,Auseinandersetzungを「内部に」抱え込んでいるのである。

この対象の概念を問いに付さず,「正当化」の他の形態を練り上げることがないため,フロイトの思考は実際ダブルバインドに陥っている。そのBildersprache は,夢の Bilderschrift の場合のように,

それが記述しようとするねじれを再生産し、ねじれを続けることによってのみ成功する。その個々の命題と断言は、それらが場面設定する（darstellen）ものによってではなく、それらが跡づけるねじれと脱臼によってのみ機能することができる。あるいはむしろ、自らの形象の記述的で認知的な価値は、それらが示すように見える指示対象以上に、その刻印とスタイル、配置の連続の運動と、それらが互いに築き上げる関係に依存する。このことは今度は、Setzungen（諸定立ないし命題定立）の観点においてではなく、Auseinandersetzung、つまり定立される（gesetzt）ものがその中で自分自身を分離する葛藤を含んだ解体や再構成の動きの観点で読む準備ができていることを要求する。すなわち、解体と再構成の双方が。自らが対立する他方のものから自らを限界画定し〔demarcate〕、さらにもう一つの第三項をあらかじめ定めることによって自分自身の限界のマ・ー・ク・を・外・す・〔de-mark〕。第三項は、他の二項に置き換わり、それを移動させるのだ(7)。今から再び語られなければならないのは、次の別の Auseinandersetzung のストーリーなのである。

---

(7) 解釈についてのフロイトの理論と実践をあらゆる伝統的な解釈学から区別するものは、『夢判断』からの以下の指摘が例証しているように、それが葛藤的な力に割り当てる場所である。「解釈の仕事に際しては、夢の歪曲に責任を負っていた心的力がわれわれに抵抗することを忘れてはならない。こうして、その人の知的関心、自己訓練の能力、夢解釈における心理学の知識や訓練によって、われわれが内的抵抗を克服しうるかどうかは、力関係の問題である」(SE 5 pp.524-525; GW II/III S.529; 著作集 2 p.431)。

取り置かれたメタ心理学

　フロイトの「メタ心理学的な」諸々の思弁が，アードラーとユングに対する論争への何らかの種類の構造的な関係を担っているかもしれないということは，一見するとそれ自体こじつけの思弁のように見えるであろう。観察と記述をより大きな理論的枠組み——メタ心理学の動機と目的——へと集約しようとする努力は，フロイト最初期の分析的著作にまで遡ることができる。1895 年の『草稿』と，『夢判断』の第 7 章が，予備的であれ入念なメタ心理学試論になっているのだ。その上，一般的なタイトル「メタ心理学への序説」(Zur Vorbereitung einer Metapsychologie) の下に，理論的なテクストの首尾一貫した本体を組み立てるという企画は最初，ユングとの破局の 1 年半後の 1915 年にフロイトが言明したのであった。

　フロイト自身はきっと，そうした何らかの関連があるとは認めなかったであろう。実際，彼の知的で文学的な努力の構想全般は，ほとんど他者の影響を被る余地を残していない。

> 名声を得ようとしたり，不滅の幻想を抱いたりして書く者は誰もいない。名声は，いずれにせよまさに一時的な性質のものである。きっと，われわれはまず自分自身の内部にある何かを満足させるために書くのであって，他の人のためではない。もちろん，他者が自分の努力を認めてくれた時，内的な喜びは増大するが，それにもかかわらず，われわれはまず第一に自分自身のために，内的な衝動に従

って書くのである[(1)]。

ところが、無意識の重要性を明文化しようというフロイトの理論的努力の全体は、「内的な衝動」ないし喜びと、「他の人」の間の明快な区別と矛盾する。無意識が少しなりとも何かを意味するなら、そ・れ・は・自・己・と・他・者、内界と外界の関係が対極項の間の隔たりとしてではなく、むしろ他者がその可能性の条件として自己の内に住まう主体の、還元できない脱臼として捉えられえるからである。

そのような脱臼はおそらくフロイトの心的なものの最終「局所論」において、そしてとりわけ、超自我との自我の関係において最も明白になっている。超自我は、主体のアポリア的〔aporetic〕な同一性を定義する。すなわち、それは自我が向かおうと努力する理想をも、同時にそれが決して到達できない禁じられた限界をも表しているのだ。そのようなものとして超自我は、必要不可欠かつ還元不可能な他者性の要素を体現し、そこに心内部的でありながら超-心的な契機が収斂する。「内的な喜び」はこのようにして、超自我というこの審級による承認に依存し、その審級が個々の主体の歴史と、それが属す社会と文化の歴史とを結びつける。もし、著作の宛先を含む「自分自身の内部にある何か」が超自我と密接な関係があるなら——そしてこのフロイトの最後の考え方によれば、そうでなければならない——、このことは「自分自身」のために書く中でさえわれわれは、決して自己と同一化しえない他者のために書くことが避けられないということを認めるに等しい。自己は自らの同一性をその他者との関係において定義するからである。

もし、主体がこうして、決して十分な消化も完全な排除もできない他者との両価的(アンビヴァレント)な関係の中で、かつその関係を通してしか自らを分節できないのだとしたら、同じことは精神分析の企てそのものに

---

(1) アーネスト・ジョーンズからの引用、Vol.II p.397/p.397; 生涯 p.364.

も当てはまる。それ自身を定義するためには，同時に，自らがそうではないものから自分を分離しなければならない。そのような分離が，自らが排除しようとするものにつきまとわれざるをえないことは，フロイトの，「精神分析の体系が基づきうる理論的な仮定の解明と掘り下げ」（SE14 p.222; GWX S.412; 著作集 10 p.315）を意図している，そう彼が書くメタ心理学に関して特に顕著である。1916年に書かれたこの断言はフロイトが，まさにその思考があまりに体系的で思弁的でナルシシズム的すぎるからという理由でアードラーとユングを決定的に非難し，精神分析運動から破門してから2年足らずで出てくる。しかし，メタ心理学が「精神分析の体系」のための理論的基礎を提供するのだとすれば，それは少しなりとも思弁的でなくなり，ナルシシズム的ではなくなるのだろうか？　もし精神分析そのものがある体系性を逃れられないのであれば，アードラーとユングへの批判が提起した問題を無視することもできない。精神分析はそれゆえ，それ自身が行う無意識の「素材」の「翻訳」が，自らが競争相手に帰する同じ偽造や還元に従っていないということを証明しなければならないのだ。この区別のための基礎を確立しようとするフロイトの試みは，一連のメタ心理学のテクストを創始しようとする試論，『本能とその運命』において，必然的にそれに伴ういくつかの困難を示している。

> 科学的な活動の真の始まりはむしろ，現象を記述することにあり，現象は続いてグループ分けされ，分類され関係づけられる。記述の段階においてもすでに，素材に抽象的観念を適用することは避けられない。それらの観念は，おそらく新しい経験からだけではなく，どこかから引き出される。さらにそのような観念——のちに科学の基礎概念になる——は，材料のさらなる加工の下でさらに不可欠になる。それらの観念は最初，ある程度の不確実性を帯びているに違いなく，その内容の明確な特徴については言うまでもない。この条件下に留まる限り，ひとは経験素材を繰り返し参照することによっ

てその意味を知るのだ。経験素材からそれらの観念を引き出したように見えるが，実は経験素材がそれらの観念に従属しているのである。(SE 14 p.117; GW X S.210; 著作集 6 p.59)

この一節は，メタ心理学への一般的な方法論的イントロダクションの役割を果たしているが，フロイトの思考様式と著述様式の例にもなっている。というのはこの一節は，単にそれが主張することのみならず，おそらく，あるいはそれ以上に，これらの断言が書き込まれる方式ゆえに注目すべきだからだ。互いの関係の中で読むと，個々の陳述はそれらが提出する命題を掘り崩し，移動させるのだ。こうして，フロイトが「記述」を「科学的な活動の真の始まり」と称することから始めるとしても，記述は常に，不可避的に「抽象的観念」，それ自身が単に経験から——個々の経験から——ばかりではなく，「どこか」から引き出す観念を前提する限り，続いて彼は，記述は決して単に始まりなどではないと論じるのだ。

　したがって，「科学的な活動の真の始まり」を確立するどころか，フロイトのテクストはそのような「真の始まり」などないことを証明する。なじみの問いに答えを保証する代わりに，われわれは問題を抱えたまま残される。個々の経験からだけではなく，「どこか」から引き出されたこのような「抽象的観念」はいかに働くのか？ その答えは表立った議論の中にではなく，フロイトのメタ心理学「実践」そのものの中に見つかるはずである。その個々の断言の命題内容から不可避に離れる著述スタイルの中にである。それによってフロイトの概念がそれ自体を分節し，かつ脱分節する，この力動的な分岐を指し示すのに最も適切な語は，Auseinandersetzung〔分離・対決〕である。私は，最も重要な三つのメタ心理学の概念に働いているこの語を辿り直すことにする。一次および二次過程，抑圧，そして不安である。

一次および二次過程

一次, 二次過程という用語で心的なものを分節しようとするフロイトの努力は, 精神分析的思考そのものと同じくらい古い。1895年の『草稿』でフロイトは,「心的一次過程」と「二次過程」とを区別している。前者は,「幻覚にいたるまでの願望備給と, 十全な防衛支出をともなう不快の完全な発達」であり, 後者は「現実記号の正しい評価を通して……前者の緩和」に関係し, それは「自我の制止においてのみ可能となる」(『精神分析の起源』[ニューヨーク, 1977], pp.388-389; GW Nachtragsband S.411; 著作集 7 p.262)。

しかしながら, フロイトがこれらの二つの心的過程について包括的な説明をしようとしたのは『夢判断』の第 7 章が初めてであった。この練り上げは, フロイトを「最も複雑な思考の活動は, 意識の共働なしに可能である」(SE 5 p.593; GW II/III S.598; 著作集 2 p.486) という結論へと導く一連の推論の中に組み込まれた。一次および二次過程の理論はこの可能性を説明する試みとして登場する。出発点は, フロイトの夢作業の分析である。

> これらの過程の主要な性格は, そこにかかる負荷のすべてが備給エネルギーを可動的にし, 放出を可能にすることが分かるだろう。備給が充当される心的要素の内容と特有の意味は, 副次的なものになる。(SE 5 p.597; GW II/III S.602; 著作集 2 p.489)

互いの関係によってではなく, 絵画的な (あるいは表象的な) 内容によって夢イメージを解釈することに対する, 前に引用したフロイトの警告は, その客観的相関者と説明を, 彼が「一次過程」と称するものに, つまり「心的要素の内容と特有の意味」がそのエネルギー備給を「可動的にし, 放出を可能に」する能力よりも重要ではないとする分節様式に見出す。心的エネルギーは, 緊張が心の一定の門戸の上に生じるなら, またその時には, それ自身を切り離す準備

をしながら，ある表象にわずかに「充当される」のである。

一次過程の弁別特徴であるエネルギー備給の可゙動゙性゙の含意と帰結を理解するためには，フロイトがこの過程を「生命の窮迫」(die Not des Lebens)（SE 1 p.297; GW Nachtragsband S.390; 著作集 7 p.235）と呼ぶものから引き出すやり方を思い出すことが助けになる。そのような窮迫は，まず子どもの「主な身体的欲求」(SE 1 p.297; GW Nachtragsband S.389; 著作集 7 p.234）として感じられるのだが，それは——幼児の孤立無援性ゆえに——「外部の助け」(SE 1 p.318; GW Nachtragsband S.410; 著作集 7 p.254）だけが充足しうる。そうした欲求とそれが生み出す緊張緩和は，「内的刺激」(SE 1 p.318; GW Nachtragsband S.411; 著作集 7 p.254）とそれが発生させる不快な緊張とが（大抵は母親や乳母の役目がなす）外的な介入によって軽減された時，最初の「充足経験」になる（同所）。

どれほど多くこの満足の経験の量的な，エネルギーの，「経済的な」側面を強調することから始めよゔと，フロイトは同様に，重要な質的な面も強調するのを忘れてはいない。というのは，その過程が単に器質的あるいは生理的であることをやめ，心理的なものになるのは，まさにこの質的な要素によるからである。フロイトは，この質的な面を知覚と記憶の働きにつないでゆく。

> この満足体験を知ること［Befriedigungserlebnis］の本質的な構成要素は，特定の（例えば栄養物の）知覚であり，その記憶像はその時から，欲求の興奮の記憶痕跡と結びついたままになる。(SE 5 p.565; GW II/III S.571; 著作集 2 p.464)

次に刺激が起こる時，一種の反射によって同じ記憶像が自動的に生み出される。

> そのような動き［すなわち前の知覚を再生産しようとするもの］は，われわれが願望と呼ぶものである。知覚の再出現は願望充足であり，

> 欲求興奮からの知覚の完全備給が願望充足の最短の道である。この道が実際に歩まれる，つまり願望がこうして幻覚へと流入する心的装置の原初的な状態があると仮定することを妨げるものは何もない。こうして，この最初の心的活動は「知覚的同一性」[eine Wahrnehmungsidentität]を，すなわち生理的欲求の満足に結びついた知覚の反復を目指す。(SE 5 p.566; GW II/III S.571; 著作集 2 p.465)

このことは，なぜ夢の象形的な書字が端的で率直なイメージによって働くのではないのかということの力動的な説明をもたらす。ここでフロイトが「知覚的同一性」と呼ぶものは，知覚素材から形成されているが，その素材はそれが表現するものによって機能するのではない。というのは，その表象的で観念化する内容――その Vorstellungsinhalt〔表象内容〕――は何か根本的に異なるもの，そのものとしては表象不可能な何かの記号としてのみ機能するのだ。なぜなら，それは緊張における変化から，つまりエネルギーの分配における量的で差異的な変更から成り，質的な効果を生み出すからだ。痛みから快楽への移行である。知覚的同一性の概念で決定的なことは，関係する同一性が反復の結果であるということだ。そこでは質的な内容は単に，それが思い出させる定めにある満足の，現前化しえない経験への形式的な支えとして機能するのである。

　表象の――すなわち記憶像の――備給が快楽原則の直接的な支配下で起こる限り，つまり，そうした備給の心的な安定性と接近可能性が備給の快の経験（それは，フロイトにとって，快の探索というより緊張の回避を意味する）の近さの関数であり続ける限り，心の働きを特徴づけるのは一次過程である。「生命の窮迫」の圧力の下では，しかしながら，心的なものは別の様式の働き，つまり二次過程を発達させることを強いられる。

> 生のつらい経験は，この原初的な思考活動をより合目的的で二次的なものへと変えたに違いない。装置に内在する短い退行の小道に沿

> ったこの知覚的同一性の確立は，他の所で，外部からの同じ知覚備給と結びついた結末を持つことはない。満足が起こらないのに，欲求は持続するからである。……より合目的的な心的な力の使用に達するためには，それが完全な退行を中止させ，その結果，退行が記憶像を超えて進行させないようにし，記憶像から離れて，外界の方からくる欲望された知覚的同一性についにはたどり着くような別の道を探しうることが必要である。この制止とそれに続く興奮の方向転換が第二の体系の使命になる。(SE 5 p.566; GW II/III S.571-572; 著作集 2 p.465)

言い換えれば，一次過程の衝動は非生産的なだけではなく，生産に逆行するものでもあり，緊張を除去するより，むしろ緊張が高まるに任せるのだということがいったん明らかになると，心的なものは，望まれた方法で緊張の外的要因を変えるために，それに影響を与える様式を発達させることを強いられる。ところがこのことは，幻覚以外の活動を前提している。つまり，現実は，それが苦痛と不快 (Unlust) の源になっているところでさえ，とりわけそこで，把捉され調査されなければならない。たとえ不快な経験を連想させる時であれ，心的なものは表象（知覚，記憶像，概念）を形成する能力を発達させなければならない。一次過程の可動的な備給は，こうして次第により安定した二次過程の備給に道を譲る。あるいは，フロイトが述べているように，幻覚への「退行的な」傾向は「制止され」なければならない。

　問題は，もちろん，いかにしてそうした制止が起こるのかに適切な説明を提供することだ。彼の思考の，この比較的早い段階にある『夢判断』でのフロイトにはその過程を，外的な「生の窮迫」に対する自己同一的な主体の半自動的な反射‐反応の観点から説明する傾向がある。しかし，この二元的モデルは彼を，そのような主体が「一次」から「二次」過程に移行する仕方を説明できないままにする。二次過程は生存に明らかに必要であっても，だからといって理解可

能ではないのだ。子どもが生き延びなければならないとしても、そうした発達が起こらなければならないと主張することは、それがいかにして起こるのかを説明することにはならないからである。

しかしながら、『夢判断』の著者がまだ退行の制止を精神分析的な用語できっぱりと説明する立場にないにせよ、そのような説明の決定的な要素を指示することはできる。心的エネルギーがそれによって表象に「結びつけられる」、「拘束」の過程である。この結びつきの特質は、一次過程の可動的な備給を二次過程のより安定した備給から区別するものである。しかし、この二つの異なるタイプの「拘束」の性質を評価するためには、われわれはしばらく、フロイトが「一次」および「二次」過程の間に置くまさにその区別を、すなわち一次的および二次的ナルシシズムとマゾヒズムと抑圧のような、後の対立物を前もって描いている区別を考察してみなければならない。「一次／二次」の関係は、フロイトによって構造的かつ時系列的なものとして記述されている。しかしながら、それと同時に、彼はそれが「理論的な虚構」であることを認めている。

> 私が心的装置で起こる心的過程の一つを「一次」過程と呼んだとしても、私がそうしたのは単に序列や効率性を考慮してのことではない。その命名によって時間の諸関係が同時に問題になる必要があったのだ。われわれが知る限り、なるほど一次過程しか持たない心的装置は存在せず、その限りでそれは、理論的な虚構である。しかし、これだけは事実である。一次過程は最初から心的装置の中に存在するが、一方で二次過程が展開し、一次過程を制止するようになるのは生の経過の中でだけであり、一次過程に対するその完全な支配は、生の高みにおいておそらく初めて達成される。後になってからの二次過程の到来の結果、無意識的な願望に満ちた動きからなるわれわれの存在の核心は、前意識にとっては把握できず制止しえないままに留まる。(SE 5 p.603; GW II/III S.608-609; 著作集 2 p.494)

フロイトが一次過程を理論的な虚構と称するのは、ただその観察不

可能性ゆえにである。そのような過程が「最初から」心的なものの中に存在するという「事実」は，虚構というこの承認によって影響を被らない。とはいえ，フロイト自身の記述は，一次過程という概念の「虚構性」が，その射程において，はるかにもっと根本的でありうることを示唆している。というのは一次過程の，その一次性を非常に疑問あるものにする別の側面があるからだ。いかなる備給であれ，一次過程の非常に可動的な備給でさえ，それが形成されるためには，エネルギーは諸々の表象へと拘束され，それらの表象の最小限度の再生産可能性を，たとえば「知覚的同一性」としての表象を保証するのでなければならない。だが一次過程を，幻覚性の再生産の反射-反応として記述する中では，フロイトは，いかにして実際にそうした再生産が起こるのかについてはなんら説明を与えることができない。「制止」は備給の安定性には必要であるが，もっぱら二次過程に結びつけられている。もしそうであれば一次過程は備給の過程ではないか，あるいは備給過程であれば――実際一次過程は単なる反射と区別できなければならないからだ――一次過程はすでに最初から，そもそもそれ自身を構成するためには，二次過程の制止を含んでいるのでなければならない。とすれば一次過程の「虚構性」は，単にそれが指し示そうとしているものの経験的な検証不可能性にだけではなく，理論的概念としてのそれ自身の構造にも関係することになるだろう。というのは，一次過程の条件は，表象（備給）へのエネルギー拘束を伴って，フロイトがそれに対立させようとしている二次過程の制止力だということになるからだ[(2)]。

---

(2) 二次過程の出現についてのフロイトの記述は，少なくとも通りすがりに，一次過程がすでにエネルギーを拘束する一定の傾向を伴っており，それゆえ拘束が全面的に二次過程の制止に起因するのではないことを示唆する。実際に，そうした制止は一次過程の拘束する傾向への反応として出現する。「第二の活動――われわれの表現では第二の体系の活動――が必要になるが，それは記憶備給が知覚にまで押し進み，そこから心的力を拘束す

この「理論的虚構」の結果は，とすれば，決して単に消極的なのではない。一次過程が二次過程の結果以外のものとして考えることができないのであれば，一次的であるのは——理論的にも実践的にも還元不可能という意味で——，備給にとっての必要条件としての制止の概念である。

　この制止の「一次性」はさらに〈一次的なもの〉の制止でさえある。しかしながら，そのものとして，それはフロイトの思考における単なるパラドックスよりはるかに以上のものを記している。むしろそれは，自己同一的な対象を示す用語から，顕著で還元不可能な葛藤への，概念化における移行の必然性を示すのである。

抑　圧

　フロイトが心的装置を一次過程と二次過程へと分化させたことは，いかにしてリビドー的なエネルギーは表象へと拘束されるのかという問いで頂点を極める。拘束の問題は，エネルギーが「快楽原則」に従って配分される傾向のある「制止」を含めて，フロイトの抑圧理論の核心にある。「しっかり抑えておこう——それは抑圧理論の鍵である——第二の体系は，ある表象から出てくる不快の展開を制止しうる場合にのみ，その表象に備給することができる」(SE 5 p.601; GW II/III S.607; 著作集 2 pp.492-493)。抑圧は，こうして一次過程と二次過程の接合部に位置づけられ，その二つは，それが許容する「制止」の度合いによって互いが互いから分離され，区別され

ることを許可せず，むしろ欲求刺激から起こる興奮を迂回路へ導く」(SE 5 pp.598-599; GW II/III S.604; 著作集 2 p.491，強調は私のもの)。単純な対立項，拘束／非拘束，制止／非制止はそれゆえ，フロイトの思考では異なる種類の拘束と非拘束を分節しようとする試みへ，究極的には第二局所論の展開へ道を譲らなければならないが，それは単に両価性(アンビヴァレンツ)を説明するようにできている局所論であるだけではなく，それ自体が両価的(アンビヴァレント)な局所論なのである。

る。まず、フロイトには、抑圧を一次過程の直接の効果かつ要素として記述する傾向がある。「心的過程によるかつて苦痛であったものの記憶のこのたやすく規則的な回避は、心的抑圧の原型的で最初の例をわれわれに与える」(SE 5 p.600; GW II/III S.606; 著作集 2 p.492)。抑圧の「原型的で最初の例」はここでは、一次過程の一般的な性質に従って、「たやすく規則的な」やり方で働き、それゆえ苦痛を与える記憶像や痕跡の半自動的な回避を引き起こすものとして記述されている。しかし、フロイトの用語法を吟味すればわれわれは、この「原型」は（ドイツ語では Vorbild〔原像〕、文字通りには prefiguration〔予描〕）は――一次的で原初の形であり、そこからより観察可能な二次的現象が発達すると言われている――まさに二次的現象の本質的な性格をなすものを欠くことによって二次的現象とは区別されるということを発見する。抑圧の場合、原型に欠けているのは葛藤の要素である。抑圧の「最初の例」は「回避」、Abwendung（文字通りには turning away from〔～に背くこと〕）の動きとして記述されている。ある種の逃走〔flight〕としてのこの抑圧概念は、用語を概念化しようとする中でフロイトに主要な参照点を与える。しかしながら、この比較が有益だとしても、それは究極的には比較が産出する不同性ゆえである。というのは、抑圧を逃走一般から区別するのは、それが逃げ去ろうとしているものから決して逃れることができないということだからだ。なぜなら、逃走は、フロイトが繰り返し主張しているように、心内部的だからである。そして、心的なものはある意味でそれが「内包する」ものから単純に逃げることはできないのである。

要するに、抑圧が心内部的な葛藤への反応であり、そしてその分節であるなら、それは単に「逃走」行為だけではなく、関わる審級の相互変質をなす相互行為をも含んでいなければならない。そのような相互行為のプロセスは、概念に取り組む最初の試みの中ではフロイトが表立って議論しなかったけれども、にもかかわらず彼が

使用する用語に含まれている。Abwendung, それは「回避」〔avoidance〕ではなく，「嫌悪」〔aversion〕と訳されるのが最もよいだろう。というのは，ドイツ語のこの語は，不快な知覚や記憶を回避するという意味で，主体が背くことをも，望ましくない対象をかわすことをも意味するからである（"eine Gefahr abwenden" = 危険を嫌いかわす）。もし，引用した一節では統辞法が，語 Abwendung が意識の回避的な動きのみを記述するために使われていることを明らかにしているとしても，後続する議論の中ではフロイトは，抑圧の過程は抑圧する審級だけでなく，抑圧されている審級（原初に備給される表象）にも影響を与える二重の動きとして考えられなければならないと認めることになる。

しかしこの形で単純に，ある表象から別の表象へのエネルギーの再分配として抑圧を解釈するとすれば，一次・二次過程という概念が提起する問題を解くことはできない。というのは，もし両者の区別が一次過程の変化しやすいエネルギーを抑制するための「制止」の効力を前提するのであれば，この働きが考えられるべきやり方が謎のままになるからである。それでもなお，抑圧の概念を導入し練り上げる中でフロイトは，自らが記述しようとする心的過程の還元しえない葛藤的な本質を概念化する方へと決定的な一歩を踏み出す。この葛藤[3]の概念化が自らを分節する二つの用語は，逆備給（Gegenbesetzung），過剰備給（Überbesetzung）である。

逆備給と過剰備給

これらの用語——あの「大文字のX」のメタ心理学的な Bildersprache という一見より親しみやすいイメージ言語への転写——は，抑圧過程に対してきわめて異なる関係の中に立っている。逆備給の

---

[3] われわれが後に見るように，フロイトの葛藤の概念化は，彼の諸概念そのもののさらなる「葛藤化」を伴うことになるだろう。

過程ははるかにもっと明白であるから，それをまず議論することにしよう。ある表象が意識から排除されて脇に追いやられうるとしても，このことはその表象に取って代わる=場所を取る〔take its place〕別の表象によってしか起こりえない。抑圧されるものに置き代わる表象を，フロイトは「逆備給」と称する。それはある種の平衡錘として機能し，今や意識から排除される表象にそれまで結びついていたエネルギーをいくらか吸収する。Gegenbesetzung〔逆備給〕はこのように，代理表象と，そうした代理がそれを介して行われる備給過程の両方を指す。そうした過程は，単一の行為で，一回限りで成就されるのではない。それは継続的に更新され，絶え間ないエネルギー消費と繰り返される一連の出来事を要求する。これらの繰り返しは決して同じものの単なる反復ではない。なぜならそれらは，しばしば互いに葛藤を起こす備給の関係においても，採用された個々の表象の中でも変化を巻き込むからである。

逆備給の，抑圧への関係がこのように，フロイトの仕事の中で明らかで表明的であるにもかかわらず，過剰備給はそうではない。フロイトはその用語を初めは，ある特定の表象が，自らに注意をひきつけることによって，それを介して意識されるようになる経済過程を指すために使った。過剰備給はこうして意識に関係するため，それは抑圧にはほとんど重要性をもたないように見えるだろう。抑圧が，意識から表象が締め出される過程を指すからである。

葛藤を含んだ抑圧の力動は，しかしながら，意識からのある考えの排除だけではなく，付随的かつ必然的に，そちらの方は意識されている別の想念——逆備給——による置き換えをも伴う。それゆえ持続的な抑圧は，逆備給だけでなく過剰備給の形成をも前提にする。実際，逆備給と過剰備給とは，前者は力動的な（葛藤的な）パースペクティヴから，後者は経済的なパースペクティヴから同じ過程を名づけていると論じうるだろう。

そこからメタ心理学に現れてくる問題は，抑圧のこの二つのパー

スペクティヴあるいは側面の間の精確な関係を分節することである。逆備給と過剰備給の関係によってこうして立てられる問いは要するに，制止の機制の問いに他ならない。『夢判断』から引いた次の一節がそれを明らかにしている。

> 思考の傾向はこうして，不快原則による排他的な規制から常にさらに解放され，思考作業によって情動の展開を，信号として何とか利用しうる最小限に制限する方に向かわなければならない。このより洗練された成果は，意識が仲介する新しい過剰備給によって育まれる。(SE 5 pp.602-603; GW II/III S.608; 著作集 2 p.493)

ひとつの表象の，意識に接近可能な別の表象による置き換えを伴う限り抑圧は，フロイトがこの一節で「信号」と呼ぶものの形成と結びつける過剰備給の過程に依拠する。とすれば，抑圧に関しては，過剰備給とはしたがって，抑圧された表象がそれを介して別の表象に取って代わられ，不快をもたらしうる抑圧された考えの「信号」として意識に接近路を得る過程を指すことになる。

　抑圧が最終的に，フロイトの著作において，心的なものがそれによってそれ自身を分節し差異化する，葛藤を含んだ過程を表すため，彼の信号概念の重要性を過小評価することは難しい。というのはそれは，意識がその組織化を不快原則の支配下で発達させるやり方を示しているからである。

　この信号という構想の重要性は，自らの説明の中に信号を含み込まずに抑圧の機制の説明を提供しようというフロイトの努力によって，いわば否定的に証明される。たとえば，次の一節は引き続き『夢判断』からのものである。

> 無意識の願望がそこから情動の解放を呼び起こす記憶は，決してVbw［前意識］には接近しえないものである。だから，この解放は制止されることもできない。まさにこの情動展開ゆえに，今やこれ

> らの表象は、それらが自らの願望の力を転移させてきた前意識的な思考からは接近不可能である。むしろ不快原則が発効し、前意識がそれらの転移思想から離脱する［sich abwendet］原因となる。それらは放置され「抑圧され」て、こうして、それがそもそもの最初から Vbw には接近できなかった幼児期記憶の貯蔵庫の存在が抑圧の必要条件となる。(SE 5 p.604; GW II/III S.609-610; 著作集 2 pp.494-495)

「制止」を「情動の解放」(Affektentbindung) を抑えるために干渉する能動的な力と記述するのではなく、フロイトは「抑圧」の概念を導入して、不快な思考から離脱する前意識のもっと受動的な動きを表している。それは「放置され」ていくらか「抑圧の必要条件である……幼児期記憶」の原初の核を構成している。

この説明の同語反復(トートロジー)は取り違えようがない。抑圧を説明しようとしてフロイトは、抑圧がすでに起こったところに起源を置く(setzen)。「そもそもの最初から」意識から排除されている記憶の「貯蔵庫」の構成である。このような循環性は、比較的観察可能な現象が派生しうる起源――「一次」状態――に戻ることによって、発生的観点で心的なものの葛藤を含む働きを説明しようとするフロイトの反復的試みのすべてに取り憑いている。だからこそ、彼が 15 年後の「抑圧」試論で、この問題に対して採用するパースペクティヴは、重要かつ生産的な変化を表しているのである。

> 精神分析的経験によって……われわれは、抑圧は最初から存在する防衛機制ではなく、はっきりした区別が意識的な心的活動と無意識的な心的活動の間に築かれるまでは、それは生じえないという結論に達せざるをえない。(SE 14 p.147; GW X S.249-250; 著作集 6 p.79)

このように問題を立て直す時、フロイトは発生的なモデルを離れ、より構造的なモデルへと動き始める。「意識と無意識との差異化……についてより多く経験するまで、……われわれにできることのすべては、純粋に記述的な方法で」臨床的な観察から拾い集められ

た素材を「組み立てること」(SE 14 p.148; GW X S.250; 著作集 6 p.79) だとフロイトは結論する。それでもなお、彼の次の動きは、臨床的な観察を「組み立てる」ことではなく、むしろすでに議論された説明の発生論的な様式に再び陥るように見える、非常に思弁的な仮説を提出することである。

> われわれにはそれゆえ、原抑圧 [Urverdrängung]、つまり欲動の心的な表象 – 代理 [Vorstellungs-Repräsentanz] に意識への通路を否定する [versagt〔拒絶する〕] ところにある抑圧の第一段階を仮定する根拠がある。それには固着が伴う。この時から、当該の表象は変化しないままになり、それに欲動が結びついている。(SE 14 p.148; GW X S.250; 著作集 6 p.79)

見かけによらず、Urverdrängung〔原抑圧〕の仮説は単に以前の一次かつ二次過程の区別を繰り返しているわけではない。その仮説はその二つを、フロイトが「固着」と呼ぶものに結びつけることによって結合するのだ。出発点はもはや、拘束されていないエネルギーの純粋状態としてではなく、拘束(Bindung)と解放(Entbindung)の特定の結合として描かれる。フロイトの思考はこのように、起源における一方の項の優位性に基づく二元的図式から、どの項も他の項との関係から離れては考えられない三元モデルへと変化する。Bindung と Entbindung はかくして、対立の極としてではなく、Verbindung(結合、連結)プロセスの側面として現れる。「抑圧は、欲動の代理が無意識の中で存在し続け、自己がさらに発達し、後継者を形成し、結合を作り出す〔Verbindungen anzuknüpfen〕ことを妨げないということを、われわれは……あまりにもたやすく忘れてしまいがちである」(SE 14 p.149; GW X S.251; 著作集 6 p.80)。今や、無意識的な備給を特徴づけるように見えるものは、その可動性でも安定性でもなく、二つのものが結合される特定の仕方なのである。

> [抑圧された欲動代理] は，抑圧によって意識の影響から引き離されるなら，抑制の少ない豊かな形で発達する。それはいわば，暗闇で増殖する [wuchert] 表現の極限の形を見出す。その形が神経症者に翻訳され差し出される時，その人にとって異質に見えるだけではなく……驚愕させるのである。(SE 14 p.149; GW X S.251; 著作集 6 p.80)

フロイトの抑圧の象形的な記述は，このように表象＝代理——Triebrepräsentanz〔欲動代理〕——の核を含んでいる。それは，決して安定した，自己同一的な，あるいは静止的なものではなく，メタ静止的〔metastatic〕であって，中心を離れた所でしか意識が接近しうるようにならない恐るべき関係組織を織り上げる。

しかし「固着」が，それゆえ抑圧が，もはや拘束されたエネルギーと拘束されていないエネルギーの単純な対立という観点では考えられないのであれば，いまだわれわれは，そのような固着性の確立に含まれる要因の説明を手にしていないことになる。知っているのはただ，それが Verbindungen〔結合〕の増殖をも，意識からのそうした複数の Verbindungen の排除をも含むということだけである。それでも，フロイトがこの排除を記述する定式化の仕方を読み返すなら，ほとんど判読できないにもかかわらず，われわれは可能な説明のヒントを見出す。すでに引用した一節にフロイトは，抑圧は "denies mental representations access to consciousness〔心的な表象‐代理に意識への通路を否定する〕" と書いている。この英語訳はしかし，ドイツ語テクストの含意を見落している。denies〔否定する〕と英訳されている語は versagt である。"Die Übernahme ins Bewusste [wird] versagt."〔意識への引き継ぎが拒絶されている。〕versagen は文字通りには，禁止する〔interdict〕を意味し，それが内包する言語上の身元は，無意識から意識への「通過」あるいは移行を表すために使われ，まさに，抑圧によって禁止されるように見える別の言語形態に結ばれている (verknüpfen)。語 "Übersetzung"，翻訳のことである。フリースへの手紙の中にある，フロイトの最初期の抑圧の記述のひとつ

は,「翻訳の禁止」"die Versagung der Übersetzung" を語っている（*The Origins of Psychoanalysis,* New York, 1977, p.175〔*Aus den Anfängen der Psychoanalyse: Briefe an Wilhelm Fliess, Abhandlungen und Notizen aus den Jahren 1887-1902*, Imago Publishing, London, 1950, p.187;『フロイト　フリースへの手紙 1887-1904』河田晃訳, 誠信書房, 2001年, pp.212-213. 以下,「手紙」と略す〕)。われわれが立てている問いのすべて——備給（Besetzung）の性質, 過剰備給と逆備給（Überbesetzung, Gegenbesetzung）との関係, 拘束の, 解放の, 結合の（Bindung, Entbindung, Verbindung）操作——は,『無意識について』という試論の中に収斂しているが, そこでフロイトは, ある意味で彼がずっと「知っていた」ことを「発見する」。それは, 意識と無意識の間に彼がずっと求めてきた「鋭い区別」が関わるのは, ある特定の翻訳と禁止（Versagung）の形態以外の何ものでもないということである。

> 突然われわれは今や, 何によって意識的な表象が無意識的な表象から区別されるのかを知っていると思う。……意識的な表象は物－表象［Sachvorstellung］プラス, それに対応する語－表象［plus der zugehörigen Wortvorstellung］を含むが, 無意識的な表象は物－表象だけである。……Ubw〔無意識〕体系は対象の物－備給を含むが, それは本来的な対象備給である。Vbw〔前意識〕体系は, その物－表象が, それに対応する語－表象との［mit den ihr entsprechenden Wortvorstellungen überbesetzt wird］結びつきによって［durch die Verknüpfung］過剰備給されることに由来する。そうした過剰備給［Überbesetzungen］は, そう推測しうるが, より高度な心的組織をもたらし, 一次過程の, Vbw を支配する二次過程による交代を可能にするものである。われわれは今や, 何が転移性神経症において, 拒絶された表象の抑圧を拒否するのをも精確に表すことができる。すなわち, 対象と結合したままであるべき語への翻訳である［die Übersetzung in Worte, welche mit dem Objekt verknüpft bleiben sollen］。言葉に把捉されない表象や, 備給されない心的行為は, その時, Ubwの中に抑圧されたものとしてとどまる（SE 14 pp.201-202; GW X S.300; 著作集 6 p.111）。

物−表象と語−表象

　フロイトがいつもと違う熱心さで（それについてはまもなく立ち戻る）宣言する意識的思考と無意識的思考の違いは，言語化の可能性以上でも以下でもない。すなわち，ある種の翻訳の可能性である。意識的思考の場合には，「対応する語−表象」の過剰備給（Überbesetzung）が，「対象−表象」が適切に翻訳されることを可能にする。無意識的思考の場合，われわれには「物−表象だけ」が残される。この説明は誘惑的なほどに単純だが，しかしながら，その単純さはわずかな考察にも耐えられない。というのは，それはまさに一次過程についてのフロイトの一般的な構想が排除するものを前提にしているからだ。つまり，「最初の」備給は，それらが備給する対象の「真の」表象でもあったということである。「知覚的同一性」の概念に関して議論する機会があったように，心的発達というフロイトの概念からこれほどかけ離れたことはない。「知覚的同一性」は事実，後で想起するが，対象の中で最も「真ならぬ」表象である。備給された対象とは何の内在的な関係ももっていない満足の経験が付随することによって，知覚的同一性はいわば換喩的に対象の表象に結びついているのだ。そうした質的な非同一性はまさに，より安定した二次過程の備給に対立して一次過程の備給を特徴づけるものである。それら「最初の」対象−備給を「真の」と記述することは，もう一度言うが，同一性がいかに生じるかを説明する代わりに，同一性を前提にすることである。ところが，ここでのフロイトの「発見」全体は，まさにそのような前提に基づいているのだ。彼が意識的な思考を無意識的な思考から区別するために使う「翻訳」概念は，その言語化に優先する安定した，自己同一的な「対象−表象」を要求する。フロイトが論じようとしているのは，抑圧が一つの種類の同一性（対象−備給）から別の同一性（語−備給）への翻訳を否定するということである。要するに，抑圧は剝奪性の〔privative〕プロセスにすぎず，それ自身は何も心的なものの分節に寄与せず，心的なも

のから自己意識を奪うだけだということである。

このことに照らして読むと，フロイトがこの発見を告げる時の熱狂的な調子を，それ自体が抑圧の兆候そのものだと，あるいはニーチェならそう言うであろうように，まさに「能動的忘却」の兆候だと解釈することができる。というのは，額面どおりに受け取れば，フロイトの主張は彼が20年ほど早く，1895年の『草稿』で行った観察を繰り返しているのとほとんど変わらないからだ。そこでは彼は，「言語連想」が「記憶」の出現と同様に，「意識的で観察的な思考」の出現に責任があると推測していたのだった [4]。後になっても同じだがここでも，問題は記述されている心的働きというコンテクストの内部で，この言語機能がまさにいかに構想されるべきかを説明するという問題のままである。初期のテクストでフロイトは，この問いに関連があると思われる「語イメージ」の一側面に触れているが，それ以上を詳述してはいない。そうした言語連想の特殊な利点は，彼が示唆するには，語は「閉じていて（数が少なく）排他的」だという事実に関係している。フロイトがこの見解を後になって取り上げないのは，おそらく，彼の夢についての著作が，たとえ語そのものが「数が少ない」としても，言語連想が必ずしも「閉じられて」いないことを証明したからである。反対に彼が発見したのは，まさに語は開かれていて重層決定されているがゆえに，語は夢作業の圧縮と置き換えに力あるということだ。要するに，語は安定した「対応」を築くために機能する必要はなく，反対に，対応を解消するために機能するのである。

フロイトがそれゆえ，引用した一節で，抑圧は「対応する」語－表象への物－表象の翻訳を否定すると強く主張する時，彼は実際，解決を提示しているというよりもむしろ暗に問題を指示しているの

---

(4) *The Origins of Psychoanalysis* (New York, 1977), p.421ff. SE 1 p.365; GW Nachtragsband S.455-456; 著作集 7 pp.293-294.

だ。そうした言語的対応が心的なものに対していかに構成されるのかという問題である。この問いへ答える中でこそ，抑圧の翻訳に対するこの関係が再考されなければならない。というのは，フロイトの断言にもかかわらず，われわれの前の議論は，抑圧自体がある種の翻訳を伴うということを証明したからである。不愉快な表象は，それが逆備給によって取って代わられる——すなわちそこへと翻訳される——限りにおいてのみ抑圧されるということだ。逆備給は同時に，抑圧された思考の意識における代理として過剰備給される。この意味での抑圧の翻訳と，フロイトが抑圧が妨げると言う翻訳との差異は，このように二つの異なる種類の翻訳の差異として現れる。意識の翻訳を無意識のそれから区別するものは，性急なフロイト読解ならそう示唆するであろうような，言語化そのものではなく，特殊な種類の言語化である。意識は持続的な形で対象に対応する語への翻訳を伴うのである。

しかし，この対応概念——フロイトの意識の無意識からの差異化全体がここで究極的にそれに依存している——は再び，それが答えるよりも多くの問いを提起する。まず，われわれが見てきたように，対象-備給そのものがいかにして安定化するようになるのかという問いがある。次に，持続しかつ対応する言語連想が，個々の主体の，先在する言語体系への関係を，したがって社会的文化的なコンテクストへの関係を含んでいる限りにおいて，心的なものの社会的秩序への関係の問いがある。第三に，夢，機知，そして他の無意識の分節表現に現れ出る，語の重層決定された性質の観点から，「対応」の概念は言語的同一性を確立する心（こころ）内部的な機制の問いを提起する。もし言語による意識の言説に「閉じられて排他的」になる傾向があるとすれば，いかにしてこの閉鎖と排他性は生じるのだろうか？

この最後の問いはわれわれを，前に引用した一節でのフロイトの表立った断言に逆行し，だが私が思うには，それだけが彼の抑圧の

一般的説明と両立しうる断言に逆行する答えの方へと駆り立てる。抑圧は，単に意識的な言説の言語化を妨げるどころか，その不可欠の予備条件でもあるのだ。意識からある一定の表象を排除することによって，そして同時にそれらを他の表象で置き換えることによって抑圧は，そうでなければ快楽原則の規則の下で，果てしなく不確定なままの一次過程の戯れになるものを捕え，それによってあらゆる備給が起こることを可能にする。要するに，言語－表象の過剰備給は，逆備給の機制を通して抑圧によって行われる排除によってのみ働くことができる。あるいはさらに，逆備給されていることを通してのみ語は，それらの語を意識の特権的で弁別的な媒体にする閉鎖と排他性という性質を獲得するのである。

とすれば抑圧は，心的なものの秩序における同一性の条件に他ならないものとして現れる。しかし，そうであればわれわれは，抑圧そのものを同定しようとする中で直面する困難を理解し始めることができる。というのは，抑圧は，「物－表象」の同一性であれ「語－表象」のそれであれ，同一性の条件であるにもかかわらず，抑圧は自己自身－に－同一ではないからだ。それには二つの理由がある。それはまず，排除することによってのみ，一定の閉鎖のものである同一性の条件を生み出す。すなわち，閉じ込められているものすべての核心に外的なものへの関係を据えつけることによってである。だからこそ，あらゆる備給は，とりわけ意識の過剰備給は，不可避に逆備給でもあるのだ。

しかし，そうであれば同じことは「抑圧そのもの」に当てはまるのでなければならない。心的なものの葛藤に満ちた働きを表わす語「抑圧」への過剰備給は，それ自身が逆備給である。われわれはすでに，まさにそれが逆らうものに触れておいた。語として対象として，抑圧の心内部的な機制は今度は，純粋に心的な領域に先行し，それを超越する禁止に依存する。抑圧は社会的な制約と認可の体系に依存するのだ。排除し，それゆえ閉じ込める抑圧の力——備給と，

それゆえ心的なものとが生じる＝場所をもつ〔take place〕のを可能にする力に他ならない——は，抑圧が構成するのではなく，心を超える諸力と伝統によってすでに構造化されている場所〔place〕に依存する。この依存の性質は，英語でわれわれが "correspondence"〔対応〕と訳さなければならなかったものを表わすためにフロイトが使う二つの語 zugehörig〔所属している〕と entsprechend〔対応している〕によって示唆されている。最初の語は語根 hören,「聞く」ないし「聴く」から形成されている。第二は sprechen,「話す」からである。もし意識的言説の「語－表象」が「対象－表象」と「対応する」ことが望みうるとすれば，それは「聴くこと」と「話しかけること」による。その二つのプロセスについては，われわれは後に，フロイトの機知の理論に関連してもっと多くのことを言うことにする。ここではおそらく，次のことに注目すれば十分であろう。すなわち，そうした聴くと話しかけるとは，もはや二分法的に「語」の「もの」への関係であるとも解釈しえず，純粋に「心的」性格であるとも解釈しえない言説過程の中に，意識的なものと無意識的なものの問題を再記入するのである。

　抑圧は要するに，翻訳の否定にあるばかりではなく，その禁止にもある。この Versagung はしかしながら，単なる言語の不在や否認ではない。それ自体が翻訳の一様式をなすのだからだ。だが，Versagung の翻訳はあいまいで両価的である。それは，「閉じていて限定された」数の語－表象の備給にとって必要な排除を成し遂げるが，それと同時に，それらの備給を逆備給として規定することによって，その備給が排除するものとの関係の中に自らを位置づけるのだ。その意味で，抑圧の Versagung は〈他者〉の「言い」，あるいはフロイトはそう呼ぶことになるが，信号以外の何ものでもない。信号の意味作用は常に別の所にあり，それが表象＝代理し，指示し，再生産するものとは異なり，それを遅らせるからだ。だからこそ信号の「対象」は不可避的に危険であり，その主体は不安なのである。

不 安

フロイトの思考における不安の位置は奇妙なものである。一方では，それは一次および二次過程，そして抑圧の概念に密接に関係し，そのようなものとして，彼の関心事の中心近くに位置している。実際，何年もフロイトは，不安を抑圧の直接的な産物であると考えていた。後に彼はこの見方を転換し，不安は抑圧の結果ではなくその原因であると宣言する (5)。他方では，フロイトが生涯に渡ってその問題に関心を持っていたにもかかわらず，不安は彼の扱った現象の中でも孤高を保っている。われわれが論じてきた他の主要なカテゴリーとは違って，「不安」は精神分析によって導入された用語でもなければ，――たとえばセクシュアリティやヒステリーがそうであったように――その重要性がフロイトの業績によって決定的に変質したために，彼によって再発見されたと言いうる現象を指示するわけでもない。それゆえ，フロイトの弟子や門下生の間にはこれまで，不安に対して，フロイト自身は決して帯びていることを疑わなかった精神分析にとっての顕著な重要性を割り当てる傾向はほとんどなかったのである (6)。しかし「不安の問題」は，そう『精神分析入門』の中で彼は書いているが，「最も多様で最も重要な問題が集中する結節点であり，それを解決することによって疑いなくわれわれの心的生活全体の上に相当な光を注ぐに違いない謎である」（SE 16 p.393; GW XI S.408; 著作集 1 p.323）。フロイトが問題に付与する重要性を考慮するなら，不安が，心的なものの体系的な説明を展開しようとする最初期の試みからして，彼の注意を引いたとしても驚くに

---

(5) 「抑圧が不安を生み出すのではない。むしろ不安が先にあるのだ。不安が抑圧を創り出すのである！」『続精神分析入門』，SE 22 p.86; GW XV S.92; 著作集 1 p.456.

(6) 最近の注目すべき例外に関しては，Jean Laplanche, *Problématiques* I, *L'angoisse* (Paris, 1980) を見よ。

はあたらない。それが提起する「謎」はまた，精神分析がそうなろうとしていた科学への主要な挑戦をもなしていた。不安がその問題に対して，それまで存在していたよりもっと満足させる説明を与えることに成功していたら，精神分析の科学的信用性への主張は退けるのが難しかったであろう。精神分析の用語で不安を探求し，説明しようとするフロイトのさまざまな努力はわれわれに，常に努力の理論的な豊かさの証明と同様，その限界の証明をももたらすのである。

初期の理論

この主題についての彼の初期の著作で (1893-1895 年) [7] フロイトは，多くはヒステリーと同じ線に沿って，セクシュアリティへの参照によって不安を説明しようとしている。この説明では，性的な緊張がそれを心的なものが処理できなくなる地点まで蓄積された時，結果として不安が生ずるという。それによって過度の刺激は，不安の特徴である身体的な現れ，たとえば心臓の動悸，発汗，息切れなどに「転換される」。そうした現れは，フロイトが論じるには，「性的な刺激」が向かう「特殊な行為」，すなわち遮られていた放出「の……代用物」(SE 3 p.111; GW I S.338; 選集 10 p.28) として理解されるべきものであった。ヒステリーから不安を区別するものは，それゆえ，作動している特殊な種類の妨害である。不安の場合，妨害は純粋に身体的なプロセスにあり，ヒステリーとは反対に，それ以上心理学的分析を受け入れることはない。こうして，ヒステリーが欲望の葛藤に由来するのだとすれば，不安は純粋に身体的な努力の充足の，つまり放出に至る性的エネルギーの充足の途上にある障害の産物だと考えられるべきであった。放出に到達できずに，そのよう

---

(7) 不安を主題にした最初に出版されたフロイトの論文は，「『不安神経症』という特定症状群を神経衰弱から分離する理由について」と「『不安神経症』の批判に対して」(どちらも 1895 年) である。

なエネルギーは「自由に漂う」ようになり，代理症状を通して放出される。代理症状は，フロイトがそこに「(不安)神経症の中核的症状」を見て取った「不安な予期」，そして自由に漂うエネルギーがもつ「いつでも何らかの適切な表象に結びつく」傾向をなす「不安な予期」への身体的な付随現象をもたらす (SE 3 p.93; GW I S.318-319; 選集 10 p.7)。

このように記述されれば，不安は心的なものと精神分析そのもの，その両方の周縁に位置づけられることになる。フロイトが自己充足的な身体プロセスと解釈したものの中断の結果として，不安はそれ以上のどんな心理的な分析も受けつけない。それ以上の精神分析を，である。それと同時に不安は，実質的には精神分析が自らの特権的分野だと宣言するようになった種類の葛藤の原型を表している。制止された，あるいは葛藤を含むセクシュアリティである。

周縁的であると同時に中心的である不安の独自の位置は，とりわけフロイトが同定するその一次的あるいは特徴的な原因において明らかになる。coitus interruptus〔中断性交〕のことだ。この用語は，フロイトが不安の根源にあると考えていた性的な放出の妨害を指している。しかし別の，より比喩形象的な意味では，その用語は不安の原因だけでなく，不安の結果をも記述しているとみなしてよい。というのは，もし不安の結果が「自由に漂う」状態へのエネルギー蓄積にあるなら，中断されていたものとは，心的表象とそうしたエネルギーとが「一緒に行く」こと〔coming-together〕──coitus〔性交〕──である。とすれば，不安を特徴づけるのは，まさに「一次過程」を特徴づけるのは，快楽を伴う放出の予備条件としての安定した持続的な備給の不在である。

そうなると，フロイトがまもなく不安を「不快原則」の現れと同一視するようになり，それゆえ抑圧とも同一視するようになったとしても不思議ではない。『夢判断』で彼は，抑圧が破綻し抑圧されたものが意識を再び圧迫し始める時に結果するものとして不安を記

述している。フロイトはこうして，抑圧を不安の条件あるいは原因だと考え，それは抑圧されたものの回帰に結びつけられる。にもかかわらず，彼は後にこの見解を覆すのだが，それはすでに不安の「経済」理論に含まれている。というのは，抑圧が「備給」の存在を前提にするとしたら，不安はまさに備給そのもののプロセスを疑問に付すからだ。フロイトの後の抑圧の特徴づけを使うならこうなる。抑圧が「物-表象」のそれに対応する「語-表象」への非翻訳にあるのであれば，不安はもっと根本的な非翻訳を，エネルギー（「興奮」）の表象への非翻訳を含むからである。

危険——「外」の二重性

とすれば，不安が提起する特種な問題は，心的なものの心的でないものへの関係の，言い換えれば，心的なものそれ自体の限界画定の問題である。しかし，不安がこの問題を提起するならば，その吟味と解決は，不安そのものが心的なものの心的でないものへの，つまり「内的なもの」の「外的なもの」への関係を装い，かつ偽装するという事実によってさらに複雑になる。

> 心的なものが不安感情に達するのは，適切な反応や外部から近づく課題（危険）を，それに相応しい反応によって処理できないと感じた時である。内因的に生じた（性的な）興奮を鎮めることができないと気づく［merkt］時，それは不安神経症に陥る。それゆえ，あたかもそれがこの興奮を外部へ投影したかのように振るまうのである。(SE 3 p.112; GW XVI S.338; 選集 10 pp.28-29, 強調は原著者のもの)

次のように断言しても，それは誇張にはならないだろう。すなわち，この主題についてフロイトが最初に出版した試論（「『不安神経症』という特定症状群を神経衰弱から分離する理由について」1895 年）から引いたこの一節が，その問題への彼の後のアプローチをも，それを解決しようとして出会うことになる困難をも凝縮しているとい

うことだ。一方で、不安は外的な危険に対する心的なものの反応として記述される。他方では、その反応は危険な内的「刺激」の外界への「投影」を意味する。そのような投影は、それによって第二の外部を創り出すが、それはある意味で、第一の外部に取って代わる。後で見るように、不安状態にある心的なものにとってであれ、それを包括理解しようとする理論にとってであれ、二つの外部を別々に語ることは常に容易なわけではない。

不安を理解可能にしようとするフロイトのあらゆる努力はそれゆえ、彼が、不安がそれに反応する外的な危険を規定する、すなわち心外部的なものが心内部的なものに自らを強要するプロセスを規定する、そのやり方に依存する。問題のあいまいさは、引用した一節にすでにはっきりと刻まれている。心的なものが直面する危険は、外からそれに近づいてくる（"eine von aussen nahende...Gefahr"〔外から近づいてくる危険〕）が、その危険の直接の形を構成する「興奮」は内部から、「内因的に」起こるのだ。これら二つの断言を和解させることの困難は、まさに心的なものがいかにして、起源において外因的だが、働きにおいては内因的な危険に「気づく」（merkt）ことができるのかを説明することになるだろう。

この困難は今度は、フロイトが最初から不安の二重の性格だと認識していたものに関わる。一方で、その不安はしばしば「現実の」危険を前にして有益かつ必然的な心的反応を意味する。他方、不安はいわば、それに抗して反応しようとするまさにその危険を再生産する反応になりうる。適切な不安理論はしたがって現象を、正常で必要で有益な防衛としても、かつ神経症的な機能不全の脅威としても説明しうるのでなければならない。

フロイトの問いへの最初のアプローチが当初、後者の神経症的な側面に焦点を当てていたのだとしても、次第に彼は、神経症的あるいは病理的な不安を、その現実的ないし有益な形態の副産物とみなすようになった。彼が最終的にこの立場を最も十分に明確にしよう

としたテクストは、もちろん『制止、症状、不安』、1926 年に出版された大きなメタ心理学の諸論文の最後のものである。

出生外傷

この研究は、アードラーとユングの挑戦以来、フロイトの思考に対して提起された最も重大な挑戦に応じて書かれた。ランクの出生外傷の理論である。この理論はフロイトに危険を突きつけたが、それは彼の最も近しい協力者の一人であった著者の著名性ばかりでなく、不安に関するフロイト自身の着想の多くを実質的に借用していたためである。出生外傷という考えは、悪意なしにではないが、フロイトが述べたように、「もともとは自分のものだった」というのだ[8]。フロイトが不安を心的なものの、外的な、究極的には心的ならぬ、現実の危険への反応として記述していたとすれば、ランクの出生外傷の仮説は、そのアプローチを論理的な結論へと押し進めたのである。というのも、どんな「危険」が出生の危険以上に「現実的」で、より原初的でありうるというのか？ 「私は不安反応から、その背後にある危険状況へと戻らなければならなかった」（SE 20 p.161; GW XIV S194; 著作集 6 p.369）とフロイトは書いている。フロイトがそうする時のやり方は、不安の問題を分節し直そうとする彼の努力の本質をなす。それゆえ、信奉者の一人の展開によって精神分析にもたらされた挑戦——あるいは「危険」と言うべきか？——が彼の不安の扱いそのものを惹き起こすことに注目することには幾分かの重要性がある。再び「危険」の問いを発する中でフロイトは、「内的に」発生したにもかかわらず、いまや外部に発するものとして投影される脅威から精神分析それ自身を守ろうと努めてもいるのである。要するに、心的なものという構想にとっても、精神分析そ

---

(8) 『制止、症状、不安』、SE 20 p.161; GW XIV S.194; 著作集 6 p.369. これと次に続く引用（本文中に括弧内に指示する）は Norton Library edition のページ数に言及しているが、テクストは概して翻訳し直してある。

のものにとっても，賭かっているのは「外部」への関係における「内部」の完全さと首尾一貫性である。そしてその完全さは，外部から内部を，出生外傷から精神分析を，ランクからフロイトを分離する線を引き直し，それを再強化することによってのみ防衛しうるのである。

　問題はしかしながら，それらの分割線が危険の概念に収斂しながら，そこでぼやけてゆくことである。フロイトはかくして，この結び目と「結節点」を解こうとすることによって問題に着手する。

> しかし，「危険」とは何か？　出産する行為には，生命維持に対する客観的な危険がある。われわれはこのことが現実に何を意味するのか知っている。しかし，心理学的には，それはわれわれに何も言っていない。出生の危険は，今までのところは何の心的な内容をももっていない。(SE 20 p.135; GW XIV S.165; 著作集 6 p.352)

「現実」は，要するに，危険の心理学的な意味や理解可能性を確立するためには十分ではない。それでもフロイト自身は，不安が究極的にそこから生じる危険の「現実的」性質を強調することをやめない。そして実際，もし不安が反応する危険という観点での彼の不安の説明に蓋然性があるとすれば，彼はそうしなければならないのだ。その危険が，それが生み出す反応から独立しているように規定されなければ，それがフロイトが構築し擁護しようとしている理論の説明的な基礎を提供することがなくなるのである。

　このように，フロイトがランクを批判するのは，危険の「現実」それ自体ではなく，むしろこの現実についてのランクの特種な考え方である。あらゆる形の不安を出生外傷へと辿ってゆくランクの努力は，フロイトはそれに異議を唱えるが，次のような仮定に基づいている。

> 幼児が出生の時に特定の知覚的な，特に視覚的な印象を受け，その

> 更新が記憶に出生外傷を，それとともに不安反応を呼び出す。この仮定には全く根拠がない……。子どもが，出生過程に関して触覚的で一般的な感覚以外のものを保持するとは信じがたい。(SE 20 p.135; GW XIV S.166; 著作集 6 p.352)

ランクの仮説は，フロイトは従ってそうほのめかしているが，（フロイトがランクに比べている）アードラーの仮説が行ったのとまさに同じような形で間違いを犯している。自我を実体化することによってである。出生外傷を不安の起源だと宣言する時，ランクは幼児に，現実には自我の発達とともに徐々にしか獲得されない心的な能力を付与しなければならない。出生が外傷であるとしても，フロイトはそう示唆しているが，それは知覚的で視覚的な痕跡ではなく，「触覚的で一般的な感覚」しか残さない外傷である。

現前しない無援状況

以上のようにフロイトは，不安が以前に経験された「外傷」の再現を伴うことには同意するにもかかわらず，彼がその外傷を規定するやり方は根本的にランクのそれから離反することになる。フロイトにとっては，外傷が何らかの特定の規定しうる客観的な現実を指し示すことはありえない。というのは，それが前提しているのは，まさに心的なものの――あるいは，より具体的には自我の――規定能力の欠如であり，したがってそれを圧倒する傾向のあるエネルギー過剰を拘束する，あるいは備給する能力の欠如だからである。だからこそフロイトの外傷の定義はあいまいであることを避けられない。それは「無援状況」に由来するというのだ。こうして，外傷が不安の発達の出発点を構成するとしても，

> 決定的なことは，不安反応の，無援状況にある起源からその状況の予期への，危険状況への最初の移動である。(SE 20 p.167; GW XIV S.200; 著作集 6 p.373)

この最初の移動は、主体−対象の関係の出現を示すがゆえに決定的である。ある拘束されていない状態から拘束された状態へエネルギーの変換を記す中で、移動は安定した対象備給の構成にとって必要不可欠の条件をもたらす。ある対象の現実性は、フロイトが「否認」（Verneinung）についての試論で書いていたように、「発見される」のではなくむしろ何か「再発見される」[9]ものであり、同じものの反復を伴う備給である。そうした反復の可能性は、一次過程を支配する不快原則の制止や偏向に依っており、さもなくば不快原則は、緊張を弱める努力としての常に変化する備給を生み出す傾向をもつだろう。このように、フロイトがここで「最初の移動」と呼ぶものは、厳密に考えれば、最初のものなどではなく、むしろ一次過程の移動の移動であり、一次過程の移動の方は「無援状況」で最高潮に達していたのである。とすれば、反復のプロセスを通して、心的なものは「無援」の移動を移動させ、かくして一次過程によって含まれる絶え間ない変質を変質させることになる。そうなるのは、フロイトが信号と呼ぶものの生産によってである。

> 信号は予告する。「私は無援状況が始まるのを予期している」、もしくは、「現状は以前経験した外傷的な経験を思い出させる……」。不安はこうして、一方では外傷の予期であり、もう一方ではその緩和された形での反復である。(SE 20 p.166; GW XIV S.199; 著作集 6 p.372)

それ自体が外傷の再生産であるこの危険−信号の生産を通して事実上フロイトが記述しているのは、自我が一次過程という脱差異化から自らを分離することによって自らを構成するやり方以外の何ものでもない。もし、一次過程が常に異なる備給──すなわち規定不可能な他者性──の絶え間ない変質にあると言いうるとすれば、不安は、内的／外的な、過去／未来という二項対立の用語で時間空間を

---

[9] 『否定』、SE 19 p.237; GW XIV S.14; 著作集 3 p.360.

組織する反復プロセスを通して、その他者性の変質を帰結する。時間空間をそのように組織する中で、不安は自我を対立する二極の間の分割線として位置づけるのである。

とすれば、二重であいまいだが両価的(アンビヴァレント)でもある意味で、不安は自我を分離する。不安は外傷を反復するが、変質された形で、何か認知できるものとして反復する。「危険状況は認知され、想起され、予期される無援状況である」（SE 20 p.166; GW XIV S.199; 著作集 6 p.373）。しかしまた、それが自我を分離するのは、より文字通りに言えば、それが反復し、認知し、想起する外傷が「それ自体」認知できず想起しえぬものだという事実によってである。外傷が認知しえないのは、それが常に変化する備給から成っており、それは移動され、脱臼され、場面歪曲される（ent-stellt）ことによってしか「認知され」えないからである。そして、それが想起しえないのは、「実際の」無援状況が、記憶と予期の条件である過去と未来への分岐に抵抗するからである。

分離──表象不可能なものの表象

だからこそ不安を特徴づけ、それを「恐怖」から区別する特有の種類の懸念は、ある「不確定性と対象の不在」（SE 20 p.165; GW XIV S.198; 著作集 6 p.371）によって特徴づけられる。というのは、それが認知し予期する──表象する──「危険」は実際、決してそれ自体として現前しない外傷としてあるからだ。外傷は常にその認知や表象を超えており、それゆえ危険は他の何ものかの接近としてしか現前せず、ないし現前可能ではない。

不安はこうして、自我が表象不可能なものを表象し、変質を変質させ、それによって自分自身を組織しようとする葛藤に満ち矛盾したプロセスとして現れる。というのは、フロイトは次のように主張するからだ。

> 自我は組織である……［その］非性化したエネルギーは拘束と統一への努力の中にその起源を表し，この統合への衝動は自我がより強く発達するにつれて増大する。(SE 20 p.98; GW XIV S.125; 著作集 6 p.328)

危険の接近を合図する中で，自我は単にその組織化への潜在的な脅威をなす出来事の所与の事態に反応するだけではない――それが，フロイトが表立っては不安を提示しようとする仕方であるにもかかわらず，である。むしろ，自我はその時，外傷を直面しうる出来事として投影することによって同一性を堅固にしようとする。要するに，それは絶え間ない移動という「経済的な」動揺を外部と前方に移動させ，それを Vor-stellung〔表象＝前－定立〕に作り変えることによって我がものにしようとするのだ。Vor-stellung は確かに表象＝再－現前化〔re-presentation〕であるが，しかし文字通りには，時間的にと同様，空間的にも何か前に置かれた〔placed-out-in-front〕ものである。

この Vor-stellung のプロセスを通して，自我が前に－置き〔present〕，あるいは紹介する（再び vor-stellen）ものは，それ自身の脱形象化，Entstellung としてのそれ自身である。しかもそれを知覚の備給によって行うのだ。自我がエスから自分自身を分離しうるとすれば，それは，フロイトがわれわれに想起させるように，「知覚的な体系と密接な連関――つまりわれわれが知っているように，その本質を構成し，エスからの分化の基礎をもたらす連関」(SE 20 p.92; GW XIV S.119; 著作集 6 p.323) ゆえにである。より精確には，自我は知覚対象の形成あるいは備給を通して，その組織を発達させる。これら知覚対象はまさに一次過程の「知覚的同一性」ではない。われわれが論じてきたように，この同一性はまったく同一性などではなく，むしろ継続的に転変する変質なのだ。しかし，いかにしてそのような知覚的同一性が事実上の同一性になりうるのかという問いが――「不快原則」の可能な「制止」の問いが――答えられぬまま

にとどまっていたとしても，そして答えられていないものとしてその問いは，まずは一次・二次過程の分岐の中で，次には「抑圧」概念の構築の中で，力のAuseinandersetzungとしてフロイトを突き動かしていながら，いまや可能な答えが現れ始めている。というのは，危険の現前を指し示し，それによって外傷を時間化し，それを遅らせる能力を発達させる中で，心的なものは，差異の反復が，そして一次過程の可動的な備給が，同じもののもう一回としてという形で，同一性の動きとして反復されるようにする，不快原則と妥協の取り決めをするという振る舞いをするからだ。危険 - 信号として機能する知覚は，単にそれが表象する対象を意味するばかりでなく，知覚そのものの表象不可能な喪失をも意味する。外傷の破壊的な力は，あいまいであるにもかかわらず，それが，ある対象や状況に備給されたままであるため，こうして潜在的な（将来の）喪失として時間化され，そうして遅延させられる。その上，喪失の二項的な，あるいは弁証法的な観念は，喪失として知覚されたものがかつては所有されていたことをも，そして，そうした所有が，差し迫る危険の回避を通して取り戻されうることをも含意している。こうして，「決定的なことは，……無援状況……からその状況の予期への……最初の移動である」ならば，この予期が（自我に対して）帯びる形は知覚の喪失という形態である。

> 自我が導入する不安の最初の条件はそれゆえ，知覚の喪失の条件であり，それは対象喪失と同一視される条件である。（SE 20 p.170; GW XIV S.203; 著作集6 p.375）

この知覚 - の - 喪失の導入—— Vorstellung ——によって，自我は，エスを前に自らの組織を備えつけ，自分自身に歴史を与えることができる[10]。この歴史は自我の喪失と，自我が自ら独自の固有性だと

---

(10) p.244 n.5を引用した『制止』からの一節は，自我を概念化する困難が表

考えようとするものを再び我がものにしようとする努力を物語る。これは、もちろん、去勢の物語——ナルシシズム的な自我が、それ（エス）が依存する他者性を組織し、我がものにするために自分自身に語るストーリーである。自我は解剖学的な性差をペニスの喪失と知覚する。自我は女性性器を「去勢された」ものとして「認知し」、そうして男根（ファルス）の偏在性への信念を、つまり差異を同一性として認知し反復する自らの能力への信念を維持する。自我がそれによって合図する「危険」は、こうして自らの組織の外部にあるものとして、したがって少なくとも原理上は回避されうるものとして解釈されるのである。

現実の危険

　自我を不安の「場所」と「源」として確立しようとする中でフロイトは、常にこのストーリーを、自我とそれが反応する危険との両方の現実性の証拠として語り直すところへ導かれる。自我が外傷の無差別的な他者性を、始め、中間、終わりをもった語り口（ナラティヴ）という構築物を通して時間化し、遅延させることによって支配しようとするのとちょうど同じように、フロイトもまた、捉えどころのないあいまいで両価的な（アンビヴァレント）不安現象を隔離し、二つの異なる形に分割することによってそれを支配しようとする。神経症的不安と、「現実の」あるいは「現実的」不安とである。この分割は、今度はそれに先立つ

象機能そのものを、葛藤的な過程の効果として表象する必然性に関係していることを示しているが、このことは翻って表象的なカテゴリーでは考えられない。"Es"〔無意識〕を "Id" と、"Ich"〔自我〕を "Ego" とする英語訳は、ドイツ語では何よりもまず言語的な語であるものを実体化する——それゆえ表象として描き出す——傾向をもつ。「去勢」を語ることは、その還元不可能な他者性を否定的な様式の我有化、すなわち「喪失」あるいは剝奪として解釈することによって自我が自分自身を表象しようとするアポリア的な試みの指標となる。

危険の区別に依拠している。

> 現実の危険はわれわれが認知する危険であり，現実的不安はこうした認知された危険についての不安である。神経症的不安はわれわれの知らない危険についての不安である。神経症的危険はこのように，前もって探されねばならぬ危険である。分析は，それが欲動に由来する危険だということを教えた。(SE 20 p.165; GW XIV S.198; 著作集 6 pp.371-372)

「分析」は，「神経症的不安」が欲動が生み出す危険に由来することを示すが，またその不安がもたらす危険は究極には現実の危険であることも示そうとする。これは少なくともフロイトが，神経症的不安のパラダイムである去勢が究極的には現実の，外部の性的な危険に由来すると強く主張する時に議論しようとすることだ。

> もしわれわれが自分たちの内部に一定の感情や意思を育まないのであれば，去勢に脅かされることはないだろう。したがって，このような欲動の動きは外部の危険の条件であるため，それ自体が危険なものになるのである。(SE 20 p.145; GW XIV S.177; 著作集 6 p.359)

しかしながら——神経症的な，純粋に心的な形でさえ——不安がそこに由来する究極的に現実的な危険の性質を強調しようとするフロイトの努力は，要するに，不安の経済理論を，本質的に機能的で目的追求的で有益な反応として説明するような局所論的な説明によって置き換えようとする彼の努力は，先立つ経験の再現としてフロイトが現象に割り当てるまさに「歴史的な」性格において瓦解する。というのは，自我が経験した特定の確定的なすべての危険を超えたところで，あるいはその彼岸で不安が反復するものは，決してそれ自体としては反復されることのできない外傷という経済的な混乱だからである。フロイトは，以下のように認める時，暗黙のうちにその分だけ譲歩している。

> 外部の（現実の）危険が自我にとって重要になるとすれば，それは内面化の道を見出したのでなければならない。それは，経験されたある無援状況との連関で認知されるに違いない。(SE 20 p.168; GW XIV S.201; 著作集 6 p.373)

しかし，その「無援状況」の「経験」は，それ自体では認知しえない。その経験は「自己」を持たないからである。移動の過程こそが，移動させられることによって，不安の中に，不安として自我に場所を空けるのだ。もし自我がそれゆえ不安の「座」であるなら，同様に不安は自我の場所に他ならない。そしてこの場所では，自我は決して快適に身を落ち着けることがない。不安を自我から派生させることによって不安を「把握し」ようとする理論もそうだ。

> よく考えるべき時である。われわれが求めているのは明らかに，不安の本質がわれわれに披瀝する洞察ないし，不安について，誤りから真理を区別するあれか／これかである。しかし，それは手に入れるのが難しく，不安は簡単には［einfach］把握できない。今までわれわれは，矛盾以外の何ものにも到達してこなかった。矛盾の中では偏見なしで選択することが不可能だったのである。私は今，別のことをするよう提案する。われわれは公平に，不安について言いえる全てのものを集め，それによって新しい綜合の期待を放棄しよう。(SE 20 p.132; GW XIV S.162; 著作集 6 p.350)

しかし——あらゆる放棄と同じように——「新しい綜合の期待」の「放棄」は，言うのは易しいが，行うのは難しい。というのは，「公平に不安について言いえる全てのものを集める」という明らかに控えめで慎重な計画でさえ，それについて言いえないものを知りえるということを前提にしているからである。すなわち，「不安について，誤りから真理を区別する」ことを可能にするその「あれか／これか」をまさに所有していることを前提にしているのである。

隔 離

　この困難な放棄は，この試論におけるフロイトの議論の両価性(アンビヴァレンツ)を明らかにする。一方で彼は，リビドーの自動的な変換としての以前の不安の「経済論的な」説明を却下し，自我の機能としてのより「現実的な」局所論的な不安の説明に取り替えようとする。そうした企ては，まさにフロイトが放棄したがっているまさに「あれか／これか」の二者択一によって全面的に形成されているのだ。ところがその一方で，彼は，エネルギーの「自動的な変換」でもあり，自我の危険に対する志向的で目的追求的な有益な反応でもあるという，不安の両価的(アンビヴァレント)な性質を認めることを強いられる。不安のこの二つの側面を単に無視したり否定したりできないのでフロイトは，単にそれらを別々にしておき，その上で以前のものに興味がなくなったと宣言しようとするのである。「リビドーが不安に直接変換するというわれわれの以前の仮説は，今では以前よりも関心を引かなくなった」（SE 20 p.162; GW XIV S.195; 著作集 6 p.370）。そう論じる中でフロイトは，以前の論文で自我が危険を回避するために用いる，防衛戦略の一つとして彼が記述していた思考の様式を再現している。それは「隔離」の機制であり，そこではある出来事や考えは抑圧されるのではなく，むしろ「その情動から」切り離され，「隔離されたかのように存在する……その連想的な関係」[11]（SE 20 p.120; GW XIV S.150-151; 著作集 6 p.343）から切り離される。この防衛機制は強迫神経症のケースにおいてきわめて明らかでありながら，フロイトは急いで，より「正常な」形の思考への親和性を指摘する。

---

[11]　隔離と厳密な意味での抑圧の間のフロイトによる区別は，少なくとも『夢判断』の第7章までは遡れるが，そこで彼は二つのタイプの「検閲」を記述している。一つは「二つの思考の間の連結にしか向かわない」ものと，もう一つは「それ自体における」思考に向かうものである。SE 5 pp.530-531; GW II/III S.536; 著作集 2 p.437.

正常な集中の過程は，この神経症的手続きに口実を与える。われわれにとって印象として，課題として重要に見えるものは，他の思考作用や活動の同時的な要求によって・邪・魔・さ・れ・て・は・な・ら・な・い。しかし，正常な人においてでさえ，どうでもよいことやその類のことだけでなく，とりわけ，・都・合・の・悪・い・こ・と・を・引・き・離・し・て・お・く・た・め・に・も集中を利用する。・元・来・は・一・緒・で・あ・っ・た・が発達の進行につれて引き裂かれてしまったものが最も・都・合・の・悪・い・も・の・として感知される。……このように，正常な形で，自我は思考の流れの操縦において，隔離の大仕事を成し遂げなければならない。(SE 20 p.121; GW XIV S.151; 著作集 6 p.343, 強調は私のもの)

「自動的な」不安を自我不安から切り離す中でフロイトは，まさに彼がそれ自身を構成するために自我がなすべきことだと記述することを反復している。「元来は一緒であった」が「都合の悪い」ものを分離することである。しかし，ここで都合の悪いものとは不安そのものに他ならない。むしろ，情動としての不安である。というのは，ある情動として，不安はそれを同定し，原因と結果の観点で説明する理論的努力を「邪魔」し，それに「干渉」するからである。それゆえフロイトが強いられているのは，不安を，その結果でもある不安の情動から切り離すことである。というのは，不安自体が自我の反応する危険になりうるため，その結果は，危険への自我の反応に限定されえず，あるいはもっぱらそう規定しえないからである。フロイトの試みは，以前の「経済」理論を「局所」理論によって置き換えようとする中で，不安をその適切な場所に据えることに向けられている。しかし，彼自身の議論が，不安が・適・切・な・場・所・を・持・た・な・い・ことを証明してしまうのだ。それは，そのような場所を構築ないし確定しようとする自我の不可能な企てを際立たせるが，この場所が移動され，脱臼させられ，歪曲される entstellt ことは避けられないのである [12]。

---

(12) この脱臼のある重要な側面は——フロイトはもはやそれに関心をもって

要するにフロイトは、不安自身が産み出すと同時に混乱させる二項的な、二分された空間と時間の中に不安を位置づけ、「把握し」ようとする。彼は不安を、外部の、客観的な、自己同一的なという意味で「現実のもの」であるような危険の中に根づかせようとする。しかし、不安を外傷の再現と規定する中で彼は不可避に、自らが排除しようとした「経済論的な」要因に立ち戻ることを余儀なくされる。というのは、不安が反応する「危険」が現実のものである——つまり「エス」の「組織された部分」である自我から区別される——のであれば、したがってそれは自己同一的ではないからである。それは、フロイトが認めるには、「処理を求める刺激の増大による経済的障害であり、その契機は『危険』の本来的な核」(SE 20 p.137; GW XIV S.168; 著作集 6 p.354) である。だが、そのような現実は理論的「洞察」によって決して十分に把握されることはできない。決してそれ自体として見られ、名づけられ、認識されることができないからである[13]。だからこそ「現実」はまさにあの「大文字

　　いないけれども——不安の身体的な付随現象によって提供される。つまり息切れ、発汗、心臓の動悸などである。自我が、フロイトが『自我とエス』で示唆しているように、とりわけ「身体‐自我」であり、「表面の投影」の結果であるとすれば、身体的な不安の神経伝幡はその表面の逸脱を具体化し、またそれ自体不安が反応する「危険」を体内化する。この意味において、身体は自我が不安を通して、表象の両価的(アンビヴァレント)であいまいな備給とシナリオへの一次的な組織化を通して拘束しようとする他者性の信号になる。

(13)　「現実」が反復あるいは「再発見」(本書 pp.92-93 の注10 を見よ) の過程を通してしか捉えられないとすれば、そして再発見されるべき「現実の」対象が対象などではまったくなく、非拘束エネルギーである過剰 (外傷) であるとすれば、後者は間違って解釈されることによってしか現実だと認識されえない。信号とはこの間違った解釈であり、それゆえそれは常に危険‐信号である傾向をもつ。しかしながら、意識的思考そのものは、フロイトが主張するように、信号の形成を通して「不快原則による専一的統制から……自由になる」(SE 5 p.602; GW II/III S.608; 著作集 2 p.493) のだから、そうした思考は不安の中に働いている「間違った解釈」という防衛過程の

のX」に,「われわれが常に,そのつど新たな定式へと持ち込む」未知の変数にあるのである。この"X"は,精神分析の思考がしばしば意に反して戻ることを強制される地点を記しており,位置を定めることが不可能なために占領すること(besetzen〔備給する〕)ができない地点を記している。それを同定し,位置づけ,名づける——たとえば「外傷」として——いかなる企ても,懸念はされうるが,決してそれ自体として認知されえない危険の信号と見なされなければならない[14]。フロイトのメタ心理学の「大文字のX」はしたがって,それゆえ精神分析の思考の信号と呼ぶことができる。

しかし,もし経済論的なものを局所論的なものによって置き換え,それによって不安をあるべき場所に置こうとするフロイトの努力が成功しないのだと判明するとしても,それは無意味なことではない。というのは,彼の置き換えの結果が,精神分析的思考がもたらすべき唯一の「説明」を強調することだからである。それは,純粋な量を扱うという意味で単に「経済論的」なのでも,純粋な場所を扱うという意味で単に「局所論的」なのでもない。むしろ,二つの観点のAuseinandersetzung〔論争・対決〕から浮かび上がるものは,心的なものについての精神分析的発想を特徴づけるものとしての力動的な葛藤要因の不可避性である。心的なものは非心的なものに対立しえず,それに由来することもありえない。それは原因と結果,外部と内部,現実と非現実の用語では,あるいはフロイトが立ち帰らざるをえない他のいかなる対立する二項によっても説明することはできない。ところが,葛藤が心的なものを特徴づけるなら,葛藤は精神分析的思考そのものにも刻み込まれている。そしておそらく,こ

延長だと考えられなければならない。このことは,a fortiori〔いわんや〕精神分析的思考そのものに対しても当てはまらなければならないということは,本研究が証明し——そして探求しようとするものである。

(14) 「包括理解」の問題の議論とその理論的な含意のいくつかについての議論のために,S. Weber, "It," *Glyph* 4 (1978), pp.16ff を見よ。

のことが，フロイトがそれをもってランクの理論に対抗しようとする断言以上に目立つところは他のどこにもない。「誕生いらい子どもは，危険の標識より以上のものを保ち続ける必要はない」(SE 20 p.137; GW XIV S.168; 著作集 6 p.354)。しかし，もし子どもが危険を指・し・示・す・能力をそもそもの始・め・からもっていると考えられなければならないとすれば，それは，どんな因果論的説明も許容しえないものを承認することに等しい。最初から反復が，すなわち別のものへの指示作用があるがゆえに，「そもそもの始め」などないのである。したがって，理論的言説がそうした指示作用と反復の作用を「超える」，ないしその「手前にある」時間や場所に立ち入る可能性はない。ところが，そのような〈彼岸〉がないのであれば，単純な〈此岸〉もまた存在しない。そして，不安の精神分析による分節はかくして，不安そのものがそうであるのと同様に宙吊りになっているのだ。フロイトは書いている。不安は常に"Angst vor etwas"——英語にすることが不可能な言い回しであるとスタンダード・エディションは注記している (SE 20 p.165)。というのは，不安を位置づける"vor"は「……より前に」と「……の正面に」の両方を意味するからである。われわれがこの両義性を心に留めておけば，英訳の"about"("It is anxiety *about* something"〔それは何についての＝のあたりの不安である〕) は，特に空間的な不確定性において示唆的ではありうる。不安はほ・ぼ・〔about〕それが認知しようとするものの周・り・に・〔around〕あるのだ。そして，精神分析にとっては「思考」は常に「信号」の問題であったが，その精神分析も決して別の形で考えることはない。それは自・ら・が・記・述・す・る・不・安・を・反・復・す・る・。そうする中で，精神分析的思考は自分自身を分離するのである。

第 II 部

余 部

これがそうです。私がそれを手放すことを決心するのは非常に困難でした。個人的な親交では十分でなかったでしょう。それには私たちのお互いに対する知的な誠実さが必要でした。日曜日の騎手イッツィヒの有名な原理に則り，それはまったく無意識に従って書き取られました。「イッツィヒよ，馬に乗ってどこへ行くの？」──「知るもんか，馬に聞いてくれ」。私は段落の始めには，自分がどこに降り立つことになるのか分かりませんでした。
　　　──S.フロイト『フロイト　フリースへの手紙 1887-1904』

葉状体の意味作用

 科学はどれも，それが生み出そうとしている知の正統性を示すのに役立つ意味の概念によって特徴づけられる。精神分析の出現の中に中心的地位を占めたそのような概念は，フロイトが『夢判断』をそれをもって始めた計画の陳述によってはっきりと示されている。

> 以下のページで，私は次のことを証明するつもりである。すなわち，夢の解釈を可能にするある心理学的な技法があり，この手続きの使用によって，どんな夢も目覚めている人の心の営みの中に指定しうる場所に組み入れることのできる，意味のある心的構成物[ein sinn-volles Gebilde]であることが明らかになることを，である。(SE 4 p.1; GW II/III S.1; 著作集2 p.9, 強調は私のもの)

フロイトがここで述べる条件とは使うべき「手続き」や「技法」(Technik)であるが，もちろん彼の夢研究で練り上げられた特種な解釈である。その時，まさに最初からフロイトの精神分析は，心的活動の領域における「意味」の偏在をも，そのような意味にたどり着くことを要求された特有の解釈技法をも証明することに専心したのである。フロイトがこのコンテクストにおいて直面した最初の障害の一つは意味の伝統的な概念だったが，その概念は意味を，意識的な意思に基づく意図の遂行であるか，あるいは器質的で生理学的な過程の表現であると説明していた。フロイトが最初から取り組んだのは，この二者択一——意識的な志向性そして／あるいは生理学

103

——と,とりわけその最初の項である。『夢判断』を通して,彼は「最も複雑な思考の活動は,意識の共働なしに可能で」(SE 5 p.593; GW II/III S.598; 著作集 2 p.486),それゆえ意味は,心的活動に関する限りは,狭く意識的な志向性や思考と同一視しえなかったと何度も何度も主張した。「精神病理学者たちはここで,余りにも早く心的構造の強固さへの信念を断念してしまった」(SE 5 pp.528-529; GW II/III S.533-534; 著作集 2 p.435) と彼は論じるが,それはまさに彼らがそのような強固さと目的性をもっぱら意識的思考の観点から説明してきたからである。

フロイトの夢研究の中で発展した解釈技法は,夢そのものの鏡像として示される。夢を組み立てる中で,心的なものが歩む道を反転し,解釈は同じ道を,だが逆向きに歩み,「顕在的な」内容から隠蔽された「潜在的な」夢の意味へ進もうとする。とすれば,フロイトの夢に対する発想の本質が「顕在的な」／「潜在的な」内容というこの二元的な構造と同一視されるようになったことは何ら不思議ではない。だがそうした同一視には,フロイトが1925年の（夢の作業を扱った）彼の本の第 6 章に追加された長い注で矯正しようとした基本的な誤解が伴っている。

> 私はかつて,読者に顕在的な夢内容と潜在的な夢思考の区別に慣れてもらうことが非常に厄介だと思ったことがある。……今や,分析家たちは少なくとも,解釈によって見出された意味を顕在夢に入れ替えることに慣れてはきたが,彼らの多くは,同じように頑固に執着する別の混同という罪をおかすことになる。彼らは,これらの潜在内容に夢の本質を探し求めて,そのくせ潜在思考と夢の作業の間の差異を見逃すのだ。夢は要するに,われわれの思考のある特殊形態以外の何ものでもない……。これらの形態を作り上げるのは夢の作業で,それだけが夢における本質的なものであり,その特殊性の説明になるのである。(SE 5 pp.506-507; GW II/III S.510-511; 著作集 2 pp.416-417)

あらゆる夢には、フロイトが主張するには、心的現象一般と同じように意味がある。しかし、その「本質」を構成するのはその意味自体ではない。夢の弁別的構造は、「潜在的な」夢思考の意味論的な内容にではなく、むしろ夢の作業がそれらの思考に焼きつける特殊形態にある。その「思考のある特殊形態」の特徴は、フロイトの用語 Entstellung〔場面歪曲〕に尽きる。それは、Darstellung〔場面設定〕の観念と対照をなして置かれた時にのみ適切に理解されえる用語である。夢の本質をその隠された「潜在的な」内容と同一視することは、夢が実際に Darstellung で、ひとまとまりの思考が別の、対応する思考のまとまりによって単純に直接的に置き換えられる表象形式である場合にのみ受け入れられるだろう。しかしそうではない、とフロイトは主張する。もちろん、夢には「潜在的な」夢思考の「顕在的な」夢内容による代理や置き換えがあるけれども、そのような過程は別のものによる（自己同一的な）ひとまとまりの思考の表象の道具だと考えることはできない。夢は表象＝再提示する〔representing〕という目的によってではなく、むしろ——造語が許されるなら——脱 - 提示〔de-presenting〕によって動機づけられるのだ。夢が現在〔present〕においてそのイメージを描くというフロイトがほのめかす事実にもかかわらずそうなのである。夢における（ほとんどが視覚的な）イメージの提示は、シナリオの統辞法によって、それを定義する諸関係が現在時制では理解できない統辞法によって統治されている。機能しているその統辞法の機制——無意識の言語——は、四種類の夢の作業と一致する。圧縮、移動、表現可能性[(1)]、

---

(1) フロイトのドイツ語表現は Rücksicht auf Darstellbarkeit で、文字通りには、"consideration of representability"〔表象可能性の考慮〕である。しかし、夢の表象内容は、夢の中では「判じ絵」あるいは象形文字的なスクリプトの要素としてしか機能しない（フロイト）のだから、ラカンが Darstellbarkeit を "mise-en-scène"〔上 - 演〕と訳すよう提案したことは、より好ましい。なおよりふさわしいのは、私はそう提案するが、語 scenario〔シナリオ〕で、

葉状体の意味作用　　105

そして二次加工である。これらの作業が夢を，覚醒している意識的な思考とは区別された「思考のある特殊形態」にする。覚醒している意識的な思考が，同一性と無矛盾の法則に従って，述定と命題と断定を通して自分自身を分節するなら，夢の言語とは，そこでは同一性と無矛盾が，差異の関係や変換や移動の，戦略的で，計算された，ミスリードする事後効果であるような言語である。夢の言語が「無意識の」言語であるとすれば，それは第一に，ある「願望」が意識的に「充足され」えないからではなく，むしろ夢が意識的思考の述語的な文法に構造的に還元できない媒体において，またそれを通して機能するからである。意識は，意識的であるためには，あるいは意識的に（すなわち，何－ものかの意識に）なるためには同一性をもった項，すなわち主語〔＝主体〕，目的語〔＝対象〕，述語を要求する。しかしながら Ent-stellung〔脱－設定〕（脱形象化，また脱臼）として夢が行うことは，場のすり替えであり，そのようなすり替えを通した同一性の変質である。さらに，われわれが「二次加工」についての議論で見てきたように，夢はこのことを特徴的な方法で行う。夢は（夢の思考や願望を）脱形象化し，歪曲し，脱臼させるだけでなく，このまさに歪曲の過程を隠蔽もするのだ。同一性の論理は，起こった＝場所をもった〔have taken place〕歪曲を隠蔽するものとしての移動という夢の戦略の中にその場所をもつ。歪曲は起こった，すなわちまさに意識に屈するように見えることによって，意識的な心の場所そのものを見出した〔have taken *the* place〕のである。

　この特有かつ弁別的な夢の作業の効果は，夢を解釈したり理論化したりする主体に関して以上に，対象として考えられた夢に関しての方が，目に入りやすく扱いやすい。夢を見る人が必然的に欺かれるということは，そのような欺きがそう主張する人々の洞察と権威

　それは夢の場面的，演劇的な側面にのみならず，夢を語るという契機にも同様に注意を促す。もちろん，夢のシナリオが観客やそれを語る（語り直す）語り手のところで止まることがないと強調するという条件の下でである。

を築くのに役立つ限り、十分に容易に主張され受け容れられる。精神分析の教育を受けた夢の解釈者が、夢を自分の解釈が明かす意味に等値する時に、自らも欺かれるというのはさらに快適ではないが、それでも、そこまでは欺きが及ばない何かや誰かが、すなわち夢作業の理論が、「フロイト」が存在する限りは、まだ耐えられる。しかし、もはやそれも当てはまらなければどうなるか？ Entstellung〔歪曲〕である夢の分析が、少なくとも伝統的に解釈され実践されてきたような意味解釈それ自体は、より広大な過程の単なる部分や区分の、つまり verstellenden Entstellung(偽造する歪曲)の一つにすぎないという事実を指摘するとしたら？ このことは夢の解釈者を、夢解釈の理論家をどこに導いてゆくのだろうか？

模範夢

そのような問いは、『夢判断』の最終章でもある第7章の最初の数ページに働いている。その章は次のように始まる。

> 私が別の人の側から伝達によって知った夢の中には、われわれの注目に対して今まったく特別な要求を掲げるものがある [der jetzt einen ganz besonderen Anspruch auf unsere Beachtung erhebt]。(SE 5 p.509; GW II/III S.513; 著作集 2 p.418)

フロイトが物語ろうとしている夢が特にわれわれの注意を惹きつける時「点」(jetzt) が、決定的な点である。その点は夢の作業、すなわち夢の「本質」が議論され、記述された長い、練り上げられた中心的な章に続いている。そして、研究の全く新たな次元に先行し、かつその導入になっているが、その次元においては、夢がそうであるような「心理学的な」——あるいは、フロイトが後に言うように「メタ心理学的な」——現象の含意が研究されることになる。それらの導入のページ、とりわけそれが扱う特殊な夢は、記述‒分析的な夢の説明から統合‒理論的な概念化への移行を達成し、それを動

機づける働きをしている。言い換えると,われわれが見てきたように,フロイトが否応なしに引き寄せられる思弁を準備する任務のことだ。この思弁はここで——"jetzt"——,その両価的な引力を奇妙な明確さをもって明らかにしている。フロイトは夢の導入を続ける。

> それはある女性患者が私に伝えてくれた夢で,彼女自身もそれを夢についての講義で知ったのだった。その出所は私には未知のままである。その婦人はしかしながら,その内容によって印象を受けた。というのは,彼女は機会を逃さず,夢を「夢に見直した」からだ。すなわち自分自身のある夢で,夢の要素を反復し,この転移［Übertragung］によってある特定の点での一致［Übereinstimmung］を表現したのである。（同所）

この特定の点が何であるのかは,われわれには決して語られることはない。しかしながらその分いっそう印象的なのは,それによって夢が伝達される（ドイツ語で Übertragung〔転写・翻訳〕の別の意味だ）ネットワークの明確な記述である。反復と語りの連続の中に,「未知のままの出所」の中に刻み込まれ,この場面は,われわれが次の節で扱う別のシナリオを想起させ,あるいはそれを先取りする。プラトンの『饗宴』と,フロイトの『快楽原則の彼岸』の中での『饗宴』の利用である。プラトンのテクストにあるように,遠い昔の語りの担い手となるのは一人の女性であるが,ここ『夢判断』では,女性は名前のないままで,フロイト自身が "vorbildlichen"〔模範とすべき〕夢と呼ぶことになるものによって印象を受けた「ある女性患者」としてしか記述されておらず,位置づけられていない。「模範夢」は典型的であるが,おそらく予告的な,形象予示的な夢でもある。

この vorbildlichen 夢への準備段階は,次のようなものである。

　一人の父親が,昼夜ずっと病床で自分の子どもを看病していた。子

どもが死んだ後，彼は休息のために隣室へ入るが，扉を開けたままにしておく。自分の寝室［Schlafraum: 文字通りには，寝場所］から，大きな蠟燭で取り囲まれて子どもの遺体が安置されている部屋の中へ目を向けられるようにである。一人の老人が見張りに任じられ，遺体のそばに座って，祈りをつぶやいている。数時間眠った後，父親は，子どもが自分のベッドの傍らに立ち，彼の腕をつかんで非難を込めてささやくという夢を見る。「お父さん，いったい僕が焼けているのが見えないの？」彼は目覚め，安置室［Leichenzimmer］から光の輝きが来るのに気づいてその中に急ぐと，年老いた番人は眠り込み，覆い［die Hüllen］と大切な遺体の腕が一本，火がついて上に落ちてきた一本の蠟燭によって燃えているのを見つけた[2]。（SE 5 p.509; GW II/III S.513-514; 著作集 2 p.418）

夢そのものは，その伝達を際立たせる一連の反復を続けていることが分かる。父親は，息子の病床を見守っているが，死の床を見守る「一人の老人」に置き換えられている。父親は眠り込み，老人は居眠りをしている。息子は「起きて」父親を起こし，彼は老人には見えない光に気づく。そして，われわれが後に「見る」〔see〕ように，反復は決してここで終わらない。しかし，フロイトが，あまりに単純なので実際には解釈を必要としないと強く主張する夢の解釈を進める――いやむしろ夢の解釈の物語りを進める――時のフロイトを追うことにしよう。

　この感動的な夢の説明は十分に単純で，私の患者が話すように，講演者によっても正しく与えられた。明るい光の輝きが開いているド

---

[2] 私の訳はここでは，スタンダード・エディションの訳に比較した場合，フロイトがこの夢を語る現在時制に戻してある。この現在時制の使用は，フロイトが強調するように，語りが常に現在に置かれる語られた夢との構造的な親和性を示唆している。フロイトが語られた夢を無意識の無時間性に関係づけるとすれば，現在〔the present〕は脱臼した願望充足としての夢の前-時制〔pre-tense〕をなすと付け加えうるかもしれない。

葉状体の意味作用　　109

> アを通して眠っている父親の目に達していて，目覚めていても彼が引き出したであろう同じ結論へと彼を導いた。蠟燭の転倒によって遺体の近くで火災が起こったのだ，と。おそらく父親自身が，年老いた見張りが彼の任務に耐えられないかもしれないという心配を眠りの中に持ち込んだのであろう。(SE 5 pp.509-510; GW II/III S.514; 著作集 2 p.418)

死んだ息子，うとうとする老人，そしてその二人の間にいる，息子の死後に用心が弱まる父親，大惨事が近いことの印として，ただ腕一本と「覆い」── Hüllen ──を焼いただけで，子どもの遺体を救うのにちょうど間に合うよう意識を取り戻すこと。この「感動的な＝動く〔moving〕」夢は，フロイトが断言するには，解釈者には絶対に何の困難も示さない。それが「講演者」であれ，女性患者であれ，『夢判断』の著者であれ。夢は，フロイトによると「十分に単純」だが，興味深いのはまさにこの単純さである。しかし第一に，このいわゆる単純さはどこにあるのか？　まず，ぎらぎらする光の，また夢を生産する中での他の「日中残滓」の効果にある。そのような残滓は見たところ，老人が割り当てられた仕事を行う「能力がないこと」についての父親のありうる「心配」を含んでいる。次には，子どもが生きているのをもう一度見たいという父親の欲望の中にある「願望充足」がある。

このように，この夢の単純さを断言してフロイトは，なぜちょうどこの時点で自分のテクストにそれを導入したかの説明に取り掛かる。

> この小さな夢のいかなる特徴がわれわれの興味を惹く [fesselt] のか，それについては疑念はありえない。われわれは主に，今までどこに隠蔽された夢の意味があるのか，どのような方法でそれが見出されるのか，それを隠蔽するために夢の作業はどのような手段を利用するのか，それらについて気にかけてきた。夢解釈の課題は今までわ

われわれの視野の中心点にあった。そしていまやわれわれは，その意味があからさまに与えられている［dessen Sinn unverhüllt gegeben ist］ため解釈が課題でさえない夢に突き当たっているが，われわれの夢は，それによって夢がわれわれの覚醒時の思考から際立って逸脱し，説明へのわれわれの欲求を盛んにする本質的な性格を依然として保っていることに気がつくようになるのである。（SE 5 p.510; GW II/III S.515; 著作集 2 p.419）

フロイトがこの模範夢の理解から引き出す結論は，これまでに彼が夢の主題について書いてきた全てのものの根本的な問い直し〔mise-en-question〕に他ならない。「解釈作業に関係するいっさいのことを除外した後に［nach der Beseitigung］初めて，われわれは自らの夢心理学がいかに不完全なままであったかに気づくことができるのである」（SE 5 pp.510-511; GWII/III S.515; 著作集 2 p.419）。フロイトの結論は，『ユリシーズ』の中で様々な地点でレオポルド・ブルームに浮かぶ歌を思い出させる。

> お宅には無いですって
> プラムトリー印の肉罐？
> ならば不備
> あればこそ至福の住まい
> 〔James Joyce, *Ulysses*, Penguin Books, 1992, p.91;『ユリシーズ』柳瀬尚紀訳，河出書房新社，1997 年，pp.45-46〕

メタ心理学のない夢理論とは何だろうか？　ならば不備，とフロイトは書く。あればこそ至福の住まい，もちろん。しかし，この住まいへの道は，それが回避できないのと同じくらい暗く不確かである。

> 私が大きく道に迷っていなければ，今まで，われわれが辿ってきた道すべてが，光へと，解明へと，そして十全な理解へと導いてきた。だが，われわれが夢における諸々の心的過程にさらにも深く入り込

もうとするその瞬間から，あらゆる小道は暗がりに繋がるであろう。(SE 5 p.511; GW II/III S.515; 著作集 2 p.420)

思弁への道が暗いのは，それが既知のものから未知のものへ，解明（Aufklärung）から仮説と仮定（Annahmen）の不透明な領域へと連れ去るからである。そのような仮説的構築物の計算と組み合わせにおける誤りが最小限に抑えられる最良のケースにおいてさえ，フロイトが結論するには，ただ夢研究だけではいかなる決定的な洞察も獲得できないだろう。

> われわれが諸々の夢過程の分析から汲み出す心理学的な仮定は，別の攻撃点から同じ問題の核に迫ろうとする別の様々な研究の結果への接続を見出すまで［bis sie den Anschluss...gefunden haben］，いわば停留所で待機しなければならない［an einer Haltestelle warten müssen］。(SE 5 p.511; GW II/III S.516; 著作集 2 p.420)

メタ心理学的思弁の記述がここで次第に戦闘と移送の言語に横滑りしても，われわれの Auseinandersetzung〔論争・対決〕の議論の後では，もはや全面的な驚きになることはないだろう。実際，『夢判断』の中のメタ心理学的な第7章のこの導入部の残りの部分は全面的に，先行する夢の議論で扱われるかもしれなかった可能な反論との先取り的 Auseinandersetzung の兆候の下にある。

一貫性の欠如？

ここでわれわれの関心を惹きつけるのはしかしながら，あたかもフロイト自身が先行する自分の理論の依り所を急に取り去ることによって，あの Auseinandersetzung を導入し準備するそのやり方である。彼が主張するには，意味と解釈についての問いでは，この「小さな夢」が夢の特異性を説明するにはどれほど十分でないかを証明するという点で，それは典型的であり vorbildlich〔模範的〕である。

フロイトは，このことがそれまでの研究の不完全性を確信させるに違いないと主張する。しかしながら，われわれがこの夢のフロイトの解釈を額面通りに受け取るのであれば，つまりそれが覆われていない，unverhüllt〔あからさまな〕意味を提示するがゆえにさらに深い解釈も必要とせず，解釈を被ることもない夢として受け取るのであれば——その帰結は，単にフロイトの最初の6章の「不完全性」であるだけでなく，その根本的な不適切性にもなるだろう。というのは，これらの章の成果は，われわれがすでに示唆したように，夢は——本質的かつ構造的に——隠蔽する歪曲 eine verstellende Enstellung であり，したがって理解されるためには，夢は常に避けがたいまでに解釈を要求するという結論以上でも以下でもないからだ。すなわち，あ・る・い・は・，十分に平明な夢という，意味が unverhüllt gegeben〔あからさまに与えられている〕夢という観念がまさに，non sequitur〔不合理な結論〕であるか，あ・る・い・は・，夢作業の隠蔽活動によって特徴づけられる無意識的思考の特殊形態としての夢についての理論が，大幅に改定されなければならないか，である。

　しかし，フロイトは本当にこの夢の意味が「明白で」，透明で，"unverhüllt gegeben" だと主張するのだろうか？　この断言が彼のテクストの中に明らかな形である限りでは，彼はそう主張している。ところが，Auseinandersetzung の書記法_{グラフィックス}に従って彼は，慎重ではあれ拭い去れない発言をもって断言の単純さを掘り崩してもいるのだ。それは，フロイトの主張の主な推力との明らかな食い違いがいかなる要約をも不可能にし，理解不能にしたであろうがゆえに，これまで，私もこの一節についての以前の議論から除外してきた発言である。その一貫性の欠如はもちろん，まさにわれわれに今それに戻るよう要求しているものである。講演者によってなされ，女性患者によって引き継がれたものとしての夢の「単純な」説明——父親に火事だと警告するのは隣の部屋からのぎらぎらする光であったこと——を表面上は承認しながらも，フロイトは次のような，一見した

ところ無害な形容を付け加えている。

> われわれも，この解釈に以下の要求を追加する以外には，何も変更すべきものをもっていない。すなわち夢内容は重層決定されているはずであり，子どもの言葉は，実際に彼が生前に言い，父親の内で重要な出来事を結びつける言葉から組み立てられているに違いないということだ。(SE 5 p.510; GW II/III S.514; 著作集 2 p.419)

この控えめな付加は，その意味が「覆いなしに」与えられるものとしての夢の解釈を脱臼させることに他ならない。本の前の部分で分析された他のすべての夢と同様に，この夢が「重層決定されているはずである」という「要求」(Forderung) は，その解釈の必然性と中心性を示しているが，しかしフロイトはそれをここで苦心して問いに付そうとしているのだ。というのは，模範夢が重層決定されているとすれば，フロイトが特権を与えようとする解釈では，夢の諸々の特有性を説明する中で，解釈というものの諸限界を証明するにはまったく不十分だからだ。とりわけ，この小さな夢はフロイトがそうさせたいように機能するのをやめるのだ。つまり，以前に探索された光と意味の領域を，数々の夢の解釈を，現象の不明瞭なコンテクストを綿密に調査しようとする仮説的な思弁から区別するはっきりした境界線を画定する形で機能することをやめるのである。

フロイトが手にしている夢はここでは，解釈の彼岸の——jenseits——領域，つまり闇に覆われ，発見されるのを待つ未知の領域，処女地にある。この約束の地の必然性と完全性を際立たせようとする欲望こそが彼を，そのすべての欠点を指摘することによって，産んだばかりの「子ども」を犠牲にしようとの企てに導く。この身振り——それはフロイトの著作を通して頻繁に回帰することになる——はもちろん，常にそれに続く再我有化と利益への見通しをもってである。夢理論がまだ不完全であるとしても，正しい接続 (Anschluss) がやってくるまで，必要な勇気と知性があり，そして何よりも停留

所（Haltestelle）で待つ忍耐があれば，来たるべきものはより大きくより強力な全体性の中に夢理論を組み入れるであろうというのである。

（精神分析の）父

　ここで執拗に続く問いは，この旅路とそれが横断する空間に関わる。これまでに踏破してきた距離を振り返りながら，フロイトはその空間を光と闇，白と黒というきれいな対立へと分けようとする。しかし，彼のこの白昼夢は，それを確かめるよう命じられた夜間の夢によって破られることになる。意味の透明性を証明し，こうしてあらゆる解釈の彼岸にある jenseits 理論的な思弁の必然性の方を指示するどころか，この模範夢は，始終進んでいる間でさえ，解釈がまだ本当には始まっていないのだということを示唆しているのだ。この小さな夢が模範的だとみなされえるとすれば，それはまさにフロイトがここで否認しようとするものを指示しているからである。すなわち，解釈と思弁は単純に互いに対立しえないのだ。なぜなら思弁の一定の形態は，夢の解釈の中で，その最も明らかな審級だと思われうるものの中でさえ，またとりわけそこですでに作動しているからだ。「見えないの？」という父親へ向けた子どもの警告はまた，『夢判断』というコンテクストの中では，テクストによって『夢判断』を書いている「父親」に宛てられた非難でもある。というのは，「小さな夢」の父は子どもの「腕」も「覆い」（Hüllen）も焼けてしまったことを発見することになるが，それにもかかわらず『夢判断』の父はその二つを分けようとするからである。彼の子どもと子どもが纏っていた覆いとを，である。

　「お父さん，見えないの？」それでも，ここでフロイトはある意味では現に見ているのだが，見ずに見ている。それが事のついでであれ，子どものこの言葉が「父親にとって重要な出来事」に関係するに違いないということに言及することによって彼は，自分の解釈

が不明瞭にしようとするものを直に示している。すなわち，欲望一般と，とりわけ幼児の欲望とを特徴づけ，不可避の（そして構造上の）夢の重層決定に対して責任を負っている葛藤に満ちた両価性〔アンビヴァレンツ〕である。フロイトはそのすべてを「見ている」のだが，本書で前に議論した機制，隔離の機制を使用することによってその帰結を避けようとしている。重層決定という事実は記されてはいるが，しかしその含意，この夢の意味のヴェールが簡単には取り除きえず，"unverhüllt gegeben"〔むき出しで与えられる〕ことはないということは無視されるのである。

　おそらく，フロイトの，〈すべての‐解釈を‐終わらせるべき‐解釈〉を生み出す欲望について思弁することは興味深いであろう。単にある現実を映し出し，自らを，ヴェールなしに与えられた意味を，きれいに光（過去）と闇（未来）に分割された世界を代弁するような夢を求める欲望である。その際われわれは，精神分析が何度も何度も様々な形で分節してゆく洞察に，おそらく立ち戻ることになる。つまり，特に二つのものがもはや，別個の存在として互いに対立しえず，同じ空間に共存する時，光が闇よりも脅威的になりうる時間・空間があるという洞察である。それはたとえば，遺体安置室〔Leichenzimmer〕がもはや（夢に対する現実としての）寝室〔Schlafraum〕に対立しえない，あるいは寝室からはっきりと区別できなくなる時である。燃えている子どもの夢は，それが引き出す解釈的な言説と一緒になって，Urszenario〔原シナリオ〕と呼ばれうるようなものの中での，この共存あるいは収斂を演出する。そこでは奇妙なことに，語り手と語られるものが互いに似てくるのである。

　もっと思弁的ではない形で，フロイトのテクストの経済内部におけるこの模範夢の直接の効果は，テクストが表だってもたらそうと意図しているものの全く対極にあるということに注目することができる。すなわち，解釈の彼岸に移動する〔move〕のではなく，その夢はいくつかの，フロイトがそれからも取り組むであろう解釈と意味

の最も広範で徹底的な議論によって引き継がれるのだ。これらの議論は,この「感動的な」〔moving〕夢が実際われわれを動かして〔move〕ゆく先は,解釈学的な問いそのものを超越する必然性であるよりも,問いの射程を広げ,変形させる必然性であることを示唆している。ここでフロイトの立論は,彼が以前,夢の際立った特徴の一つであることを確かめていた論理性欠如をもって進行する。単純に,はっきりと,一義的に話す夢として模範夢を同定してから,フロイトは議論を続ける。

> ここでさらに,私は夢の解釈について書き留めるべきことをいくつか順不同に。……意味が通り,一貫した夢内容のすべての要素に情報を与える十全な夢の解釈を手にした時でも,自分の任務は完全に終わっていないという事実を夢解釈の初心者に認めさせることは最も難しい。そのほかにも,その人が見逃していた,同じ夢の別のさらなる重層解釈が可能である。……読者は常に,不要なまでの工夫＝機知〔Witz〕を浪費するといって著者を非難する [dem Autor vorzuwerfen] 傾向がある。自分自身で経験したことのある人なら,自分がよりよいことを学んだことが分かるであろう。(SE 5 pp.522-523; GW II/III S.527-528; 著作集 2 pp.430-431)

父親への子どもの非難(「見えないの？」)はここでは,読者が著者に向けるであろう,先取りした非難として繰り返されている。それ以上の解釈を必要としない夢を見出そうとする企ては,フロイトのこの非難を回避しようとする努力たりうるのだろうか？ しかしながらそれが正しいのだとしても,それは失敗する運命にある。「工夫＝機知」〔wit〕の過度の巧妙な,余分な行使という意味でではなく,夢が重層決定される構造的傾向によって求められる意味として,常に「重層解釈」の可能性——そして実際には,通常はその必然性——があるからだ。われわれが,解釈が問題になり始めたことに気づくのは,夢にあまりに少ない意味しかないからではなく,意味が

葉状体の意味作用　　117

多すぎるからなのだ。「われわれの思考の中の表現に向かってせめぎ合う無意識的な思考過程〔Gedankengänge, trains of thought〕の豊かさ」（SE 5 p.523; GW II/III S.528; 著作集 2 p.430）に直面して，解釈者はどの列車〔train〕に乗るべきかを，どの接続が「正しい」のかを，いかにして確実に知ることができるのか？　懐疑的な読者を「経験」に差し向けても，それはほとんど十分ではありえない。なぜなら経験は，最初に不確実性を生み出す同じ葛藤の意識的な残滓に他ならないからである。

夢の臍

確実性の問題への単純な答えがないとすれば，そこから立ち現れるのは，解釈者の位置とその人が携わる営みが，もはや観照〔contemplation〕モデルで説明しえないということに他ならない。解釈者はもはや，伝統的に説明されてきたようには，本質的に観客や観察者ではないのであって，解釈者はそれと同時に主人公でもあり，彼の行為の結果は自分自身が組み込まれた力関係によって規定されるからだ。

> あらゆる夢が解釈にまでもたらされうるのかという問いには，否定形で答えられなければならない。解釈作業においては，夢の歪曲〔Entstellung〕に責任のある心的諸力が自分に対抗していることを忘れてはならない。だから，知的関心，自己克服の能力，心理学的な知識と実践をもって，解釈者の内的抵抗力の支配者であることを示しうるか否かが，力関係の問いになるのである。（SE 5 pp.524-525; GW II/III S.529; 著作集 2 p.431）

要するに解釈を——最初に夢を形成することによって——可能にするまさにその力が，その結果を不確かな，計算できない，決定的に立証（あるいは論破）できないものにもする。というのは，まさにそのような立証の「決定的な」審級には，そこからそうした定義や

線引きを確立しうるアルキメデス的な,あるいは超越論的地点は決して存在しえないからである。局所構造的な夢の構造は,そのような限界画定を不可能にする形で設計されているように思われる。それは,少なくとも確かにこの章全体の中で——そしておそらく本全体の中でも——最も有名な,フロイトが「夢の臍」と呼ぶものを記述しようとする一節から立ち現れるものである。

> 最もよく解釈された夢においても,しばしば闇の中に残しておかなければならない場所[eine Stelle]がある。解釈する中で,そこには解きほぐすことはできないが,夢内容へそれ以上何の寄与も[keine weiteren Beiträge]提供しない,夢思想の結び玉〔Knäuel〕が持ち上がっている[anhebt]ことが判明するからである。それは,夢の臍であり,夢が未知なるものの上にまたがる[dem Unerkannten aufsitzt]場所である。解釈によって行き着く夢思想は,一般的に,終わりのないままに[ohne Abschluss]とどまる他なく,四方八方に向かってわれわれの思考世界の下での,網状の絡みへと[in die netzartige Verstrickung]流れ出る。この絡み合いの比較的密度の高い場所から夢願望が,菌糸体からきのこが出るように聳えている[erhebt sich]のだ。(SE5 p.525; GWII/III S.530; 著作集 2 p.432)

ここで,フロイトがメタ心理学の入り口に,うわべは夢解釈の透明な領域を思弁の不明瞭なところから区別する境界上に止まって後ろを振り返るとしても,結果はただ,光の真ただ中で影になった場所を発見し,それを記述するだけである。しかし,そこには不安の調子も,ショックの感覚も,心配の原因もまったくない。というのは,フロイトにとっては「闇の中に残しておかなければならない場所」は,「最もよく解釈された夢においても」,その不明瞭さにもかかわらず——あるいはむしろそれゆえに——まだその場所の中に堂々と置かれうるからである。あたかも,その薄暗い輪郭が,それを背景にシルエットを浮かび上がらせた明るさのおかげで,いっそう容易に同定し,局所化できるかのようだ。この「結び玉」がどれほど入

り込めないものであろうと、それがどんなに解明に抵抗しようと、これらの夢思考が「夢内容へそれ以上何の寄与も提供しない」ということには——少なくともフロイトにとっては——何の問題もない。それ以上何の寄与もない？　われわれを走路に乗せて、この奇妙な場所へ案内すればそれだけで十分だ、それで終わりだ、そうフロイトは仄めかす。しかし、思想の結び玉がさらなる分析と解釈を逃れるのであれば、いかにしてわれわれは、それが夢に対してそれ以上の寄与をしなかったと、かくも確信しうるのか？

いずれにせよフロイトは、それをその場に残しておくことに満足しているように見える。彼は結び玉を「隔離した」上で、それを、読者の想像力をとらえ、なるほど魅惑するある形象によって名づけ、記述するのだ。こうして彼が創り出す形象は、おおいに人目を惹き、かつ図像的なので、明快な光の一撃であいまいさをすべて解消するかに見えるほどである。夢の臍のことだ。身体が最後に母なる起源に結びついていた場所へのこの言及以上に、もっと安心させ、もっとなじみがあり、より原初的で強力なものがありえようか。この場所が痕跡と分離の場所でもあり、結び目の場所でもあるという省察は、その形象によって原初的に暗示される連続性と世代起源性という、安心させる感覚に接しては、ほとんど力を持たない。

この点でテクストの中に移送され、あるいは書き換えられて、夢の臍はこのように二重に慰めになるように見える。つまりその入り込めないあいまいさが、同定可能な夢願望の場所と光景、夢の意味の源泉を記す。その影になった結び玉の中から、この夢願望は浮上して視野に入り、こうしてその究極の対象と確証によって解明する解釈をもたらすことになる。

あるいは、ドイツ語テクストにアクセスできないスタンダード・エディションの読者にはそう見えるのかもしれない。そのような読者は、立ち止まってその分枝を考えず、夢思想の終わりなき性質についてのフロイトの記述を性急に読み流しがちになる。ストレイチ

一訳はその分枝を，ドイツ語にあるよりはるかに目立たないものにしているからだ。ストレイチーにとって，夢思想は "branch out in every direction into *the intricate network* of our world of thought"〔あらゆる方向へ，われわれの思考世界の入り組んだネットワークへと広がって行く〕。しかし，フロイトの「網ネット」は単に，無限に複雑だという意味で入り組んでいるだけではない。それはまた，おそらく何よりも罠〔trap〕なのだ。罠，特に無意識の罠は，見逃されるほど効果が薄いわけではないのである。

スタンダード・エディションが "intricate network"〔入り組んだネットワーク〕と訳しているフロイトのドイツ語の語は，"netzartige Ver-strickung"〔網状の絡み〕である。この形容詞と名詞との用語の反転が変質を強調している。フロイトのテクストで作動している「網ネット」は安定した，あるいは弁別的な対象ではなく運動であり，ひとはそこに絡め取られる，verstrickt〔巻き込まれる〕。あるいはむしろ，夢思想の結び玉 (Knäuel) はその場にとどまらずに，昼間の，われわれの覚醒した意識的な生活の光を構成する思考に侵入し始めるのである。

しかし，この運動によって夢の臍は，スタンダード・エディションが示唆するであろうような安心させる樹木階層の堅固さへではなく，さらに平安を奪う罠の誘惑へと広がり込んでゆく。フロイトのテクストにおいて，安らぎをもたらす無限の分枝効果という無尽蔵の上に，もはや見かけほどの全き親密さを失なっている親密さの中にさらに動揺をもたらす絡み合いが影を投げかけるのだ。とりわけ，夢思考と覚醒時の思考との明確な差異が，不鮮明になり始めている。一方がもう一方の中へ拡張してゆくという事実から，"ohne Abschluss"〔終わりなき〕とフロイトが書いているように，われわれは二つのものを以前ほどはっきり区別できなくなるのである。

再 考

この一節の最初の読みに "ohne Abschluss"「結論が出ない」ので

あれば、われわれは歩みを引き戻し、もう一度出発しよう。もし夢の「最もよく解釈された」ものにおいてさえ、それでも闇で覆われたある領域を残さねばならないとすれば、それは何よりも、われわれがある意味ではその場所を見る、あるいはそれに気づく——"man...merkt"——からである。「夢思想の結び玉」が取り違えようがないのは、単に光の海の中にある一点の闇としてばかりでなく、残りの部分の上に持ち上がっている（anhebt）何ものかとしてでもある。われわれには形象の撚り糸のもつれを解くことができないにもかかわらず、その位置は印象的なまでに明らかであるかに見える。それは「未知なるものの上にまたがる」（dem Unerkannten aufsitzt）のだ。その立地は、それゆえ解釈が自らを可能にする限界を記しているが、それが手に負えなくなるおそれもある。そこに、フロイトの夢の臍の記述における暗黙の禁止命令が由来する。「これほど遠くまで、だがそれ以上は」との。たとえ続けたにしても、われわれは疑いなく夢の、それが満たす願望の軌道を見失い、日々の思考の迷宮の中で途方に暮れるだろうからだ。これらの撚り糸は、夢に対して「それ以上の寄与はしない」のだから、さらに進む必要もない。われわれはまさにここで立ち止まり、臍について観想しえる、しなければならない、実際そうするのが当然だということになる。

　しかし、この「ここ」とはまさにどこなのか？　「夢の願望が、菌糸体からきのこが出るように聳えている（erhebt sich）」、この濃密な影を投げかける場所なのだろうか？　もしそうなら臍の形象は夢の中心へ向かう位置と、そこから夢が発生する点を示唆するだろう。そのような場所は、夢の発生する中心で、通常は夢の願望に帰されることになる。しかし、すでに見たように、夢に先行し、さらには意識的思考の言語と論理の中で定式化される夢の願望はそれ自体、夢の「本質」をなすわけではない。夢の「本質」はその思考、その願望が夢の作業において、またそれを通して託される脱臼の運動である。このように、夢の願望の夢の見え姿への転写が、夢思想

の様々な鎖によって織られた織物ないし「絡み合い」（Geflecht）が夢の特異性を構成するのである。

これらの思想の連鎖の動きや接続を辿ると，われわれは夢の顕在的な形から離れ，その潜在内容たる夢願望へと向かう。しかし，われわれはまた，夢そのものからも離れ，われわれの包括的な思考世界（Gedankenwelt）における夢の分枝へも向かう。これこそ，精確にどこで止まるべきかを知らなければ，まさにわれわれが探しているそのものを，夢「そのもの」を見失うかもしれぬ理由である。

幸運にも，フロイトがわれわれに保証するには，われわれはどこで止まるべきかを確かに知っている。そこで（dort），様々な撚り糸が集まって，積極的には入り込めず，しかし間違いようのない結び目を形づくる所である。われわれが何ではないのかを知っているものからなる結び目をである。残る，実際執拗に残る問題はこうだ。われわれの夢解釈において，この決定的な場所にまさにいつどこで到達したのかを，われわれは知りうるのか？　解釈を続けられない無能力が，われわれが入り込めない核心に達したという十分なサインなのか？　そして，われわれの解釈が，夢の顕在的な形からさらに遠くへ，そして「われわれの思考世界」のさらに近くにまで移動させるのであれば，われわれはこの奇妙な臍が実際に夢の中心にあると確信することすらできるだろうか？

ガイド

われわれに必要なのは，混乱を生むこの空間と場所においてわれわれを導いてくれるガイドである。

実際に近年，ちょうどそのようなガイドはジャック・ラカンという人となって姿を現した。今日では『精神分析の四つの基本概念』として出版されている1964年の講義の始めで，ラカンは聴講者（と未来の読者）にこう告げた。「あなた方がこれからフロイトのテクストに向かう時，私が導入する用語に先導されていると感じること

があると思われる」(3)。ラカンによって導入された用語が,「フロイトへの回帰」に対する彼の呼びかけを聞き入れる多くの人々を案内したことに間違いはない。このことは,したがって,これらの用語を書き込むラカンの言説が,われわれがここで関わっている場所へと直接的に導くだけに,なおさら重要になる。

> 言説はすべて,ここでは無害ではありえない——ここ 10 年私が行うことのできた言説でさえ,そこにそうした効果をいくつか見出す。公の言説でさえ,ひとが主体を狙い,フロイトが臍——最終的に〔＝最後の語で〕[au dernier terme] 夢の未知なるものの中心を指し示すために,彼はそう書いているが,夢の臍——と呼ぶものに触れることは無駄ではない。それは,それを表象する解剖学的な臍そのものとまったく同様に,われわれが話しているこの開口部 [béance] と別のものではない (4)。

他の何がラカンの言説で明確さを欠いていようと,それが「最終分析で＝最終的に」— au dernier terme —その用語〔term〕が「未知なるものの中心」へ,béance〔開口部〕のような最後の辞項〔derniers termes〕へとわれわれを導くことには,ほとんど疑いがないように見える。ラカンはここで,われわれがフロイトの中に辿り直してきた身振りを繰り返している。最終分析そのものの,ある終結と決定の身振りである。終わりなき分枝という非決定に終止符を打つよう定められた dernier terme の身振りである。最終項,ここでは béance(あちらでは manque〔欠如〕)は,ついには欲望している目的地に到着したとして,止まって電車を降りることのできる場所を指し示す。すべての旅が始まり,終わる終着駅,つまり Terminus〔終着駅〕あるいは Terminal〔終点〕である。それはフロイトによれば,

---

(3) J. Lacan, *Les quatre concepts fondamentaux de la psychanalyse* (Paris, 1973), p.25;『精神分析の四基本概念』小出浩之他訳,2000 年,p.28.

(4) Ibid. p.26; 同書 p.29.

そこでは辛抱強く接続（Anschluss）を待つ覚悟をしなければならない人目につかない辺鄙な〔＝道を外れた out-of-the-way〕Haltestelle〔停留所〕とはまったく異なるものである。

　まず夢の臍を「未知なるものの中心」に位置づけ，次にはこの中心を「われわれが話している béance」と同一視するラカンがその精確な場所を指し示す際の確信は，フロイトの Bildersprache〔比喩言語〕に対する一定の構想に基づいている。その構想はラカンに，夢の臍と「解剖学的な臍」がお互いに表象の関係に立ち，この関係が今度は両方に（現前している）共通の特性から引き出されると宣言することを可能にする。béance の特性であり，両方ともに含むと言われる溝ないし深淵という特性である。

　きわめて逆説的なことに，そうなると，手離さないでおくことのできる何か十分に確かなものをラカンの用語に導かれる読者に与えるのは，まさにこの不在や裂け目や隙間，béance のそれだということになる。

> あなた方がこの最初の構造を手中にしていれば，無意識に関わるこれこれの部分的な側面に身を委ねることを思い留まらせるだろう……。より根本的には，あなた方が無意識を位置づけなくてはならないのは共時性の次元に……，文によって，叙法によって自己を見失いもすれば再発見もする限りでの言表の主体［sujet de l'énonciation］の水準にであることが分かるであろう。……要するに，無意識の中で開花するすべてのものが，フロイトが夢について言っているように，菌糸体のように中心点の周りで拡散する水準にである [5]。

葉状体

　しかし，単にフロイトの言ったことや言いたかったことが問題であれば，われわれは確かにここでラカンと一緒に進み，最後の分析

---

(5)　Ibid. p.28; 同書 pp.32-33, 強調は私のもの。

で〔＝最終的には〕空虚であるのと同じくらい中心的でもある場所に向かって，彼に従って行くだろう。ラカンが「非決定の主体」[6]と呼ぶものの場所である。ラカンとフロイトの見たがったであろうものが問題であれば，たとえば荘厳に菌糸体から聳え立つ夢の意味，つまり男根(ファルス)の意味作用が問題であれば，ラカンの Baedeker〔旅行案内書〕で事足りるかもしれない。しかし，そのような Baedeker に対してフロイトは嫌悪感を公言しているが[7]，それはまったく別にしても，フロイトのテクストはそうした案内の地図作成に抵抗する。手許のケースでは，フロイトのテクストには，夢の臍が中心的であるとか空虚であるとか結論するのを許すものは何もない。反対に，それは奇妙にも充満し，過飽和であるように見える。それがわれわれの理解に困難を差し出すとすれば，それは少なすぎるというより，あまりに多くを内包しているからだ。要するに，それが他の何でありうるとしても，Knäuel〔結び玉〕は単に béance（あるいは Abgrund〔深淵〕）ではない。そしてとりわけ「臍」の絡み合いを構成する連鎖と接続，撚り糸と罠は中心の周りきちんと「拡散している」と断言するのを許すものは何もない。フロイトのこの臍の記述がラカンのものと異なるとすれば，それはラカンが捕まえようとするもの

---

(6) Ibid. p.28; 同書 p.33.
(7) 「私は一般に Weltanschauungen〔世界観〕の創造に与することはない。それは哲学者に任せておけばよい。彼らはあらゆることに情報を与える Baedeker がなければ公然と人生の旅を実行できないと思うのだ。哲学者がより高級な貧困の立場からわれわれを見下す軽蔑を謙虚に受け入れよう。われわれにナルシシスティックな誇りがあるのは否定しえないが，自らの慰めを次のような考慮に求めることにする。すなわち，これらのあらゆる『人生案内書』は急速に古びてしまい，まさに，われわれの近視眼的な，限られた拙い仕事こそが再版を必然的なものにするのであって，この案内書の最も現代的なものであれ，古い，かくも便利で完璧な教理問答に取って代わろうとの試みだということだ」。(『制止，症状，不安』，SE 20 p.96; GW XIV S.123; 著作集 6 p.326)

を運動させるからである。まさに中心という観念と場所をである。フロイトの臍は中心を内包してもいないし，それから成るのでもない。それは何かまったく違うことを行うのだ。未知なるものにまたがる "dem Unerkannten aufsitzt" のである。それゆえしばらく，未知なるものの上に留まって，それにまたがる夢特有の姿勢ないし構えを考察してみよう。そして，語 "straddle" 〔またがる〕の意味をいくつか——いわば臨床的に——吟味することから始めよう。オックスフォード英語大辞典〔O.E.D.〕によると，この語は動詞 to stride〔大またで歩く〕から派生している。しかし，辞典が記載する意味は，語が経験してきた変化を強調している。前方への動きや前進を示す動詞から，straddle はさまざまな種類の止まった動きを，したがってある種の姿勢を取ることを意味するようになった。O.E.D. によって与えられた意味の中に，われわれは次のようなものを見つける。

> I. intr.〔自動詞〕 歩く，立つ，座るときに脚を大きく広げる。b. 脚について：両足を開いて立つ。c. 物について，特に脚を持つものについて：また，手足を伸ばす。2. 大また開きで歩く。3.（脚を）（立っている時や歩いている時に）大きく広げておく。4. 一方の脚をどちらかの側に置いて座る，立つ，あるいは歩く。またぐ。またがる。b. 横切って，あるいは（何かの）両側に立つ，あるいは横たわる。5. 米口語。〜に関してあいまいな位置を占める，あるいは取る。両側に賛成するように見える。6. ポーカー。二倍にすること（賭け，ばくち）。7. 砲術。まずその一方の側にそれから反対側に弾を置くことによって（獲物）の射程距離を見つける。そして，項目の最後に類義語。"Bot. divaricate."

われわれが au dernier terme〔最後の辞項に〕結論に達したと思うちょうどその時に，われわれは最後の不可解な参照項に行き当たる。そこで，重要なものを何も逃していないという絶対的な確信を得るため，われわれは以下に向かう。

> Divaricate：(Dis- +varicare から，そこから various〔様々な〕, straddling〔またがっている〕)
> 1. intr. 離れ伸びる，あるいは広がる。枝分かれする，あるいは分岐する。Bot.〔植物学〕と Zool.〔動物学〕，広く分岐する。2. trans.〔他動詞〕離れて，あるいはばらばらに伸ばす，あるいは開く。3. 様々な方向に広げさせる。

このようなフロイトの "Aufsitzen" の "straddling" への英語訳はこうして，本研究の第Ⅰ部で追跡してきた，他動詞的でも自動詞的でもある，拡散の過程であるまさに Aus-einander-setzung〔離れた－相互－定立（＝対決）〕の運動を凝縮するようだ。ただしここでは，この運動は考え方や概念の運動ではなく，身体の運動である。とりわけ脚のである。立ち，脚を伸ばし，脚を広く離し伸ばして歩くこと。「あいまいな位置を占める〔occupy〕，あるいは取ること……両側に賛成すること」はまた，"occupation"――"Besetzung"〔占拠＝充当〕あるいは無意識の欲動（Triebe）による「表象」の "Besetzung" あるいは「備給」をもわれわれに想起させる。というのは，そのような構え〔posture〕のすべてがひとを欺き，不可能な妥協を「押しつける」〔impose〕定めをもった詐欺〔imposture〕だからではないか？ そうした妥協は暗に，ゲームに留まるためには賭け金を不可避に釣り上げなければならない一種のポーカーを意味してはいないだろうか？

フロイトの「脚」はこうして支持しがたい二者択一の両側に堂々と据えられることになるが，それを彼は O.E.D. によって挑発的に示唆された意味のすべてにおいて「またいでいる」。そしていわゆる原光景はたぶん，その二者択一の最も図像的な形象化にすぎないのだ。しかし，われわれはまだフロイトの Bildersprache〔比喩言語〕の，再－提示＝上演する〔re-present〕よりは脱－提示する〔de-present〕, "ent-stellt"〔歪曲する〕言語の分枝と手を切ってはいない。というのは，フロイトは単に「（夢が）未知なるものの上をまたぐ場所」と

して夢の臍を指差すことで立ち止まってはいないからだ。彼はその未知なるものを、むしろそこから生じるものを記述している。すなわち「菌糸体から出るきのこのように」前へと押し寄せる夢の願望である。夢の臍から現れ、かつその「未知なる」側面を知りえるものにもする夢の願望は、こうして何か「菌糸体」と呼ばれるものから分離できない。では、そこで菌糸体について言うべきことがあるだろうか？　もう一度、答えを求めて O.E.D. に返ると、今回もわれわれは落胆しない。

> Mycelium.〔菌糸体〕（ギリシャ語 Mŷkes マッシュルーム、その後 epithelium〔上皮組織〕）。Bot.〔植物学〕きのこの葉状体〔thallus〕の生長部分で、白いフィラメント状の管（体）から成る。マッシュルームの卵。

夢の願望が、ファルスのように〔phallus-like〕菌糸体から勃起するのだとしても、菌糸体は、ラカンの読解が忘れようとすることをわれわれに想起させるように働く。すなわち、夢の臍はファルスの問いに、主体の béance〔開口部〕、分裂、不在の中心の問いに還元できないのだ。それも、葉状体〔thallus〕という単純な理由からである。夢の臍は、フロイトのテクストに刻印され記述されているように、より見にくい、だが見えないわけでもない別の方向をわれわれに指し示す。提起される問いはここでは、臍の場所、夢の願望が立ち上がる位置に関わる。問題は要するに、signification du thallus〔葉状体の意味作用〕である。われわれが最後にもう一度 O.E.D. を調べると、ある興味深い定義を発見する。それはほとんど全面的に否定からなっている。

> Thallus〔葉状体〕（ギリシャ語の thallos、青い芽、花を咲かせる tháللein）。Bot.〔植物学〕維管束組織のない生長構造。それには茎や葉への分化はなく、そこからの真の根は欠如している。

ラカンが約束する(「あなた方は，……をより根本的に見るだろう」)ようには，「より根本的に見る」ことがここでかくも困難であるのは不思議ではない。というのも，この奇妙な形象の本質は，そう見えるかもしれないが，否定においてしか，つまり，まさに抑圧を回避しながら，自分自身を意識へ接近可能にするために無意識が使用する言語の形式においてしか分節されえないのである(8)。

　なぜフロイトが，葉状体に言及せずに，きのことその菌糸体のところで記述をやめたのか，われわれは理解し始める。というのは，われわれがいまや知っており，かつ知らないことを除いて，彼がそれについてわれわれに語りえたのは，それが「維管束組織のない」，「茎と葉への分化」を欠いた，何よりも「そこからの真の根は欠如している」構造だということだからだ。夢の願望の「根」は，その土台は，この真の根の欠如によって定義される。ではこのことは，その組織の内部に包まれる偽りの根があることを意味するのだろうか？

　葉状体〔thallus〕と比較すると，ラカンの"signification du phallus"〔ファルスの意味作用〕は子どもの遊びであるように見えてくる。manque d'un manque〔欠如の欠如〕，béance，シニフィアンの効果のシニフィアン——こうした定式はすべて，安定した同質の空間的な連続体の内部でたやすく動くのに対し，葉状体はそれをねじ曲げ，誇張し，脱臼させ，脱形象化するのである。

　たぶんこのことは，自らの Bildersprache を一度で決定的に，au dernier terme〔最終的に〕理解され，名づけられうる何かの表象として捉えるというフロイト読解の限界を示している。たぶん，異なった種類の読解が求められているのであって，われわれは別の方法でフロイトのテクストをまたぐ準備をしたのだ。というのは，われわれが，解釈の限界において欠如した中心の深淵ではなく，臍や葉状

---

(8) S. フロイト『否定』。

体を発見するとすれば、まさに意味作用の概念がわれわれの目前で変化し始めたからである——特に、われわれの眼がフロイトのテクストに向けられている場合には。というのは、われわれが "straddle" 〔またぐ〕と訳してきている語は、ドイツ語ではさらに別の意味を持っているからだ。jemanden *or* etwas aufsitzen〔誰かに、あるいは何かにまたがる〕はまた、「誰かに、何かにだまされる、欺かれる」をも意味しうる。たとえば、未知なるもの（das Unerkannte）によって。あるいは、ラカンによって導入された用語によってである。たとえば語 Nom-du Père（父 - の - 名）は、les non-dupes errent（欺かれぬ者たちが - 彷徨う）とも読めるはずである。しかし、もしこの彷徨が命名自体の身振りそのものに構成的だと理解しなければならないとすれば、このことは名づけることで真理を分節しようとするあらゆる形の言説に対しても、帰結を持たないことはありえない。フロイトのであれ、ラカンのであれ、あるいはこのテクストそのものであれ。

この視点からは、葉状体の意味は、意味を分節しようとするあらゆる試みについての非常に下手な機知である——あるいはむしろ、それをもて遊ぶ——ように見え始める。というのは、フロイトの夢の臍の記述の分枝が、解釈がある種の計算された詐欺の中に起源をもち、そこに終わることを示唆するからだ。必然的にそして構造的にある姿勢〔posture〕の中に、詐欺〔imposture〕の、そしておそらく押しつけ〔imposition〕の中に。

いずれにせよ、そのような問いがフロイトを駆り立て、夢の解釈、つまり無意識への王道から、機知というより威厳のない領域へと——歩き、大またで歩き、またがりつつ——移行させたものであったことに疑いはない。われわれがのちに見るように、これはまったく笑い事ではなかったし、今も笑い事ではないのである。

機知——子どもの遊び

　フロイトが『夢判断』に関して出くわした最初期の批判の一つは,彼が原稿を一部送った「最初の読者で批評家」であるヴィルヘルム・フリースからやってきた。フロイトがそう呼んだように,「他人の代表者」[(1)]であるフリースは,精神分析が何度も何度も,さまざまな形で引き出すことになった反論を定式化した最初の人物であった。そうした反論の中で最も一般的なのは,間違いなくカール・クラウスによって有名になったもので,彼は強く「精神分析は自分が治療すると主張する病である」と主張した。この疑念のフリース版は,フロイトが解釈すると称する夢によって明らかになった驚くべき巧さに向けられた。これほど意識的な意志作用から離れた心的活動が実際,これまでもっぱら意識とだけ結びつけられていた性質をいかにして示すことがありうるのか,そう彼は問うたのだ。たぶん彼が主張したのは,フロイトが夢それ自体の性質だと捉えていたものは,現実には彼自身の解釈の産物にすぎないということだ。この反論に対するフロイトの応答は二重であった。一方で,彼は自分の解釈の巧妙で機知に富んだ側面を,夢そのものの特質として擁護した。

> 夢を見る人があまりにも機知にあふれている[zu witzig]というのは確かに正しいが,それは私に打撃を与えもしなければ非難[einen Vorwurf]の動機づけになることもない。夢を見る人はみな,同じく

---

(1) Origins p.298; Brief p.318; 手紙 p.399.

手に負えないほど機知にあふれており，やむをえずそうなのだ。彼らは苦境の中にいるし，真っ直ぐな道は彼らには閉ざされているからである……。あらゆる無意識的過程の外見上の機知は，機知に富んだものと滑稽なものとの理論に密接に関連している[2]。

彼の最初の読者が非難をつぶやいたのに対して，精神分析の父は，公然と率直な形で答えている。フロイトは宣言する。それは私の過ちではない，夢が機知に富んでいるとしても，たとえ耐え難いほどであってさえ――そうあらざるをえないのだ，他に選択肢はない。夢は，今ここで君に返答する私ほど率直ではないのだから。しかし，フロイトの応答それ自体は，見かけほど率直ではない。というのは，過度の巧妙さと偽装の罪――究極的には Entstellung〔歪曲〕への非難――から自己を免罪するように見える一方で，フロイトは結びの憶測でこの議論を無効にするからである。あらゆる無意識的過程が示す機知の装いは，彼が書くには，「機知に富んだものと滑稽なものとの理論に密接に関連している」。理論はしかしながら，無意識そのものによって――少なくとも直接的には――書かれるのではなく，意識的主体によって書かれる。それゆえ対象への，「すべての夢を見る人」あるいは「あらゆる無意識的過程」への訴えは，端的に，理論的解釈にあらゆる疑念を免除しうるわけではない。

　以上のように問いは移行する。もし夢の機知に富んだ性格が，夢が分節し，その特徴的な Entstellung〔歪曲〕をもって夢が応じる葛藤的な状況の結果だと考えうるとすれば，このことはどの程度，それらの過程を把握しようとする理論の特徴でもあるのだろうか？要するに，どの程度まで Entstellung の理論そのものが Entstellung なのか？

　この問題の執拗さは，フロイトの第二の応答を規定している。ま

---

[2]　Origins p.297; Brief p.317; 手紙 p.395.

ず，夢の巧妙さに対する個人的な責任をすべて否定した上で，次にフロイトは，事態を適切に定式化しようとのこれまでの試みにはある一定の不満があることを認めるのだ。

> 私は夢の事象そのもの［die Traumsachen selbst］は攻め落とせないと思っている。それについて私の気に入らないのは，そのスタイルで，高潔で簡素な言い回しを見出すことがまったくできず，あまりに機知に富み，比喩を求める言い換えに陥っている［in witzelnde, bilder-suchende Umschreibungen verfallen ist］。私はそれを知っているが，それを知っており，評価することを知っている私の中の部分，この部分は残念ながら生産はしない [3]。

この問題について全てを「知っている」「私は」，「残念ながら」非生産的である。それは「私の中の」一部分にすぎず，フロイトを非常に不愉快にするスタイルを生み出すのは別の部分である。言い換えると，自分が研究した夢を見る人のように，探求の科学的客観性に対してかくも重大な疑念を投げかけるそれら "witzelnde, bilder-suchende Umschreibungen"〔あまりに機知に富み，比喩を求める言い換え〕に陥る以外にフロイトに選択肢はなかったのだ。なぜなら，「真っ直ぐな道」は『夢判断』の著者には遮られていたからである。夢を見る人のように，彼はわざとらしい，"witzelnd"〔あまりに機知に富む〕ように見えざるをえないようなイメージを探さなければならなかった。夢と夢に伴う無意識的過程とに対する彼の Auseinandersetzung〔対決・論争〕において，フロイトの言語は，知らぬまに，その「対象」によって汚染される。これは，決して笑い事ではない。なぜならそのような汚染は，まさに問題の彼の分析の完全性と信頼性を問いに付すからだ。というのは，歪曲，偽装，変形を扱う科学的言説の権威は，それが把握しようとする現象から自分自身を自由なままにし

---

(3) Origins pp.296-297; Brief pp.316-317; 手紙 p.395.

ておけるか否かに左右されるからである。しかし，まさにこの自由と距離とがここで問題になっているのであり，フリースの反論は無根拠ではないと譲歩する時，フロイトはフリースへの次の手紙の中で同じことを認めている。

> 私の中のどこかに，形式への感覚の部分が，一種の完全性としての美の尊重が潜んでいる。そして，私の夢の著作の遠まわしで，間接的な言葉の上を肩で風を切って歩き，思考を横目で見る文章［die gewundenen, auf indirekten Worten stolzierenden, nach dem Gedanken schielenden Sitze meiner Taumschrift］は，私の中にある理想をひどく辱めてきた。また，この形式の欠如を欠陥ある素材制御の印として理解しても，私はほとんど不当なことをしてはいない。君も同じように感じたことだろう (4)。

この後悔の念は，素材の「欠陥ある制御」の承認は，ある深刻な問題の指標である。そもそも夢を解釈するためには，解釈者は夢を生産し再生産する Entstellung の運動そのものの中に自分を参加させるがままに任せなければならない。実際に夢は――われわれが言及したように――そのような Entstellung と反復の中でしか，またそれを通してしか存在するに至らないのだ。ところが，解釈が真摯に受け取られることを望むなら，論理的で時系列的な構造的な連続は，すなわちシークエンスは，完全に破壊されてはならない。解釈とは自分自身以外の何かの，たとえ事実上ではなくても原理的にそれに先行する何かの解釈である――少なくともこれが，その下でフロイトが操作し，最も科学的な言説が今日でさえ仕事をし続ける前提なのである。

暗黙のうちに「他人の代表」の非難の中に賭かっているのは，フロイトの理論的言説の権威に他ならない。この視点からは，「あら

---

(4) Origins p.298; Brief p.318; 手紙 p.398.

ゆる無意識的過程の外見上の機知［der scheinbare Witz］は，機知に富んだものと滑稽なものとの理論に密接に関連している」というフロイトの論点は，付加的な含意を帯びる。すなわち，「関連」（Zusammenhang）が，まさに問題を表しているのだ。フロイトの理論の地位は scheinbare Witz への関連に依存している。あの Schein〔外観〕を貫通し，それが隠蔽する本質，真摯な実体的な存在としての無意識の本質に侵入することができるのか，それとも scheinbare Witz が理論から笑いの種を作って終わるのか，そのどちらかである。

規準としての笑い

Witz を探求の対象とするフロイトの決定はこのように，そこで彼の理論的取り組み全体の権威と自律性そのものが賭かっているジレンマに答えるものである。彼の研究の手始めにとられた予防策は，これらの賭金が何とか明らかになるようなコンテクストを築こうとする彼の努力の指標である。まさに彼の本の題名——『機知——その無意識との関係』[5]——には，ずっと前から読者が当然だと思ってきたことを示唆する傾向がある。すなわち機知の探求は，応用された精神分析の一ケースにすぎず，その中で精神分析自体は，単に周縁的に関わるにすぎない問いを照らし出すことによって，その理論的成果の豊かさを証明するというのだ。だが機知は，そのタイトルから分かるように，「無意識との関係において」——つまり，精神分析の主要な理論的発見との関係において研究されるべきものである。フロイトの本の全般を通して，精神分析理論は基盤として，そこから機知の現象に接近し，それを分析し，解明する準拠点として役立つように思われる。この研究において，おそらく他のあらゆる研究以上に，問われているのが精神分析理論そのものであるとい

---

[5] テクスト中のこの著作へのページ索引は，Norton Library edition (New York, 1963) を参照している。

うことを疑う人はほとんどいないだろう。

　この問いはもちろん，決して直接的には提起されてはいない。それは，われわれがゆっくりとなじんでゆくパターンに従って徐々にしか現れない。夢と同様にここでも，このパターンの信号あるいは症状は，研究対象を画定することの困難の中に結晶化する。問題はフロイトの「機知本」のまさに最初のページに姿を現す。Witz を無意識との関係の中に置くためには，Witz はまず局所化され，同定されなければならない。ところが，主要な障害が持ち上がるのはここである。機知の分析自体が基礎にしうる本物の信頼できる例を規定するという障害である。フロイトは，先駆者たちが探求の中で，規準となる少数の機知で満足してきた奇妙なやり方についてこう述べている。「何といっても，著者たちは自らの研究にとって，機知それ自体だと認められるいかに少数の例で満足し，またそれぞれの著者がいかに同じ例を先駆者から引き継いでいるかということが際立っている」(SE 8 p.15; GW VI S.12; 著作集 4 p.242)。この伝統的な規準を受け入れる用意があり，『夢判断』がそうした以上に自分の先駆者たちを尊敬して扱っているにもかかわらず，それでもフロイトが力説するのは，機知の新しい例を含み込むことを通して，その規準を拡大する必要性と義務とである。それらの例は，探求の長い伝統の権威を欠いているにもかかわらず，「生活の中でわれわれ自身に最大の印象を与え，われわれを最も多く笑わせてきた」(同所) ものだ。本の第一部で，こうしてフロイトは，そうした様々な機知集めに取りかかるのだが，その数が増えるにつれ，この増加に伴って，概して個人的な経験から引き出されたこれらの例の精確な地位に関して疑念が増大してゆく。そうした例の蓄積に含まれる困難の典型は，「類比」(Gleichnis) の技法を使う機知のケースである。

　　われわれは先ほどすでに，調査のために手許にある多くの例において，そもそもそれらを機知に数えるべきかについて，疑念を追い払

うことができないということを認めたし，これらの不確かさの中に，われわれの調査の根底の容易ならぬ動揺を認めた。私は，他のどんな素材にも，類比の機知［Gleichniswitze］以上に強く頻繁にこの不確かさを感じることはない。感覚は……機知の隠れた本質的性格がまだ発見される以前に，これは機知だ，これは機知と称してよいと言うのを常とする。この感覚が，この上なく素早く，私を機知的類比［witzigen Vergleiche］のもとに遺棄するのである。（SE 8 pp.81-82; GW VI S.87-88; 著作集 4 p.298）

あたかも，機知的類比が機知の妥当な種なのか，それとも錯覚させる機知類比物（Gleichnis）なのか，フロイトが疑い始めていたかのようである。そして，本質的な本来性において機知を同定するという問題が，まさに類比の使用との関係で提起されていることが特に重要であるように思われる。類比は，後に想起されるが，18 世紀における Witz についての近代的な反省にとっての出発点であった。カントにとって，機知の機能は「異質な諸表象を組み合わせる（同化する）」ことで，彼はそれを「類似化能力」（Verähnlichungsvermögen）[6]と定義した。機知の地位についてフロイトが抱いている不確かさが，ちょうど機知の活動のこの側面によって引き起こされるということは，何が彼のアプローチを先駆者たちのそれから区別するのかの指標となる。というのは，類比ないし類似は表象の特性であり，フロイトが拒絶するのはまさに，Witz を定義するために伝統的に使用されてきたこの表象機能だからである。彼にとって，Witz の特種性が表象にだけ，より一般的には，たとえばカントが論じたような認識能力の操作に結びつくことはありえないのだ。（「機知は……対象を類の下に包摂する限りでの悟性に属する」[7]。）むしろ，

---

(6) Immanuel Kant, *Anthropologie in pragmatischer Hinsicht,* § 51, Werke, Vol.XII, ed. W. Weischedel（Frankfurt am Main, 1964），pp.537-538;『カント全集 15』渋谷治美・高橋克也訳，岩波書店，2003 年，p.160.

(7) Ibid. p.538; 同書 p.160.

フロイトにとって機知を区別する特性は，それが生み出すある特有の効果に，あるものが本当に機知であるという確信をわれわれに与えると同時に，他のものをすべて不確かにする効果にある。この効果とは笑いであり，笑いはまさに類比を使用する機知には普通欠けているもののように思われる。

> 私が最初にためらわずに類比をはっきりと機知だと言ったとしても，すぐ後には，それが私に惹起する喜びが，私が機知に負うのが常であるものとは別の質のものだと気づくように思われる。そして，機知に富む類比が，うまい機知だとの証拠になる爆発的な笑いをめったに引き起こさないという状況が，最良かつ最も効果的な例に限定する中で，普段のように私から疑念を払拭するのを不可能にするのである。(SE 8 p.82; GW VI S.88; 著作集 4 p.298)

「爆発的な笑い」を生み出さない機知は，フロイトは後にそう論じることになるが，まったく機知だとは考えられない。機知の本質はこのように，それが生み出す笑いの効果から切り離せないのだ。しかしながらこの特徴は，機知についてのどのような理論的議論に対しても特有の困難を生む。笑いという特性は，数ある中の一特性ではないからだ。この特性が機知を同定する時の確実性の尺度をも可能にするとしても，それは同時にその分析と理解への障害をも提起する。Witz の構造の中に不連続の時間性と呼びうるようなものを導入することによってである。フロイトが繰り返し強調するように，笑いが「勃発する」または「爆発する」ためには——これらは機知が生み出す結果を記述するために使われる比喩だ——，笑う人が自分が何を笑っているのか知らないことが必要だからだ。笑いの構成要件は，その対象を知らないことである。似たものの認知が決定的な役割を演じる比較の全形態とは対照的に，笑いの過程は決して直接的に対象や表象それ自体に関係してはいない。このことは，少なくともフロイトが「例」の蓄積と，それらが使用する「技法」とい

機知——子どもの遊び

う観点から「例」のカテゴリー化から引き出す結論である。

> 機知もまた非常に内容豊富で［gehaltvoll］，何か価値あることを言明する。しかし，機知の内容は機知から独立しており，ここで特殊な手はずによって機知として表現される思考内容である。もちろん，時計職人が常に，特に良質な作品［Werk］に高価なケース［Gehäuse］を支度するのと同様，最良の機知の成果［Witzleistungen］がまさに最も内容豊かな思考を衣服［guise］［Einkleidung］として使用することもありうる。(SE 8 p.92; GW VI S.100; 著作集 4 p.306)

核と外皮

フロイトによる時計職人と機知との機知に富んだ比較は，彼が理論の中で断言してきたことを実践の中で確認している。つまり，必ずしも機知を含んだ比較だけが，盛大で爆発的な笑いを生み出すのではないということだ。ただしおそらく，われわれが扱ってきているものに別の比較を加える場合は例外である。例えば，フロイトがドイツ語テクストで書いたこと（そして私が右に訳したこと）を徴候的に反転させるスタンダード・エディションの訳と比較する場合である。とりわけ明確で意味の通ったテクスト生産に没頭してスタンダード・エディションは単純に，フロイトが分節しようと苦心している，なるほど普通ではないが決定的でもある関係を逆転させるのだ。ストレイチーにとって意味は，フロイトの比較を含めてあらゆる比較の本質であり核でなければならない。だからわれわれは今しがた引用した一節の翻訳の中に "the best achievements in the way of jokes *are used as an envelope for thoughts* of the greatest substance"〔最良の機知の成果が最も内容豊かな思考の外皮 envelope として使用される〕（強調は私のもの）という文を読むのである。ストレイチーに受け入れ困難だったことは，まさにフロイトが機知の研究において（そして実際に，彼の精神分析理論全体において）なそうと努力している点である。つまり意識的な志向性の産物である「最も内容豊かな

思考」が，その働きを偽装し隠すために無意識によって引き立て役，「外皮」，あるいは衣服（Einkleidung）として使用されることである。

　スタンダード・エディションの言い間違いは，フロイトの「最も内容豊かな思考」を彼の最も有名な英訳者の思考と隔てる裂け目を示しているが，それによって，その「内容」の特種な奇抜さを強調する働きをしている。すなわち思考は，無意識の分節の中では，分節することがはるかに困難な他のものへの引き立て役，おとり，そして罠として働くのだ。このことはフロイト自身の言語 Bildersprache にも，それが記述しようとするもの——この例では機知とそれらが「表現する」思考への関係——と同程度に当てはまる。

　機知の本質がまさにそれらの思考に——その内容（Gehalt）に——見出されないのだとすれば，このことは無知の特種形態としての笑い特有の性質に結びついている。ところが，機知の理論を展開することを特に困難にするのは，まさにこの無知である。というのは，そうした理論は，機知一般の構造に関わる普遍化可能な洞察に到達すべく，機知の本来的な例の同定に——つまり認知に——依拠しなければならないからだ。しかし，機知の特殊性が，まさに知識を排除する笑いという瞬間的な効果から切り離せないとしたら，人が想起する機知が事実上，いかにして本来の見本だと確信することができるのか？　いかにして自分の例が真に範例的だと知りうるだろうか？　機知の非連続な時間性は，原理上はその際限ない反復を排除するのだ。それでも機知の反省的な再収集は，いかなる理論的研究も基づかなければならない「データ」の蓄積にとっての不可欠の条件である。われわれが機知の中で保持し反復しうるすべてはその Gehalt であって，それが喚起する笑いではないとしたら，われわれは単なる Einkleidung と共に残されることにはならないか？

バラバラな肢体

　このジレンマにもかかわらず，自称機知の理論家にはそのような

衣服〔guise〕と偽装〔disguise〕を集める以外に選択肢はない。彼が求めているものへの接近法は他にないからだ。まさに彼の本の最初で，フロイトはこの分野における先駆者の欠陥を批判することによってこの必需品を描いている。彼らの研究には，フロイトが主張するには，機知の部分的な側面を同定する傾向があったが，有機的な全体へとまとめることはできなかった。

> それは・バ・ラ・バ・ラ・な肢体〔disjecta membra〕であり，われわれはそれが有機的な全体へと集められるのを見たいのである。最終的にはそれらが機知の認識に資するとはいっても，一連の逸話が，われわれがその人の伝記を要求してよい人物の性格描写に資すること以上ではない。(SE 8 p.14; GW VI S.11-12; 著作集 4 p.242)

しかし，われわれがある「人物」の「伝記」を求める権利を持っているというのは確かなことだろうか？ 精神分析はこの権利を持っているのか？ フロイトの著作に見出されるべきさまざまな「ケース・スタディー」は，フロイトが先駆者に欠けているのを見出す「有機的な全体」という意味で，「伝記」に（機知によって，あるいはその他の形で）同化しうるのか？ そのような問いは，手許のケースでは肯定的に答えることがさらに困難である。そこでは「性格描写される」べきは「人物」ではなく，その本質が単に意味という衣服の背後に隠されているばかりか，他のどこかに位置する，すなわち，その痙攣性の特異性があらゆる客体化にも，記述にさえ抵抗するように見える笑いの爆発の中に位置する現象である。

これらの問いを念頭に置いて読むと，フロイトの機知本の第一部門は，理論に直面して，本質上，性格描写を逃れる現象の本質的な特徴を規定しようとする，莫大だが最終的には不毛な努力として現れざるをえない。それは最後に〔last〕笑うのは機知だという単純な理由からであり，あるいはむしろ，その笑いは・続・く〔last〕ものではないという理由からである。笑いは，「機知の隠れた本質的性格」(SE

8 p.82; GW VI S.87; 著作集 4 p.298）を追跡して捕まえようとするフロイトの努力の各々に沈黙したままの同伴者として噴出し，通り去り，回帰する。このように，収集してきた機知の例に使われている様々な「技法」をすべて孤立させたあとでフロイトは，またもやその本質が彼の許から逃れてしまったことを認めなければならなくなる。「もはや技法だけでは機知を性格づけるに十分ではないということに疑いはない。われわれが今まで発見していない何か別のものがさらに加わらなければならない」（SE 8 p.73; GW VI S.79; 著作集 4 p.292）。

したがって探索は続く。機知の技法——それはすでに夢作業の彼の研究で分析された二つの機制，移動と圧縮に還元しうる——の記述に続いてフロイトは，その機能や戦略の観点からの機知の探求へと進む。彼が「傾向性」〔tendentiousness〕（その攻撃的な含意をスタンダード・エディションが単なる「目的」〔purpose〕と無力化する語）と呼ぶものである。ひわいな，敵意のある，洗練された，懐疑的なという「傾向」の主要な四タイプを区別してフロイトは，再び自らに機知の性格の，その有機的な統一の問いが突きつけられるのを知る。「機知がもたらす快楽が，一方では技法に，もう一方では傾向に依拠しているというのが正しいとすれば，どんな共通の視点の下でなら，このかくも異なる機知の二つの快楽の源は統一されるだろうか？」（SE 8 p.116; GW VI S.128; 著作集 4 p.326）。また，われわれはさらに問いうるであろう。「統一する」，あの Vereinigung〔統一〕は単に機知的なものにすぎないのか，あるいは真の理解に基づいているのか？ それは上手い理論になるのか，それとも上手い機知になるだけなのか？ 機知の理論か，理論（について）の機知なのか？

経済

機知本の「綜合的部門」の冒頭で，本質的で隠された機知の性格を暴こうとするフロイトの最初の努力は，Witz のさまざまな側面

を統一し，それに本質的な性格を授けるのは「経済の原理」であるとの断言に極まる。「圧縮する，より正しくは節約する傾向がこれらすべての技法を支配している。すべては経済の問題であるように見える。王子ハムレットが言うように『節約だ，ホレィショーよ，節約だ！』」（SE 8 p.42; GW VI S.43; 著作集 4 p.265）。このテーゼによると，機知が「節約する」のは，「批判を言い表し，判断を形成すること」である（SE 8 p.43; GW VI S.44; 著作集 4 p.266）。この仮説が当てはまるとすれば，機知は，単一の傾向と特性の下に統一することによってその多様な発露を，つまり「例」を理解しようとする理論をも「節約する」ことになるだろう。

しかし，この推測が定式化されるやいなや，機知本の著者——あるいは語り手というべきか——は，彼がここで訴えているシェークスピア作品とは全く違って，疑念に圧倒されてしまう。「すべては経済の問題であるように見える」と彼は断言するが，その外観は信頼すべきなのだろうか？

> すべての機知の技法は表現を節約する傾向を示すことはありうるが，……すべての表現の経済が……だからといって機知に富んでいるわけではない。……機知の性質が依拠する別の種類の短縮や経済がまたあるはずであり，……加えて，機知の技法が行う節約が，われわれに強い印象を与えないということをあえて認めよう。……機知はその技法によって何を節約するのか？……言い表された言葉における節約は，知的な成果の消費によって，相殺される以上のものになるのではないか？　そして，誰がそこで節約するのか，節約は誰の役に立つのか？（SE 8 p.44; GW VI S.45-46; 著作集 4 pp.266-267）

「経済」の概念は，このように不満足なものである。それは「節約」の主体も対象も説明しないままにしておくからだ。もっと複雑な説明が必要になるが，それがフロイトが本の「統合的部門」で発展させようとする説明である。すなわち，機知が「節約」を生み出すと

しても，それを純粋に量的な用語で解釈することはできない。それが供給する快楽は，フロイトが論じるには，二つの要素から成っている。まず，存在している制止（Hemmung）の，それゆえ制止を維持するために必要とされるエネルギー消費の一時的な解除（Aufhebung）である。次に，通常は思考の複雑な連鎖であるようなもの の（言語的な）縮減。この二つの節約形態はそれぞれ，フロイトによって機知の外皮（Hülle）と核（Kern）を成すものとして描かれている。「機知の快楽はしたがって，もとにある遊びの快楽という核と解除の快楽という外皮を示すのだと言うことができる」（SE 8 p.138; GW VI S.155; 著作集 4 p.343）。この機知の快楽の二面は，それが働くのに等しく不可欠であるにもかかわらず，同じ構造的あるいは心理学的地位を共有しているわけではない。遊びの快楽——Spiellust ——は，「原初的」で太古的であるため，フロイトは機知の発達を彼がその「心的発生」と呼ぶものを練り上げることによって跡づけようとしている。このことは彼を，子どもの最初期の発露における遊びの性質についての議論へと，以前われわれが遭遇したことのある同じいくつかの問いに触れる議論へと導いてゆく。実際，支配衝動から遊びを引き出そうとするグロースの理論をフロイトが扱う扱いの中にすでに，後にフロイトのアードラー批判になるものを識別することができる。フロイトはグロースのような説明を拒絶するのだが，一方で同時に，なじみのあるものの再発見としての，再-認知としてのグロースによる遊びの記述を受け入れる。彼は断言する。遊びが快楽に満ちているのは，それが「力の喜び，困難の克服における喜び」に関わるからではなく，単に「認識することそれ自体が，つまり心的な消費の軽減によって快楽を伴う」からだ（SE 8 pp.121-122; GW VI S.136; 著作集 4 p.330）。

発生的説明の困難

そこでフロイトは，機知の発生的説明を展開しようとするが，そ

の努力は，心的なエネルギー消費を縮減するという根源的な傾向まで機知を辿り直すことによって，節約の問題を異なる，一見もっと基本的な地盤への置き換えにしかならない。すなわち類比化を介して，区別というもっと厄介な活動を回避する努力として解釈される子どもの遊びという地盤である。機知が遊びから発展するのは，子どもにおいては始めから遊びが機知に富んでいるからだ。しかし——そしてここでフロイトは機知を含め無意識のあらゆる発露に関連する葛藤的な側面を説明しようとする——遊びにおける子どもの快楽は，理性の要請によって（そして究極的には現実原則によって）大人には接近不可能になるというのだ。同じものを再認することにある快楽は，もはや直ちには熱中できないものになり，「人はあえて矛盾することを口に出そうとしなくなり」（SE 8 p.126; GW VI S.141; 著作集 4 p.334），「言葉の無意味な組み合わせや思考の矛盾した配列がそれでも一つの意味を持つのでなければならない」（SE 8 p.129; GW VI S.144; 著作集 4 p.336）時がやってくる。そしてこの発達こそが，もはや遊びの快楽それ自体に直には接近できなくすることによって，機知の現象の到来を告げる。フロイトはいまや断言する。機知は，遊びと意味，Spiel と Sinn の間の葛藤から生じる。もし遊びがこのように機知の「起源」であるとしても，正規の機知が現れざるをえないのは唯一，意味と批判的な知性の要求によって課せられる否定あるいは制止を通してだということになる。その最初の形は，「しゃれ」（Scherz）である。しゃれは機知（ドイツ語 Scherz と重なる英語 "joke" が幾分か消去する差異）の下級で未発達の形のものを表すにもかかわらず，フロイトはこの評価が機知としての構造的な地位に影響を及ぼさないと強調する。というのは，しゃれはすでに機知のあらゆる本質的な条件を含み，それを満たすからである。しゃれを機知から区別し，それらの質的な差異と呼ばれうるようなものを創り出すのは，正確には機知の非本質的な側面である。すなわち分節された特定の意味である。というのは，機知

（Witz）の意味は重要であるが，その一方でしゃれの意味が普通取るに足らないものだとしても，このことは決して機知としてのしゃれの身分に影響を及ぼさないからだ。意味はただ批判的理性の制止する力をそらし，身動きできないよう機能する限りでのみ機知として作用するからである。意味は要するに，Witzにとって内在的価値ではない。それはただ，遊びに対する障壁を一時的に排除するのに役立つ道具的なものにすぎない。だがこの意味の規定の結果には，逆説的な要素がないわけではない。「しゃれ」が，「悪い」ものが「良い」ものに関係するのと同じように「機知」に関係するのだとしても，フロイトはそれでも「『下手な』機知は決して機知として下手なのではない。つまり，快楽の生産に不適当ではない」（SE 8 p.121; GW VI S.135; 著作集 4 p.329）と結論することを強いられるのである。

しかし，機知における意味のフロイトの扱いには，さらに別の逆説的な面がある。意味を遊びの根源的な核に対立した機知の外的な見え姿，道具的な外皮と規定することによって，フロイトは機知を適切な，言い換えれば意味ある理論対象として構築しようとする。彼の理論はそう主張しているが，機知の本質は，意味が遊びに奉仕するように置かれるその仕方にある。ところが，純粋で単純な遊びの起源までそれを遡ろうとするフロイトによる機知の「心的発生」は，それによってこの構想を分節しようとする理論的戦略である。しかしながら，それが働くためには，フロイトが機知の——そしてそれが引き起こす快楽の——起源に据える遊びは，実際に純粋かつ単純でなければならない。これこそ彼が，力から遊びを引き出そうとするグロースの努力を批判する理由である。「私には認識そのものが快楽に満ちているという，より単純な見解から遠ざかる理由が見当たらない」（SE 8 p.122; GW VI S.136; 著作集 4 p.330）とフロイトは強く主張する。もちろんこの批判を，フロイトが根源的な権力への意志といった概念のすべてが含意せざるをえない一種の構成主体を実体化することを拒絶することに関係させることはできる。し

かし遊びの, それがもたらす快楽の単純さを強調し, またそれが「心的なエネルギー消費」における縮減を伴うがゆえに「認識はそれ自体が快楽である」と主張する時, フロイトもまた, その統一の観点からそうした「エネルギー消費」を計算しうる根源的な構成的主体の存在を前提しているのである。

　フロイト自身がそうしているように, 誰がいかにして遊びの節約から利益を得るのかと尋ねたら, 答えは次のようなものになるに違いない。それは自我, フロイトが機知本を書いてから何年も経ってようやく理論化する用語の, 強調された意味での自我である。同じものの回帰としての反復と再発見と再認の過程が快楽をもたらすとすれば, それは内在的特性 (それは説明として同語反復的であると同時にフロイトの心的なものという構想と両立しえない) のためではなく, むしろ彼が, それを通して自我が備給されリビドー的対象として構成されるナルシシズム的同一化の過程として記述するようになる過程ゆえにである。自我は他者に取って代わることによって, 自分自身の内部にあるその他者に置き換わることによって, その他者性を他者から奪おうとすることによって自らの場所を得る。この過程が取りうる最も力強い形の一つはまさに, 同じものを再発見し, 反復し, 認識し, そうして差異の動きを同一性の運動へと変えようとする欲望である。

遊び —— Fort/Da !

1905 年, 機知についてのテクストを書いた時, フロイトはナルシシズム理論と心的なものの第二局所論を, まだこれから成し遂げなければならなかった。しかしながら 1920 年には, すでにこの両方の展開はなされ, 精神分析理論の資料体の内部に場を得ていた。したがってそれだけいっそう, フロイトが最後に『快楽原則の彼岸』であの子どもの遊びのこの問いに立ち戻る時, 彼の議論が初期の機知研究以来なされてきた理論的獲得物にほとんど影響を受けていな

いように見えることが目につく。とはいえ、どれほどそのような理論の影響が暗黙のものにとどまっていようと、それでも影響は深く、フロイトが遊びの現象に接近するまさにその枠組みを変えるのだ。この変化が、たやすく観察を逃れるある場所に刻まれているというのは正しい。いわば彼のテクストの辺縁に、まさに最初から全ての人々の眼を惹きつけてきた場面の境界線上にである。まずはもう一度あの有名な場面を語り直し、いわば舞台の袖でそっと待機しているそれほど有名ではない反省へと注意を促そう。しかしまずはステージ中央へ。

> 子どもは、紐を巻きつけた木の糸巻きを持っていた。子どもには、糸巻きを床にころがして引っ張って歩くこと、つまりそれで車遊びをすることなど思いつかず、紐の端をもちながら覆いをかけた自分の小さなベッドのふち越しに、持っている糸枠の糸を非常にたくみに投げ込んだ。こうして糸巻きが姿を消すと、それに向かって意味ありげな o-o-o-o と言い、それからまた紐を引っ張って再びベッドから糸巻きを引き出し、それが出てくると今度はうれしそうに da と言って迎えたのである。これは、消滅と再来の完全な遊びになった。(SE 18 p.15; GW XIII S.12; 著作集 6 p.156; 全集 17 p.64)

この「子どもの遊び」の場面についての議論の中で、フロイトはその背後にあって動議づける力の様々な可能な解釈を集めている。しかしながら、機知本での彼の分析と比較すると、目につくのは、エネルギーの経済や節約への言及が全くないことである。その代わり、われわれは理論的に抑圧されたものの回帰と言えるようなものを発見する。すなわち、フロイトがグロース批判であれほど熱心に退けようとした力への言及である。

> そのとき子どもは受動的で、体験に見舞われたが、不快であったにもかかわらず、同じことを遊びとして繰り返すことによって自分を

機知——子どもの遊び　　149

> 能動的な役割に参入させた。この努力を支配欲動に帰することができるかもしれない。(SE 18 p.16; GW XIII S.13-14; 著作集 6 p.157; 全集 17 pp.65-66)

さらなる動機は，とフロイトは続けるが，子どもの「母親が自分から去ってしまったゆえの，母親に対する復讐」(SE 18 p.16; GW XIII S.14; 著作集 6 p.157; 全集 17 p.66) の欲望でもありうる。積極的な制御，復讐，競争，「完全に我がものにする」(同所) 欲望は，子どもの遊びの背後にあって，ましてや，とりわけこのように反復された経験がその中で，それ自体の快楽の源にはなりえないことが明らかなところで，衝動に関するフロイトの推測を支配している。それにもかかわらずそのようなゲーム遊びが快楽原則と矛盾しないとすれば——それはもちろんフロイトが『快楽原則の彼岸』で現象に接近するパースペクティヴである——，それは「これらの反復に他の種類の，ただし直接的な快楽利得が結びついているから」(同所) である。

他の種類の快楽が何でありうるのかを，フロイトは少なくともテクストの本体でははっきりとは言っていない。しかしこの開いた問いこそがわれわれに，主要なテクストの周縁に，より精確には，Fort-Da〔いないいない－ばあ〕遊びそれ自体のもう一つの回帰が繰り広げられる注に書き込まれた補助的な場面へと警告を発する。しかしながら今回は，消え去る未来は母親でも父親でも他の血縁者でもなく，むしろ子ども自身である。

> ある日，母親が長時間にわたって留守にした時，帰宅すると彼女は，babi〔坊や〕, o-o-o-o ! という言い方で挨拶を受けた。これは最初，理解できないままであった。しかしまもなく，子どもが長く一人でいる間に，自分自身を消滅させる手段を見出していたことが判明した。彼は，ほとんど床まで届きそうな姿見の中に自分自身の像を見つけ出し，それから下の方にかがみ込んで，鏡像が「なくなった」のである。(SE 18 p.15; GW XIII S.13; 著作集 6 p.156; 全集 17 p.65)

とすれば,フロイトが示唆するように,消滅を生み出す活動が,Fort-Da遊びを構成する二つの契機の内で快楽の強い契機であるとすれば,そしてこの活動が制御の,支配の確立に結びついているとすれば,このパワーゲームの「主体」が何でなければならないかを間違いなく示しているのはこの周縁の場面であり,それ自体は「一次的」ゲームの反復である。その主体はナルシシズム的な自我であり,それはラカンがわれわれに「鏡像段階」として認識することを教えたものの中で自らを強固にする過程にある。ラカンによると,鏡像に同一化しようとする試みは,発生的かつ構造的に,自我のナルシシスティックな形成のための原型の役割を果たすが,自我はイメージとしての,主体自身が欠いている統一性を所有しているように見える他者に取って代わるというシジフォスの課題に参入することによってのみ,自らのアイデンティティを築くことができる。そのようなアポリア的な企ては今度は,自我のナルシシスティックなアイデンティティを生来両価的(アンビヴァレント)なアイデンティティとして規定する。なぜなら,その企てはその統一性を自明のものと仮定し,また同時に(それを我がものにしようとするまさにその努力によって)否定する他者との敵対関係に絶えず拘束されるからである[8]。

想像界と象徴界

ナルシシスティックな自我の両価的(アンビヴァレント)なアイデンティティを強調するラカンの鏡像段階の理論は,この周縁にある場面についての直接的な注釈だと理解しうるであろう。しかし,その脚注は『快楽原則の彼岸』についてのラカンの議論では主要な役割を演じていない。それは,ラカンに関してもフロイトに関しても解明的な理由からである。ラカンにとって『快楽原則の彼岸』は何よりも,〈象徴界〉〔the

---

(8) J. Lacan, "Le stade du miroir," *Ecrits* (Paris, 1966).

Symbolic〕への,つまり〈シニフィアン〉〔Signifier〕によって構造化された言語の領域への主体の参入を描き出すテクストである。それが記述すると考えられている動きはそれ自体,まさに鏡像段階とそこから現れるナルシシスティックな自我に結びついた〈想像界〉〔the Imaginary〕の両価的な次元から外れてゆく動きなのだ。フロイトの脚注が表しているのは反対に,〈象徴界〉に対する,Fort-Da 遊びに対する別の場面があるということであって,まさにそれは,すべての攻撃的でナルシシスティックな両価性の中にある〈想像界〉に他ならない。二者択一ないし単純な対立——それ自体が関係の高度に「想像的な」〔imaginary〕形態である——として互いに関係するどころか,象徴的なものと想像的なもの,言語と鏡像,シニフィアンとシニフィエは,そこからある一定のナルシシズムが切り離しえないように見える運動ないしシナリオの中で,周縁で自らを反復する場面に組み込まれている。しかもこのことは,記述されているあの遊びの場面にばかりでなく,それを刻印し直す理論的演出〔mise-en-scène〕にも当てはまる。というのは,理論的記述もそれが記述する遊びも,同じ遊びに,子どもの遊びの一種ではあれ決して子どもに限定されない遊びに参画しているからである。両者はともに,とらえどころのない現象や,それらが成し遂げる活動に名前を割り当てるように見えるからだ。フロイトにとって,これらの名前とは快楽原則,支配,反復,そして最後に死の欲動である。Fort-Da 遊びをする子ども,つまりフロイトの孫にとっては,その名はまさに Fort〔いないいない＝行ってしまえ〕と Da〔いた〕である。しかし,ラカンの〈象徴界〉の理論はこの遊びの側面を,取り込めないがゆえに見過ごすことしかできない。というのは,この遊びが〈象徴界〉の言語秩序への「参入」を示すのだとしても,ラカンが断言するようにはその〈象徴界〉は,差異的要素という意味での純粋な〈シニフィアン〉によっては特徴づけられないからである。"Fort" と "Da" はまず第一にシニフィアンではなく,むしろ語であり,特定の「シ

ニフィエ」を指示するために使われている意味論的に規定されたマークなのだ。そして，これらの語によって指示されているシニフィエの状態が出発と回帰という重要な活動を意味するとすれば，フロイトの子どもの遊びの記述が示唆するものは，他者の——母親の，そしてまた自分自身の——不在を分節する主体が，他者を害してでも，（自分自身に）留まろうとする主体だということである。要するに，他者の（他者としての）イメージに向かうナルシシスティックな両価性は，まさに（ラカンならそう呼ぶであろう）発話の象徴的な主体に，sujet de l'énonciation〔言表行為の主体〕に，とりわけ弁証法的主体において，またそれとして，その自己同一性を強化しようとするのである。

フロイトは，ラカンのカテゴリーを通して読むと，このように象徴界の優越性，もはや支持できない優越性に基づくラカンの権威ある‐権威を与えるヒエラルキーを崩壊させる。象徴界はさらに別の，想像的な，理論的言説に特有の概念化の領域で特に強力なおとりとして出現する。しかし，ラカンの方も，フロイトの明確な主張を，ナルシシスティックな自我である「遊びの快楽」を保証する暗黙の審級を指摘することによって崩壊させ，移動させるのだ。

フロイトの機知本に戻ると，言語との遊びは本質的に快楽に満ちた，根源的で無垢なものとして提示されているが，実はそれはナルシシスティックな自我にとってのみ快楽に満ちているにすぎず，それゆえ根源的でも無邪気でもないのだと結論しうる。反復の多様な形態は，リズミカルなパターンやリズムの使用のように，子どもの言語にも機知の技法にも（詩にもまた）特有であるが，単に同じものの同定が差異の区別より「容易だ」からばかりではなく，むしろそれが他者性を同一性のヴァリエーションへと還元することにいそしむナルシシスティックな自我の利益になるから，快楽を生み出すのである。このパースペクティヴから見ると，遊びと意味の関係を，二つの本質的に無関係な項の間の対立の観点から説明しようとする

フロイトの努力は，その力の多くを失う。というのは，遊びと意味とは今や対立した活動としてではなく，相補的なものとして現れ，両者は自我がそれに依存し，そのイメージの中で自らのアイデンティティを構成する，他者を我有化しようとするナルシシスティックな自我の努力に由来するからである。遊びの快楽がこのように批判的な理性によって置き換えられ「制止される」としても，その快楽は，遊びも意味も促進する定めをもった目的，つまり〈同じもの〉のナルシシスティックな再認という目的を果たすことにより良く奉仕するにすぎないのである。

　この見地から考えると，『快楽原則の彼岸』でのフロイトの遊びの議論は，彼の以前のこのテーマの取り扱いには見あたらないもう一つ別の側面を例証していて，その不在は機知の中心的な側面に触れているだけにいっそう深刻な不在である。機知の起源としての遊びの最初の規定では，フロイトは言語的な現象としての Witz の最も決定的な側面の一つを説明できていないのだ。言語との関係における他者の場所のことだ。彼の Fort-Da 遊びの説明では，たとえそれ自体がフロイトによって決して言及されていないとしても，その場所は指し示されてはいる。フロイトが "Fort! Da!" という言い回しに与える句読法——単に事実確認的な調子というよりむしろそれに命令法（行け！）を与える，別の人物に向けられたものとして発話を特徴づける感嘆符——の内に記されている。実際に，パワーゲームとしての遊びの本質はまさに，言語の事実確認的用法がそれ自身を行為遂行的な発話媒介的，「象徴的な」〔symbolic〕用法へと変形し，効果を生み出すことに専心し，それによって特定の受け手を含み込むそのやり方にある。このように話し，感嘆し，命令することによって，子どもはフロイトが言及するあの「孤独」を破ろうとする。フロイトの Fort-Da！遊びの命令する主体も，他者との関係の中に身を置く。単に不在の母親だけでなく，命令そのものによって特に召集されたある他者である。実際，この他者が不在の母親

に置き換わり，子どもに復讐する定めをもっているように見えるとしても，それはわれわれに，象徴界を想像界のおとりだと，ナルシシズムの両価的な戦略の言説による継続だとみなすさらにもう一つの理由を与えるだろう。

　フロイトはもちろん，無垢であると同じだけ純粋である起源まで機知をさかのぼろうとする努力においては，以上のことは何も知らない。起源，すなわち遊び——子どもの遊び——の快楽である。というのは，そのような遊びは単に機知のではなく，機知を理解し支配しようとする理論の根拠と核をも提供するよう設定されているからだ。この理論は，想起しよう，他の人々——フロイトの先駆者たち——が機知の「バラバラな肢体」を有機的な全体性へと組織しこなったところで継承しようとする。しかし，遊びからの機知の心的な発生的派生はいまだ，たぶん機知の最も特徴的な側面を欠いている。しかも，繰り返すが，それはまったく笑い事ではないのである。

毛むくじゃらの犬の物語

　フロイトの機知の心的発生論が，すなわち機知を遊びから引き出そうとする試みが，最後の決め言葉にならないとすれば，それは機知の規定が「発展した遊び」として，それぞれの機知が一つの機知になるために生み出さなければならない笑いという効果を説明しそこなうからである。フロイトはなるほど笑いの「経済的な」記述を提供しようとして，遊びに，あるいは理性の批判を通した遊びの制止に関係づけようと努力している。笑いは，彼が主張するには，他の場合には批判的な制止の維持に消費されるようなエネルギーが，機知によってこの務めから一瞬にして解放され，それによって笑いへと流入する時に結果的に生じるというのだ。しかしすでにこの説明は，フロイトの「節約」の概念が含意する経済モデルの変化を前提にしている。というのは，笑いは節約されたエネルギーからではなく，むしろ葛藤的な力の場の内部でのエネルギーの再分配から生じるからだ。フロイトの用語では，語「節約」Ersparungは，より力動的で葛藤を孕んだ「軽減」Erleichterungに取って代わられる。今や問いは，誰が何を節約するのかではなく，誰が何からいかにして解放されるのか，になる。機知は，純粋で根源的で無邪気な遊びの発展としてではなく，緊張状態の効果として現れ始めるのである。

　この意味で，機知をエネルギーの節約として理論化しようとするフロイトの試みは，その奇妙な事後効果によって中断される。その効果とは，機知そのものには付随しないが，それでもその機能と，

それゆえその本質，つまり笑いに必要不可欠なものである。この笑いに関して，フロイトは次の二点を強調する。まず，笑いは飼い馴らす，あるいは理解することさえも困難な傾向的に爆発的で，制御不可能な痙攣性の動きだということである。次に，笑うことができるのは，もっぱら聞き手，機知の受け手であって，語り手ではないということである。このように，機知がうまくゆくためには，語り手は笑いばかりではなく，機知に続いて起こる別の人の笑いにも依存しているのだ。

　この聞き手——フロイトが呼ぶように「第三者」——の笑いへの依存は，すでに過度なまでに複雑な機知の「性格描写」にさらに新たな織目を加える。すでに複雑だというのは，今までフロイトは意味を機知の「外皮」(Hülle) へと追いやり，遊びとしての言語「表現」をその核 (Kern) に据えたという点で，すでに言語と意味，内と外の伝統的な関係の奇妙な倒置を行っているからだ。ところが彼が今進めようとしていることは，その核を分割することによって，あるいはむしろそれを移動させることによって，さらに機知を脱臼させることである。遊びに耽ることはもはや，機知を定義するには十分ではない（それは笑いを十分に説明できないままにしておく）。むしろ説明しなければならないのは，笑いにおける，また笑いとしての制止の水路の切り換えである。制止はもはや単に遊びを邪魔する消極的な障害ではなく，笑いの積極的な前提条件になるのである。

　そのような機知の脱中心化はフロイトの夢へのアプローチを思い出させるが，そのアプローチは，その余波の中で，語り（直し）の，あるいは反復の中で初めて存在するようになるのであり，反復は（さらなる）歪曲 (Entstellung) でもある。機知もまた ent-stellt〔脱 - 設定〕されるのだ。機知が喚起すべき，しかし機知とは区別される笑いにおいて，また笑いとして脱臼させられ，歪曲されるのだ。しかしながら，夢とは対照的に，事後的に機知を構成する脱臼は決して，いわば閉じられた「心内部的な」空間の内部で考えられ，そこに

157

閉じ込められることはできない。反対に，とフロイトは書いている，夢に比較して「機知は……，快楽獲得を目ざす心的活動のうちで最も社会的なものである。それはしばしば三人の人を必要とし，機知は，それに刺激された心的事象への別の人の参加による成就を求める」(SE 8 p.179; GW VI S.204; 著作集 4 p.375)。とすれば，機知の笑いへの関係がフロイトに課す問いは，機知に関係するこの他者の，第三者特有の役割に関わることになる。「なぜ私は自分自身の機知で笑わないのか？　そこでは他人の役割はどんなものだろうか？」(SE 8 p.144; GW VI S.161; 著作集 4 p.348)。

「第一の人物」——機知の語り手——が自分「自身の」機知で笑えないという事実は，制止の解除が聞き手と語り手では異なって機能するはずだということを示唆している。聞き手の場合には，機知によって（制止の維持から）解放されたエネルギーは，さらなる知的活動によって他の心的表象に結ばれないために笑いへと流入しうる[1]。しかしながら，機知の語り手の場合，制止の備給は単に解消されるのではなく，機知そのものの語りへと移行し，語りの方がエネルギーを吸収して「拘束し」，それゆえフロイトが言及するように，"par ricochet"〔間接的に〕(SE 8 p.156; GW VI S.174; 著作集 4 p.357)の場合を除いてはエネルギーが笑いへと転換することを妨げるのだ。このように，語り手が自分自身を「解放する」ことができるのは，笑いへと移行する聞き手に生み出された効果を通して間接的にだけである。「それ［機知のプロセス］は介在する第三者［der eingeschobenen dritten Person］の仲介によって，放出による一般的な軽減が成し遂げられるまでは決して休止に至らないように見える」(SE 8 p.158; GW VI S.177; 著作集 4 p.359)。

〈他者〉の，聞き笑う「第三者」の「介在」によって，機知を理

---

(1) これがおそらく，笑いと不安がかくも近しい関係にある理由である。両方において非拘束エネルギーは変換される。すなわち痙攣性の非意図的な身体動作に拘束され，それゆえ自我によって部分的に体内化されるのである。

論化しようとするフロイトの努力は複雑さにおいては勝利するのだが、しかし、彼自身が最初に目標に設定していた一貫性においては敗北する。調和して組織された「全体」の代わりに、われわれは3人の主人公のいる場面を見出す。才能がありながら自己顕示癖の傾向によって特徴づけられる神経質な「第一者」、快楽の約束された「贈り物」によって「堕落した」（bestochen）、覗き見趣味的な傾向のある「第三者」。そして、まったく「人」である必要はなく、むしろ受け入れられないアイディアになる「第二者」。しかし、もしこの場面が、フロイトが機知の一貫した理論を構築する中で目標だと宣言した統一を欠くように見えるとしても、その主要な人物の関係は、フロイトが再び見かけ上は単に通りすがりに、主要なテクストや議論の周縁で、いわば別種のストーリーを語る時に融合する。

　機知の「諸傾向」についての議論のコンテクストで彼は、このストーリーに行き着き、傾向を「敵対的な」あるいは「猥褻な」という主要なカテゴリーに分割する。フロイトはそう述べているが、彼以前の機知研究では、猥褻な種類の傾向的な機知は、おそらくタブーがあったために、攻撃的な型よりはるかに注目されないできた。様々な卑猥な機知の中で、フロイトは「限界例」（einen Grenzfall）へと注意を振り向けるのだが、その周辺的な位置にもかかわらず、さらにたぶんそれゆえに、「一つ以上の不明な点に光をもたらすことを約束する」（SE 8 p.97; GW VI S.105; 著作集4 p.310）。この周縁的な機知のケースは、「猥談」あるいは下品な機知（die Zote）のそれである。

第三者

　フロイトは、下品な機知をめぐる議論を、その伝統的な考え方を振り返ることによって始める。それによれば下品な機知は「性的な事実と関係を言葉によって意図的に際立たせること」（同所）を伴う。この定義はしかし、下品な機知はもっぱらその内容や対象という観

点からは満足に記述しえないという単純な理由からまだ不適切である。それは，単に何かについての言説としてばかりでなく，特定の宛先に向けられた言説としても理解しなければならない。下品な機知への鍵はこの宛先にあるのだ。

> それゆえ猥談はもともと女性に向けられるもので，誘惑の試みと等置される。男たちの集まりの中で，ある男が猥談を物語ることや聞くことを楽しんでいるとすれば，その時には社会的な障害によって実現されえないもともとの状況が，一緒に思い浮かんでいるからである。聞こえてくる猥談に笑っている人は，ある性的な攻撃の観客であるかのように笑うのである。(SE 8 p.97; GW VI S.106; 著作集 4 p.310)

下品な機知の主題になっている対象が，それを「猥褻な」機知のカテゴリーに分類するとしても，それはまた，同時にその機知を「攻撃的な」種類のカテゴリーにも置くため，二つの型の区別はぼやけてくる。下品な機知の本質をとらえたいと望みうるのは，それゆえ静的な分類法によるのではなく，むしろその発展を振り返ることによってである。フロイトはその筋書きを次に語り出す。その出発点は，すでに示唆したように，欲求不満の誘惑の試みであるが，われわれはそこにすでに，機知の構造そのものを特徴づけることになる三人の登場人物を見出す。

> 女性の側でのその種の抵抗の理想的な場合は，別の男性が，第三者 [eines Dritten] が同時に居合わせるところで起こる。なぜなら，女性の即座の屈服がありえないも同然だからである。この第三者は，まもなく猥談の発展に最大の重要性を獲得する。(SE 8 p.99; GW VI S.108; 著作集 4 p.312)

下品な機知にとってのこの「第三者」の重要性は，フロイトはそう続けるが，「彼」が機知の第一の宛先である「女」(das Weib) に置

き換わってゆく，その仕方にある。「こうして徐々に観客が，さらには聞き手が女性に取って代わることによって，猥談の宛先の審級になって，猥談はそうした変化を通して機知［des Witzes］の性格に近づいてくる」（同所）。下品な機知が本当に機知として構成されるのはただ，第三者の同時的な存在と干渉を通してだけである。客体への主体の，被誘惑者への誘惑者の関係に含まれる二者関係は，もう一人の存在によって破られなければならず，このことは，われわれが後に論じるように機知に特有の論理を授けるが，それはあらゆる無意識の分節表出の論理でもあり，伝統的な論理の構成的規則 tertium non datur〔第3の道はない〕に挑戦する。というのは，機知が関わるところならどこでも，そして無意識が働いているところならどこであれ，他の二者から排除されながらも二者を含みもする，共に‐締める〔con-cluding〕第三のものがなければならないからだ。無意識の論理があるとすれば，機知一般も，とりわけ下品な機知もが，その基本的な規則 tertium datur〔第3の道がある〕の方を指し示しているのである[2]。

　そして，機知を笑い事にするのはまさにこの規則である——伝統的などんな論理基準によっても下手な機知であっても，その下手さの割には機知としてはそれほど下手ではない。というのは，唯一第三者の出現によって初めてある空間が，笑いが勃発しうる場所が開かれるからだ。フロイトはわれわれに，それがいかにして生じるのかという筋書きを語る。まず，第三者は侵入者として現れ，欲望する第一の人物と，欲望される第二の人物の間に割り込む。この他者が単に現前するだけで，欲望充足を制止するのだ。第三者，すなわち他の男は，道徳規約とその禁止命令を体現するのである。しかし次には「徐々に」，ある変化が第一者と第三者の関係を変容させて

---

(2)　S. Weber, "tertium datur," in: *Austreibung des Geistes*, ed. Fr. Kittler, UTB 1054 (Paderborn, 1980), pp.204-221 を見よ。

ゆく。彼らの敵対関係や葛藤は一種の共犯関係によって取って代わられ，攻撃的な傾向はそこで，接近不可能なままになっている「女」へと移動してゆく。そして誘惑の企ては，同様に獲得不可能な女性から他の男へと置き換わるのだ。「第一の人物の卑猥な話によって，女性は第三者の前で裸にされ，第三者は今や聞き手として――自分自身のリビドーの苦もない満足によって――まるめ込まれるのである」(SE 8 p.100; GW VI S.109; 著作集 4 p.313)。下品な機知がその参加者のために，何よりも第三者のために調達してやる「満足」は明らかに，欲望の的でありながら接近不可能な女性に対して行使される想像上の支配に関係している。フロイトが述べるように，セクシュアリティがもともと緊密に見ること (Schaulust, その倒置である露̇出̇狂̇ 〔Exhibitions-drang〕と同様に覗き見の快楽) に深く関係していたとすれば，下品な機知は，言葉によるイメージを通して不在の欲望対象を露出させ，それによって女性への接近不可能性によって以前は頓挫した，痙攣性のエネルギー放出を笑いとして生み出すことによって，この窃視愛好的な側面を再演するというのだ。この点において，フロイトは下品な機知を「断念を解消し，失われたものをもう一度獲得する」(SE 8 p.101; GW VI S.111; 著作集 4 p.314) 傾向をもった，心的活動のより一般的なカテゴリーの中に含めるのである。

しかしこの説明では，第三者が現に居合わせることの必然性も笑いの現象も説明できない。また，欲望された対象の「喪失」もそれ自体では，普通下品な機知によって行われる種類の表象を妨げるそれらの制止の存在とその有効性を動機づけるには十分ではない。実際，下品な機知についてのフロイトの議論の終わりのあたりで，その操作は「失われて」しまったものの単なる現実化あるいは現前化以上のものを含むことが明らかになる。フロイトは下品な機知の好ましい技法の一つ，「ほのめかし，つまり小̇さ̇な̇も̇の̇による，遠く隔てた関係にあるものに̇よ̇る̇代̇用̇で，それを聞き手が自分の表象に

おいて完全で直接的な猥談に再構成する」(SE 8 p.100; GW VI S.109; 著作集 4 p.313, 強調は私のもの) 技法を記述しているところだ。「小さなもの」、Das Kleine は、『夢判断』では (女性の) 性器を示す句として描かれている。後のテクストでは、それはペニスをも子どもをも象徴するものだと解釈されることになる[3]。下品な機知によって使用される「小さなものによる代用」の技法はここでは、単に検閲と批判を逃れるために表現の間接手段を使用する機知の一般的な傾向だけではなく、より重要なことに、下品な機知についてのフロイトのどちらかといえば現実主義的な説明が提案するかに見える考え方とはきわめて異なるセクシュアリティの考え方を示している。これらの機知の「性的な」側面は、この読解においては、想像上の表象による喪失を保障しようとする努力というよりは、一定の置き換えの技法の用法にある。そうした機知がもたらす快楽はその時、想像上の現実化あるいは復元である以上に、置き換えゲームに密接に結びつくことになるだろう。

現前化ないし修復としてではなく、むしろそうした置き換えとしてのセクシュアリティ概念は、下品な機知が排泄物に割り当てる重要性を理解しようとすれば、いずれにせよ必要であると思われる。

> 猥談の内容を形成する性的なものは、両性に特有のもの以上のものを含んでいる。すなわち、さらにその上に、羞恥心が拡がってゆく先の両性に共通のものをも含むのだ。排泄物の全範囲である。これはしかし、幼児期に性的なものがもつ範囲であり、その時期には表象にとって、性的なものと排泄物とがうまく区別されない、あるいはまったく区別されない、いわば暗渠が存在する。(SE 8 pp.97-98; GW VI S.106; 著作集 4 pp.310-311)

---

[3] S. フロイト「欲動転換、とくに肛門愛の欲動転換について」、SE 17 pp.128-129; GW X S.404; 著作集 5 p.386.

まさにそのような区別は事実,排泄の性的な意味作用の発達によって導入されることになる。それとともに「子どもに起こる最初の禁止の歴史」が出現し,それが「子どもの全発達にとって決定的」(SE 7 p.187; GW V S.88; 著作集 5 p.51) であることが明らかになる。一方で,この禁止は自己と他者,内部と外部,自身と疎遠,固有と非固有との区別を,対立の最初の項を肯定的に,二番目の項を否定的に評価することによって強化する。「『肛門』はそれ以後,拒絶すべきもの,人生から分離すべきものすべての象徴となる」(同所)。そうする中で,禁止は自我のナルシシズムを強化する。他方では,しかし同時に,同じ禁止は終始さらに自我を,最もよく・ナ・ル・シ・シ・ズ・ム・の・危・機・だと言いうるものへと駆り立て,それは「去勢コンプレックス」において最高潮に達する。禁止が欲望をその対象から,身体をその産物から,自我を他者から分離するからだ。成人において,性格そのものの真髄だと,すなわち過剰な秩序性や節約,頑固さなどへの傾向をもったいわゆる「肛門性格」とみなされるべきものを特徴づけるのは,まさにこの「最初の」禁止の両価的な性格なのである。

肛門性格と機知

何かこれらの「性格特徴」に非常によく似たものが,機知の隠れた「性格」を探し出そうとする時のフロイト自身の理論的努力をも「性格づける」ように思われる。第一に,彼は何よりも「節約」あるいは経済 (Ersparung) の一般的概念の下に例を包摂することによって「例」を蓄積し,混同を生む「例」の増殖に秩序を与えようとする。次に,彼はこの経済概念を二つの主要な方向に発展させようとする。つまり,遊び (糞便と戯れることはもちろん肛門性愛の最初の表現の一つであり,あの「最初の禁止」の最初の対象である) における根源的で「純粋な」快楽の発展として。そしてそのような遊びに立ちはだかってそれを妨げる制止の「解除」(Aufhebung) として——笑いとして「放出され」(abgeführt),それによって「解放」

(Erleichterung) を生み出す制止である。その上，機知の快楽は贈り物として第三者へ贈られ，そのようなものとして子どもが差し出すまさに最初の贈り物の後継者になる。自らの糞便である。

しかし，おそらく以上のすべては，単なる野蛮になったウィットであり，必要な区別に対して感受性を欠く過度に巧妙な類比化にすぎない。おそらく。しかし，フロイトが機知そのものの「制作」を記述するために使用する言葉遣いに敏感な人なら誰でも，この「性格描写」をそのまま拒絶することは難しいと感じるだろう。

> 確かに，人が機知を「作る」と言われる。しかし，その際判断を下し，あるいは異議を唱える時とは別様に振る舞っているのだと感じている。機知は際だった形で，故意ならざる「思いつき」[Einfalls] という性格を持っている。人は一瞬前には，自分がどのような，言葉をまとわせればよいだけの機知を作ろうとしているのかを知らない。それどころか人は，私なら極めてたやすく知的緊張の「不在」と，その突然の欠落 [Auslassen] と比較したくなる何か規定しえないものを感じるのだ。その時機知は一撃で [mit einen Schlage]，ほとんど同時に言葉の衣服 [Einkleidung] をまとってそこにあるのである。(SE 8 p.167; GW VI S.191; 著作集 4 pp.365-366, 強調は私のもの)

フロイトが機知のこの核から外皮を，Kern から Hülle を区別することにかくも夢中になっているのは不思議ではない。そのような区別を確立する過程において，区別が内外反転する傾向をもっているのも不思議ではない。言葉遊びの外側の衣が機知内部の核であることが判明する一方で，通常は内部領域を作り上げる意味論的素材は，ここでは表面にすぎないのだ。禁じられたゲームは，この見たところ明確な対立が不鮮明になることの内に，またそれとして回帰する。ではこれが機知の「隠れた性格」なのか？　機知理論の？　その固有の意味なのだろうか？

しかし，おそらくフロイトの理論は，それが記述する機知と同じ

ように，純粋かつ完全に「固有である」ような意味などもっていないだろう。おそらくその理論もまた，単純にその一部分でもなければ，単純にそれと異なるものでもない，もう一つ別のもの，第三者，すなわち読者において，また読者を通して「意味をなす」にすぎないのだろう。読者の役割は，機知の聞き手の役割とそれほど違うものではない。あの「最初の禁止」の遂行のためには第三者を要することを想起しよう。その禁止の歴史と禁止が含む第三の審級の歴史は，「第一者」であろうとする，それになろうとする自我のナルシシスティックな努力の歴史でもある。したがってこの自我の歴史は，一般にそう解釈されているような〈自己〉と〈他者〉の弁証法としてではなく，三人の参加者，三人の「人物」を含むAuseinandersetzung〔対決・論争〕として立ち現れるのだ。手短にこのAuseinandersetzungの歴史を概括しよう。それは不可能でありながら自明でもある前提で「始まる」。

> 男児にとって，自分が知るすべての人に自分のものと同じような性器を前提する [vorauszusetzen] ことは自明であり，したがってそうしたものの欠如を，これら他の人々に対して彼が抱く表象と和解させることは不可能である。(SE 7 p.195; GW V S.95; 著作集 5 p.56)

子どもの自明の前提を支えている〈自己〉と〈他者〉との連続性をナルシシスティックに信じることは，肛門期に起こり，分離の概念を築き上げ，欲望と欲望されるものとの間の橋渡ししえない溝を設置する最初の禁止によって深刻な挑戦を受ける。しかし，この発達は去勢コンプレックスにおいて初めて決定的なものに極まる。そこで（男の）子どもは，決定的にそのナルシシスティックな欲望の対象を放棄し，それゆえ他人がみな本当に自分自身と同じように「自分のものと同じような性器をもっている」という自明の前提を捨て去らなければならないのだ。他者の認知はもはや，同じものの認知をモデルにできなくなる。自我は非自我に対して別の形で直面する

ことを強いられる。非自我はもはや，第一人称の自分とは異なっていても自分に従属した，自分のヴァリエーションだとみなすことはできない。他者も同様に，もはや単に自我から切り取られて「あちらに」いるのではない。「第三者」が入り込むのはまさにこの地点である。すなわち，「第三者」は，文化を構成するメタ心的な価値の貯蔵庫でもある，心内部的な審級ないし働き（Instanz）[(4)]として，つまり超自我として場面に参入する。この超自我は，そもそもの最初から，根本的に自我の自己（その自己イメージ）とは異なるであろうような他者の受け入れを拒否する時に，自我のナルシシズムを特徴づける両価性(アンビヴァレンツ)の継承者である。その意味では，超自我は「根源的なナルシシズムの後継者」（SE 18 p.110; GW XIII S.121; 著作集 6 p.226）をも，その構成的限界をも体現する。「その設立［Aufrichtung］を通して，自我はエディプス・コンプレックスを制御した［sich bemächtigt］と同時に，自らがエスの支配下に入った」（SE 19 p.36; GW XIII S.264; 著作集 6 p.282）。超自我の「設立」を通して，自我はある意味で，これまで排除しようとしてきた他者性を承認する。しかし，そうした「承認」そのものが両価性(アンビヴァレンツ)を刻印されている。一方でそれは，非自我を吸収合併しようとする自我の努力を含んでいる。他方では，決して純粋な同一性に還元しえない差異的分節構造を創造してしまう。というのは，超自我は自我を最も古典的なダブルバインドの中に置くからだ。超自我は自我に言う，「私のようであれ！」かつ「汝自身であれ！」と。しかし自分自身であることは，まさに超自我の「理想」によって自我に課された理想とは異なるということである。超自我は自我が到達できない同一性を表し，自我はそれへ向けて邁進するが決して到達できない。そして，この超自我と自我の関係は，まさに「第三」の人物の「第一」人物への関係なので

[(4)] ドイツ語の語 Instanz は，一般的に "agency"〔審級〕と訳されるが，おそらくとりわけ法廷，控訴裁判所，殊に超自我に関して適切な意味を指す。

毛むくじゃらの犬の物語

ある。というのは，超自我は自我の言語を話すが，エスの統辞法で話すからである。それは，フロイトが書いているように，「聞かれたものからの由来」(Herkunft aus Gehörtem)に合致して，「語-表象（概念，抽象）と組み合わさって」いる。しかし，その言説と自我の言説との親和性は，その「備給エネルギーを……エスの源泉から」(SE 19 pp.52-53; GW XIII S.282; 著作集 6 p.294) 引き出すがゆえに欺瞞的である。この不可能なコミュニケーションの最も印象的な発露は，おそらくダニエル・パウル・シュレーバーによって描かれたものであろう。彼が自分に宛てられたのを聞いた声は，フロイトが述べているように，「第三者に特徴的な」(SE 14 p.95; GW X S.163; 著作集 5 p.127) ものである。

「第三者＝三人称」はまさに，言語的にも心的にも，バンヴェニストが観察したように[5]，自我の自己同一性（あるいは，その否定的な形である他-我）には還元できない「非人称」であることによって第二者＝二人称から区別される。それゆえ，第三者は単に個人の，自我の三人組を形づくるために単に第一者と第二者に加わるわけではない。その「現前」は，自己同一性のいかなる形にも決して十分には同化しえない何ものかへの，自我それ自体の構成的依存関係を示している。この第三者が設立する —— aufrichten ——「禁止」はそれゆえ，外側から主体の上へと降ってくるのではない。それはいわば内部から主体の場所を脱臼させる (entstellt)，表裏にひっくり返し，「自我」を外側へ超自我の方へ向け，だが同時に（下品な）機知を「聞き手」や「観客」へと振り向けるのである。

このようにフロイトが，いかにして第三者がまず誘惑の遂行を妨げ，次に侵入者から同盟者へと変化するかを描く時，彼が先取りしているのは，超自我の設立を通したエディプスコンプレックスの構

---

[5] E. Benveniste, "La nature des pronoms," in: *Problèmes de linguistique générale* (I) (Paris, 1966), p.256.

造的な「解決」でもある。このことが含意するのはなるほど，下品な機知がその構造においてエディプス的であるのか，あるいは逆に，エディプス・コンプレックスが「下品な機知」であるのかが一義的な答えをほとんど許容しないような問いだということだ。しかし断言できることは，それらの関係性は，自我が自分自身を分節する過程において他者に従属する，その仕方を示しているということだ。この他者——第三者——は，禁止の法廷と理想とが一つになった，自我としてのすべての「第一者」の運命を決定しなければならない審級である。それを通して，自我は決して完全に我がものにできず，断固として拒絶することもできない他者性の尺度に遭遇する。なぜなら，自我の未来の分節は超自我との関係に依存するからである。この関係の逆説的な結果は——機知の操作においてと同様，主体の心的な発達においても——「第三」者が第一者の可能性（と不可能性）の条件として現れることである。この「逆説」の解決あるいは，むしろその分節は「第一者」，つまり「自我」である可能性と不可能性が（詐欺〔imposture〕のではないにせよ）強要可能性〔imposability〕の解決としてその「存在」を構成することである。第一者は，第三者に〈自己〉を課し，またそれを犠牲にして〈自己〉を強要する闘いの中で，またそれを通してのみ自分自身に，つまり〈自己〉になる。この強要過程は，機知の三者構成の中に，そして特に下品な機知のシナリオの中に凝集される——そしてフロイトの発達の通時的変化の中では先取りされる——が，われわれは今やそこに立ち戻ることにする。

　第三者は機知と，それゆえ機知を話す「第一者」の運命を決定する力をもつ。というのは，その機知が聞き手の笑いによって証明される形で成功しなければ，第一者は機知に関する限り，何ものでもないものへと身を落とすからである。想起しよう，機知は，聞き手の笑いがなければまったく機知ではない。

　機知の過程において明らかになったような，第一者の，自我の第

三者に対するこの依存関係からわれわれは，多くのフロイトの読者が求めていながら無駄に終わったものを見抜くことができる。つまりそれによって個人の主体性の心内部的な領域が社会の間主体的な秩序によって媒介される，あるいは相互作用する緻密なダイナミクスのことである。われわれが自我のナルシシスティックな両価性（アンビヴァレンツ）だとして言及してきたものは，自我にその同一性——それは常に「理想的」である——を，鏡面反射する他者（自我理想としての超自我）と，表象不可能な他者（エスの派生体としての超自我）の両価的な／両義的（アンビヴァレント）な統一としてしか効果的に働かない審級へと移動させることを強いるのだ。これら二つの必要不可欠だが深く異質な他者性の側面は，一緒になって分かちがたく超自我とその化身において結合し，奇妙だが意味ある現象を生み出す。機知の第三者における——もっと一般的には，無意識のあらゆる分節表出によって必然的に含意された受け手における——超自我の「体現」はその他者に，意識的な意志作用の尺度で活動する規定された個人でも，自分の行為に完全に意識的ではないかあるいはそれをコントロールしていない個人でもあることを要求する。このように，機知を話し聞くという決定は意識的な行為に依存するが，一方で機知の運命を決定する効果——笑い——はまさに意識の制御の外側にあり，そのような統制の一時的な機能停止にあるのである。

　実際，それがおよそ「行為」だと考えられうるとしても，笑うことは特異な行為である。つまり，意識的に準備され，遂行される活動である。というのは，笑いを特徴づけるものは，少なくともフロイトが機知への関係において記述するように，それは部分的にしか意志に基づかないことだからだ。このことは笑う人物を，最も強い意味において「第三者」として指し示す。すなわちペルソナとして，仮面として，それらを通してそれ（エス）が笑うのだ。聞き手は笑おうと身構えることはできるが，その構えでさえ意識的に命じることはできない。フロイトが描く爆発性の笑いは，強制されたり，計

画されたり，完全に理解されたりしえない。それは自然発生的で自動的でなければならず，機知そのものの「制作」と同じく，意識的な意志作用には従属しないのである。

　というのは，そのような笑いは，フロイトによってとりわけある非‐知の形態として特徴づけられるため，「機知においてわれわれは何を笑っているのか，ほとんどまったく知らない」からだ（SE 8 p.154; GW VI S.172; 著作集 4 p.356）。フロイトは，機知が引き起こす笑いのこの側面を強調する。それにもかかわらず，笑いの機制における「制止」の機能についての議論を通して，彼が機知に構成的な条件として記述している非‐知は実は，純粋な無知というより別の種類の知であることが明らかになる。この別の知は，とりわけ意識的注意の散逸を伴う。「笑いは実際」，笑いを引き起こす対象「からわれわれの意識的注意が遠ざけられたままであることによって初めて可能になる自動的な過程の所産である」（同所）。このように，笑いは意識の散逸あるいは，ある心の分枝と言われるようなものを要求する。意識的な部分は笑いを生み出すことになる対象から，機知によって伝達されるべき「理解可能なコンテクスト」や全体的な意味の表象や期待のような，同時的に他の表象や期待に惹きつけられ，拘束されることによって初めて，「遠ざけられたままで」ありうるのである。

　機知が参加者たちの側での一種の契約を含んでいるというさらに包括的な事実によって特徴づけられるとはいえ，このように機知の消極的な前提条件の一つになるのはこの意味の期待である。機知というのは，ほとんど常に暗に陽に前もって機知だと予告され，ここから一定の驚きや逸脱や笑いの期待がもたらされる。しかし，そのような期待がいかに不可避であろうと，機知特有の「対象」は，機知が成功する時には，意識から引き離されたままでなければならない。一般に，その対象について規定しうるすべては――そしてそれはフロイトの機知の構想にとって非常に重要である――，笑いが起

毛むくじゃらの犬の物語　　171

こるために聞き手と話し手が，機知が無効にするようにできている同じ制止を共有しなければならないということである。これは，機知の過程における笑いの「場所」が，社会的に規定され，（純粋に個人的なものとは対立して）一般的に維持される「制止」やタブーに関わると断定するに等しい。笑いを生み出す時，機知はこのように，共有された禁止の，たとえ一時的であれ集合的な侵犯を表す。機知はそれゆえ常に一定の集団に特種なものであり，多少とも広範囲に及んだとしても，決して端的に普遍的ではないのである。「あらゆる機知は」，とフロイトは観察するが，「自分自身の聴衆を求める」(SE 8 p.151; GW VI S.169; 著作集 4 p.353)。

機知の当事者を束縛する契約はこのように，自由主義的な，ブルジョワ的な法の契約とは相別れる。契約する人たちは，自分たちが負う義務を遂行できるとの確信なしに，交換過程に合意する。聞き手は自分が笑うとは保証できないし，実際彼の笑いは，まったく「彼の」笑いではない中で，彼の非自律性の，すなわち「他律性」の程度を指し示す。機知が含んでいるのは，一定の境界を踏み越えようとする試みへの共通の同意であり，承諾する仲間は——特に決定的に重要な第三者は——機知以前に，あるいはその間に，その境界には十分に気づくことさえできない。しかし，この契約の成果は決して前もって知らされることも，決定されることもないため，そしてそれが意識的な意志作用ではなく，あの「他の役柄」が決定的であるような力関係に依存するため，機知は好奇の雰囲気の中で，単に言説的な知ではない，他の発見の形をも目指す雰囲気の中で起こるのである。

しかしながら「発見」は，もっぱら，あるいは一次的にですら，認知的な活動と受け取られるべきではない。機知本と同時に書いていたテクスト『性欲論三篇』の中でフロイトは，「知る欲望」(der Wisstrieb) は「見る欲動」(der Schautrieb) (SE 7 p.194; GW V S.95; 著作集 5 p.56) から発展すると論じた。機知は，見ること（と見ら

れること）の欲望の力を明らかにする。機知における好奇心，驚き，意味，制止，そして遊びの間の相互作用の基礎にあるのは，まさにSchaulust〔見る快楽〕である。下品な機知における女性の攻撃的な「露出」（Entblössung）は，おそらく機知と見ることとの密接な親和性の最も歴然とした現れでしかないだろう (6)。ある意味で，「三」人がみな機知によって晒されるのだ（機知そのものが笑いの中で，またそれに対して晒されるのと同じである）。「第二者」が常に機知によって傾向的に晒されることは，まさに機知の一般的な傾向性によって示される。第一者はしばしば，フロイトが観察するには，「自分の才気を示し，自己を顕示しようという野心的な衝動——性的な領域で露出と等置されるべき欲動」（SE 8 p.143; GW VI S.159; 著作集 4 p.347）に取り憑かれたものである。構造的に，機知の語り手は第三者の「決定」に身を晒す。しかし，それならこの第三者はどうか？ 彼はどんな方法でSchaulustに参加し，どの程度機知へ，あるいは機知によって晒されるのか？ もしこの「彼」が「彼女」ならどうなのか？

注の主要部

特徴的なことに，これらの問いへの答えは主要なテクスト本体ではなく，暗示的に，その周縁に書き込まれている。すなわち，またもや脚注に，そしてまたもや，本体が構成されてからずいぶん後に加えられた脚注にである。この脚注は，その位置取りによって，主要なテクストに対するNachträglichkeit〔事後性〕において笑いに似てくる（しかし，これはたぶん意味のないウィットに，巧妙すぎる類比化にすぎないのだろうか？）。それは本そのものからずっと後になって書かれて，それに対しては「適切な名前がない」現象に，

---

(6) あらゆる機知理論の中の中心的で最も伝統的な問題の一つが機知と知識の関係だとすれば，フロイトの議論は，Witz〔機知〕とWissen〔知識〕を，それらが共有する語videre〔見る〕にまで遡る語源的派生の妥当性を証明する。

また機知のカテゴリーに属すかどうかさえ確実に言うことができない現象に触れている。この書き込みは二重に周縁的である。それは，1912年に「無意味な機知」についての長い脚注に付加されたが，にもかかわらず機知理論には「中心的」なものである。つまり，何かが，核が外皮として，外皮が本質として機能する現象にとって中心的でありうるのと同じ程度に。

しかし，まず第4章（「快感のメカニズムと機知の心因」）の結びに加えられた「無意味な機知(ナンセンス)」の問題を扱う「正規の」脚注を見てみよう。無意味な機知(ナンセンス)は，フロイトが書くところによれば，いくぶんか彼の議論で無視されてきたため，「補足的な考察」に値する（SE 8 p.138; GW VI S.154; 著作集4 p.343）。脚注は，「無意味な機知(ナンセンス)」がWitzの一次的，あるいは専一的な形であると結論するのは誤りだろうと強調することから始まる。そのような機知は，機知の過程の二つの本質的な構成要素の一つだけを，すなわち思想との遊びを体現しているが，それは制止の解除を通して快楽を喚起するという。もう一方は，言葉遊びから派生する機知の快楽のもっと根源的な構成要素であり，そのような無意味(ナンセンス)効果からは独立している。フロイトはしたがって，遊びと制止，リズムと理論，言葉と思考の階層的な対立へと立ち戻り，それをもって多様な機知の表出を一貫した全体性へと組織しようとするのである。というのは，ただこの方法によってのみ彼は，バラバラな肢体——先駆者たちの残骸——を，単に一連の逸話をなすだけでなく，機知の本質を特徴づけることのできる理論に収集することを望みうるからである。

しかし，すぐにフロイトは，自分自身の研究を通して遭遇した困難の根そのものが，まさに機知の二重性，「機知の快楽の二重の根」（SE 8 p.138; GW VI S.155; 著作集4 p.343）であると認める。フロイトが他のところで「機知のヤヌスの顔」として言及したものは，つまり機知の二重の，ないし裏表(おもて)の面は，「機知に関する一般的命題の簡潔な定義の邪魔をする」（同所）。言い換えると，機知によって

生み出された「快楽」の両価的な性質が「邪魔をする」，つまりある統合された理論においてその意味を理解しようとする試みを制止するのだ。フロイトが，「根源的な遊びの快楽という核心 [Kern] と，揚棄の快楽という外皮 [Hülle] を示す」（同所）として，最も精巧な——そしてわれわれが見てきたように問題をはらんだ——機知の定式化に到達するのはここなのである。

しかしながらこの区別が定式化されるやいなや，それは結び目のところでほぐれ始める。フロイトの二元的な分類は，「無意味な機知」を制止の快楽の外皮として記述しようとしながら，ただちにさらなる限定を要求するのだ。「思想的な機知に残っている無意味は，あきれさせることによってわれわれの注意をひきつけるという機能を二次的に取得し」（SE 8 p.138; GW VI S.155; 著作集 4 p.344），そうして「機知の作用に対する強化手段として働く」（同所）。しかし，あらゆる機知がどれも笑いを生むはずのものであれば，また笑いがそうでなければ制止に吸収されるエネルギーの逸脱や無力化に由来するのであれば，機知における無意味のこの「二次的な」機能は，制止そのものに劣らず機知の働きにとっても必然的でなければならないということになるだろう。Hülle と Kern いう対立によって示唆された明確な区別，機知の侵犯する，そして表現する側面の区別は，したがってその妥当性を失うことになるだろう。なぜなら，まさにどこで制止が終わり，ゲーム（Spiellust）〔遊びの快楽〕が始まるのかを言うのは不可能だろうからである。

余白の余白

まず今見直したばかりの脚注の本体で，それから何年か後に（1912年に）このすでに長大なこの脚注に補足を追加する時，フロイトに「無意味における意味」の問題に戻ることを余儀なくさせるのは，この多義化——機知の二重性の一義的な性格づけに到達しようとする努力——である。遅れてきたこの代補が関わるのは，正確な呼称

を欠き，しかもフロイトがまず「機知を装った愚行」(witzig scheinen-den Blödsinn) と特徴づける機知じみた産物である。フロイトのドイツ語は，英語訳とは違って，われわれにこの「愚行」がまだ意́味́の一形態であることを想起させる。それは"Blöd-sinn"であり，下品な機知の Entblössung〔裸出〕と同じように，それ自体「むき出しになった」ないし「晒された」(ドイツ語 blöd は語源的に bloss = bare〔裸の〕に関係している) ゆえにばかげた意味である。下品な機知と同じように，そのような愚かな意味は機知の限界例を構成する。フロイトがそれでもここでそれに言及するのは，おそらく下品な機知と同じように，まさにその周縁性が機知における意味(センス)と無意味(ナンセンス)という中心的な問題に光を当てる助けになりうるからであろう。

フロイトがこの種の機知について引用する例の一つは，次のようなものだ。「『人生はつり橋だ』と一人が言う。——どうしてまた？ともう一人が尋ねる。——返事はこうだ，『私にそんなこと分かるものか』」(SE 8 p.139; GW VI S.155; 著作集 4 p.344)。問題は，もちろん，聞き手——ここでは読み手——が決して，そのような場合に，笑うべきか泣くべきか分からないことだ。あるいは，怒るべきか。このことは，フロイトによれば，まさにそのような「極端な例」の地点なのだ。

> こういう極端な例は，機知の期待を呼び覚まし，そうして人が無意味(ナンセンス)[Unsinn] の下に隠された意味(センス)[Sinn] を見出そうと努力することを通して効果を挙げる。しかし，何の意味も見つからず，実際にそれは無意味(ナンセンス)なのだ。この見せかけの下で[unter jener Vorspiegelung]一瞬，無意味(ナンセンス)にある快楽を解放することが可能になった[7]。

---

[7] 『機知』，同所。 スタンダード・エディションはドイツ語 Vorspiegelung を pretense〔見せかけ〕と訳している。「見せかけはそれが何々することを可能にする」。このことは正しく語の外延的意味を訳しているけれども，ここでは，しばしばフロイトの著作でそうであるように，決定的な重要性を持つ内包的意味を放棄する。

フロイトが論じている類の機知は（そもそもそれが機知だとすれば），非常に「特徴的な」やり方で聞き手を欺く。それは聞き手に，「無意味(ナンセンス)の下に隠された意味(センス)を見出そうと努力する」欲望の鏡を提示する。機知を可能にするのはこの欲望であり，フロイトが引用する例は，明白にそれ特有の性質を反映させている。「機知の期待」は，それによって機知が始まる謎めいた断定を意味あるものにしたいという欲望にある。とすれば，機知が，聞き手の前で自らがちらつかせる意味を提示するのを拒むとしても，その作用を純粋で単純な無意味(ナンセンス)だと記述することはできない。というのは，そのような機知は「理解可能なコンテクスト」を見出そうとする聞き手の欲望と，われわれが見たように，「二次加工」の起源にある欲望と「戯れる」からだ。この欲望は意味のあるあの，自己充足的な対象を統合し，束縛し，合成し，それによって構築しようとする自我のナルシシスティックな努力そのものを含んでおり，その対象に対して自我は，同様に意味のある自己充足的な主体，つまり自己意識として自己を定めうるのだ。この「期待」を掻き立て，それを不満なままに，自分自身へと反転してゆくにまかせることによって，そのような機知はまさに，答えの探索へと問いを動機づける欲望と被分析者を直面させるべく，その人との意味のある対話に従事するのを拒む分析者の言説を強く思わせるやり方で機能するのである。

フロイトはもちろん，そのような「機知のごとき所産」が分析的な言説に対して帯びる近親性に言及してはいない。彼は結局，それ自身が「正規の」精神分析との関係において周縁的な主題の周縁的な現象を議論しているにすぎない。しかし，もしわれわれがその類似性を念頭に置けば，彼の結論的な見解は，特殊な重要性を帯びることになる。

　これらの機知にまったく傾向がないわけではない。それは「当て馬

> =毛むくじゃらの犬の話」〔shaggy-dog stories〕であり，それは聞き手を惑わし怒らせることによって，語り手にある一定の快楽をもたらす。聞き手の方は，今度は自分自身が語り手になると決意することによって，この怒りを抑えるのである。(同所)

この機知の語り手の言説が，その受け手に対する攻撃的な傾向から自由ではないとすれば，また，受け手が今度は語り手——つまり「第一者」「自我」——になると決意することで欲求不満を「黙らせる」なら，このことは，分析的言説と自我それ自体との，双方の発生に関わる様々なパースペクティヴを切り開く。双方ともに，このように精神分析が描き出すものとしての心的なものと，精神分析的な言説そのものと，この双方の一般的なコンテクストとして現れるであろうナレーションの過程を通して，「第三」者から「第一」者へと移行する一定の「転移」の効果であるだろう。フロイトがこの「機知に富んだ」つながりを強調することに特別な関心を抱かないだろうということは十分明らかである。というのは誰が一体——フロイトがそうし始めていたように——精神分析が機知を理解し制御することに成功したのか，それとも機知がもう一度精神分析と形勢を逆転させて，多かれ少なかれ機知に富んだ特殊なストーリーであることを明らかにしたのかを確実に決定できるというのか？ (8)

Aufsitzer

そして実際，ここで問題になっている話は，フロイトが防衛せざるをえなかった「科学」の名声を高めるのにほとんど役に立たないような怪しげな種類のものである。しかし，まさにここでこそ，フロイトがそれに対して「適切な名前はない」と書いたように，こうした機知の名前に彼がためらいを見せるということは，われわれを

---

(8) 最近フランスで出版された論文のある巻は，示唆的な題名を持っている。"Is Psychoanalysis a Jewish joke?〔精神分析はユダヤの機知だろうか？〕," *La psychoanalyse est-elle une histoire juive?* (Paris, 1981).

さらに躊躇させ，機知と精神分析との関係を考えさせる。というのは，私が"shaggy-dog story"〔毛むくじゃらの犬の話〕と訳した語は，スタンダード・エディションでは"take-in"〔詐欺〕と訳されているが，すでにわれわれにはなじみのものだからである。それは"Aufsitzer"〔またがるもの＝当て馬〕であり，同じ語は以前「知られざるもの」に関係して夢の臍の位置を記述するために使われていたのだ。夢が，フロイトが断言したように，精神分析に無意識への「王道」を供給したのだとしても，精神分析がその道を切り抜ける時に必然的に身につける構え〔posture〕は，容赦なくAufsitzerの態度なのである。

　精神分析運動がAufsitzerの足取りでもって動くと主張することは，もちろん，それを端的な詐欺〔imposture〕として辱めることではなく，むしろ無意識を考慮に入れようと企てる理論が，避けがたく自らに課すことを余儀なくされる，そのあり方を指し示すことである。この強制のあり方をAufsitzerのような「下手な機知」へと関係させることは，フロイトが苦心して強調するものを，すなわち，下手な機知は上手い機知に劣らず効果的であるということをわれわれが忘れた場合に限って，批判を構成することになるだろう。精神分析をAufsitzerだと非難することは，それが判断しようとするストーリーを越えた，あるいはその外側に位置するある見地や審級——あるInstanz——から判断できる場合に限って可能である。そのような控訴審——自我の見地——はしかしながら，まさに精神分析が決定的に脱臼させるものに他ならない。そして精神分析は，いかにしてそのような見地のどれもが，まさにそれが語り直そうとするシナリオやストーリーに不可避に組み込まれているかを指摘することによって，そして実際，自らがその例証となることによってそれを脱臼させるのである。

　多分だからこそ，フロイトは機知理論の出版から何年も経って，「無意味(ナンセンス)における意味(センス)」の問題に戻り，最も闇になっている焦点，Aufsitzerに取り組むことを強いられるのである。というのは，自我

による意味ある全体性の期待が，機知の暗黙のではあるが逃れられない条件であるとすれば，この条件がAufsitzer以上に，すなわち「誘惑」〔come-on〕でもある「詐欺」〔take-in〕における以上に強力に作動するところはないからだ。あらゆる機知のタイプの中でこの最も怪しげな機知を捕えるのをこれほどまでに困難にするものは，われわれが，少なくとも聞き手として，それをまったく「手に入れ」〔take〕ないということ——むしろ，それが・わ・れ・わ・れ・を少しも王道ではない道で「欺く」〔take us for a ride〕ことに他ならない。というのは，道の果てでは，われわれが見出すものすべては無意味(ナンセンス)だからである。「実際それらは無意味(ナンセンス)である」とフロイトは述べているが，そう言って，彼自身と同様，われわれをも安心させようとするのである。

しかし，Aufsitzerが「無意味(ナンセンス)」であるなら，それは機知の真髄でもあり，機知を理解することのできる理論に対するわれわれの期待と同様，「機知の期待」につけ込む機知の真髄でもある。というのは，その理論はわれわれが見てきたように，機知の隠された性質そのものを発見し，それゆえその内部のKernから外部のHülleを分離させる可能性に根拠をおくからである。しかしながらAufsitzerは，その二つを分離させる，機知が一つにしたものを区別することの不可能性を証明する。そしてその証明は，われわれが関わってきた二つの言語の境界線をまたいで，このドイツ語を最も密接に近似した英語訳"shaggy-dog story"〔毛むくじゃらの犬の物語＝おちのない長い話〕をしばらく考察すれば，さらに雄弁になるであろう。この表現の語源を追跡する試みには終わりがなく〔ohne Abschluss〕，それは結論に到達しないままである。そのような思弁の大半は，その語のより実質的な部分，すなわち犬科の「核」〔kernel〕に焦点を当ててきたが，ほとんど成功しなかった[9]。しかし，Pudels Kern〔むく犬の核＝事の真相〕がこのように袋小路であることが判明した以上，おそらく，

---

(9) Eric Partridge, *The Shaggy Dog Story* (New York, 1954) を見よ。

われわれが Hülle〔外皮〕にもう一度注意を向ける時である。shag は，今日でさえ（少なくともイギリス英語では）まさに，下品な機知を説明するためにフロイトが使ったドイツ語，Zote〔猥談〕が意味していたものを意味する。というのは，Zote は Zotte〔垂れ下がった毛〕に由来し，「汚れた毛，陰毛，身持ちの悪い女」[10]を意味するからである。要するに，Zote と毛むくじゃらの犬の物語は，フロイトが「去勢」の物語で無視しようとした，あるいは何かはるかにもっと可視的で触知しうるものの場所として記述しようとした，例の評判の悪い，もつれた結び目の類を示すのである。菌糸体から聳えるきのこをである。Zote と毛むくじゃらの犬の物語はこのように，男根〔phallus〕がそこから立ち上がり，垂れ下がる葉状体〔thallus〕の変種として現れる。しかし，男根(ファルス)のこの上がり下がりは，すでに Zote の中に書き込まれ，処方されているが，それは「ぶら下がる（動物の）毛，羊毛，ぼろ布，がらくた，女の茂み」をも意味し，一方で動詞 zotteln は，「前後に揺れる」運動を指していた。とすれば，Zote を越えてまで，毛むくじゃらの犬の物語はわれわれを「ぶら下がった」ままにする——しかしながら，どこでもない場所の真ん中に，純粋な「無意味(ナンセンス)」に，しかし，自我が「肛門」期から「性器」期への，そしてそれを越えて自分の道を潜り抜ける，それらすべてのナルシシスティックなファンタジーの真ただ中に，である。手前〔before〕でもあるその彼岸〔beyond〕は，葉状体として記述することしかできない空間の中に位置する。というのは，その空間を特徴づけるのは，対象の現前や不在，所有や喪失ではなく，むしろ「前後に揺れる」[11]，その空間に宿る要素の材質とリズムである。

　フロイトは，先行するすべての機知理論のバラバラな肢体を統一し全体化することに着手したが，ここで，彼が欲した有機的な全体

---

(10)　*Der Grosse Duden, Herkunftswörterbuch* (Mannheim, 1963), p.785.
(11)　同書。

毛むくじゃらの犬の物語　　181

ではなく，その毛むくじゃらの羊毛〔shaggy fleece〕に行き着く。機知の本質的な特徴，最奥の Kern を裸にするどころか，彼はゲーテのファウストにも似てただヴェールを——むしろ，パッチワークのキルトを——手にしたまま残されるのだ。われわれは，そしてフロイトは「騙し取られた」〔fleeced〕のだろうか？ 「『他人』の代表」，この手を逃れるあの第三者，そして最初の読者によって？ フロイトの理論はまたもや，味のよくない機知によって，それが治癒しようとしたまさにその病によって汚されていることが判明したのだろうか？

そのような問いに，ここで答えられないのは明らかである。請い求める答えは，他のどこかに出て来るのでなければならない。今ここで私にできることのすべては，私が正確に覚えているとすれば何年も前に聞き，かつて私が笑った以下の物語をあなた方読者に伝えようと決心することによって，かくも多くの不確実性に対する欲求不満を黙らせることである。

> ユダヤ人とポーランド人が電車でお互い向かい合って座っている。幾分ためらったあと，ポーランド人がユダヤ人に話しかける。「イッツィヒ，私はいつもあなた方民族を，特にあなた方の商才を非常に尊敬してきました。正直に教えてほしいのですが，その陰には何か仕掛けがあるのでしょうか，私が学べることが何かあるのでしょうか？」。ユダヤ人は，しばらく驚いてから答える。「兄弟よ，そこで何か得られるかもしれません。でも，ご存知のように，ただで何かを得ることはありません。——お金が要りますよ」。「いくらです？」。ポーランド人が尋ねる。「5 ズウォティ」とユダヤ人が答える。ポーランド人は喜んで頷き，財布に手を伸ばし，ユダヤ人に支払う。ユダヤ人はお金をしまい，話し始める。「大きな白い魚が必要です，できれば自分で捕まえたものを。それをきれいにして，酢漬けにし，ジャーに入れておいて，あなたの先祖が眠る地面の中に満月の時に埋めます。3 度満月が過ぎたら，その場所に戻り，それを掘り出す

のです……」。「それから?」とポーランド人は答え,困惑して,「それでおしまい?」「まだですよ」とユダヤ人は笑って答える。「まだいくつかなすべきことがあります」。そして,少し間を置いてから,「でも,お金が要りますよ」。ポーランド人は支払い,ユダヤ人が話すとクラクフからランベルクに行っていた。ポーランド人は徐々に我慢ができなくなり,ついには,ユダヤ人に有り金を全部渡し,激怒する。「薄汚れたユダ公め! お前のゲームを私が分かっていないとでも思っているのか?! お前は私を馬鹿にし,おまけに私のお金を取り上げた——それがお前の大切な秘密なんだな!」。そしてユダヤ人は温厚に微笑んで,「でも兄弟よ,あなたは何を望んでいるんです? 分かりませんか,もううまくいってるじゃないですか!」(12)

---

(12) この機知は,ジャック・デリダが私に話したものである。

第Ⅲ部

ラヴ・ストーリー

　かつてある暑い夏の午後，イタリアの小さな町の，私が知らない人気のない通りをさまよい歩いていると，ある地区にはまり込んでしまった。その地区の性格について，私は長く疑ったままでいることはできなかった。小さな家の窓に見えるのは，化粧をした女たちばかりで，私は急いで一番近くの曲がり角を通ってその狭い通りを立ち去った。だが，しばらく案内もなく歩き回った後，突然私は自分が再びまったく同じ通りにいることに気づいた。いまや私はそこで注目を浴び始めたため，慌ててそこから離れたが，その結果，ただ自分が新たな回り道をして三度そこへ行き着いただけだった。するとその時，ただ不気味としか称することのできない気持ちが私を襲ったのだった。

　　　　　　　　　── S. フロイト『不気味なもの』

分析家の欲望——遊びの中の思弁

 最高の思弁的仮説である死の欲動が受け取られてきた，その受け取られ方以上に，フロイトの思考への反応を特徴づけるものはない。1957 年になってようやく，アーネスト・ジョーンズが『快楽原則の彼岸』の評価についてコメントし，意見を述べることができた。

> この本はさらに，フロイトの信奉者側にほとんど受け入れられなかった彼の唯一の本であることにおいて注目に値する。こうして，それ以来その主題に捧げられた 50 あまりの論文のうち，始めの 10 年でたった半分の人しかフロイト理論を支持せず，次の 10 年ではたった 3 分の 1 しか，そして最後の 10 年では一人も支持しなかったことに気付くのである [1]。

しかし，ジョーンズがこの数行を書いていたまさにその時，もう一人の精神分析家——ジョーンズは明らかに彼をなおざりにすることにしていた——がフロイト理論の解釈を展開する仕事をしていた。その解釈にとっては，死の欲動が典型的な理論分節として役立つことになったのだ。その人ジャック・ラカンにとって，死の欲動が概念化しようとしたものは，彼が精神分析の根本的な洞察がそこにあると考えた「主体のシニフィアンへの関係」[2] に他ならなかったの

---

[1] Jones, *Life*, III, p.287/ p.266; 生涯 p.400.
[2] J. Lacan, *Ecrits*, Eds. du Seuil, 1966, p.659.

である。

　ラカンの「フロイトへの回帰」がとりわけフランスにおいて，しかしそこでのみならずますます精神分析の近年の議論に影響を与えてきた限りでは，死の欲動の理論的重要性の再評価は，ある種の合言葉シボレートとして課されてくる傾向をもっていた。Todestrieb〔死の欲動〕は，精神分析のある種の規制的理念として幅広く受け入れられてきたのだ。たとえば，ザッヘル・マゾッホの『紹介』において，ジル・ドゥルーズは快楽原則の彼岸への〔beyond〕フロイトの動きを，この原則そのものの不可避の帰結として描いている (3)。

ドゥルーズ

　フロイトの動きにおける可能な一要因としての経験的な観察を排除しつつ（観察それ自体は決して快楽原則を問いに付すことはできないからだ）ドゥルーズは，フロイトを快楽原則の概念構造において，自らの以前の立場を修正するよう駆り立てる力を位置づけている。快楽原則は実は，ドゥルーズの議論によればまったく原則ではない。それは決して因果的要因の観点で現象を説明することはないからである。それはただ，「快楽」——あるいは緊張の回避——がいかにして，あるいはなぜ，あらゆる心的な活動を規制しえ，また規制すべきなのかという問題には一度も直面することなく，一般的な方法で記述するだけである。それゆえこの決定的な理論的脱落は，快楽原則〔principle〕の「非原則的な」〔unprincipled〕性格は，フロイトを心的生活の謎への答えをさらに探し求めるように導くものである。

　ドゥルーズは，フロイトのこの探求を二つの段階で起こるものとして記述している。第一に，フロイトはその最も初期の考えの一つに立ち戻るのだが，それによると心的エネルギーは拘束（Bindung）

---

(3) G. Deleuze, *Présentation de Sacher-Masoch*, Paris, 1967, p.111ff〔次のものを参照したが，訳文には変更がある〕『マゾッホとサド』蓮實重彦訳，晶文社，1998年，p.138とそれ以下を含む。

の過程へと様々な度合いで必然的に巻き込まれ,その拘束過程が今度はエネルギー放出あるいは排出(Abfuhr)のための,例えば快楽のための前提条件として働くという。拘束過程はこのように,快楽原則の構造的条件として出現する(あるいは再出現する)。しかし,とドゥルーズは続けるが,拘束の概念が統一化への,つまりさらに大きな統一体の形成への傾向を名づけることになる後のエロス概念の先駆けであることを看て取るのは困難ではない。エロスはこのパースペクティヴでは,一般化された拘束の機能を名づけていることになる。このことはしかしながら,フロイトを第二段階へと導く。というのは,拘束という発想を概念化するために,フロイトには反復という観念に訴えることが避けられないからだ。時間的なプロセスとして,拘束は反復の一形態として以外には考えられないのだ。ところが反復は,どんな単純な意味で取ろうが,フロイトを快楽原則の彼岸へと追いやる。反復は不可避に,自らに先立つ何ものかを,したがってすべてのエネルギー拘束以前にあるものを振り返って指差す——そしてそれに依存する——からだ。こうして,反復が心的エネルギーの拘束の,それゆえ快楽原則の必然的な側面であるとしても,それにもかかわらず反復は発生的にだけではなく,論理的にも構造的にもそれに先立つ領域を指示することによって,この「原則」のたがを外す。反復が拘束の過程に不可欠だとしても,それは同時に拘束域外にあって,働いている力そのものには根拠がない〔groundless〕ことになるということを示唆するのである。

　心的活動のための根拠づける原則に到達しようとするフロイトの努力は,このように根拠ではなく深淵〔abyss〕に(あるいはもっと散文的に言うと,無限後退に)行き着くはずだということをドゥルーズは,その本質が「超越論的」である「真に哲学的な反省」の印として理解する[4]。超越論的な思考は,ドゥルーズによれば,現状

---

(4)　Présentation p.114; マゾッホとサド p.141.

のままでいることの不可能性によって特徴づけられる。つまり，自らが望むところで，たとえばエロスの発見で立ち止まることの不可能性である。その代わり超越論的な思考はそれ自身の機動力によって，そうした慰めとなる，安心させる発見を超えて「根拠のない」深淵「へと」駆り立てられてゆくのだ。

とすればドゥルーズにとって，死の欲動はまさにそうしたアポリア的概念，真の超越論的‐哲学的思弁の印である。根底へ，快楽原則の根拠〔ground〕へ辿り着こうとする欲望に駆られて，フロイトは拘束の概念へと立ち戻るが，それが今度は彼を反復の中に巻き込み，最終的には彼を，際を越えてまで死の欲動へと駆り立てるというのである。

超越論的主体とナルシシズム

このフロイトの軌道の解釈は，彼の思弁的な活動を，見たところもっと思弁的ではなく，それに先行する，より経験的あるいは臨床的な仕事への必然的な関係の中に設定するという効力をもっている。ところが，ドゥルーズの説明がアポリア的な反復の概念をフロイトの思考の運動を規定する超越論的な主体の位置に置く傾向をもっている限り，この思考を彼は，それが絶えず問いに付そうとした哲学そのものへと同化する危険を犯していると言ってよい。というのは，精神分析の思考の特種性は，「超越論的」主体がどれほどアポリア的かつ「根拠なき」ものだと解釈されようとも，無意識が「超越論的」主体に等置され，あるいはそれとして構想されるにつれて薄れてゆく傾向をもつからである。「越えること」〔to transgress〕は，必ずしも「超越すること」〔to transcend〕と同じではない。その差異に辿り着くために必要なのは，『快楽原則の彼岸』においてフロイトの思弁が離陸する方法を辿り直すことだけである。

以下に続くものは思弁である。しばしば遠くまで舞い上がる思弁で

あって，それぞれの人が自らに特有の見地［Einstellung］に従ってそれを評価したり無視したりすることだろう。その上，どこに連れて行くのかへの好奇心からの，ある観念の首尾一貫した開発の試みである（SE 18 p.24; GW XIII S.23; 著作集 6 p.163; 全集 17 p.75）。

ドゥルーズによれば，フロイトの好奇心はここでは，かくも容赦なくその対象を追跡する定めをもっているために，底なしの，アポリア的な深淵に着陸する超越論的な思考様式の表れになるであろう。ところがフロイトの方は，われわれに好奇心について，非常に異なる説明を与えている。最初に Wissgier（知る欲求）の問いを主題化する『性欲論三篇』でフロイトは，「子どもにおける探索活動の働きを動かすのは，理論的ではなく実践的な関心である」（SE 7 p.194; GW V S.95; 著作集 5 p.56）と強調するのである。

　そして少なくともフロイトのパースペクティヴからは，そうした「実践的な関心」が大人の探索や探求においてはもはや，より決定的ではなくなっていると一般に思われている確信ほど不確実なものはない。それゆえ「知る欲求」の初期の発達を統轄するフロイトの「実践的な関心」についての説明は，注目に値する。子どもの最初の「性理論」に働いている好奇心は，起源との関わりが「時間化－延期」を通して，すなわち（起源，喪失，分離としての）他者性の物語りの分節を通して，自らの組織を強固にする自我のナルシシスティックな努力の一部であるということを明らかにする。母親のファルスという幻想は，差異を欠如として，〈他者〉を〈同じもの〉の変数として，反復を認知として描き出す。そうする中で，自我の自分自身の表象にとって必要不可欠な根源的な絆や拘束というナルシシスティックな概念は，子どもが再発見する，あるいは露わにしようとする，目には見えず隠れた対象という形で形成される。そのような詮索好みと好奇心——子どもの Forschertätigkeit〔探索活動〕——が不可避に去勢の危機へと，またそれを通して，そこでナルシシスティックな同一性が決定的に移動させられる自我の再編成へと

行き着くのだとしても，この過程は（われわれがフロイトの第二局所論に関して議論したように），ドゥルーズ——そしてラカンも——の頭にあると思われる「底なしの穴」の類とは根本的に異なる。「深淵」〔abyss〕や「開口部」〔béance〕のようなイメージは依然として，対立するカテゴリーの用語で（豊富／空虚，存在／不在，可視の／不可視の）他者性を構造化することによって，他者性を再我有化しようと努力するナルシシズムの幻想的な軌道の内部にあるのだ。特にドゥルーズの「超越論的な思弁」の概念は，フロイトの第二局所論が置き換え，脱臼させるナルシシスティックな語りの形態に寄りかかったままである。「去勢」の結末が子どもの「性理論」とは根本的に異なるストーリーを含むとしても，その差異は「超越論的な」論理の観点でも純粋な「シニフィアン」の観点でも記述することはできない。というのは，このストーリーはある（不在の）起源をも深淵をも語らないからである。それは別のところへ，いかなる否定的な存在論（あるいは認識論）が記述しようと望みうるより，確定的でもあれば確定的でもない領域へと行き着くのである。

これらの領域には決して，その役割が少しも主権者ではないにもかかわらず，端的にある種のナルシシズムが不在だと言うことはできない。しかしながら死の欲動の思弁を精神分析理論の超越論的な原理へと勃起させ，そうして，少なくともフロイトにとっては，思弁とナルシシズムが決して完全には切り離せないという事実を見落とすことにするラカン派，およびポスト・ラカン派の傾向はまさに，そうした不在をほのめかしてきたのである。フロイトがまず反復強迫へ，それから死の欲動へ移動する時に辿る軌道それ自体が，起源についての根源的でナルシシスティックな語りの一部でありうるという可能性は，アングロアメリカのフロイト派よりも，フランスのフロイト派側では考慮されることが少なかったのである [5]。

---

(5) 最近の，また注目すべき例外のためには，J. デリダの『快楽原則の彼岸』

なるほどどちらのグループも、フロイトが死の欲動を展開し、それを、ナルシシズム理論が彼の思考に及ぼす力に対する代案にし、あるいはその解毒剤にさえしたという確信を共有してきた。われわれが述べたようにラカンは、死の欲動をシニフィアンへの主体の関係を集約するものだと、そうしたものとして欲望の「象徴的な」秩序の範例だと解釈する。彼はそれを、暗にであれ表立ってであれ、ナルシシスティックな自我の「想像的な」領域に、すなわち自己-疎外され、必然的に自己-疎外する moi〔自我〕に対立させる傾向をもっている(6)。

しかし、死の欲動をナルシシズムの根本的な代替案を含むものだとみなす傾向は、ラカン正統派の境界をはるか超えて拡大する。ジャン・ラプランシュは自我心理学批判を、自我の解消(または排除)あるいは自我の問題と混同する誘惑に対して正しく警告してきたが、死の欲動の導入を、ナルシシズムの概念に魅惑される危険の中にある自らの思想に一定のバランスを取り戻そうとするフロイトの企てとして描いてきた(7)。ドゥルーズの方も、われわれが見てきたように、フロイトの死の欲動についての思弁の超越論的な性格は、少なくとも暗に、ナルシシズムの同一化の運動に対立するのである。

他方、死の欲動に対するより伝統的な態度は同じ好みを共有していながら、単に否定的な評価を打ち出すだけである。ジョーンズはたとえば、ナルシシズムの発見は死の欲動の仮説に対立しており、それによって彼がエス-自我-超自我という第二局所論を意味する「非常に異なる種類の……概念」(Life p.280)へとフロイトを導いたと主張する。フロイトの思考の中にあるこれらの二つの対立する傾向は、ジョーンズが主張するには、フロイト自身の個人心理におい

の演出を見よ。*La carte postale*(Paris, 1980)収録。

(6) ラカンの「想像的」と「象徴的」の差異に関しては、私の *Rückkehr zu Freud: J. Lacans Ent-Stellung der Psychoanalyse*(Berlin, 1978)を見よ。

(7) J. Laplanche, *Vie et mort en psychanalyse*(Paris, 1970).

てのみ重なり合うというのだ。死の欲動へのいかなる妥当な理論的関心をも退けた上で、ジョーンズはそれを第一に、「父親イメージ」の昇華された「投射」に極まる理論構築を通して、自分自身の不滅性への（ナルシシスティックな）信仰を保全しようとするフロイトの個人的な努力の兆候だと見ている。とすればジョーンズにとってナルシシズムは、実際に死の欲動の着想に先んじ、それに勝ることになる。しかし、彼がフロイトの個性への指示によってのみこの結論に到達するにもかかわらず、ジョーンズの解釈は、特にドゥルーズの解釈と連動して理解すれば、別の可能性を示唆する。死の欲動の仮説は単にフロイトの（個人的な）欲望の兆候としてだけではなく、とりわけ彼の思考の、精神分析的思考そのものの要請の結果としても立ち現れるのだ。ならばナルシシズムの力は、単にある個人主体「フロイト」の兆候にとどまらず、その限界を作動させつつ精神分析それ自体の理論的投企をも含むのである。

ある意味で、ここで賭かっているのはそれゆえ、ナルシシズムのある一定の概念の観点でドゥルーズが思弁の「超越論的」性質と呼んだものを練り上げ、再考する可能性である。それはフロイトの著作の中では決して十分に説明されていないけれども、少なくとも部分的には暗黙のままであるために、それだけいっそう力強く彼のテクストの中で作動している可能性である。これこそ、以下の読解が探求しようとする仮説である。

拘束と放出

それゆえドゥルーズが正しく強調したように、反復の過程を含む拘束の概念から始めよう。その過程はしかしながら、おそらくあまりに自明であるように見えるためにドゥルーズが言及しなかった側面を示す。それでも、そのことをしばらく考察してみれば、われわれは拘束過程のこの側面が、快楽原則そのものの不可欠な構成要素であることを認識するようになる。というのは、反復が拘束過程の

中で取る具体的な形態は，表象（Vorstellung）の形態だからである。心的エネルギーが，拘束されている（あるいは拘束可能である）という性質によって他のエネルギー形態と区別されるとすれば，それが拘束される先は表象なのである。「一次過程」においてでさえ，フロイトがこの第一段階にある心的エネルギーの「拘束されていない」性質を強調したにもかかわらず，この事実は依然として通用する。というのは，一次過程を二次過程と対照させつつフロイトが記述していることは，少なくとも拘束の問いが関わる限りでは，種類ではなく度合いの違いだからだ。一次過程における備給の不安定性でさえ，二次過程のより大きな安定性に相対的である。それは絶対的事象ではない。だからこそ，「一次」過程は端的に一次的なのではなく，われわれがすでに議論した意味において，二次過程に——心理的にも論理的にも——依存しているのである[8]。

フロイトはまさに最初からこの問題に言及している。『夢判断』の中で彼は，一次過程における拘束，反復，表象の相互関係を記述しているのだ。「これらの最初の心的活動はしたがって，知覚的同一性を，すなわち欲求充足と結びついた［verknüpft］あの認知の反復を目指しているのである」（SE 5 p.566; GW II/III S.571; 著作集2 p.465）。一次過程は，この記述では，その非拘束的な性質にもかかわらず（またはそれゆえに）知覚的同一性を，以前の知覚を反復する表象を構築しようと努め，それが再認されることを可能にする。この説明はしかしながら，二つの問いを提起する。第一に，以前の知覚が「欲求充足と結びついた［verknüpft］」ものとして記述されるとすれば，この結びつきを創り出す中でどのような要因が働いているのか？　第二に，この Verknüpfung〔結合〕の見かけは自然発生的な性格は，快楽原則を構想するフロイトのやり方にとっては二つの要素が要求されることを示唆している。放出と，そしてまた表象

---

[8] 本書の第Ⅰ部にある一次過程と二次過程の分析を見よ。

とである。実際，これら二つの要素は収斂するように見える。反復による拘束の過程としての表象の構築は，単に放出の条件として現れるだけではない。それは放出そのものと融合する傾向をもつのである。

こうして立ち現れる問いは，まさにこの拘束する，知覚的同一性を生み出す（あるいは——これは同じことに思われるため——表象を生み出す）傾向と，放出や緊張の軽減を求める傾向との間の関係は何か，ということである。どういう意味において，表象としての心的エネルギーの拘束は，放出を内包し，また助長するのだろうか？この問いはひとたび明確に分節されれば，「充足」と知覚や表象との結びつきが，拘束や反復の過程のさらなる練り上げのための母型を与え続ける限りで，フロイトの思想にますます大きく立ちはだかるだろう。

その時，心的エネルギーの拘束が単に放出の条件を構成するだけではなく，フロイトによって放出そのものと同一視される傾向をもつとすれば，それはひとえにフロイトが Abfuhr〔放出〕——エネルギーの排出——として描くものが緊張の量的な減少だけを伴うような，純粋に経済論的な観点で考えることはできないからだ。それは局所論的に位置づけられなければ，すなわち特定の心的体系あるいは局所部分に関係しなければならないのである。これこそフロイトを，一次過程と二次過程という最初の局所論的図式を構築することに導くものである。しかし，この最初の局所論が放出の概念と拘束の概念との間に，緊張の軽減と表象の備給との間に存在する関係を説明しえないのは明らかである。この問題への答えのための土台が展開されるのは，単に葛藤を記述するだけではなく，それ自体が葛藤的である概念から成るフロイトの第二局所論においてでしかない。それに対して表象の形成（備給）がそれ自体において，自らエネルギー放出や緊張の軽減を伴う，快楽に満ちた活動でありうる特定の体系——その体系は，フロイトが自我と称する，心の構造的に

両価的(アンビヴァレント)に組織化された部分でしかありえない。自我が自らをナルシシスティックな同一性の過程を通して組織するとすれば，知覚的同一性の形成はその過程における，最初で不可欠な段階であるはずである。刺激，印象，緊張は，反復されるものが徐々に同じものとして理解されるようになる反復の過程を通して，再認可能で同定可能になる。「想起」は不等な印象を，きわめて文字通りに知覚対象や同一性（そのためそれは決して単に直接的に意識に提示されず，つねにすでに記憶の産物である）として思い出す。このように対象を（再び）組み立てることによって，自我はその自己をとり集める。そして，少なくともこの最初の段階で，秩序を求める闘いは他者性の還元と，差異の同一性への従属を伴う。この闘いのコンテクストにおいて，まさに知覚的同一性そのものの形成が，対象形成の過程が，そして相関してそれに伴う再認がそれ自体として，自我にとっての，すなわち自己の感覚の構成に取り組む心のあの部分にとってのナルシシスティックな快楽の源になるだろう。

　以上のことのどれもが，一度もフロイトによって十分に明らかにされたことはない。しかし，それはいたるところで暗示されている。たとえば，『快楽原則の彼岸』の始めにある脚注で示された見解の中で，彼は「本質的なことは，おそらく意識的な感覚としての快と不快 [Lust und Unlust] が自我に結びついている [gebunden] ことであろう」と述べている（SE 18 p.11; GW XIII S.7; 著作集 6 p.153; 全集 17 p.59）。問いはもちろん，快と不快が自我から独立して作動すると考えうるのか，言い換えると，「緊張の軽減」が，主体が同じものを再認する位置に自分自身を据える過程から離れて解釈しうるのかということである。まず知覚された対象として固定された場所を占拠し，次に主体が占拠し（besetzen：「備給し」，「投じ」）うる場所として同じものを。

　ことのすべては，一次／二次過程，快楽／現実原則のような対立するカテゴリーから成る二元論として，フロイト思想について一般

分析家の欲望――遊びの中の思弁　　197

に抱かれている考え方を見直すことに行き着く。そのような対立は，ナルシシスティックな両価性(アンビヴァレンツ)の葛藤に満ちた連続性の内部に配置し直されなければならないだろう。このように，対立の静的な二元性の代わりに，フロイト思想は，どれほどあいまいであろうと，ナルシシズムがその組織された部分である力動的な不統一というパラダイムに従って展開することになるだろう。「快」はそれゆえもはや，自己同一的な体系の属性ではなく，むしろまさにそうした体系を組織しようとする自我の努力の関数だということになる。快は要するに，ナルシシズムの——したがって自我の——関数として考え直されなければならないのである。

反復とナルシシズム

このように，フロイトの遊びの理論について以前に行った議論でわれわれは論じたが，子どもが遊びの中で得る，反復と再認に存するいわゆる「純粋」な快楽は，フロイトが示唆するようには，後の合理的で批判的な知性の発達に対立しえない。その知性は，自らが取って替わる遊びをすでに形成する同じものの再認と反復というナルシシスティックな過程の継続者であるからだ。再認の形は変化するが，その本質的な機能は変化しない。決定的なことは，まず語の形で，次にそれが意味する対象において同じものとして同一化し，再認し，反復する能力である。二つのものの違いを無視はしないが，同一化の過程だけが，差異の中に同じものを再認する力の増加（あるいは他の面から見れば，排除かつ包含し，抑圧する力の増加）という観点から，これらの差異の厳格な規定を可能にするのである。言語化，次には概念化は，こうして単に前言語的そして言語的な遊びの快楽（たとえば，音や図像の類似を再認することにある快楽）に終止符を打つのではなく，その「把握」を拡張し，他者についての把捉を強固にすることによって，言語的に他者をそれ自身 - と - 同一だと規定するために，自我のナルシシスティックな快楽を延長

することになるだろう。

　要約しよう。『夢判断』でのフロイトが，合理的思考を「幻覚の願望の代用」（SE 5 p.567; GW II/III S.572; 著作集 2 p.465）だとして記述しうるとしても，それは単に限られた機能主義的な意味でだけではなく（幻想的な願望充足も思考も緊張の軽減という同じ目標をもつ），両者が同じ総体的な手続きを経てその目標に向けて努力するからである。すなわち，自我のナルシシスティックな構成に奉仕する，他者を同定する我有化である。

　それが提起する論点を自覚するためには，われわれは以上の説明をドゥルーズの説明と比べてみれば十分である。ドゥルーズにとっては，フロイトの思弁の中で，思弁が拘束から死の欲動への反復まで辿る軌道の中で働いているものは，さらなる分析が不可能になる何ものかである。それは「超越論的－哲学的」思弁であり，己を根拠のない不可解なものの絶壁へ否応なしに投げ落とす根拠の探求である。それと対照的にわれわれの読解から立ち現れることは，フロイトが他人に対しては批判する用意がありながら，自身の著作の場合には正当化しようとする思弁の側面である。フロイトの同じものを再発見しようとするナルシシスティックな闘いである。このようにあらゆる反復が必然的に含意する反復以前の，それに先立つ契機は，ドゥルーズがそうするのとは違って，われわれを不可解なものへではなく，あいまいであってもより規定的な，「快楽原則」の両価的(アンビヴァレント)な条件としての自我のナルシシズムへと導くのである。

　とすれば，反復がナルシシズムに行き着くのであれば，死の欲動はどうなるのか？　それは根本的に異なる何ものかを明らかにするのか，あるいは予示するのか？　フランスでのフロイト論はこの問いへの肯定的な答えを支持して，しばしばフロイトが死の欲動に帰する「沈黙」に，「死の欲動は本質的に沈黙しており［stumm］，生の喧噪のほとんどはエロスに発する」（SE 19 p.46; GW XIII S.275; 著作集 6 p.289; 全集 18 p.46）という彼の陳述に言及する。「この超越的な

黙する審級」(ドゥルーズ)が自我のナルシシスティックな言語の別の形にすぎないのかもしれないと示唆する時, 少なくともフロイトのパースペクティヴからは, どんな可能な正当化がありえるのか？

おそらく次のことしかない。じっと耳を傾けるなら, あるいはむしろ注意深く読むならば, われわれはまさに死の欲動の Stummheit〔無音性〕が, 死の欲動が常に自己を代弁する〔＝自明である (speak for itself)〕のを妨げることに気づくであろう。それは不可避に, 見聞きされるべき別の言説に依存しているのだ。そしてその別の言説は, それが分節しようとする「沈黙」の前でどれほど自らを消去しようとするのだとしても, 決して無垢あるいは中立ではない。死の欲動は口を利けないかもしれないが, 理論的で思弁的な言説の中でのその分節はそうではない。それが他にどうでありうるとしても, ひとが同時に代弁しているものの沈黙を強調することは, 優れて理論的な Fort-Da〔いないいない–ばあ〕遊びである。さあ御覧なさい, ほら見えなくなった。われわれがまもなく発見するように, それ自身に特有の歴史なくしてそのような遊びはないのである。

死の欲動の黙するパトスなるものは, いずれにせよそれが書き込まれているテクストをある程度読まないことに依拠している。そのような非読解だけが語＝終わり〔term〕として, 運動を終わらせる主人–語〔maître-mot〕として Todestrieb〔死の欲動〕を転写することをもっともらしいものにする。それが……終わりなきものであるにもかかわらず。

というのはそのような非読解だけが, フロイトを快楽原則を越えて反復へ, 反復を超えて死の欲動へ駆り立てる衝動そのものが, 彼に死の欲動「そのもの」をも越えて, ドゥルーズの超越する深淵〔Abgrund〕とはほとんど共通点のない非常に異なる「場所」に向かって移動することをも強いる, そのやり方を無視しうるからである。この他の場所には実際, はるかに深みがない。確かに。ほとんど「平板で」さえないのだ。

転移——分析者のナルシシズム

しかし，目前にある経路に対して忍耐が必要な時に，その代わりにわれわれはすでに先を急いでいる。『快楽原則の彼岸』の読み直しを，もちろん反復についての，そしてとりわけ Zwang, 反復が行使する強迫的な力についてのフロイトの議論から始めよう。ドゥルーズが，〈反復そのもの〉の本質的に超越論的な構造だとみなすものに到達すべく，経験と経験的な観察との問いを性急に飛ばす傾向にあるとすれば，フロイトの方は対照的にもっと散文的である。フロイトは反復についての自分の議論をもっとなじみ深い分野，すなわち分析面接の場に設定する。この場面は注目に値する。なぜなら，フロイトが，快楽原則の支配に挑戦する反復現象の存在の決定的な証拠だと考えるものを発見するのはここであり，ここでしかないからだ。そうした証拠が現れる精確な場所，ひいては反復強迫の場所は，精神分析的な転移の場面に他ならない。

> 患者は，自分の内で抑圧されたもののすべてを思い出せるわけではない。おそらく，まさに本質的なものをこそ思い出すことができないのだ。自分に伝達された構築の正しさを確信することができないのである。それどころか彼は，抑圧されたものを医師が見たがるように過去の一部分として思い出す代わりに，現在の体験として反復するように強いられる［genötigt］。(SE 18 p.18; GW XIII S.16; 著作集 6 p.159; 全集 17 pp.68-69，強調は私のもの)

ここで強迫的衝動は，過去の経験が想起される（たとえば，記憶表象として再認される）のではなく，それが被分析者によって反復される衝動である。しかし，転移の力は単に被分析者の記憶を逃れる力によって自らを感じさせるばかりではない。それに劣らず重要なことは，転移の反復が，無意識的に過去を反復するのではなく，患者が想起するのを「見たがる」「医師」に自らを強要してくる，そのやり方である。分析者の目標は，反復の再認をもたらすことであ

る。「医師は……，一見したところの現実が実は忘れられた過去の反映だと認められるように……配慮しなければならない」(SE 18 p.19; GW XIII S.17; 著作集 6 p.159; 全集 17 p.69)。分析家が欲望する反復はこのように，そこで反復がそれ自体として再認され，過去は過去として反復され，言い換えれば想起され，同定される反復である。フロイトが（以前引用した）論争についての議論で，分析状況の本質的な側面だとみなしたあの「優越性の尺度」を分析家に授けるのは，——それ自身 - と - 同一な再認の対象としての——この反復規定である。ところがわれわれは今やフロイトと共に，まさに分析の梃子が，転移が，その「優越性」を問いに付す傾向をもっていることを発見する。分析を可能にするものが，それを危険に晒しもするのだ。というのは，転移はそれと知らずに反復する性向だけでなく，たとえば解釈を構築することによってそうした再認を容易にしようとする，分析家の努力に抵抗する性向をも示すからである。被分析者が転移の力に服している限り，彼（女）は「伝達された構築物」を拒絶する，ないし無視することにし，それによって分析家の意志や願望に挑戦することがある。フロイトが快楽原則に挑戦する反復の力を看破するように見えるのは，まさにそのような状況においてである。

> 今われわれが記述すべき新たな注目すべき事実は，反復強迫もまた，どんな快楽の可能性をも全く含まず，̇そ̇の̇当̇時̇も̇満̇足̇で̇は̇あ̇り̇え̇な̇か̇っ̇た̇，それ以来抑圧された欲動の動きにとってさえ満足ゆくものではありえなかった，そのような過去の体験を繰り返し引き戻すということである (SE 18 p.20; GW XIII S.18; 著作集 6 p.160; 全集 17 pp.70-71，強調は私のもの)。

フロイトがそうした分析的転移の現象をむしろ，決して快楽の源とはなりえず，それゆえその反復があの快楽原則を問いに付す経験から派生すると性急に解釈するとしても，彼の説明がテクスト通りに

記述していることは、何か非常に異なるものである。というのは、患者の転移が抵抗し挑戦する快楽は、それについてのいかなる主張も単なる推測でしかありえない仮説的な過去の快楽だけでなく、むしろ分析家自身の快楽だからだ。分析家は自分の解釈的構築物が患者によって拒絶され、あるいは無視されるのを経験するが、患者の方は、反復をあるがままに、すなわち同じもののもう一回として再認するのを拒み、それと知らずに反復することに固執する。転移の反復が問いに付すものはしたがって、快楽原則それ自体ではなく、分析家の快楽なのである。

しかし、分析家の欲望がこのように患者との転移的な相互作用において作動するとすれば、また自分の解釈が正しいと認められるのを見る快楽が、その相互作用によって分析家に否定されるにしても、分析家には、特にその名前がフロイトであれば、まだ享受可能な別の快楽がある。何が患者による承認拒否の背後にあるのかを認める快楽である。まさに被分析者における再認の欠如が、今理論家による新たな認識の対象となるのだ。フロイトがわれわれを直面させる「新たな注目すべき事実」は、そのような反復が自我からではなく——そうでなければ自我は唯一の「抵抗」の源である——、「無意識の抑圧されたもの」（des unbewussten Verdrängten）（SE 18 p.20; GW XIII S.18; 著作集 6 p.160; 全集 17 p.70）からその力を引き出すという彼の確信にある。フロイトはしたがって、被分析者の自我が他のもっと強力な力によって強化されなければ、そのように執拗に分析家の欲望に抵抗する力を決してもちえないということを当然視しているように見える。

しかし、それらの力を——少なくとも心(こころ)内部的な領域の中に——位置づけようとする時、彼は自己矛盾を避けられず、反復強迫を「抑圧されたものの力の表現」（同所）だと述べている。矛盾は見え見えである。というのは、このように反復される経験や表象が快楽の源になりえず、起源においても、「それ以来抑圧された欲動

の動き」(selbst nicht von seither verdrängten Triebregungen) の源にさえなりえなかったとすれば，そうした反復がいかにして抑圧に何らかの関係をもちうるのかを知るのが困難になるからである。何らかの形で欲望の対象ではなく，それゆえ快楽の可能な源泉にならないものが「抑圧される」ことなど決してないのである。

　まさにそのような矛盾が，フロイトを快楽原則の彼岸へと移行しようとの試みへと駆り立てたのだと推測したくなるかもしれない。しかしこの論文のテクストは何ら，そうした推量に表立った援護を提供していない。フロイトは反復強迫についての，一方で抑圧の表出だとしながら，他方で快楽原則から独立しているとする自らの記述が提起する問題を認識することもなかったし，なおさら決して熟考することはなかったように見える。彼はその主張を修正もせず，緩和さえもしない。むしろ，彼はそれを見落とすだけである。そうする中で，彼の手続きは，われわれは覚えているが，自我に抑圧の代替案を提供する隔離〔isolation〕の規制を想い起こさせる。

反復強迫――運命

　この奇妙な放棄の可能な理由が姿を現し始めるのは，われわれが，抑圧の強調が不可避に導いてゆく方向を考える時である。すなわち，「幼児期の性生活」の議論に向かう方向であり，したがって少なくともこの地点までは，快楽原則の支配とナルシシズムの支配から離れては考えることのできなかった領域内への方向である。幼児の性的な闘いの「失敗」と「愛の喪失……は，ナルシシスティックな傷跡として自己感情の持続する侵害を後に残す」(SE 18 p.20; GW XIII S.19; 著作集 6 p.160; 全集 17 p.71)。フロイトは，あたかもその時，反復強迫をそのようなナルシシズムの失敗から派生させようとしうるかのように，次のように述べている。「ここにはわずかいくつかの類型があるにすぎず，それを規則通りに再現するのである」(SE 18 p.21; GW XIII S.19; 著作集 6 p.161; 全集 17 p.72)。

しかし，反復強迫をナルシシズムの「傷跡」から派生させることはほとんど，それ自体において，自ら快楽原則の彼岸へ決定的に移動することにはならない。すべてはそれらの傷跡が考えられる，その考え方次第である。まず，フロイトはここで極端に現実主義的な形でそれらを考えているように見える。「子どもの身体的な発達」は，そのナルシシズムに課された失敗の原因であると記述されている。その分だけ簡単に，大人はそれらを克服すると結論する人もいるかもしれない。しかしながら，そうしたことはめったに当てはまらない，そうフロイトは続ける。実際そうでなければ，反復強迫の広まる範囲は，今あるものに比べてはるかに狭いであろう。というのはフロイトは今や，「非神経症の人々の生活」から引き出した様々な例を引用し始めるからである。いたるところにフロイトは，探している証拠を突然見つけるように見えるのだ。

> このように，その人間関係がいつも同じ結果になる人々というのが知られている。しばらくたったあと，目を掛けた人々それぞれによって，捨てられ恨みに陥る慈善家がいる。普段はどれほど異なっていようとも，あらゆる忘恩の苦味をなめるよう定められているように見える慈善家である。あらゆる友情において，友人が自分を裏切るという結果に終わる男たち。他人を自分や社会にとっての偉大な権威に持ち上げながら，一定の時間を経た後，自ら新しい人に交代させてその権威を墜落させることを人生で際限なく繰り返す他の人物たち。女性に対する愛情こまやかな関係が，同じ段階を経て作られ，同じ終わりへと行き着く愛人たち，など。(SE 18 p.22; GW XIII S.20-21; 著作集 6 pp.161-162; 全集 17 p.73)

いたるところにフロイトは見出す……同じものを。忘恩の，裏切りの，移り気の，愛の同じ物語である――自分が探しているものを見つけられず，その後ずっと大人としてあの探索を反復するように運命づけられた子どものように。もちろん，そうとは知らずに。それ

分析家の欲望――遊びの中の思弁

がまさに分析家の登場する場所である。彼は自分が何を探しているのか，また他者が何を探しているかも同様に知っている。というのは，分析家はあらゆる物語を知っており，それらすべてが同じものの物語だと知っている人だからである。そして分析家の知っていることが患者に拒絶され無視されるなら，このこともまた同じ古い話，「転移」「抵抗」の一部なのだ。この抵抗が治癒をもたらそうとする分析家のあらゆる努力に抵抗するなら，権力をもつ側は自分が導入した「権威」を，すなわち「快楽原則」を「自分自身でひっくり返し」，それを「新しいものと」，つまり反復強迫と取り替える。しかし新しい物語は，フロイトが語るストーリーにおけるように，現実には同じもののもう一回でしかない。

反復強迫——性差と死の介入

このように，フロイトは精神分析の経験からではなく，「普通の人々の生活」から引き出した物語を語り直し続ける。「例えば，ある女性の話を考える。相次いで三度結婚したのだが，夫たちはまもなく病気になり，夫が死ぬまで看病をせざるをえなくなるのである［von ihr zu Tode gepflegt werden mussten］」（SE 18 p.22; GW XIII S.21; 著作集 6 p.162; 全集 17 p.73）。この例は，主体がそこでは自分が遭遇する回帰する運命をどうにも制御できない「受動的な経験」を含んでいるため，前の例よりもっと印象的でさえあるとフロイトは指摘している。そのような受動性の主体が女性だということは偶然なのだろうか？　彼女にできるすべてのことは，いずれにしても夫が死ぬまで（スタンダード・エディションの訳のように "on their deathbed"〔彼らの死の床で〕ではなく）看病することだ。こうして「死の欲動」の最初の覆われた見え姿はここ，フロイトが反復強迫がいたるところにあることを証明するために語り直すストーリーにおいて，彼らが結婚した「女性」によってそれぞれが「死ぬまで看病された」，「相継ぐ三人の夫」という形を取る。

このように，フロイトの最初のストーリーが男性，裏切り，忘恩を取り扱うのだとすれば，死は受動的な女性と共に——として？——場面に登場する。このパースペクティヴでは，フロイトがこのシリーズで語る最後の物語は前の話を凝縮し，結論するかに見える。

> このような運命の動向［Schicksalszuges］の最も感動的な詩的描写［Darstellung］は，ロマン主義的な叙事詩『イェルサレム解放』*Gerusalemme Liberata* の中でタッソーがもたらした。主人公タンクレートは，愛するクロリンダを，彼女が敵対する騎士の武装で彼と戦った時，知らずに殺してしまった。彼女の埋葬の後で，彼は十字軍を怖がらせるある不気味な魔の森へと入ってゆく。そこで彼は自分の刀で高い木を斬りつけたが，しかし木の傷口から血が吹き出し，その木の中に魂が封じられていたクロリンダの声が彼に，愛する者をもう一度傷つけたと責めるのであった。（SE 18 p.22; GW XIII S.21; 著作集 6 p.162; 全集 17 pp.73-74）

この第二の反復と死との物語は，もはやあいまいではない。今回，犠牲者は「死ぬまで看病される」のではなく，「知らずに」でありながら殺害される。タンクレートは無意識だけが能動的でありうる時に能動的である。それと知らずに彼は行動するが，彼の行為は自分の愛する女性を殺すことである。このストーリーは，実際「死－までの－看病」の物語の後にやってくるので，後者との興味深い対比を提供する。それが表わしているとフロイトが断言する Schicksalszug〔運命の動向〕は，単に運命の回帰ではなく，女性にリンクして回帰する不幸である。女性は男性を排除するか男性によって排除されるかのどちらかなのだ。しかし，この不屈の女性ほど始末するのが難しいものはない。あなたは一度彼女を殺すが，その魂は再来して「木の中に囚われている」。あなたは「（その）高木に（あなたの）刀を斬りつける」が，声があなたを責めに再来する。主体の活動＝能動〔activity〕はこの最後の話において，実際に反復から成

っているが，彼が能動的に反復することは，傷跡を残さずには決して癒えることのないナルシシスティックな傷なのである。

　フロイトはこれらの傷跡のストーリーを語っているが，これらの物語を他の何ものかの信号として読むわけではなく，それらを同じもののもう一回という形で，新たなさらに力強い権威の表出として見るのである。

> 転移における態度や人間の運命についてのそのような観察を目の前にすると，われわれは心的生活には快楽原則を外へ追いやる [sich...hinaussetzt] 反復強迫が実際に存在するということに同意する勇気をもつようになる。(SE 18 p.22; GW XIII S.21; 著作集 6 p.162; 全集 17 p.74, 強調は私のもの)

フロイトが自らの「観察」を即座に，「われわれは反復強迫の作用をただまれな例においてしか純粋に把握することができない」という，また少なくとも，子どもの遊びにおいては反復強迫が「快楽に満ちた欲動充足」と「組むように見える」という見解によって修正するにもかかわらず，彼が語ったストーリーは疑念への扉を開き，快楽原則の「われわれが知っている動機の成果」(SE 18 p.23; GW XIII S.21-22; 著作集 6 pp.162-163; 全集 17 p.74) を問いに付すという決定的な効果を獲得したのである。

　だとすれば，フロイトにとって自分が語るストーリーはナルシシズムの語りのヴァージョンではなく，何か根本的に異なるものに対する証拠である。ところが，彼がその差異を記述しようとする時，それは同じもののもう一回として立ち現れる。「反復強迫の仮定を正当化するものは十分に残されているし，われわれにはそれは，それが脇に押しやる快楽原則よりも根源的，より基本的，より衝動的なものに見える」(SE 18 p.23; GW XIII S.22; 著作集 6 p.163; 全集 17 p.74, 強調は私のもの)。フロイトにとっては，ストーリーは自らの仕事をこなし，事例は好奇心のために確立されたのである。「その

ような反復強迫が心の中に存在するとすれば，われわれは喜んでそれについて何ごとかを知りたいと思う」(SE 18 p.23; GW XIII S.22; 著作集 6 p.163; 全集 17 pp.74-75)。こうして観察されえないものを「観察」したのだ。分析と生における快楽原則の不在（Fort !）をであり，不在を強制退去させるもの（Da !）の探索がようやく始まりうるのである。

The *Fort*!

　観察として提示されたストーリーを彼が語って初めて，思弁のゲームは本格的に始まりうる。この地点までフロイトは，反復強迫の仮説を含めたすべてのものが，多かれ少なかれ直接に観察から引き出されてきたと言い張っている。対照的に思弁は，経験的資料によってではなく，「どこに連れて行くかへの好奇心からのある着想の首尾一貫した開発」(SE 18 p.24; GW XIII S.23; 著作集 6 p.163; 全集 17 p.75) によって規定されるのだ。

　しかし，ある着想の開発を一貫性のあるものに，"konsequent" にするのは何だろうか？　何が連続性を，ある着想の「開発」(Ausbeutung) を構成する思考の連続を規制するのだろうか？　ある種の反復自体の法則以外には何もないように見える。「この着想の実行はいずれにせよ，事実的なものを単なる考え出されたものと [mit bloss Erdachtem] 繰り返し組み合わせ，そうして観察から遠く離れるということの他には望みえない」(SE 18 p.59; GW XIII S.64; 著作集 6 p.190; 全集 17 p.118)。反復強迫という着想を開発することは不可避に，「観察」からさらに遠ざかる千変万化の組み合わせの中で，その着想を反復する強迫に従うことである。その「観察」とは，他の場合にはフロイトにとって，思弁の検証であり，思弁のナルシシスティックな傾向への解毒剤である。ところが，観察という基準のここでの欠如の中で，あるいはそれからの距離の中で反復する強迫を反復する思弁は，それ自体の操作の一貫性あるいは継続性によっ

てのみ——つまり無矛盾の論理法則によってのみ——導かれうる。そのような矛盾は，われわれが見てきたように，快楽原則から独立して作用する力としてでありながら，しかし同時に抑圧されたものの力の表現として作用する力として同定する，反復強迫のその最初の同定を挫折させる。ところが，抑圧は常に快楽原則の支配下で機能すると考えられるため，したがって一貫性の原則の下でフロイトは，反復強迫の力のための別の源泉を見出さざるをえなくなる。この別の起源をフロイトは，単に緊張を緩和する（「快」）だけではなく，もっと初期にあった事態を再生産する（反復する）欲動の「退行的な」傾向から推論するのである。フロイトは要するに，快楽原則を時間化する。そうしてしまえば，後は彼に必要なのは，反復強迫の決定的な源に到達するために「あらゆる欲動はより以前のものを回復しようとするという仮説を，最終的な帰結まで追及すること」(SE 18 p.37; GW XIII S.39; 著作集 6 p.173; 全集 17 p.91) だけになるのだ。

論理的帰結

> あらゆる有機的な欲動は保守的で，歴史的に獲得されたものであり，退行に，より以前のものの回復に向けられるとすれば……。……保守的な有機的欲動は……変化と進歩を得ようとする力であるかのような，人を欺く印象を与えるに違いない。にもかかわらずそれはただある古い目標に，古い，また新しい道によって到達しようと切望しているだけなのである。すべての有機体の努力のこの最終目標を挙げることもできる。生の目標がいまだかつて到達されていない状態だとすれば，それは欲動の保守的な性質に矛盾することになるだろう。それはむしろ，生命体がかつて捨て去った [einmal verlassen hat]，あらゆる発達の回り道を経てそこへと戻ろうとする古い状態，始めの状態でなければならない。あらゆる生命体は内的な理由から [aus inneren Gründen] 死に，無機物に還るということを例外のない

経験として仮定してよければ，われわれは次のようにしか言うことができない。すなわち，すべての生命の目標は死であり，さらに遡って把握すれば，生命なきものが生命体より先に存在していたのである [war früher da]。(SE 18 pp.37-38; GW XIII S.39-40; 著作集 6 pp.173-174; 全集 17 pp.91-92, 最後の二つを除く強調は私のもの)

フロイトによる反復強迫の導出はここでは，首尾一貫した思弁の方法として規定された，まさに反復する組み合わせの手続きに従っている。欲動は最初「より以前のものの回復」として描かれ，その状態はその後，目的論的に「ある古い目標」〔an old goal〕と定義し直される。不定冠詞は次に，もっと規定力の強いこの〔this〕によって置き換えられる。つまり「この最終目標」〔this final goal〕であり，それがさらに今度は，その次の反復の中で，生命そのものにとっての「ある古い状態，始めの状態」としてより決定的に位置づけられる。最終的には，この出発点は固有名詞「死」を，有生的なもの以前にある固有の場所そこ〔there〕(da) を割り当てられるのである。

　反復はこのように，自らの場所にあり，そこに，〈生命〉以前に置かれる。この場所から，この絶対的な起源から，〈生命〉は，自分がそこからやってきて，そこへ向かってゆく他の場所という論理的な帰結としての完全な一貫性をもって規定されうる。「有機的な欲動」をはるばるそこまで，自らが存在しない場所まで辿り直すことによって，フロイトは自分の完璧な理論的 "Fort! Da!"〔いないいない！ばあ！〕ゲームを成し遂げたように見える。生命は「あそこ」で消滅するのだ。それは Da!〔そこにいる＝生〕ではないことによって，Fort!〔いない＝死〕である。ただし, The Fort! is (the) Da!〔「いないの砦」は「あそこ」にある (「いない」は「そこなるもの」である)〕。フロイトはわれわれに，そこに，生命の出現以前にいながら，同時にまたそこに留まることによって――それゆえ〔therefore〕――「内的な理由から死ぬ」"aus inneren Gründen"〈生命〉のだた中で物語るのである。

フロイトの導出はこのように，内的な一貫性のモデルをわれわれに提示する。反復する欲動の動きは一つの，単一の自己同一的な起源へと辿り直されるのだ。すなわち，すべてのものが言われなされる以前に，間に，後に〈あそこに〉あった，かつ〈あそこに〉ある，かつ〈あそこに〉あるであろう Fort! である。

ストーリー

　ただ一つだけ問題がある。一̇つ̇〔one〕の，いやむしろ，か̇つ̇て̇=一̇度̇〔once〕の問題である。すなわちストーリーの問題であり，それはただ単に〈一つ〉——一つの〈起源〉——だけでなく〈かつて=一度〉を要求する。単に "ein"〔一〕だけでなく，"ein*mal*"〔一度〕を。そして，フロイトの完全に一貫した導出に欠けているものはこの mal〔度，回〕である。すなわち，それはテクストに，しかし位置づけることが困難なある場所に書き込まれたそこ，da である。というのは，〈あそこ〉である Fort はそうした同一性の砦であり，その壁は非常に強靭で不浸透であるため，そこには生命がそれから出現する空間はほとんどないように見えるからである。しかしわれわれは，あそこに，以前にあったその場所を「生命あるものはかつて離れた」と言われている。問題は要するに，フロイトの Fort! が Mal〔かつて〕のための場所を残さないということである。反復をその起源まで辿り直しながら，それなしでは〈生命〉が決して出現しえない痕跡のための余地をまったく残していないのだ。フロイトの Fort! はそれゆえ，始めの状態ないしは最終目標のようだというよりも，天文学者たちがブラックホールと呼んでいる，彼らが憶測する，可視的なものすべてを，そこからは〈生命〉も〈光〉そのものも決して再び現れることのない不可視の密集態へと引き込む，謎めいた非現象的な現象に似ている。

　同じ運命がフロイトの思弁的構築を脅かす。それが排除するように見えるもの，あるいは少なくとも説明しそこなうものは，何かが

あの根源的な Fort! の影響を逃れ，それゆえ始まるために要求されたであろう抵抗の力である。生命，そしてそれとともに死の欲動の思弁的な理論は，まさにその内在性と強度ゆえに崩壊してしまったことだろう。その核の中へと消滅してしまっただろう。そして決して何も起こらなかったことになるだろう。

　奇妙なストーリーだ。しかし決して，いわば想像力過多の読者によって事後に発明されたものではない。少なくとも，読者だけによるものではない。というのは，まさに同じ問題が表立ってフロイトによってテクストで扱われているからである。単なる一貫性を越えて，奇妙にも議論というよりストーリーのように聞こえ始める描写の方へフロイトを向かわせるのは，思弁的なブラックホール——われわれはジョーンズがそうするように，これが父親イメージなのだといまだに確信しうるのか？——の衝動的な一貫性から逃れるという，まさにこの問題なのである。あるいは，より正確には——たとえば死の欲動の思弁のような——思弁がその中に書き込まれているストーリーのように聞こえ始めるのは。われわれがフロイトの反復の導出を再読することによって，しかしながら今度はわれわれがこれまで省略していた一節を元に戻すことによって検証できるように，これらのストーリーはもはや，始まり，中間，そして終わりというナルシシスティックな枠組みには合致しない。

> あらゆる有機的な欲動は保守的で，歴史的に獲得されたものであり，退行に，より以前のものの回復に向けられるとすれば，われわれは有機体の発達の成果を外的な，妨害し，偏向させる影響のせいにしなければならない。初歩的な生物はその始めから変化することを望まず，いつもと同じ事情であれば［sich gleichbleibend］同じ生の経歴を反復するにすぎなかっただろう。しかし最終審級では［im letzten Grunde］，有機物の発達においてわれわれに刻印［Abdruck］を残したのは，われわれの地球とその太陽との関係の発達史であるに違いない。保守的な有機的欲動は，これら押しつけられた変更の

> すべてを受け入れ，さらなる反復のために保存していながら，変化と進歩を得ようとする力であるかのような，人を欺く印象を与えるに違いない。(SE 18 pp.37-38; GW XIII S.39-40; 著作集 6 p.173; 全集 17 pp.91-92)

このようにわれわれにはブラックホールの，きわめて強力で，非常に首尾一貫しており，自足的であるため，それが起源であると想定された〈生命〉によって決して破られえなかった Fort! の思弁的なディレンマを，フロイトが無視してもはぐらかしてもいないことが分かる。生命の起源を説明するために，フロイトはあまりに原初的であるがゆえに痕跡の余地のないような状態まで辿り直すことによって，反復を首尾一貫して考える努力を棄て去らなくてはならないのだ。要するにフロイトは反復を同一性の動きとして考える——つまり反復そのものを考える——試みを離れて，その代わりに，それを出発点として考えるよう試みなければならない。そうするために彼は，その Fort! の壁が，それなしには〈生命〉が決して出発しえない外部に対してもはや不可侵ではないように，起源を分割しなければならない。というのは，欲動が反復だと考えうるのは，二重あるいは分裂した起源の，「外的な」力——われわれにその刻印を残す影響——によって脱臼させられ分裂した起源の効果としてだけだからだ。それらが反復することはしかしながら，もはや単純に「同じ」もの—— Da!〔そこ〕である the Fort!〔いない＝死〕——ではなく，むしろ a *da* that is *fort*〔「あちらへ」である「ここにいる」〕なのである。すなわち別のところであり，またここでもある。刷り込みとして，還元できない他者性の Abdruck〔刻印〕として反復される「変異」あるいは「変質」(Veränderung) である。この Abdruck はそれゆえ，欲動にその弁別特徴をもたらす。最終審級において "im letzten Grunde"，欲動が反復するものは，ある根拠でも深淵でもなく，書き込みの，変質の，おそらくとりわけナレーションの暴力的過程である。

表象不可能な起源

それはまさに最終審級 letzer Grund において，常に一概念として，それにもかかわらずあるアポリア的概念として，ある Abgrund として考えられるがゆえに，ほとんどの哲学的なフロイト読解が思考しえないと思われる最後の名前である。

> かつていつか［Irgend einmal］生命のない物質の中に，いまだまったく思い描けない［unvorstellbar］力の作用によって生命の属性が呼び覚まされた。それはおそらく，生命のある物質のある一定の層に，後になって意識を生じさせた，あのもう一つの過程に典型的に似ている［vorbildlich ähnlich］過程であった。そのころ，それまで生命のなかった素材に生じた緊張は，平衡化しようと［sich abzugleichen］努力した。生命のないものに回帰しようとする最初の欲動が存在することになった。当時，生命ある実体にとっては死ぬことはまだ容易だったのだ。おそらくは若い生命の化学的な構造によって，方向性が決まっている短い生命経路を走破したであろう。長い時間をずっと，生命ある実体はそのように繰り返し繰り返し［immer wieder］新たに造られ，簡単に死んだであろう。その果てに，決定的な外的影響が変化した結果，生き延びた実体に，根源的な生命経路からますますより大きく逸脱させ［immer grösseren Ablenkungen］，そして死の目標の到達までますますより複雑な迂回路［immer komplizierteren Umwegen］を強いたのである。この死への迂回路は，保守的な欲動によってしっかりと繋ぎ止められているが，それが今日われわれに生命現象の像を提供しているのだろう。(SE 18 pp.38-39; GW XIII S.40-41; 著作集 6 p.174; 全集 17 pp.92-93)

その外的で途絶的な力の決定的だが思い描けない（unvorstellbar：想像できない，表象できない）介入を，一つの出来事の形で客観化しようとするフロイトの努力が，彼をその導入の定式に，"Irgend einmal" がおとぎ話の伝統的な「昔々あるところに」(Es war einmal) を思い出させる語り口という叙述形式に導く。フロイトのストーリ

ーはもちろん説明を構成しない。脱臼（より大きな逸脱，より複雑な迂回路）も含む一連の強化を記述することは，同じものの反復が差異の反復になる過程を説明することではない。別のところたるここで，ストーリーはわれわれを，自分がそれについて何も知らないあの「大文字のX」へと，エネルギーと緊張の経済論的な増加へと，そして同じものの反復に自ら分岐し，差異になることを強いる外的な影響の自己変容へと導く。しかしフロイトのストーリーは，われわれにはなじみになった問題をこうして反復しながら，さらにその問題を二通りの形で変容させる。第一に，それを〈生命〉そのものの，またそれゆえ心的生の外的で現実的な土台の（表象できない）起源として表象することによって。次には，この表象できない起源がそれ自体，意識の起源のある種の先行形態——vorbildlich ähnlich——であるということを示唆することによってである。要するに，表象しえないもの（生命の起源）がおそらく，まさに表象そのものの表象でありうると示唆することによってである。

フロイトの生命の起源のストーリーが，それゆえ意識の起源の可能なモデルとして提示されるとすれば，後者は前者の反復だと考えてよい。これがおそらく，フロイトが語 "vorbildlich" を使用する中で示唆しようとする順序である。生命の起源が意識の起源と似ているとすれば，それは後者が前者を反復し，その後に続いて起こり，その帰結であるからだ。このことはもちろん，意識と生命の関係を考想する唯一の論理的で一貫性のある方法である。まず生命が存在し，それから意識が存在する。しかし，この順序が伝統的な心理学には当てはまるとしても，精神分析への妥当性はそれほど明確ではない——第一に，心的なものの領域はもはや意識の領域や表象とは同一化されえないからであり，第二に，欲動とそれゆえ心的なものを構成する反復の機制は，意識の法則である同一性と無矛盾の法則に従わないからである。意識と生命，表象＝再現前化と現前の対立は，反復を，自らの印を——われわれが解読する，あるいはむしろ

The *Fort*!　217

それを他のどこかに刻み込み直すことによって、つまりストーリーを語り直すことによって反復すべく——残す外的な力の説明しがたい介入にまで遡る語り口(ナラティヴ)によって脱臼させられるのである。

いずれにせよ確かなことは、われわれがあの思い描けない、unvorstellbare〔表象できない〕介入と刻印についてもっと知りたいと思えば、論文の節の中で、生命のストーリーが語られる一節の直前にある意識の出現についてのフロイトの説明に戻る以外に選択肢はない。『快楽原則の彼岸』の第4章、正式に自分の思弁の始まりを告げた（「以下は思弁である」）直後にフロイトは、精神分析が問いに付そうとしたものとして、意識の限界の議論を打ち出す。フロイトがまさに意識の特有の場所を強調することによって局所化しようとするこれらの限界は、「外と内の境界に」位置づけられる。フロイトは、意識を理解するためには、それを局所論的に考えなければならないと主張する。というのは、その境界の場はその機能を規定し、その機能は「外界からやって来る……知覚と、ただ心的装置の内部からしか由来しえない快と不快の感覚」[(1)]の伝達にあるからだというのだ。この任務を遂行するために、意識はその感受性や敏感さを保たなければならず、それゆえ遅かれ早かれそれを飽和させ、したがって新しい印象を受け取りそれらを伝達する能力を縮小するだろう「持続的痕跡」（Dauerspuren）を蓄積することができないのだ。意識はこのように、記憶、つまり痕跡の護り手に対立し、実際には

---

(1) 『彼岸』、SE 18 p.24; GW XIII S.23; 著作集 6 p.163; 全集 17 p.75. 不安についての講義の中で——上述の p.193、注 7 を見よ——ラプランシュは、外部と内部両方からの印象の受容体である意識の二重の機能が、それを表面としてだけではなく一定の深さを持つものとして——われわれが見る機会をもつことになるが、まさにフロイトが『快楽原則の彼岸』で示唆することだ——局所論的に解釈することを要求するということを強調した。ラプランシュはそれゆえ、フロイトがそれを着想するような心的装置は、ある種のバケツあるいは桶（"baquet"）と比較されるべきだと提案する。Laplanche, *L'angoisse*, pp.178ff. を見よ。

「記憶痕跡の代わりに」(SE 18 p.25; GW XIII S.24-25; 著作集 6 p.164; 全集 17 pp.76-77) 生じたものとして記述されている。フロイトがここで,『科学的心理学草稿』にまで遡る議論に立ち戻り,あるいはそれを反復するとしても,この反復は単に同じもののもう一回というのではない。というのも,反復の問題そのものを欲動の根本的な特徴として主題化することによって,フロイトのより初期の概念はどれも新しい意味を帯びるからである。意識が記憶痕跡の「代わりに゠の場所に〔in place〕」(an Stelle) 生じる——つまりそれに置き換わると同時にその場所を取る——そう断言することは,意識の表象,快不快の知覚を含めてその知覚がすべて,それ自体表象の論理に還元されえない反復(記憶痕跡)の効果であることを証明するに等しい。そのような反復が,そのような記憶痕跡が自分自身を分節する形式は,思弁的なナレーションの形式でしかありえない。そして実際,これがまさにフロイトが進めようとしていることである。発生的な議論を通して意識の出現を表象しようとするのではなくフロイトは,意識の起源を表象すべく,われわれの想像力に,表象を形成する能力に訴えかける。

> 生命ある有機体を最大限に単純化し,刺激を感受しうる実体の未分化な小胞 [Bläschen] として思い描いてみよう [Stellen wir uns...vor]。そうすると外界へ向かっている表面は,その位置によって分化し,刺激を受け取る器官として働く。……その場合,小胞の表面層への途切れない外部からの刺激の衝撃によって,ある一定の深さまで持続的に変化する……ことが容易に考えられるだろう。そのように刺激作用に焼き尽くされる [durchgebrannt] ため,ついには刺激を受け取るのに最も有利な関係をもたらし,それ以上の変容はできなくなる皮層が形成されるのである。(SE 18 p.26; GW XIII S.25; 著作集 6 pp.164-165; 全集 17 pp.77-78)

生命のストーリーが "unvorstellbar"〔表象不可能〕だとすれば,フ

ロイトがここでわれわれに想像するよう求めていることも、ほとんど同じ程度に表象しがたい。非差異化された Bläschen、一種の泡、またこぶである。あるいは「外部からの刺激」の摩擦を通して、その境界線を強固にし、それが意識を、意識ではないもの、つまり外界の力強い刺激との関係において限界画定し組織する殻を形成することによって、こぶになる泡である。生命ある有機体における意識の出現は、このようにそれ以上変質しえなくなった変質（他者性の変質としての不安の操作についてのわれわれの以前の記述を思い起こさせる）から成る皮層の形成によって記されることになる。しかし、そのような変質が生じる過程は、有機体の焼尽は、いまだ説明されないままであり、このことがフロイトをして Bläschen のストーリーを継続させる——すなわち反復し変質させる——ことを強いるのである。

> 刺激を受け取る皮質層を持った生ける小胞について、われわれにはさらに議論すべき別のことがある。これらの生命ある実体の一片は、最も強いエネルギー負荷をもつ外界のただ中に浮かんでおり、刺激保護［Reizschutz］がなければ、刺激作用によって打ち負かされるだろう。その最も外側の表層は、生物にふさわしい構造を棄て、ある程度無機質的になり、今や、刺激に抵抗する特種な外皮［Hülle］ないし皮膜になることによって刺激保護を手に入れる。……しかし、外層はその死滅すること［Absterben］によってすべてのより深い層を同じ死滅の運命から守ったのである。（SE 18 p.27; GW XIII S.26-27; 著作集 6 pp.165-166; 全集 17 p.79）

このように意識のストーリーを語る中でフロイトは、後に自らが生命そのものの起源について語るストーリーを反復——あるいは先取り——する。ここでのみ、ストーリーは変質そのものの説明によって変質するのだ。というのは、皮層の焼尽とその Reizschutz〔刺激保護〕への変容は、今や Absterben〔死滅〕の、死ぬことの過程とし

て記述されているからである。外層は内部の層を護るために死ぬ。外皮は核のために自分自身を犠牲にする。しかし，死ぬこの過程は今や，フロイトが続いてそう表現しようとする無機的な状態への「回帰」とは何か非常に異なるものとして語られている。死ぬことはここでは，有機体が外的な力の衝撃へと反応するやり方を，つまりさらなる変質がそれによって停止する変質の過程を指しているのだ。とすれば死ぬことは，Bläschen の意味において，「これ以上のどんな持続的変化も」(SE 18 p.26; GW XIII S.25; 著作集 6 p.165; 全集 17 p.78) 受けないようになるまで変質を変質させることに他ならない。

　この形で意識の出現を記述することは言うまでもなく，それらに答えるというよりむしろ，問いを立ち上げることでしかない。というのは，フロイトがここでわれわれに想像するよう求める種類の意識は，われわれが普段意識と呼んでいるものとはきわめて異なるからである。それはまさに何かについての意識ではなく，なおさら自己意識的ではない。むしろ，それはいかなる感覚，知覚，あるいは記憶をも保持できない防御盾，変質できなくなった変質である盾である。この盾はそれゆえ，過剰な刺激に対して防御する——それは，さもなくば有機体（心）に外傷的な効果をもたらすだろう——と同時に，有機体の外部から内部へと刺激を伝達する。そうした二重の機能，防御と伝達の機能は，Reizschutz が遂行すべく求められるものである。当然ながら，まさに刺激保護がいかにそれを行うのか，それが問題である。

　フロイトはまず，Reizschutz の働きと一次過程の働きを同等とみなそうとするが，そこには「拘束されたエネルギーではなく，ただ自由に放出しうるエネルギーだけ」(SE 18 p.27; GW XIII S.26; 著作集 6 p.165; 全集 17 p.78) があるだろう。しかし議論を進めてゆく中で，そのような状態では，要求された盾や濾過器のようなものとしては完全には役立ちえないということが明らかになる。実際，十分に拘束されていないエネルギーの状態はまさに，Reizschutz が回避する

よう求められる種類の「危険」を構成するからだ。とすればフロイトは, 外傷の問題に直面して, 過剰な刺激に対する防御が,「刺激を捌き, 押し入った刺激量を心的に拘束し, それからそれを処分すること」(SE 18 p.30; GW XIII S.29; 著作集 6 p.167; 全集 17 p.82) を必然的に伴うことを承認するよう強いられるのだ。

Reizschutz がわれわれの魂を救うために死ぬのだとしても, その死はフロイトが最初に言っていたようには, 決して本質的に不活性の物質の形成として解釈することはできない。反対にそれは, 今度は静止の備給の形成をもたらすエネルギーを拘束する能力の発達として想像されるのでなければならない。なぜなら, エネルギーを拘束するある体系の許容範囲は,「体系自身の静止する備給」に比例して変わるからである。とすればこの議論のすぐ後で, フロイトが今となってはなじみのある「大文字のX」へ言及するのは何ら不思議ではない。Reizschutz の分析は, 有機的な物質の死はある一定のエネルギー拘束と共本質的でなければならないという矛盾した結論へと導いたのだ。つまり, 身体の死からの意識の蘇生は, 必然的にエネルギーの拘束をも伝達 (たとえば, ある一定の非拘束) をも含む, しかも, 両者を一度で同時に含むのでなければならないのである。

しかしながらそのことは, この時間が単に同じ一つのものではありえないことを含意することになる。フロイトは Reizschutz の議論の中に, 刺激保護が防御の任務を遂行する機制に関して挿入句的に差し挟む注で, この問題の可能な解決をほのめかしている。無意識は, 彼はわれわれに想起させるが, 無時間的である。「われわれの抽象的な時間表象は」, とフロイトは続けて,「まったく W-Bw〔知覚－意識〕体系の働き方から引き出され, その働き方の自己知覚に対応するように見える。この体系の機能の仕方において, 刺激保護の別の道を歩むことが許されるようになる」(SE 18 p.28; GW XIII S.28; 著作集 6 p.166; 全集 17 p.80)。

フロイトのこの指摘によれば,「われわれの抽象的な時間表象」は, 意識が自分自身を, 自分自身と自らの働きを表象する仕方であるだろう。とすればしかし, この働きそれ自体の様式と時間としての特定の自己表象のどちらもが, Reizschutz そのものの側面を構成することになるだろう。刺激を時間的に組織することによって, 意識はエネルギーを拘束し, それによって外傷的な過剰さに対して心的なものを防御するだろう。フロイトはこの一節にすぐ先立つパラグラフで, そうした防御が働く一般的な機制を記述している。すなわち, 過剰な拘束されない刺激の量はフロイトが常に「触角」と比較してもいる「サンプリング」の過程に従属するが,「触角」は常に外界に向けて試験的に進み出て, その後外界から引き戻る (SE 18 p.28; GW XIII S.27; 著作集 6 p.166; 全集 17 p.80) というのだ。しかし, フロイトがここで量的で空間的なカテゴリーで記述しているこのサンプリングの過程はまた, 彼の仕事における信号の形成と, また思考それ自体とも結びつけられている。『夢判断』で, 彼は「思考の傾向は, 不快原則による排他的な規制から次第にますます解放され, 思考労働は, 情動の発展をなお信号として利用できる最低限まで制限することに向かうはずである」と書いている (SE 5 p.602; GW II/III S.608; 著作集 2 p.493)。だとすれば, 防御的な刺激のサンプリングの質的な側面が信号の形成を帰結する——それゆえそれは常に傾向的に危険信号である——とすれば, そのような信号が形成される過程は, エネルギー過剰の外傷的な効果を遅らせ, ひいては心的なものの位置に対して外部, 前方, 後方にあるものとして投影されうる効果を遅らせる時間的な構造の分節化と一致することになるだろう。

　だから時間化‐遅延化するサンプリング（信号化）が帯びる傾向にある形式は, それを通して他者性が組み立てられ, 組織化されるナレーションの形式以外の何ものでもないということになる。となると「死の欲動」は, まさにそれを名づけることによって他者を組

The *Fort !*

織しようとするストーリーに対する別名にすぎなくなるであろう。しかし自分のストーリーを語る時，フロイトは不可避に，あまりに名づけすぎ——かつあまりに名づけ足りない。「われわれの地球とその太陽との」，それらの「外的な，妨害し，偏向させる影響」との，あの「いまだまったく思い描けない力」との「関係」は，依然として vorgestellt〔表象される〕ものに留まっているのだ。だからこそフロイトの思弁は，その着想を最後まで追求し続けなければならない。まだもう一つ，語られるべきストーリーがあるのである。

思弁——差異を発する方法

　究極の帰結を通して反復を思考しようとするフロイトの思弁的な努力が、彼を「われわれの抽象的な時間表象」への問いに導くとしても、それは、精神分析的思考そのものと同じくらい古い問いかけを継続しているにすぎない。すでに『夢判断』の中でフロイトは、「記述の連続性を通して、非常に複雑なある関連〔Zusammenhang〕の同時性を再現する」必要性の中にある、自らの「思い切って夢過程の心理をより深く探ろうとの試み」がもつ主要な困難を認めている（SE 5 p.588; GW II/III S.593; 著作集 2 p.482）。それに続いて心的なものの局所論を構築しようとする彼の努力はすべて、その「同時性」とそれが帰結する空間の複雑さを証言することになる。フロイトの心的なものという着想が含む空間が表象しがたい——"unanschaulich"〔直観しえない〕および"unvorstellbar"〔表象不可能な〕——のだとすれば、それは葛藤を含む過程が起こる場所を自らが生産する限りにおいて、その「中に」起こることのない葛藤過程からなる演劇だからである。精神分析が分節表現しようとする類の葛藤は脱臼として、Entstellung〔歪曲〕として発生し、それが当の局所論が位置づけようとするそれらの心的「局所性」の性質に影響せざるをえないのだ。心的空間の脱臼は、それぞれがその固有な場所にある自己同一的な要素の共存という伝統的な「同時性」の概念を崩壊させる。実際、固有の場所というまさにその考え方に、移動という葛藤を孕む力動が、つまり線的な、不可逆的な連続としての伝統的な発

想と両立しない運動が取って代わるのだ。Nachträglichkeit,「事後性」あるいは「後発性」というフロイトの観念は，時間的な連続性のこの脱臼の指標となり，単にある心的な出来事がいかにその意味を「遅れて」発展させるのかばかりでなく——それ自体は伝統的な時間概念を少しも崩壊させないだろう——，むしろ夢や機知のような出来事がいかにして，そこから弁別的に分離されながら必然的にそれに依存する事後効果を産出する中でしか，そしてそれを通してしか存在に達しないのかを示している。夢が，自らを脱形象化するナレーションの中で，機知が，機知を移動させる笑いの中で，である。そうした事後効果は，自らが後に続く出来事を反復する一方で，それを変質もさせる。そして出来事を効果あるものに，つまり心的に「現実的なものに」するのは，まさに反復的な変質というこの過程なのである。

しかしながら，心的「現実」の本質を反復する変質の現実として示しうるとすれば，精神分析的叙述（Darstellung〔上演〕）の問題はもはや，「同時的な」主題的事柄と「継起する」言説の間の不一致ではありえない。むしろそれは，二種類の反復の間の関係を含む問題である。変質の動きを含む反復と，同一化の動きを含む反復である。それゆえ，変質を同一化することは，変質を，自らが表象するものを脱形象化する言説の中で反復することでしかありえない。そのような脱形象化する表象は，反復強迫についてのフロイトの思弁の進行の中で立ち現れるものであり，それが帯びる形式は諸々のストー・リーを語る，あるいは語り直す強迫に他ならない。それらのストーリーは，概念分析の直接的な反復には接近できないある出来事を反復するだけではない。ストーリーは互いに互いを，継起的でも同時的でもある連鎖の中で反復するのだ。これら反復的な語り口（ナラティヴ）は，要するにフロイトの「思弁」の究極的な帰結として浮上するのである。

だからこそ，すべてのことが言われ，すべてがなされた後にも，もう一つ別の物語が語るべきものとして残っている。だからこの別

のストーリーが避けがたく最も決定的なものであり、残りのすべてはそれに左右されるのである。

> それゆえ、死の欲動の仮説を逃したくないなら、まさに最初から生の欲動を加えなければならない。しかし、われわれは二つの未知数のある方程式に取り組んでいる［wir arbeiten da］ことを認めなければならない。(SE 18 p.57; GW XIII S.61-62; 著作集 6 p.188; 全集 17 p.116)

反復の死の欲動 Fort!〔あちらへ＝いない！〕への思弁的還元はフロイトを、メタ心理学のあらゆる定式に存在する「大文字の X」にだけではなく、その倍化と、「二つの未知数のある方程式」と自らが直面する経験の場所―― da〔ここに〕――へと導く。とすれば、この場所から、「われわれが普段科学に……見出すことは非常に少ないので、その問題を、仮説という光線がかつて突き抜けたことがない暗闇に比べることができる」(SE 18 p.57; GW XIII S.62; 著作集 6 p.188; 全集 17 p.116) としても不思議ではない。この暗闇が科学的な解明に浸透されないとすれば、それはまさに科学そのもののブラックホールだという意味においてである。すなわち、反復の起源を死の欲動として表象し、そしていわば、科学が侵入しえない Fort! which is Da!〔〈あそこにいる！〉である〈いない！〉〕に影を落としうるあらゆる光を吸収してきた、あの起源を観察できるものにしようとする努力である。しかし、快楽原則が反復の現象を説明できないことが分かったからといって、それ自体として理解された死の欲動の仮説構築の方も同様に維持しがたいのだ。フロイトは前の章で振り返っているが、生物学という科学ですら、いかにして生命が死の欲動の抗し難い力に抵抗して生き延びることができたのか、その説明を提供しそこねるのである。

別の始まり

フロイトにはそれゆえ、Fort! that is Da! を見限り、代わりにど

こか別の場所を眺める以外に選択肢はない。

> 全く別の場所で，われわれは確かにそのような仮説に出会うことも
> あるが，しかしそれはかくも空想的な種類の仮説である——なるほ
> ど科学的説明というより，むしろ神話である——がゆえに，一つの条
> 件を，われわれがその充足をまさに求めているように充足するので
> なければ，あえてここに持ち出しはしないだろう。というのはそれら
> は，以前の状態の回復への欲求から，欲動を導くからである。(SE 18
> p.57; GW XIII S.62; 著作集 6 pp.188-189; 全集 17 p.116, 強調は私のもの)

（同じものの反復としての）死の欲動の形態と釣り合いを取るた
めの別の反復形態へ向かう欲求は，フロイトを再び始まりへと，あ
る始まりへと連れ戻す。ところが今回は，有機体としての生命その
ものの始まりではなく，またその意識の始まりでさえもない。むし
ろそれは，彼が引きつけられざるをえなくなったわれわれの文化意
識の始まりにである。その始まりとはもとより神話である。という
のは，フロイトによれば，それだけが「一つの条件を，われわれが
その充足〔fulfillment〕をまさに求めているように充足する〔fulfill〕」
からだ。語「充足する／充足」(erfüllen/Erfüllung) の反復は，フ
ロイトほどの名文家には注目に値するほど希有である。それはもち
ろん欲望の力を，フロイトが「神話」という名前をあてがうあの「全
く別の場所」(ganz andere Stelle) へとフロイトを駆り立てる闘い
(Streben) を証言しているのだ。

しかし，こうしていったんこの他の場所を名づけるや，フロイト
はすぐさま自分の言ったことを撤回しようとして，それをはっきり
させるという口実の下に，その名前を修正しにかかる。「私が考え
ているのはもちろん，『饗宴』の中でプラトンがアリストパネスに
繰り広げさせた理論であり，それは性衝動の由来［die Herkunft］ば
かりでなく，対象への関係において最も重要な変異の由来をも論じ
ている」(SE 18 p.57; GW XIII S.62; 著作集 6 p.189; 全集 17 p.116)。と

すれば「もちろん」「神話」は神話ではなく理論であって、アリストパネスは『饗宴』の著者プラトンの単なる代弁者でしかないことが判明する。この見せかけの神話の「空想的な」側面はこうして、フロイトがそのストーリーを、想定上、最初から自分が何を本当に言いたかったのかを言い終えるすべを、誰よりも知っていた著者に帰属させることによって、いわば理論的に権威づけることになる。われわれは、まもなくこの帰属化とこの権威化に立ち戻ることにする。しかしまずは、フロイトがこの全く別の場所へとさらに自分の歩みを進め、まずはその空想的な外観に関わる物事を矯正した後に、すべてではないにせよほとんど自分の言葉で、今こそストーリーを語る、語り直す彼を追うことにしよう。

> 「つまり、われわれの身体は最初は今と同じように造られていたわけでは全くなかった。全く別物 [ganz anders] だった。第一に三つの性があり、今のように男と女と、その両方が一つになった……男女……、第三の性もあったのだ」。しかしこれらの人間は皆、二重になっていた。手足が4本ずつ、二つの顔、二重の性器などを持っていた。それがゼウスをそれぞれの人間を二つの部分に分けるように動かした [Da liess sich Zeus bewegen]。「ちょうどマルメロを漬物にするために切断するように……。しかし、全存在を真っ二つにされたため、両半身は一緒になろうという切望を駆り立てた [trieb]。彼らは互いに手を巻きつけ合った。合体したいという切望によって、互いに絡み合ったのである」。(SE 18 pp.57-58; GW XIII S.62; 著作集6 p.189; 全集 17 pp.116-117)

いったんこのようにストーリーを語り直した後に、フロイトは急いで、自らの以前の思弁を支持するようにできている理論的解釈を与える。

われわれは、詩人哲学者の示唆に従い、あえて次のように仮定して

みるべきだろうか。すなわち，生命ある物質は生気によって小さな粒子に引き裂かれ，それ以来性欲動はその再統合を果たそうと努めているのだと。無生物の素材の化学的な親和性がそこで続いているこれらの欲動は，原生生物界を通してこれらの支えに対抗する生命の危機の刺激が充満した環境を伴う難しさに徐々に打ち克つのだが，そうした刺激は保護する皮相層の形成に必要であると。これらの破裂した生命のある物質の小部分は，そのように多細胞に到達し，ついには最高に凝縮した状態の欲動を胚細胞に移すのだと。だが，私はここが打ち切るべき場所だと思う。(SE 18 p.58; GW XIII S.63; 著作集 6 p.190; 全集 17 p.117)

われわれは発見する。フロイトは次のような解釈を加える。それは同じもののもう一回である。「空想的な仮説」を「詩人哲学者」が架空の人物の口に置き入れる理論によって置き換えつつフロイトは，フィクションを乗り越えて，その背後にある真理を取り戻そうとする。つまり，根源的な統一体である「生命ある物質」は，その誕生の瞬間にばらばらに分裂し，こうして反復がもう一度，以前の統一の回復として，「再統合」として出現するのだ。

この解釈が著者の権威である「詩人哲学者」に訴えることによって自分自身を権威づけようとするのだとしても，この身振りは，自らが確証しようとするものを反復すると同時に，それを創始するのだ。同じものの運動としての反復が，拠り所となる同一性を創設しつつ，かつそこへ戻ろうとするのである。

「詩人哲学者」の表明としてのテクストは，「詩人哲学者」が言うつもりだったことを反復するというのだ。すなわち，あらゆる反復は，それが再興しようとする根源的な同一性を反復するということになる。恋人たちはその根源的な統一性を，生命はその根源的な死を，テクストは著者の根源的意図を。フロイトの解釈はこのように，根源的な同一性の権威を，〈著者〉を，より正確には，自らがテクストに附与する意味の根拠と保証としての著者の意識と意図を想定

している。その意味の本質は、そしておそらく意味そのものの本質は、根源的な同一性に由来する同じものの運動として反復を描き出すことになるだろう。

反復，すなわち変質

しかし，アリストパネスのストーリーをこのように同じものの反復として解釈する時，全く奇妙なことに，フロイトはストーリーを変質させる。『饗宴』の出だしの数行さえ再読すればわれわれは，誰が何を言ったのかという問いがまさにテクストの場面を設定し，そもそもその問いが真に解消されるという可能性を排除するために設立されているのだということを発見する。だからこそ『饗宴』の演説はすべて，直接的かつ間接的言説のブレンドの中で報告されており，それは詩人哲学者プラトンが『国家』で特に非難することになるものである[1]。

『饗宴』は知ってのごとく，一般的には詩人哲学者の早期のテクストだと考えられている。だがまさに，どれほど早いのかが問題である。というのは，テクストはグラオコンがアポロドロスに話してくれと頼むまさにその同じストーリーを，アポロドロスがちょうど二日前に語ったということを，グラオコンに語ることから始まるからだ。物語はアガトンが催した晩餐会に関わるものである。グラオコンは，アポロドロスは招待客でそれが最近あったとのだ思い込

---

(1) プラトンの『国家』を見よ。*Republic* III, 392-397b;『プラトン全集11』藤沢令夫訳，岩波書店，1976年，pp.192-206. そこでは，虚構現実的言説と模倣的言説の区別がなされ，『国家』の中で詩人は「自分があたかも誰か別人であるかのようにして，あるせりふを語る」(Republic 393c; 国家 p.196) がゆえに，こうして模倣を通して自分自身の言葉に対する責任を引き受けることを拒むために，模倣的言説は「国家」から追放される。開かれた語りはこうして受容可能である一方で，言説の別の言説への模倣的な割り当ては非難されなければならない。

でいる。ところがアポロドロスは，彼が集まりに出席していなかったし，またできなかったことを知って仰天する対話者を想定して喜んでいる。出席できなかったのは，饗宴が何年も前に，「ぼくらがまだ子どもの時」(Symposium 173a〔『プラトン全集5』鈴木照雄訳，岩波書店，1974年，p.6. ただし著者のコンテクストに合わせて，最小限変更したところがある。以下，「饗宴」と略す〕) 催されたからだ。アポロドロスがそのストーリーを知っていることが判明するが，それはただ別の人を通して，とりわけ本当に饗宴に出席したと思われるアリストデモスなる人を介してであった。しかし「一人一人が話したことは，アリストデモスも全部が全部憶えていたわけではなし」とアポロドロスは付け加えて，「それにまた，ぼくの方も彼の語ってくれたことをそっくりいま憶えているわけでもない」(Symposium 178a; 饗宴 p.20) と言うのである。

したがってこれが，『饗宴』の主要部分を構成することになる演説への開始点であり，出発点である。それゆえ，フロイトがあれほど直ちに当然だと考えるもの以上に不確実なものは何もない。まさに誰が何を言ったのか，である。それも，語り直されるすべては反復の反復であり，アポロドロスはアリストデモスの言葉を語り直すからだ。その上，実際に言われたことは，決して確実ではないであろう。「ずっと前，ぼくらがまだ子どもの時」催されたのである。

とすれば，『饗宴』は一連の反復で始まり，そんな地点があるならば，それがどこで止まるのかを知るのは困難である。フロイトは対照的に，何か非常に異なるものを探し求めている。反復についての，他の人々が言った（かもしれない）ことを単に反復するだけではない権威ある説明を。彼はそれゆえ著者〔author〕と権威〔authority〕を必要とし，神話の信憑性を確立するための，たとえば「ウィーンのハインリッヒ・ゴンペルツ教授」のような人を呼び出すのだ。教授は，『饗宴』という神話を『ウパニシャッド』にある，もっと前にあったものの発展として位置づけるために引用されるのであり，

それはフロイトが長い脚注の中で言っているように「アートマンからの世界の出現」（自己あるいは自我）のことを語っているのである。

あたかもフロイトが，ゴンペルツ教授の学問的な権威の裏書きをもって，反復をもう一度，同じものの反復として確立するために反復（『饗宴』という神話）をその源泉と起源（『ウパニシャッド』）にまで遡ろうとするかのようだ。しかし，まさに最初から，非常に奇妙なことが起こる。フロイトはゴンペルツ教授という専門家の権威を呼び出し，「プラトンの神話の由来［Herkunft］について次の示唆」を教授のものだとするのだが，次に彼は，この「示唆」（「私は次のような事実に注意を喚起したい」）に向かう中で，それらを「部分的にだけ彼の［ゴンペルツ教授の］言葉で」言い表わすのだ。このように，この長い脚注では，一体誰が何を言っているのかを確実に識別することが実質的に不可能になる。言い換えれば，どこでゴンペルツ教授の言説が止まり，どこでフロイト教授の言説が始まるのか——あるいは vice versa〔その逆〕を，である。それ自体としてはもちろん，取るに足りないことなのかもしれないが，決定不可能であるにせよ，権威と信憑性の問いが賭かっているところでは，それは重要な問いになる。その意味が明らかなもう一つ別の，もっと昔の物語の反復にすぎないことを決定的に証明することによって，脚注全体が何よりも「プラトンの」神話をフロイトの解釈にとっての権威ある援護を取りそろえることに役立つからだ。当の援用がどれほどあいまいなものかが判明するにせよ，フロイトがゴンペルツ教授を呼び出すのはこの目的のためなのである。

> 私はハインリッヒ・ゴンペルツ教授（ヴィーン）に，プラトンの神話の由来について次の示唆を負っている。私はそれを，部分的に，教授の言葉で再現する。本質的にそれと同じ理論がすでに『ウパニシャッド』の中にも見出されることに注目していただきたい。というのは，アートマン（自己あるいは自我）からの世界の出現が描か

思弁——差異を発する方法　　233

れている「ブリハッド・アーラニヤカ・ウパニシャッド」I, 4, 3（ドイセン『ヴェーダの六十のウパニシャッド』p.393）に，次のように言われているからである。「……しかし，彼（アートマン，自己あるいは自我）には何の喜びもなかった［hatte auch keine Freude］。だから［darum］一人でいる時，喜びは感じない。彼はそこで［da］二番目の者を切望した。ところが，彼は男女が抱き合っているように大きかったので，彼の自己を二つの部分に分けた。そこから［daraus］夫と妻が生まれた。それゆえ［darum］，ヤイナヴァルキヤが解き明かすように，この身体は自己におけるいわば半身である。それゆえ［darum］，これらの空虚な空間はここでは，女によって埋められた」。(SE 18 p.58; GW XIII S.62-63; 著作集 6 p.189; 全集 17 p.119)

なるほどここでフロイトは，喜びのない Fort！Da！〔いない！いた！〕の孤独から逃れる可能性を，そしてゴンペルツ教授の権威によって，それを"there-fore"（darum）〔そこに - 前に（それゆえ）〕へと，"there"（daraus）〔そこから〕出発することを論理的に強制する方法へと変容させる可能性を認めている。なるほど神話のこのヴァージョンはフロイトに，彼が渇望する充足の鏡像を授けるのだ。死の欲動それ自体だけではそうならないのと同様に，自己あるいは自我だけでは，喜びの原因にはならない。というのは，そこに喜びが，Freude があるためには，もちろん聖なる結婚において，一緒になった第二者が，分身が，反対物からなるペアがなければならないからだ。他者は異なるものでありながら，しかし同じものの法則によって支配されなければならない——それがフロイトの思弁が満たそうとする欲望の条件なのである。

　しかし，彼がこうして語り直すストーリーが，そのような欲望を部分的には他の人の言葉によって権威づけるのだとしても，それはまた，まさにフロイトが避けようとしてきたその問題を反復してしまう。というのは，同一性からの差異の創造というこのナルシスティックな説明が，創造——すなわち分離——そのものを説明しえ

ないからである。分離を必然的なものにしながらも，必ずしも理解可能にはしない Freude〔喜び〕の欠如を指摘するのであれば別であるが。要するに，"therefore"〔それゆえ〕と "thereupon"〔そこで〕の，darum と da の間の溝はなお架橋されないままなのである。しかし，この橋がなければ，Fort! Da! の要塞は現実には破られなかったことになる。

これこそ，フロイトが自ら築こうとする神話のさらに古い起源を発見することに心地よさを見出しうる理由であるが，しかし，神話の「プラトン的な」反復なしで済ますこともできない理由でもある。というのは，自らが欲望する仮説を彼に供与するストーリーを話しているのはアリストパネスであるにもかかわらず，フロイトは彼を「詩人哲学者」のための単なる代弁者として扱うことに固執するからだ。この喜劇作家はよく知られているように，「詩人哲学者」に対してほとんど共感を寄せていなかったのである。ところが，この――アリストパネスの言説のプラトンへの――割り当ては，フロイトによる『饗宴』読解がその「オリジナル」テクストに強要する数ある変質の一つにすぎない。それゆえわれわれは，『饗宴』をできる限り文字通りに，最終審級で im letzten Grunde，誰が本当に話しているのか，あるいは誰が最後の決め台詞をもつのかという問いに先入観をもたずにテクストを再読してみることにしよう。要するに，少なくともしばらく，アリストパネスに自分自身の言葉で話させてみよう。彼はストーリーをこう始める。「われわれの身体は見ての通り，最初は今そうあるように造られたのではなかった。それはまったく異なっていた」。フロイトが訳文を引用しているヴィラモヴィッツは，ギリシャ語の "physis" をしばしばそうされるように「本質」〔nature〕ではなく，もっと具体的に「身体」〔body〕と訳している。ストーリーは，その選択が優れたものであったことを示している。ウパニシャッドといういわゆる源泉とは対照的に，アリストパネスのストーリーは抽象的ないし非物質的な存在である「自己」や「自

我」にではなく，身体に関わるからだ。彼のラヴ・ストーリーは身体で始まるのだ。もちろん，われわれが今日知っているような身体でではなく，「まったく異なる」身体で，である。昔々あるところに（pálai）。Einmal〔かつて／一度〕……。

アリストパネスの演説

しかし，それらの身体が記述され始める時，われわれはその身体が結局のところ，それほど異なるものではないことを発見する。異なっていたのは一定の二重化である。二重の男，二重の女，名前としてしか生き残っていない，それぞれの半身が組み合わさった第三種，両性具有者である。この生き物ではすべてが二重になっているが，一つの注目に値する例外は除く。頭である。彼らはいわば唯一の頭を保っている。昔々あるところに，ずっと昔のことである。

フロイトの思弁のコンテクストでは，ひとはこの最初の状態に重複や二重化にとどまらず，反復をも見ようとする気に駆られるかもしれない。まさに始まりに同じものの反復を。しかし結論を急がずに，アリストパネスに，その話の最後で彼が言うことになることに耳を傾けよう。ストーリーの教訓は，アリストパネスが描いているように，フロイトの解釈とそれほど違っているわけではないように見える。

> ……われわれの太古の姿がそれであり，われわれは当時まだ二つに分けられぬ完全なものだったということが，そのことの原因をなしているからだ。したがって，完全なものへのこの欲望と追求に，エロスという名が付けられているのだ。
> つまり，かつては，ぼくの言っているように，ぼくらは割かれずに一体をなしていたが，現在はその不正のゆえに，ちょうどアルカディアの人々がラケダイモンの人々によって分住させられたようなことを，ぼくらは神から受けて離れ離れになってしまったのだ。
> (Symposium 192e-193a; 饗宴 pp.53-54)

フロイトと，そしてこのテクストの他のほとんどの解説者 [2] と同じようにアリストパネスは，一義的に，人間はもともと全一であり，ただ「不正」の結果としてのみ裁かれ，罰せられ，もとの統一体から引き裂かれたのであり，その結果エロスはこの失われた統一へと回帰し，起源の全体性を取り戻そうとしているのだと述べているように見える。少なくとも，これがアリストパネスが言いたいと思われることだ。実際に，彼はほとんど疑念の余地を残していないかのようである。

> ……ぼくらが恋を成就してそれぞれ自分の恋人を手に入れ，昔の本然の姿に戻るならば，ぼくたち人間の種類は幸福になるだろう，ということを言っているのだ。ところで，この本然の姿に戻ることが最も尊いことであるならば，現在あるものの中でそれにいちばん近いものが，必然的にまたいちばん尊いということになる。そしてそれは，自分の意に適った素質の恋人を手に入れることである。だから，このことの原因をなす神を讃えるというならば，人は当然エロスをば讃えるべきだろう。この神は現在にあっては，ぼくらを血縁のものへと導くことによって，最大の御利益を恵んでくれる神であり，また将来に向かっては，ぼくらが神々に敬虔の実を示すかぎり，人間本然の昔の姿に戻し，ぼくらを療して至浄至福なものにしてくれるだろう。（Symposium 193c-d; 饗宴 pp.54-55）

エリュクシマコスに対して

誰がそのようなハッピーエンディングを台無しにしたり，何か別のことを言おうとするであろうか？　これは少なくとも，アリストパネスが意図する効果であるように見える。というのは，このことを自分のストーリーの教訓だと宣言したすぐ後で，彼はその教訓にど

---

[2] しかしながら，Stanley Rosen, *Plato's Dialogues* (New Haven, 1968) での『饗宴』の議論を見よ。

こか異なる光を投げかける指摘をもって，すぐ前の演説者，医師のエリュクシマコスの方へと向き直るからだ。

> 以上が，エリュクシマコス，エロスに関するぼくの話だ。君のとは違った類のね。ところで，先程君にお願いしたように，それを茶化さないでほしいのだ。(Symposium 193d; 饗宴 p.55)

真剣に受け取ってくれるようにというこの嘆願から見ると，アリストパネスの自分の話についての解説は，いまや captatio benevolentiae〔温情ある振る舞いの獲得〕のようなものとして現れる。そして，『饗宴』の読者ならすでに知っているように，彼の恐れに根拠がないわけではない。その件に彼自身も無垢ではないのだ。というのは，夕べの早い時に，彼が話すべき時がやってきた時に，アリストパネスは突然しゃっくりが止まらなくなったようで，そのためエリュクシマコスと話す順番を交換することになったからだ。その上エリュクシマコスは彼に，発作を収めるためにはくしゃみをし，息を止めろという専門的な助言を与えたのだった。そのような治療法に効果がなかったわけではないことは，アリストパネスが，この医師が結論したすぐ後に彼に返答できているという事実から推測しうる。だが，しゃっくりの状態についての医師の善意ある問診に対するアリストパネスの反応は，無作法な挑発としか考えられない。

> うん，たしかに止まったよ。だが君に言われたくしゃみをそれに施すまではだめだった。だから，身体の中の，エリュクシマコスの言う節度ある部分が，くしゃみのような騒音やくすぐりを欲求するものなのかとぼくは不思議に思うほどなのだ。なにしろこのくしゃみをそれに施すや，まったくたちどころに止まったのだからね。(Symposium 189a; 饗宴 p.45)

おそらく善良な医師の演説の間に多くのくしゃみをし，鼻を鳴らしてアリストパネスは，今度はエリュクシマコスの身体の調和として

の愛への賛辞に反対する証拠として、図々しくも自分自身の治癒を引き合いに出す。とすれば、アリストパネスが医師の方に、不安げに投げかける眼差しで自分の話を締め括るのは不思議ではない。エリュクシマコスはすでに、彼に公平な警告を与えていたからである。

> アリストパネス君、君はよくできた人間だが、自分がいま何をしているか考えてみるがいい。これから話をしようという君なのにふざけた態度に出て、おかげで、ぼくは君自身の話の目付役にならねばならぬようなことになっているのだ。もともと君は穏やかに話せるのに、おかしな［geloion］ことを何か言い出しはしないかと、ぼくはそれを見張らねばならないのだからね。(Symposium 189a-b; 饗宴 p.45)

『饗宴』の場面がそもそもの始めから、エロスの賞賛においてお互いに競い合う様々な演説者をもつ論争調のものだとすれば、アリストパネスとエリュクシマコスのやりとりはまぎれもなく攻撃性の調子を導入する。それ以降、演説者は単に互いに競争し、それゆえ判定者でもある受け手に向けられるだけでなく、それを述べる人々の地位や立場をも巻き込むことになる。だからこそアリストパネスの医師の警告への応答は、皮肉に冷淡ではあるが、問題の核心に触れているのである。

> で、アリストパネスは笑って［gelásanta］答えた。エリュクシマコス、君の言うことはもっともだ。今のぼくのことばは言わなかったことにしてくれたまえ。どうかぼくを見張るのは止めてくれないか。ぼくがこれから話そうとしていることで恐れているのは、その「おかしな」滑稽な［geloia］ことを言いはしないかということではさらさらなくて——滑稽なことなら、それは得点をかせいだことになろうし、またそれがぼくらの芸術にとってのお手のものでもあろうからね——そうではなくて、もの笑いの種になるような［katagélasta］ことをぼくが言いはしないかということだから。(Symposium 189b; 饗宴 pp.45-46)

思弁——差異を発する方法

しかし、アリストパネスが前言撤回しようとしても、フロイトと同じく、彼はそうした「撤回」の試みは必ずや常に痕跡を残すということを知っている。そして、彼がこのように医師エリュクシマコスを自分の特権ある受け手と審判に選ぶとしても、それは、自分の機知があらゆる機知と同じように依存する判決を、少なくともしばらくの間沈黙を守り、自分の順番を待っている他の聞き手から遠ざけておこうとする試みではないか？　というのは、アリストパネスがエリュクシマコスを侮辱し挑発するとすれば、『雲』の著者は、自分の最も恐るべき敵対者が他のところにいることを十分知っているからである。ところがエリュクシマコスの方は、沈黙するソクラテスに対しても話しかけている。彼が皮肉屋に対して、前言撤回の努力をしたところで、自分の言葉には責任ありとみなされると思ってよいと想起させる時である。

> エリュクシマコスは答えた。人に一発喰らわしておきながら、アリストパネス、君は無事逃げおおせると思っているのだな。……とんでもない、よく注意して、あとで言い訳の立つように話をすることだ。(Symposium 189b-c; 饗宴 p.46)

ふざけるアリストパネスに秩序を呼びかける役割を最初に担うのが、医師であるエリュクシマコスであるのは単なる偶然ではない。プラトンから現在まで、医師は physis〔自然〕における秩序の主な保護者の一人として、それゆえ同様に polis〔国家〕における秩序のモデルとして存在していたのだ。いつもの食後の娯楽である音楽を真剣な言説に切り替えるという考えを最初に打ち出したのもエリュクシマコスだった。

> ……飲むなら各人飲みたいだけ飲む……ということになったのだから、次にぼくはこう提案する。——今しがた入って来た笛吹き女は引きとらせて、自分の楽しみに独りで吹くなり、あるいはしたいと

> いうなら，奥の女どもに吹いて聞かせるなり，いいようにさせ，われわれの方は互いに言論を発表し合って今日の集まりを過すことにしよう。(Symposium 176e; 饗宴 p.17)

笛吹き女はこうして締め出され，自分らだけが残った男たちは，〈愛〉についての logoi〔議論〕を真剣に話し始める。とすれば，真剣さと責任の名の下にアリストパネスに秩序を求める任務をエリュクシマコスが担っているのは，ただただ一貫していることになる。そして，アリストパネスがそれゆえ自分の演説を，自分自身が引き起こした疑念を和らげるよう目論んで節度をもって結論することも，それに劣らず一貫している。

　しかし，ではその演説それ自体はどうか？　後に想起するが，アリストパネスはそれがエリュクシマコスの演説とはきわめて異なるものだったと強調して話を締める。しかしながら彼は，精確に同じやり方で話を導入するのだ。

> アリストパネスは言った。ところでエリュクシマコス，……ぼくは君やパウサニアスの場合とはまったく違ったある仕方で話をしようと思うのだ。それはこういうわけだからだ。つまりぼくからすれば，世の人々は全然エロスの力に気付いていないように思う。かりにも彼らがそれに気付いていれば，エロスに最も壮大な神殿や祭壇を備えるだろうし，犠牲式もいちばん大がかりのものを取り行なうだろう。(Symposium 189c; 饗宴 p.46)

アリストパネスが先人たちとは非常に違う形で話すつもりだと宣言するのは，知覚の問題があると確信しているからだ。エロスの真の力は，まだ適切に認められていなかったし，それゆえ，明らかにすべきままになっているというのだ。アリストパネスの言説はその時，エロスを当然のものと，自明のことだと考えずに，むしろある種盲目の内にある対象として，彼が治療に取りかかる一種の病として考

思弁——差異を発する方法　　241

える点で異なったものになるだろう。だからアリストパネスは医師の身振りを反復し、同時に彼と他の演説者が携わっている作業＝手術〔operation〕を正当化すべくそれを拡張する。何を話しているのかを知っているなら、ひとはまじめにエロスの讃歌を歌うことしかできないからだ。それこそ、アリストパネスが主張するには、問題そのものなのである。彼の言説はこうして、啓示的でも教育的でもあることになる。「そこでぼくは、エロスの力の秘儀を諸君に授けるようひとつやってみようと思う。諸君の方は、次に、ほかの連中に教授してやってくれたまえ」(Symposium 189d; 饗宴 p.47)。エロスの真の性質と力とを明らかにしようとする、すなわちある種の盲目性を除去しようとするこの教育的な意図は、それゆえ、われわれが今日眼にしている存在者たちとは全く異なる (all'alloia) ものだったと彼が断言する、あの古代の存在者についてのアリストパネスの記述の生き生きした特質を説明するものでありうる。とはいえ、すでに述べたように、アリストパネスが言及する差異はむしろ、質というより量の差異である。経済の差異だと言ってもよいかもしれない。というのは、これら二重になった存在についてのアリストパネスの記述を仔細に見れば、それら存在者が非常に似通っていたということを発見するからだ。われわれに、彼ら自身に、そしてその両親に。

> そもそも男性は太陽の子孫、女性は大地の子孫、そして両性を分有しているもの〔男女〕は月の子孫であった。というのは、この月がまた太陽と大地との二つを分有しているからである。だからまた、彼ら自身もその進み方も、祖先に彼らが似ているがゆえに、丸かったわけだ。(Symposium 190b; 饗宴 p.48)

二重 – 存在者の世界は、家族その他の似たものの世界であった。両親のように、彼らは「今日でさえ」子どもがするように「車輪を作りながら」輪になって移動した。アリストパネスの二重 – 存在者を

ウパニシャッドのアートマンと比較すると，アートマンの孤独がアリストパネスの世界には存在する余地がないと理解しうる。決して孤独ではないため，彼らには他者を創造する必要はないであろう。始まりがあるとしても，それはすでに二重で複製され，反復や類似に満ち，循環的である。というのは，「それらは円形で巡回する」からだ──一方で頭を，あの唯一の「反対向きの顔に共有された共通の頭」を保ちつつも。

〔強力になり熱くなった〕彼らは平静＝頭を保った〔They keep their heads〕──そうだったのか？

ゼウスの戦略──反復──差異の生む差異

この物語のフロイト版は，この地点で奇妙にもあいまいになってゆく。実際のストーリーが，いわば劇的な葛藤が始まるまさにその地点で，である。「そ・こ・で・ゼウスは……する気になった」。ドイツ語はさらに示唆的である。"*Da* liess sich Zeus bewegen..."〔そこでゼウスは動かされた〕。しかし da とはどこか？ フロイトがとりわけ不明確だとすれば，アリストパネスの方はもっと明瞭である。彼が言うべきことは，ゼウスには動かされるもっともな理由があったということだ。というのは，二重-存在者は同じものに，円での循環にうんざりし始め，その代わり上方に自分の視線を投げかけたからである。「彼らは強さと腕力の点でもおそるべき者であり，その心は驕慢であった。……ホメロスがエピアルテスとオトスについて述べていること，つまり神々を攻撃しようとして天上へ上ることを企てたというのは，じつは彼らのことを言っているのである」（Symposium 190b-c; 饗宴 p.48）。フロイトの "thereupon"〔そこで〕，あの無規定だが示唆的な "da" は，空間的であると同時に時間的でもあり，離れてはいるがなじみのある欲望をカヴァーしている。人間から神を，被支配者から支配者を，同じものから他者を分離する境界線を踏み越えようとする闘いである。自らの説明でフロイトは，ゼウス

を「動かす」思案を削除しているが，アリストパネスはそうではない。

> なにしろ彼ら［二重－存在者］を殺してしまうことも，かつて巨人族（ギガンテス）に行ったように，雷光で撃って種族を殲滅してしまうこともできず，——そうなれば，人間から神々に捧げる供物も祭祀もなくなるだろうからね——そうかといって，彼らに傍若無人に振る舞わせておくこともできなかったからだ。(Symposium 190c; 饗宴 p.48)

ゼウスの思案はフロイトが苦心して無視しようとするものを指し示している。*Fort(ress)-Da!*〔いない（の要塞）-あそこ！〕を統括する法が，oikos〔家〕の法以外の何ものでもないということである。自我の組織化を特徴づける我有化と同化の経済，要するにナルシシズムの経済である。なじみのあるすべてとは全く異なる，あの離れた場所で，われわれはそれゆえ何かあまりになじみのあるものに遭遇するのだ。すなわち，他者をそれ（固有）の場所に留めておき，他者性を同じものの経済に従属させようとするナルシシスティックな努力である。しかしながら，すでに同じものの鏡像であるがゆえに，その分だけさらに統制するのが難しい他者の場合には，徹底的な措置が求められる。他者はナルシシスティックな経済の法に従って変質させなければならず，これこそゼウスが提案することなのである。

> わたしには一工夫できたように思えるのだ。つまり，どうすれば人間どもが存続しながらしかも今より弱くなって，その我儘をやめるだろうかということのね。それはこうだ。今度のところは彼らを一人ずつ，二つに切断しようと思う。そうすれば今よりも弱くなるだろうし，同時にまた，数を増やすからわれわれにとっていっそう役に立つものとなりもしよう。そして彼らは二本足で真っ直ぐに立って歩くことになるであろう。しかし，それでもなお彼らが傍若無人の振る舞いを続け，おとなしくしている気持ちがないように見うけられるなら，今一度二つに切ってしまおう。そんなことになれば，

彼らは一本足でぴょんぴょん跳びながら進むことになるわけだ。(Symposium 190c-d; 饗宴 p.49)

ゼウスの戦略は，確かに決定的である。二重 - 存在者を分割することによって，彼は掛け金を吊り上げる一方でリスクを少なくするが，その動きは反復されることができる。それは，（拘束されていない）エネルギーを低下させ拘束の増加を要求する経済的な法にも十分合致している。二重 - 存在者のエネルギーが危険なほどに拘束されておらず，同じものが他者になり，他者が同じものになる鏡映反射を通して，いわば前後に躍動するとすれば，ゼウスが提案することは，異なる種類のイメージを，差異「そのもの」のイメージを創り出すことである。かくしてゼウスは提案し，取り決めるのはアポロン——太陽神で男性の父——である。ゼウスが最初の切断を行った後に，

彼は，顔と半分になった首とを切り口の方に向け換えるよう，アポロンに命じた。つまり，そうされた人間が自分の切り口を見てもっとおとなしくなるようにと……。しかしその他のところは治療するように指示をした。(Symposium 190e; 饗宴 p.49)

「最終審級では [im letzen Grunde]，われわれに刻印を残したのは，われわれの地球とその太陽との関係の発達史であるに違いない……」。アリストパネスはここで，魂のではなく身体の傷によって残った刻印のまさにこのストーリーを語っている。そしてその傷は，フロイトもアリストパネスもよく知っていたように，傷跡を残すことなく癒えることはない。あるいは，Bläschen〔小胞〕の焼け焦げた外皮——かさぶた？——のように，「水ぶくれ」を。あるいは最終的に，これらの撚り糸すべてが集まる唯一の解けない結び目を形づくる場所を記すことなしには。

そこでアポロンは顔を向け換え，また皮膚を四方八方から今日のい

思弁——差異を発する方法　　245

> わゆる腹部へと引っ張り寄せ，腹の真中で口を一つ作って，それを
> きんちゃくのように結び上げたが，これが臍と呼ばれているものだ。
> またそれ以外の皺はその大部分を伸ばし，靴職人が靴型に当てて革
> の皺を伸ばすときに用いるようなある種の道具を使って，胸部を形
> 作った。しかし少々の皺は，腹そのものと臍の周りのものだが，昔
> の出来事の想い出にと残しておいた。(Symposium 190e-191a; 饗宴
> pp.49-50)

臍には皺が寄り，結び目があるままにされ，身体の滑らかな表面を遮るが，それはフロイトが知っていたように，自我にそのモデルの役割を果たす [3]。自我組織の理論的枠組みである身体の閉鎖は，アポロン，「太陽」，外部の介入によって全うされると同時に中断され，「昔の出来事の」思い出の役割を果たす。自我がいかに経済的であろうとも，その「きんちゃく」は決して密封され封印されることはない。まさにすべてのものが集う場所で，われわれは古代の傷の，すなわち古代の闘いの跡と烙印を見出すからである。そして，ゼウスとアポロンの作戦行動から現れるのは，まさにこの闘いである。「そこで本来の姿が二つに断ち切られたので，皆それぞれ自分の半身を求めていっしょになった。そして互いに相手をかい抱きまつわり合って一身同体になろうと熱望した」(Symposium 191a-b; 饗宴 p.50)。このことは，フロイトが自分の探し求めていたものを発見したように見える地点を記している。以前の統一を回復する傾向か

---

(3) 「自我は……このように身体表面の心的な投影とみなされるかもしれない」。『自我とエス』，SE 19 p.26; 著作集 6 p.274; 全集 18 p.21. 〔この注は GW には存在しない。その経緯は，フィッシャー版 Studienausgabe の注には，以下のように記されている。「元来この英語の脚注は，1927 年ロンドンで刊行された翻訳（*The Ego and the Id*）で初めて見出される。そこでは脚注は，フロイトによって自分のものだと認められた脚注であると明記されている。今までのすべてのドイツ語版には，この注はない。注のドイツ語ヴァージョンは保存されていない」。〕

らの反復過程としての生命の導出をである。とすれば，まさにここで，彼はエロスを見出したと信じるのだ。しかし，アリストパネスのストーリーでは，エロスはまだ，もっともな理由をもって言及されてはいない。フロイトが〈エロス〉であると理解する闘いは，喜劇作家版では，この上なく純粋で最も抗し難い形での〈タナトス〉に他ならないからだ。切断された身体は，彼が説明するには，

> 互いに相手をかい抱きまつわり合って一身同体になろうと熱望し，お互いから離れては何一つしようという気がないから，餓えのためや総じて生活に必要なことを何もしないでいるために死んでいった。そしてどれか一方の半身が死に他方が残されると，残された者はまた別の者を探してまつわりついた。……そしてこのようにして彼らは滅んでいったのだ。(同所)

アリストパネスの話は，フロイト版がそうするようにここで終わっていたら，決してエロスは存在しなかったであろうし，だた死のみがあったであろう。ストーリーはフロイトのブラックホール，不浸透性の da！の要塞を反復し，あるいはむしろ予期しただけであって，終わりには何も残らず，死そのものさえ残らなかっただろう。しかしアリストパネスは，ちょうどフロイトが自らの探求を続けなければならないように，自分のストーリーを続ける。まさにこの継続こそが，フロイトがあれほど深く欲望するものを与えることを可能にする。というのは，アリストパネスは瀕死の身体を，自分自身から，再統一され完全体でありたい——要するに，自己でありたいというその致命的な欲望から救い出す定めをもった，反復された第二の介入を語るからだ。

> そこでゼウスは憐れに思って，もう一つ案を考え出し，彼らの隠し所を前に移した。それまではまたそれは外側〔背後〕にあって，彼らは子を生むにも相手の胎内に生みつけるというのではなく，蝉の

> ように地中にしていたからだ。こういうわけで,ゼウスは人間どもの隠し所を今日あるように前面に移し,それによって相手の胎内で,つまり男性によって女性の胎内で生殖を行わせた。(Symposium 191b-c; 饗宴 p.50)

この第二の介入は,単に第一の介入を反復するだけではない。それは新しい方向を加えるのだ。分割し,切断し,分離する代わりに,それは生殖組織を移動させ,配置を変え,配置し直し,反復をいわば前面に持ち出す。fort(ress) da!〔いない(の要塞)-あそこ!〕が最終的に,また決定的に破られるのは,この配置換えによって,一定の Entstellung の到来によってでしかない。そしてここで初めて,アリストパネスのストーリーでは,最終的に〈エロス〉が名づけられる。「まことにそんなわけで〔therefore〕,このような大昔から,相互へのエロスは人々のうちに植え付けられているのであって,それは人間を昔の本然の姿へと結合するものであり,二つの半身を一体にして人間本来の姿を癒し回復させようと企てるものである」(Symposium 191d; 饗宴 p.51)。したがって〔therefore〕,これ以降,da!〔ここに!〕は fort!〔あそこで!〕になる。単に失われた統一として,あるいは自分自身から分離してしまった全体性としてではなく,喪失と分離のストーリーを別のテキストに書き込み直し,そこで移動がタナトスだけではなく,エロスの「起源」になる Entstellung として。というのは,それがエロスをも産出しうるようになるのは,だた器官が移動させられた時だけだからである。その時に初めて,器官が性感的になるのだ。

> したがって,ぼくらはひらめのように一つのものを二つに断ち切られたのだから,一人一人が人間の割り符〔anthropou symbolon〕というわけだ。だから誰でも自分の割り符を探し求めるのだ。(同所)

アリストパネスにとって,この性感的で象徴的な闘いは決して,一つになろうとするナルシシスティックな欲望から分離させることが

できないように思われるであろう。彼にとってはそれゆえ，象徴界はナルシシズムから，他者の一定の鏡像から分離できないかのように。だが彼のストーリーは，消しがたく臍，つまりそれによってわれわれが解読すべき，太陽が刷り込みを残した古代の事故あるいは事件の名残りであるあのイメージの場〔site〕を，視覚〔sight〕を刻みつけてもいるのだ。

代わりという差異の反復——代弁

しかし，われわれが未知なるものをまたぎ，あるいはそれに引っ掛かるちょうどその場所に残された暗号はどうなるのか？　それほど多くのエネルギーが拘束され，メタ心理学の「方程式」を可能にすると同時にそれらを疑いの中に投げかける「大文字のX」はどうか？

要するに，フロイトがそう（しかし，彼の引用し直すストーリーを読まないことによってのみ）確信しているかに見えるように，われわれはまさにどこでストーリーが止まるのかを，それがどこへ向かうのかを知っていると確信できるだろうか？　神話がどこで終わり，また理論がどこで始まるのかを？　いずれにせよ愛し合う者たちは，自分たちが何を本当に欲望しているのかをほとんど言うことができないのだ。

> いやまったくのところ，ほかならぬあの半身に出会う場合には，少年を恋する者であれほかの誰であれ，皆そのときには友愛と近親感と恋情とにその心はまったく異常ともいえるほどに深い感動を受け，僅かの間さえ互いに離れる気持ちになることはないといってもよいくらいだ。そして一生を通じて変わらず二人いっしょに暮らす人々とはこれらの人々であるが，ただ彼らはお互い相手から自分が何を得ようとしているのか，それをそうと言うことさえまったくできないのだろう。なぜなら，誰だって，それが例の色欲の交わりであるというふうには思うまいからね。……そうではなくて，双方の心が欲しているのは明らかに別の何かなのだ。ただ心はそれを言葉に表

思弁——差異を発する方法　249

> すことができないで，自分の欲しいものを推し測り謎めいた言い方をするのだ。(Symposium 192b-d; 饗宴 pp.52-53)

愛する者たちは，自分たちが互いから何を欲望しているのかを明白な形で口にすることができない。自らが欲望しているものが全く異なるために，他の誰かに言ってもらうことしかできないからである。このことは，少なくともまさに話の最後で，アリストパネスがさらに別の登場人物の介入を語る理由であると思われるであろう——あるいはそれは，むしろ仮説，ハッピーエンドに向かってストーリーを導くために突然ここで姿を現わす仮説なのか？

> だから，この二人がいっしょに横になっているそばに，ヘパイストスが例の諸道具をもって佇んでこう尋ねたとしよう。
> 「人間たちよ，おまえらが互いに相手から得ようとしているものは何であるか」と。
> そして彼らが答えに窮しているので，再びこう尋ねて言ったとしよう。
> 「いったいおまえたちが心から求めているのは，次のことなのか。つまり，お互いできるかぎり完全に一体となり，その結果昼夜の別なく相手から離れることのないようにしたい，ということなのか。まことこれがおまえたちの熱望しているものなら，わたしはおまえたちを熔かし鍛えて合体させてやろうと思うのだ。そうすれば，おまえたちは二人でありながら一体となって，この世に生きているかぎりは二人ともまるで一人の人間のようにいっしょに生き，また死んでからは，あの黄泉の国にあっても二人別々である代わりに，再び一人の者としていっしょに死後を暮らすようになるからな」。(Symposium 192d-e; 饗宴 p.53)

ヘパイストスは〔鍛冶屋の〕接合と〔炎による〕溶解の神で [4]，しばし

---

(4) Marie Delcourt, *Hephaistos, ou la légende du magicien* (Paris, 1957) を見よ。

ば大文字のXのように肩から道具をつるして描かれるが、ここでは恋人たちが、それを望んでいるように見える接合を請け負うべく、またアリストパネスもフロイトもそれなしで済ますことのできないストーリーの教訓を保証すべく場面に登場する。しかし、ヘパイストスがこのようにストーリーの緩い結末を、見た目はきちんとした結び目にまとめ上げるとしても、恋人たちは沈黙したままであることは見て取るべきだ。彼らが自ら何を望んでいるのかを言えないがゆえに、ヘパイストスは彼らを代弁しなくてはならないのだ。というのは、彼は単に自分の問いを立てる〔pose〕だけではなく答えを押しつけ〔impose〕、少なくともフロイトによればプラトンが自分のストーリーをアリストパネスの口に放り込んだように、恋人たちの口に自分の答えを放り込むのである。この口がストーリーの真の意味をわれわれに与える口なのだろうか？

> ぼくらには分かっているが、このことばを聞いたら、[恋人たちの]誰一人それを否定する者はいないだろうし、それにまた、それとは何か別のものを自分が欲しがっているのではないことも明らかになるだろう。それどころか、いま聞いたことこそまさしくあの自分たちが前々から熱望していたものである、つまり、恋人といっしょになり熔融されて二人が一人になることであると、こう文句なしに思うだろう。(Symposium 192e; 饗宴 p.53)

アリストパネスはここでプラトンに代わって、自分自身に代わって、あるいは恋人の名の下に恋人たちに代わって話すヘパイストスに代わって話しているのか？　そもそもわれわれは、それを確実なものだと知ることになるのか？　「それぞれがいま聞いたことこそまさしくあの自分たちが前々から熱望していたものである」と「文句なしに思うだろう」。このことを、アリストパネスはそう結論するが、「ぼくらには分かっている」。それはしかし、われわれが分かっているすべては、自分が聞きたがっているものだということを意味しな

いのか？

　いずれにせよ，恋人たちは沈黙したままである。彼らは代弁され〔spoken *for*〕なければならない。しかし彼らの沈黙が，その地位がわれわれにはますます不確かになっていく語り手の声を通して，われわれに話し掛ける〔speak *to*〕。

> だから，もしぼくらが神々に対して節度を欠くならば，またしても分割されて，墓石に浮き彫りされた側面像のような姿，つまり，鼻筋に沿って引き裂かれ二つに割られたさいころのような姿になって，あちこちを歩きまわることになるという恐れがあるのだ。(Symposium 193a; 饗宴 p.54)

アリストパネスがここで明らかにする恋人たちの運命は，最終的にはわれわれのものでもある。彼らがわれわれに残す刻印，太陽と地球とのその関係の，強力な力の暴力的な介入の刷り込みは，象徴と「二つに割られたさいころ」の間のどこかに，墓石に刻まれた像の沈黙の中にわれわれを宙吊りにする信号である。信号がわれわれに直面させる危険とは，ニーチェの「女性」のように，われわれは深くもなければ平らでさえなく，むしろねじられ，歪められ，entstellt〔歪曲される〕だろうということである。しかも，思い出すべきだ，足を引きずることで知られる唯一のギリシャ神であるヘパイストス自身のように，われわれはうろつき回るようになるだろう。

同一性の反復のパラドクス

　そしておそらく，大文字のΧの担い手である接合と溶解のギリシャ神を，他の何にもまして，以下の注をもって思弁的な方法で『快楽原則の彼岸』を締め括るフロイトに結びつけるのはこの点である。

> この点に，数え切れない他の問いが結びつく。それへの答えは今のところ不可能である。われわれは辛抱強くなければならないし，さ

らに広汎な研究の手段と機会を待たねばならない。われわれはまた，ある道が何も良好なものに至らないように見えるならば，しばらくの間辿ってきた道を再び進んで離れる用意がなければならない。……あとは，ある詩人が（リュッケルトが『ハリリのマカーメン』の中で）われわれの科学的な認識の緩慢な進歩について，われわれを慰めてくれるかもしれない。

「飛んで達することのできないものには，跛を引きながら到達しなくてはならない。

………

聖書に曰く。跛を引くこと，それは罪ではない」。
（SE 18 pp.63-64; GW XIII S.69; 著作集 6 p.194; 全集 17 pp.124-125）

またもや，フロイトに慰めを提供するのは哲学する詩人（リュッケルト）の言葉だ。あるいは，フロイトがここで，その思弁的な道の終わりで引用するのは，本当に詩人なのだろうか？　というのは何年も前，彼は同じ詩人の同じ一節を引用していたのだ。その時の彼は，自分が構築中だった機械，ほとんど独りで「飛翔する」準備ができていたように見えた機械に比べて，死と反復には関心が低かったからである。この機械，あるいはより適切にはこの自動装置（そういえばヘパイストスは，自動装置の創設者であったと言われている）は，心理学体系を練り上げようとするフロイトの最初の試み以外の何ものでもなかった。『草稿』がより完成に近づいた時，フロイトは友人フリースに自分の気持ちを書いた。

さあ，さらに聞いてください。先週のある骨折りの夜，私の頭の働きにとって最良のものを創り出すある程度の頭痛の負荷によって，突然障壁が持ち上がり，覆いは下がり，神経症の詳細から意識の条件まで覗き見ることができたのです。歯車がすべてかみ合ったように見え，車輪の仕掛けがぴったりと合い，出来事が今本当に一つの機械でまもなくひとりでに動き出すだろうという印象を受けました。ニューロンの三つの体系，量の自由で拘束された状態，一次過程と

二次過程，神経体系の主要傾向と妥協傾向，注意と防衛の両方の生物学的法則，質的，現実的，思考的標識，心－性的なグループの状態——抑圧の性的な条件，ついには知覚機能としての意識の条件——すべてのことが合いましたし，今日もまだ合っています！　私は当然，喜びを抑えきれません。(Origins p.129; Anfängen pp.139-140; 手紙 pp.146-147)

フロイトは，ほとんど自制できずに，それでも友人であり最初の読者である者に，まだ未完成だった「機械」の初期の原稿を送るまで待てばよかったと言う。

> 私が君への報告を二週間待っていれば，すべてのことがより多く明らかになったでしょう。最初に君に報告しようと試みたときにようやく，ことが私に明らかになったのです。だから，別のようには行かなかったのです。今私は，きちんと描写する時間がほとんどないのです。……私が他でもないこのこと［und nichts anderes］について君と 48 時間話すことができれば，試みはおそらく締めくくることができたでしょう。しかし，このことは不可能なのです。「飛んで達することのできないものには……」。(Origins pp.129-130; Anfängen p.140; 手紙 p.147)

「最初の読者」であり「他人の代表」である大切な友人がいなくなった中でフロイトは，慰めを求めて詩人に向かう。そしてその詩人が，聖書—— Die Schrift ——を反復しつつ，彼に跛を引くことは罪ではないと告げえたとしても，フロイトは 1895 年には全く跛を引いてなどいなかった。むしろ，彼は高く飛翔していたのだ。「神経症の他の確証が，雨のように私に降りそそいでいます。事は実際に真実で真正です」（Origins p.130; Anfängen p.140; 手紙 p.147）。ところが 1920 年，あの〈友人〉が不在になって，フロイトはいまだ詩人から慰めを，神経症患者から確証を探し求めていたのである。そして神経症患者の「転移」において——すなわちまさに確証の拒

絶において——フロイトはそのすべての背後にある真実で真正な機械を際立たせようとしたかに見える。自動的に作動し、いわば快楽原則に面して飛翔する反復強迫という欲動する力を。精神分析的機械が治療として行き詰まるようであったら、それは必要とあらば理論として、思弁として飛翔するのだ。しかし思弁は自動装置のように、さらにどこか別の場所からの出発——終わりでもあるだろう出発——を必要としており、そしてフロイトは、自分が全く異なる場所への途上にいることに気づき、そこで詩人哲学者の権威ある声を聞き分けたと考えたのである。

　しかし、そこで彼が見出した人物が本当に「詩人」だったとすれば、その人は決して哲学者ではなく、むしろその敵対者、劇場の人物、不条理の感覚をもった語り部であった。そして、彼の語った伝説は、フロイト自身が遠い昔にどこかで考え、書いたことを反復したにすぎない。反復したと同時に変形せざるをもえなかったのである。

真理の後に

　そして、劇作家が自分の物語を終え、役者が言うべきことを言った後で、ついに哲学者〔ソクラテス〕が話す時がやってきた。彼は、単に賞賛するのではなく、エロスの真理を話すと約束した。

> つまり、いま述べたような仕方では、もはやぼくは讃美しないということだ。第一ぼくのできることでもあるまいからね。しかしそうは言っても、真実のことならお望みとあれば話してもよい。ただし、ぼく流に話すのであって、君たちの話と張り合おうというのではない。人のもの笑いになるのは困るからね。(Symposium 199a-b; 饗宴 pp.67-68)

喜劇作家と同じように、哲学者もまた自分の話は他の人のとは違うだろうと告げる。喜劇作家と同じように、彼もまた笑いを恐れてい

る。しかし今回は、そんなことはないだろう。哲学者が言うべきことは、あらゆるものの中で最も真面目なもの、真理に関わるからだ。そして真理は、それ独自の形で言われなければならない。「だから、パイドロス、考えてみてくれたまえ。いったい今ぼくの言ったような話をも必要とするのかどうかを。つまり、エロスについて、真実のことは話されるが、そのとき使う言葉とか語句の配列とかは、それこそ心に浮かぶがままにといった類の話をも、聞く必要があるかどうかをね」(Symposium 199b; 饗宴 p.68)。このようにフロイトが後に精神分析的「自由連想」の基礎にするルールを反復し、あるいは先取りする彼の「基本ルール」を告げた後で、ソクラテスは、ずっと以前に、自分がまだとても若かった時に出会った女性が語った物語を語ろうと、あるいはむしろ語り直そうとする。

そして、愛についてのこの物語を彼が語り直し終わると、ある奇妙なことが起こるのである。

> ところで、以上のことをソクラテスが話し了えると、ほかの人々は賞讃したが、アリストパネスは何か言おうとした。それは、ソクラテスが例の説について話したときに彼に言及したからである。ところが突然表玄関の戸が叩かれて、まるで乱痴気騒ぎの酔いどれどもの立てるような騒々しい大きな音をそれは響かせた。その上、笛吹き女の笛の音も聞こえてきた。(Symposium 212c; 饗宴 p.99)

余談，あるいは悪意の瞬間についての注記

> 狂人が完全に正気に見えるなら，確かにまさにその人に拘束服を着せるべき時だ。
> ——エドガー・アラン・ポー
> 『タール博士とフェザー教授の療法』

> 「なんじらは，子どもの誕生の瞬間にやってくることになるだろうと私は考えている」。
> ——サー・ウォルター・スコット

das Unheimliche ——不気味なもの[(1)]——についてのフロイトの論文は，彼が美学と文学批評という主要な関心について探求するために選んだ分野が周辺的地位を占めていることに言及することで始

---

(1) unheimlich の uncanny〔不気味な〕という英訳が，heimlich〔居心地の良い，隠れた〕の多くの両価的(アンビヴァレント)な含意を失っているのは疑う余地がないけれども，語 canny の意味論的な起源はおそらくアメリカの読者を驚かせることだろう。O.E.D. は数あるうち，canny の意味を次のように記載している。「1. 物知りの，聡明な，良識的な。2. 抜け目のない，ずるい，狡猾な，したたかな。3. "canny wife" は「賢い女性」＝助産婦，"canny moment" は子どもの誕生の瞬間。4. オカルト的または魔法の力をもち，神業的に賢い。5. 幸運な，幸福な，裕福な。6. 注意深い，つつましい，倹約的な（イギリス人によって特にスコットランド人を考慮した性質を特徴描写するために使用される）。7. 身ぶりや行動に注意深い，または慎重で，騒ぎや干渉，騒音から自由な。人物や動物について言われるが，流れる水や海や風などのような物にも適用される（近代スコットランド語における通常の意味）。8. 目立たず陰険なユーモア，イギリス人によってスコットランド人のユーモアを特徴描写するために使用される）。9. 静かで，気やすい，快適な，心地よい，くつろいだ（「くつろいだ部屋」〔a "cannie den"〕）。10. 眼や知覚にとって好ましい……」。

まる。フロイトの論文が初めて登場した1919年以降, 不気味なものは民衆の想像力に浸透することをやめなかったし, また不気味な話の文学作品化が減ることもなかった。それ以来アルジャーノン・ブラックウッド, アーサー・マーチン, H. P. ラヴクラフトというアングロアメリカ人三人組が国際的名声を獲得してからずいぶん時間が経ち, 人気には拍車が掛かり, 今日でさえ勢いに衰えのかけらもない。しかし, 文学において継続するこの不気味なものの生命力は1919年と同様に今日においても, 学術的な文学批評と理論の道を常に執拗に外れているその執拗さを強調する助けになる。littérature fantastique〔幻想文学〕が長く熱烈な探求の主題であり続けたフランスのような国においてさえそうである。不気味なものが, 空想的なものの領域の中でさえどれだけ遠くに「はずれた」〔out〕——"abseits"〔離れて, 遠ざかって〕はフロイトの語だ, off-beat〔奇抜な〕, off-sides〔脇の〕[2]——ままであるのかをまさに見るためには, この分野においてさらに興味深い最近の批評研究の一つ, トドロフの『幻想文学への招待』を参考にするだけでよい。トドロフにとっては, "l'étrange réalise...une seule des conditions du fantastique: la description de certaines réactions, en particulier de la peur; il est lié uniquement aux sentiments des personnages et non à un événement matériel défiant la raison...."「奇妙なものは……幻想的なものの条件のただ一つだけを実現する。ある一定の反応の, とりわけ恐れの記述である。それはもっぱら登場人物の感情に結びついているのであって, 理性に挑む物質的な出来事には結びついていない」[3]。

---

[2] 『論文集』の中の, remote〔遠隔の, 辺鄙な〕という abseits の英語訳は少なくとも, それが落としているドイツ語の語の決定的な含みが浮上するのを可能にするという消極的な長所は持っている。the Unheimliche が *abseits* だとしても, それは決して遠く離れてはいない。ラヴクラフトの町, インスマウスのように人里離れているが, 安らぐには近すぎるのだ。

[3] Tzvetan Todorov, *Introduction à la littérature fantastique* (Paris, 1970), p.52.

トドロフがこうして，幻想的なものが現象の現実性あるいは非現実性に関する知的な不確かさに必然的に関わると主張し，その幻想的なものから不気味なものを区別することは，確かに理に適ってはいるが，実際には不気味なものの探求におけるフロイトの稀な先駆者の一人である心理学者イェンチュに対する彼の批判を反復しているにすぎない[4]。しかしながら，不気味なものが，ポーのテクストにもアンブローズ・ビアスの二流の物語にも同様に現れる，本質的に，あるいはもっぱらある情緒的な現象だと仮定すれば，それは全く別の話である。そうした位置づけは，不気味なもののある特定の構造を曲解しているか，あるいはより精確には，不気味なものが特定の構造をもつという事実を無視している。その構造はしかしながら，緊密に主体的な感情——とりわけ不安——に結びついていながらも，それでいて，今度は文学的言説へのある一定の関係の中に存在する一連の「客観的な」要因によって規定されているのである。このことを私は，現在のこの論文が証明しようというよりは練り上げようと努める何らかの作業仮説のようなものとして提出するのである。その狙いは，アルチュセールなら言うであろうように，この段階では早熟的でしかありえない解決の提示ではなく，「問題系」〔problematic〕を定義することにある。

　私が研究を提案する最初のテクストは，フロイトの不気味なものについての論文である。この将来性を秘めた〔seminal〕（あるいは，おそらく「散種的な」〔disseminal〕）論文の比較的にであれ網羅的で満足のいく読解を，ここで試みることはできない。そうした読解であれば，この論文を位置づけるという問題を手始めに，フロイトの

---

(4) E. イェンチュは，不気味なものを知覚された対象の地位についての不確かさと同一視した。生と死，現実と空想など。彼の *Zur Psychologie des Unheimlichen*, Psychiatrische-Neurologische Wochenschrift, 1906, Nos. 22, 23 を見よ。フロイトによる引用は，SE 17 p.219; GW XII S.230; 著作集 3 p.328; 全集 17 p.5.

思考一般の展開の内部において,そしてとりわけフロイトの進展,つまり『不気味なもの』と同時に書かれ,様々な根本的観点においてそれに関係するテクストである『快楽原則の彼岸』が切り開いた特有のパースペクティヴに関しても,広範囲な問題を探求しなければならないだろう。ジャック・デリダはすでに,そうした探求が,フロイトの芸術と文学へのアプローチに対する Todestrieb（死の欲動）と Wiederholungszwang（反復強迫）の重要性を特に強調しながら取るべき主な道筋を示唆している[5]。探求のこの道筋は,エレーヌ・シクスーによって最近の論説 "La fiction et ses fantômes"[6] で追跡されているが,それはフロイトのテクストをその概念的な内容の観点だけでなく,修辞的で文体論的な運動に即して読む最初の試みの一つになっている。エレーヌ・シクスーの読解の主要な前提——フロイトのテクストそれ自体が不気味なものの一例だとみなされるべきだという前提："moins comme un discours que comme un étrange roman théorique"〔言説というよりは理論的な怪奇小説〕[7]——を受け入れようと受け入れまいと,注意深い読者ならほとんど,フロイトの論文の中での主題と言説との特有の融合に鈍感ではいられないだろう。しかしこの融合は,単に理論的言説の要件,adaequatio intellectus et rei〔思考と存在の一致〕を満たすというだけでない。なぜならここでは,言説と対象の「適合性」〔adequacy〕には,対象を位置づけるのと同じだけ,言説を脱臼させることに向かう傾向があるからである。

しかし不幸にも,そうした決定的な問いには,ここでは触れることしかできない。それらを直接的で体系的な方法で追跡する代わり

---

(5) Jacques Derrida, *La Dissémination* (Paris, 1972), pp.279, 300.

(6) *Poétique* III (1972), pp.199-216.

(7) 同書 p.199. デリダとシクスーに加えて,私はハンス・シエス・レーマンの未刊行論文, "Zu Freuds Theorie des Unheimlichen" (Berlin, Jan./1972) に,特にホフマンの『砂男』についてのフロイトの読解に関して恩恵を受けている。

に私は，もっと素朴ではあれ，おそらくもっと接近可能なやり方で，不気味なものを数ある中の一つの主題ないし題材として扱いながら，その特有の局所性を忘れて，abseits〔そこから離れて〕——少なくともしばらくは——進むことにする。その代わりに私は，フロイトをある一定の方法で反復することによって，その多重な現れを収集することによってその概念の核へ入り込むことを試みつつ，彼自身のテクストそのものが不気味なものを扱うようにテクストを扱うことから始めるつもりである。

フロイトは自分の論文を三部に分割している。第一部は，語 "heimlich" と "unheimlich" の語彙的で語源的な研究に捧げられているが，すぐにフロイトの主要な仮説となるものに到達する。"Das Unheimliche sei jene Art des Schreckhaften, welche auf das Altbekannte, Längstvertraute zurückgeht."（不気味なものは古くからなじみのある，われわれが長く知っているものへ引き戻す，あの類の恐ろしいものである。）[8] フロイトの出発点——あるいはそれは到達点か？——は，このように語 "heimlich" と "unheimlich" が単に対立物ではないということであるが，heimlich そのものは，一方でなじみあるものと飼い馴らされたものを，もう一方で同時に隠蔽され隠されたものを意味する両価的な(アンビヴァレント)意味の貯蔵庫である。このつながりでフロイトは，不気味なものについてのシェリングの "im Geheimnis, im Verborgenen...bleiben sollte und hervorgetreten ist"（秘密の内に隠蔽の中にとどまっていなければならないのに，明るみに出てしまった）[9] ものだとの記述を引用している。この語彙的な研究はこうしてフロイトを，否定的であるがゆえに実に重要な結論へと導く。すなわち不気味なものとは，そう思われるかもしれないようには，決して未知なものやなじみのないものではなく，むしろ "irgendwie

---

(8) S. フロイト『不気味なもの』，SE 17 p.220; GW XII S.231; 著作集 3 p.328; 全集 17 p.5.

(9) SE 17 p.225; GW XII S.236; 著作集 3 p.333; 全集 17 p.14.

eine Art von heimlich"（何らかの形で心地よいものの，heimlich の下位種なのである）[10]。

Musterung

論文の第二部でかつ主要部分は，Musterung〔見本の吟味〕から成る。すなわち，不気味なものを特有の明確さと力をもって具現する "Personen und Dinge, Eindrücke, Vorgänge und Situationen"〔人，物，印象，経過，そして状況〕を吟味査定することである。しかしドイツ語の語 Musterung は——英語の対応語と同じように——，単に例になる現象の平穏な召集と展示と審査だけではなく，同じく力，徴集，拘束，葛藤の整頓を示唆する。この含意が全面的に恣意的ではないことが後に分かるであろう。

Musterung は——必然的に——よい見本（Muster）の選択で始まる。ホフマンの物語『砂男』はフロイトを，物語の不気味な効果が眼を失う恐怖にあるという結論に導くが，それは今度はフロイトにとって，去勢不安の代替物の表出に他ならない。しかし去勢はここで，フロイトが吟味査定する，第二の主要テーマの複合体として，すなわち複製であろうと，自我分裂，回帰，特性の，性格の，運命の反復としてであろうと，Doppelgänger の，〈分身〉のテーマの複合体として含む多くのものの一つにすぎないことが明らかになる。〈分身〉のモティーフの背後に，フロイトは自分が一次的ナルシシズムと呼ぶものの堅固な根拠を見る。"Diese Vorstellungen sind auf dem Boden der uneingeschränkten Selbstliebe entstanden, des primären Narzissmus, whelcher das Seelenleben des Kindes wie des Primitiven beherrscht."（それらの表象は，無制限の自己愛を，子どもや原始人の心的生を支配している一次的ナルシシズムを土台として生じた。）

Musterung は続く。Doppelgänger のすぐ後に，Doppelgänger を二

---

(10) SE 17 p.226; GW XII S.237; 著作集 3 p.334; 全集 17 p.16.

重にするがゆえにある意味でそれ自身が二重であるモティーフが続く。"der wahrscheinlich von der innersten Natur der Triebe selbst abhängt"（おそらく欲動それ自体の最も内的な性質に依存する）[11]，フロイトが反復強迫（Wiederholungszwang）に結びつける同じものの反復（Wiederholung des Gleichartigen）のモティーフである。この地点で，不気味なものは死の欲動（Todestrieb）に収斂するが，だがこの関係を思案する代わりにフロイトは先を急いで，「われわれの仮定の妥当性に関わる最終決定」を仕上げることに集中する。それでも，当の"endgültige Entscheidung"〔最終決定〕に到達する前に，彼は第四の主要なテーマ複合を導入し，それを「思考の全能」（Allmacht der Gedanken）と命名し，〈分身〉に関しては，今回はしかしながらそのテーマ複合を個人のではなく，原始的文化の太古のナルシシズムと，そのアニミズム的な世界観にまで辿り直す。

　ここでもう一度フロイトは突然しばらく立ち止まるが，だが今回は，二つの注記（Bemerkungen）に——十分に奇妙なことに——収められている"wesentlichen Inhalt dieser kleinen Untersuchung"（この小さな研究の本質的内容）[12]を明らかにするのだ。第一に，不気味なものは不安の一形態であり，不安一般は抑圧の機制が生み出すのだから，不気味なものは抑圧されたものの回帰の何らかの形態に関わるに違いない。第二に，unheimlich は新しいものではなく，抑圧されていた元来なじみのあった何かにすぎないのだから，このことは語 heimlich がなぜその反対語 unheimlich を含み込むのかを説明するというのである。

　論文のこの節の残りの部分は今や，フロイトはそう書いているが，もっぱらこの基本的な洞察（Einsicht）を試す（erproben）ところにある。ところがそれに続くのは，例の最も顕著な拡散である。吟

---

(11) SE 17 p.238; GW XII S.251; 著作集 3 p.344; 全集 17 p.32.
(12) SE 17 p.241; GW XII S.254; 著作集 3 p.346; 全集 17 p.36.

味査定は，フロイトがモティーフの上にモティーフを重ねるにつれてとてつもない割合になり，その中の多くは「死への関係」と死の回帰のような以前のテーマ複合を反復するように見える一方で，他のものは非常に異質な性質をもっており，空想と現実もしくはシンボルとシンボル化されたものの混同のように，位置づけるのがさらに困難になる。フロイトの論文をほんの少しでも適切に読解するとすれば，ここでは Muster のこの顕著な拡散の概念的な結論だけではなく，パレードそのものを，この奇妙な Musterung の修辞的な構造と戦略を，またそれが反応する強制や欲望を考え抜かなければならないだろう。ここでは私はそのうちの一つにしか触れることができない。それは疑念に対する闘い，フロイトが様々な方法，様々なレベルで展開する闘いであり，そのすべては高度に重要である。疑念—— Zweifel ——は Unheimliche〔不気味なもの〕の malin génie〔邪悪な霊〕であり，その影は Musterung が進行するにつれさらに大きくなる。各々の疑念が禁じられると，二つの疑念が代わりに回帰するからだ。しかしフロイトがすべての部隊を自らの指揮下に整列させた後にも残る疑念は非常に根本的であるため，それらは議論するために論文の第三の最後の章を要求するのだ。不気味なものを生み出す時の抑圧の役割を含めて，これらの疑念は理論的なテーゼばかりではなく，同様にテーマ系例の地位をも問いに付す。後者から始めるならば，切断された手は，あるいはフロイトが不気味なものとして引用した他のモティーフならどれもそうした効果を生み出しうるのだが，不気味なものになる必然性はない。同様に，抑圧の機制にとってもそうである。抑圧されたものの回帰は不気味でありうるが，そうである必然性はない。フロイトが解放しようとしたあの「概念の核」は少なくとも今までのところ，彼の把握から逃れ去った。フロイトが隔離する「素材の条件」(stoffliche Bedingungen)[13] は，

---

(13) SE 17 p.247; GW XII S.261; 著作集 3 p.351; 全集 17 p.44.

不気味なものの特殊な差異を規定するには不適切であることが判明したのだ。ここでフロイトは気付くのだが、われわれは純粋に心理学的な研究の限界に達し、美学の領域に入るように思われる。しかしここで中断すれば、疑念への扉を開く——"dem Zweifel das Tor öffnen"[(14)]——ことになり、それがフロイトの問いの分析全体を問いに付すことも十分に可能になる。フロイトはそれゆえもう一度、吟味査定することを強いられるのだ。だが今回は、その例の地位が再び疑念に服するような典型例（Muster）ではなく、別の・区・分・、すなわち二つの、二重の区分をである。第一に、直・接・的・な・体・験（des Erlebens）の不気味さと虚構の不気味さとの、第二に、抑圧（Verdrängung）に由来する das Unheimliche か、克服あるいは超克されたもの（Überwundensein）に由来する das Unheimliche かの区分である。体験の不気味さは一般に、思考の古典的な様式——とりわけアニミズムの単なる部分的な克服を前提にする。もっと狭い範囲では、それは幼児期のコンプレックスの抑圧に由来する。しかし克服が究極的に「物質的現実性」に、「現実吟味」に関係し、その一方ではフィクションが成り立つ形式的条件がまさにそうした吟味の排除である限りにおいて、二重の区分は最初の区別を複雑にする。このことはおそらく、なぜフロイトが、不気味なものに関わるフィクションの源泉が現実の源泉すべてに加えて、それ以上のものを——他方では、現実で不気味に見えることの多くがフィクションではこの効果を生み出さないにもかかわらず——含むと主張するのかを説明する。さらにフロイト自身は、抑圧と克服の間の区別を "die primitiven Überzeugungen auf das innigste mit den infantilen Komplexen zusammenhängen und eigentlich in ihnen wurzeln"（原初的確信がその最も深いところで幼児期のコンプレックスに関連しており、本来そこに根ざしている）限りで限定し、これらの境界がいくらかぼや

---

(14) SE 17 p.247; GW XII S.261; 著作集 3 p.352; 全集 17 p.44.

けてもそれほど驚く必要はない (wird man sich über diese Verwischung der Abgrenzungen nicht viel verwundern) [15] と結論する。

　文学テクストの不気味な性質に関わるいくつかの非主題的な要素——登場人物への読者の関係,「著者」によって選択された種類の「現実」, この現実を取り巻く確かさや不確かさ等々——を手短に議論した後に, フロイトは出し抜けにこの思考の道筋を, 第二部のMusterungの広い範囲を奇妙に代補する身振りで中断する。第二部では例のパレードは終わりなきものであるかに見える。あたかも——夢の分節化[16]の傾向に則って—— Musterの増殖が何か全く異なる, もっととらえどころのないものを隠蔽する（また表象化する）役割をしているかのようだ。中断したこの場所で, the Unheimlicheの厳密に主題的-動機的な扱いの彼方へ導かれてゆく彼の探求の地点で, コンテクストの諸要因の, あるいは少なくとも要因の必然性が出現し始めるこの地点でフロイトは, 学術的な分業に訴えて引き返すのだ。他のところでは必要な場合にはその分業に背いても, 彼はほとんど心の呵責を示さないにもかかわらず。"Wir sind auf dieses Gebiet der Forschung ohne rechte Absicht geführt worden, indem wir der Versuchung nachgaben, den Widerspruch gewisser Beispiele gegen unsere Ableitung des Unheimlichen aufzuklären."（われわれはこの研究分野へ, しかるべき意図もなく, 不気味なものに関するわれわれの推論に対する特定の例が示す矛盾を説明するという情熱に

---

(15)　SE 17 p.249; GW XII S.264; 著作集 3 pp.353-354; 全集 17 p.47.

(16)　フロイトは, 分身に関連するこの象徴的な表象を記述している。"Die Schöpfung einer solchen Verdopplung zur Abwehr gegen die Vernichtung hat ihr Gegenstück in einer Darstellung der Traumsprache, welche die Kastration durch Verdopplung oder Vervielfältigung des Genitalsymbols auszudrücken liebt"〔破壊に対する防衛のための分身の創造は, 去勢を性器シンボルの倍加や多数化によって表現したがる夢言語の上演の中にその対応物をもつ〕, SE 17 p.235; GW XII S.247; 著作集 3 pp.341-342; 全集 17 p.28。また,『夢判断』, SE 17 p.356; GW XII/III S.362; 著作集 2 p.295 も見よ。

屈することによって導かれてきた。）(17) この論文の結論部でフロイトは，今回は道に迷っていたからである。それが風変わりな，オフサイドの，遠く外れた，abseits〔道を外れた，離れた〕不気味さだけではないということを除けば，奇妙な情熱によって意図せずにある意味で出発点に連れ戻されたのだ。その理由は，確かに不気味なものの性質に，その abseits 位置にというより，フロイトの何らかの特殊性，あるいは彼の主張の弱さにある。これらは私が指摘したように，そしてフロイト自身が認めているように，否定できないことである。抑圧（それから超克）に関わる中心的なテーマはあまりに抽象的で形式的であって，抑圧，不安，the Unheimliche の間の個々の関係は開かれたままなのだ。どれほど相関関係にあろうとも，これら三つは単純に同一ではない。第二に，フロイトの「証拠」の地位も疑問へと開かれたままである。すなわち，それらの例が包含する要素が必ずしも不気味なものではないとすれば，それらはどれほど範例的なのか？　さらには，彼が引用し吟味査定する諸々の例は，しばしば非常に異質な性質のものである。空想と現実の，あるいはシンボルとシンボル化されたものの混同は，明らかに必ずしも主題的な問いではなく，むしろあるテクストの（またはある体験の）形式に属すのである。

　これらの異論を――それは決して包括的ではないが――要約して言いうるのは，フロイトが形式的，主題的，因果的要因の関係を，論文の中で適切に働かせ尽くしていないということだ。そして一般的にそうであるように，その構成的な連関を十分に発展させずにこれらの契機の相互依存関係を断言する必要性に直面すると，フロイトは説明するよりは事をあいまいにし，発生的－経験主義的な起源に頼る。次の「例」は典型的だと言われる危険にさらされかねないのだ。すなわち去勢不安が子どもの発達において「巨大な役割」(eine

---

(17) 『不気味なもの』，SE 17 p.251-252; GW XII S.267; 著作集 3 p.356; 全集 17 p.51.

grossartige Rolle）[18] を演じ，またその子どもがしばしば自分の眼を失う恐怖を示すという事実は――フロイトにとっては――，次の二つの因果的な関係を築くのに十分だということになる。眼球不安は去勢不安の効果，そしてその代替物になるのである。

二つの不安理論

この疑似説明の代わりに私は素朴に，それに代わる議論を展開する努力をしよう。それはもはや発生的でも経験主義的でもなく，よりよい用語がないため私はそれを「構造論的」と呼ぶことにする。この議論はラカンによるフロイトの読解の一定の要素を採用しているが，それはわれわれが見てきたように，the Unheimliche についての彼の論文では未解決問題の一つになっているフロイトの不安理論をもって始まる。

ところが，フロイトには・二・つ・の不安理論があり，二つの差異は問題に密接な関係があるため，両者をここで非常に手短に概括しなければならない。『不気味なもの』を書きながらフロイトがまだ 1919 年には抱えていた最初の理論は，不安は抑圧の結果であり，欲動の備給（Triebbesetzung）を，それが予め拘束されている先の，それだけが抑圧対象を形成する表象内容（Vorstellungsinhalt）から分離すると主張した。この情緒エネルギーはこうして表象から切り離されて自由に漂うようになり不安に変換される。フロイトはそれを非拘束の心的エネルギーとみなした。この過程全体をフロイトは，それが含む特殊な表象から完全に独立し，もともと表象に関連した情緒の本質からもやはり独立して機能するとみなしたのである。この「最初の」不安理論はこのように，決定的で根本的な洞察を含んでいた。すなわち，ただそれだけが抑圧対象であったある特殊な表象内容（Vorstellungsinhalt）は，それ自体では――つまりその内因的

---

(18) SE 17 p.231; GW XII S.243; 著作集 3 p.339; 全集 17 p.23.

で質的な内容においては——不安の生成を説明するには十分ではなく，それは，もっと広いコンテクストの要素としてのみ，個々の表象が心的な妥当性をもつようになる，ということを意味している。しかしこの初期の理論の弱さは，フロイトが後に「記述的」であると評価したが，それが抑圧の基本的な原因をも，同じくそれによって抑圧が不安を生む特異的な機制をもあいまいなままにしているところにある。

　1926年——フロイトが論文『制止，症状，不安』(*Hemmung, Symptom und Angst*) を書いた年——以降，この最初の不安理論は変質しただけではなく，反転されたのだった。フロイトは，「不安を生む」のは「……抑圧」(19)ではなく，抑圧を生むのが不安だという結論に行き着いたのである。この構えはこうして，フロイトに不安の性質をより密接に吟味することを強いた。不安はもはや単純に抑圧の結果としては説明されえなくなった。ここでフロイトが発展させた不安の類型学に入り込まなくとも，ある一つの地点が保持されうるし，保持されるべきである。いまや不安自体の構造に対して範例的になったある特定の不安は，去勢不安(20)である。

---

(19)　この定式化は，フロイトが「第二の」不安理論を成立させた『制止，症状，不安』にではなく，*Neue Folge der Vorlesungen zur Einführung in die Psychoanalyse*, Lecture 32, "Angst und Triebleben"〔『精神分析入門』，第32講，「不安と生欲動」〕, Sigmund Freud Studienausgabe, Bd.I（Frankfurt am Main: S Fisher, 1969), S.521〔SE 22 p.86; GW XV S.521; 著作集1 p.456〕に見出される：ʻNicht die Verdrängung schafft die Angst, sondern die Angst ist früher da, die Angst macht die Verdrängung!"〔抑圧が不安を生み出すのではなく，不安が先にそこにあり，不安が抑圧を作り出すのだ〕。『制止，症状，不安』，SE 20 p.110; GW XIV S.139; 著作集6 p.336 その他も見よ。

(20)　"Die Angst ist die Reaktion auf die Gefahrsituation...Diese Gefahr war aber in den bisherr betrachteten Fällen die Kastration oder etwas von ihr Abgeleitetes."〔不安は危険状況に対する反応である……これらの危険はしかし，これまで観察してきた例では，去勢かその派生物であった〕。『制止，症状，不安』，SE 20 pp.128-129; GW XIV S.159; 著作集6 p.348．去勢不安の決定的な機能を展開し

不気味なものの問題にとって，この第二の不安理論の含意はまさに決定的である。それは不安が das Unheimliche を生み出す抑圧されたものそれ自体の回帰ではないことを意味し，それによって去勢を他に数ある中のテーマ素材的な要素のレベルにまで降格させるのだ。逆に，去勢コンプレックスは今や不気味なもののフロイト理論の核として立ち現れ，この理論が，さもなければばらばらなままの要素を一貫した連結へと持ち込むことを可能にする。しかしながら，これには一つの条件がある。すなわち，去勢コンプレックス〔complex〕の複合性〔complexity〕を，去勢を「現実の」出来事へ還元すること

たあとでフロイトは，それを "den einzigen Motor der zur Neurose führenden Abwehrvorgänge"〔神経症へと導く防衛過程の唯一の推進力である〕とみなすためにそれを絶対視する傾向には警告を発している（SE 20 p.143; GW XIV S.173; 著作集 6 p.357）。フロイトは分離(Trennung)と対象喪失(Objektverlust)の概念を導入し，去勢の概念をその下に包摂するように見える。しかしながらこのことは，去勢の制限された概念，ラカンの理論がそれを批判し，それに置き換わるよう設計された概念にしか当てはまらない。ラカンの理論自体も存在論的な構造として去勢を実体化する危険を孕んでいるということは，私が未刊行のラカン研究の第 9 章，"Die Bedeutung des Phallus, oder: Was der Fall ist" で示唆しようと努力したところである。ラカンの批判的読解のためには——特に「盗まれた手紙」に関する論文について——ジャン・リュック・ナンシーとフィリップ・ラクー＝ラバルトの卓越した研究 *Le title de la lettre* を見よ。そこでラカンの実体は，去勢を（暗に）中心におく否定的な存在論として解釈されている。"Il s'agit, certes, d'une ontologie *négative*. C'est un trou qui en désigne le centre — et en ordonne la circonférence, ce trou en face duquel il faut 'avoir les yeux'"〔確かに，否定的な存在論が問題である。それは，その中心を指示し——そして，その外縁を秩序づけ，それに直面しては「目を持たなければならない」穴である〕（Éditions Galilée, 1973, p.131）。また，*Position* (Paris, 1972)〔『ポジシオン』髙橋允昭訳，青土社，1981 年〕のジャック・デリダも見よ。"car il peut aussi y avoir un signifiant transcendental, par exemple le phallus comme corrélat d'un signifié premier, la castration et le désir de la mère"〔というのは，超越論的なシニフィアンがありうるからである。たとえば，第一のシニフィエの相関者としてのファルス，去勢と母親の欲望である〕(p.120)。

によっても，またそれを想像上または気まぐれの空想と同等だとみなすことによっても見逃さないという条件である。

去勢の構造論

しかし，それが単純に現実でも単純に想像上のものでもないとすれば去勢とは何なのか？　この問いへの唯一の適切な答えは，どれほど人を落胆させるように見えようと，去勢とはほとんど何ものでもないが，全く何ものでもないわけではないということである。フロイトの去勢理論はジャック・ラカンが展開したように，主体が，ほとんど何ものでもないが，全く何ものでもないわけではないものとしてその欲望対象に直面する時，発見の――発生的でかつ構造論的な意味において――契機＝瞬間を際立たせる。子どもが母親にはペニスがないと発見することは，性別にかかわらずすべての生きている人間が男性器官を備え持っていると仮定する「幼児期の性理論」を覆す――あるいは少なくとも深刻に破壊する。しかし去勢コンプレックスの効果は，それがこうやって子どものナルシシズムに与える一撃のはるか彼方にまで広がる。その含意と帰結は，厳密に発生的な意味においても単純に心理学的な意味においても解釈することはできない。それは，去勢は個人の心的領域をはるかに超える経験を構造化することに関わるからである。そしてその暴力的な運動によってそれが脱臼させるものは，フロイトが「知覚‐意識体系」〔System Perception-Consciousness〕と名づけた，日常生活の経験をも全体としての西洋思想の伝統をも支配するものの優越性である。というのは，子どもが「去勢」として「発見する」――すなわち解釈する――ものは，少なくとも子どもがそうであって欲しいと期待し欲望する意味では，何ものでもないわけでもなければ，単純に大したものでもないからだ。「発見された」ものは母親のファルスの欠如であり，ある種否定的な知覚であって，その対象や指示対象――perceptum ――は，単純な差異ではないとしても，究極的には差異

に他ならない。なぜならそれは何ものかを,とりわけ自分自身を指示するのではなく,その代わりに自ら自身を際限なく差し向けるからである。ラカンによって有名になった言葉遣いをすれば,去勢は性的差異を意味しながら,しかし必然的に欲望を――少なくともフロイト理論においては――その「対象」から分離する差異(そして禁止)としてシニフィアンの連鎖の中にファルスを書き込む[21]。去勢はこのように主体を,暴力的でしかも構成的差異としてその無意識的な欲望に直面させることによって,主体が十全に自らに現前することを,完全に自己意識的であることを妨げることで,主体の未来の同一性と経験とを構造化するのである。

去勢の眼への関係

限りなく複雑なフロイト‐ラカンの去勢理論へのこの要約的な示唆は,おそらくそれが役立つのと同じくらい読者を混乱させるだろう。理論を適切に提示しようとすれば,明らかに長引く議論を要求するだろう。ここではそれを試みることはできない。その代わりに私が試みるのは,去勢のこの解釈を,一定の諸テクストの読解における作業仮説として提言するために,不気味なものの問題に対するこの理論の帰結をいくつか記述することである。去勢理論の純粋に理論的な利点や難点が何であれ,私はそうしてその解釈学的な妥当性を証明できるようにと望んでいる。ある出来事や単なる空想としてではなく,ある構造としての去勢の規定は,主体の分節に対しても現実へのアクセスに対しても諸々の含意を担っている。これらの含意はおそらく,去勢と眼球不安の関係に関して最も良く証明されうるだろう。フロイトは,われわれが示唆してきたように,付随現象を因果論と同等に扱うことしかできなかったが,それらが去勢特有の非‐発見において決定的な役割を演じる限りで,今や去勢を眼

---

(21) J. Lacan, "La signification du Phallus", in *Ecrits* (Paris, 1966) et passim を見よ。

に関連づけるもっと厳密な必然性を見分けることが可能になる。眼は単に主体に否定的知覚——母親のファルスの欠如——という衝撃的な「証拠」を見せるだけではなく，主体を，自分の眼がもう二度と信じられないという事実に直面させる新たな事態の衝撃にも耐えなければならないのである。眼が見たものは，単純に可視でもなければ，まったく不可視でもないからだ。去勢の眼への特有の関係はしたがって，それがどんなに重要であれ，一次的に，非知覚の実際の契機である発生的な事実や経験に基づいているのではない。そうではなく，ここで関わっているのは，知覚と欲望と意識の関係を含んだ，そこでは同一性と現前というナルシシスティックなカテゴリーが，自らがもはや征服も命令もしえないある差異によって引き裂かれているという経験の再構築である。去勢特有の証拠は，非常に歴然としていながら決して十分には歴然としていないがゆえに特有なのだ。それは欲望された現象から眼を略奪し，それゆえ知覚の構造を変質させる。しかしそれよりさらに重要なのは，それが身体と自己イメージ，つまり主体のナルシシスティックな基盤に向けられた巨大な暴力の脅威を抱えていることである。なぜなら，母親の身体の「不完全さ」の知覚は，自分自身の身体の完全性という子どもの発想への脅威を含み，それを含意するからである。このことは，フロイトがなぜ『ナルシシズム入門』で去勢を「子どもの根源的なナルシシズムの（…）最も重要な妨害」[22]と記述できたのかを説明する。ナルシシズムは去勢コンプレックスの前提条件であり，かつ部分的にはそれへの反応だからだ。

　これらの見解は，去勢とナルシシズムとの不気味なものに関する関係を，フロイトが記述はしているが分析はしていない関係を，より精確に位置づけることを可能にする。フロイトは論文で分身のモティーフの，そして思考の全能の不気味な性質を説明する中で，回

---

[22] 『ナルシシズム入門』, SE 14 p.92; GW X S.159; 著作集 5 p.124.

帰的で抑圧され、あるいは（半ば）克服されたナルシシズムの重要性を記した。例えば Doppelgänger〔分身〕を、フロイトは——ランクの解釈に従って——両価的(アンビヴァレント)でナルシシスティックな意味をもつと主張した。一方で、分身は元来は二重化によって死に対抗して自己を護ろうとする試みを表していた（フロイトはこのことを論じてはいないが、おそらく他者との同一視を含んでいる）。他方では、いったん第二の自己がもはや一次ナルシシズムによって護られなくなると、分身は死の前兆になった。二重化、自己の増殖は自己の分裂になり、もはやその非-同一性と致死性を克服できず、むしろそれらを堅固にする。フロイト自身はこの種の倍加するナルシシズムと去勢との関係を、分身を、性器シンボルの増殖を通して夢における去勢の表象に比較することによって指摘したが、それを展開するには至らなかった[23]。反復、二重化、回帰は、生来あいまいで、両価的(アンビヴァレント)でさえある過程である。それらは「根源的な」同一性を確かにするように見え、増加させる〔increase〕ようにさえ見えるが、しかしよりいっそうそれに、問題を孕んだ逆説的な前提条件としては折り目をつける〔crease〕のである[24]。去勢はこの折り畳み〔crease〕を反復として、あるいはより精確には、同一性に基づく反復形態——ナルシシズムの反復、つまりそれを普遍化することによってペニスを反復する「幼児期の性理論」——から別の反復へ、差異の分節への移行として記す。その分節〔articulation〕は——むしろフロイトがあの「幸運な最初の例」として喚起し、私がこれから向かう、あ

---

[23] 『不気味なもの』、SE 17 pp.234-235; GW XII S.247; 著作集 3 pp.341-342; 全集 17 pp.27-28.

[24] フロイトのテクストにおける反復の問題は、解明されるべきまま残っている。そうした練り上げがおそらく進まねばならないであろう概略の筋のために、デリダによるフッサールの厳密な読解, *La voix et le phénomène* (Paris, 1967)〔『声と現象』高橋允昭訳、理想社、1970 年〕、特に "Le vouloir-dire et la représentation"〔「言わんとすることと表象」〕と名づけられた章を見よ。

るいは立ち戻ることになる E. T. A. ホフマンの物語の中で，砂男が哀れなナタナエルを扱い，また虐待するように——主体を脱‐配置し〔=脱臼させ〕脱‐肢体化さえする〔dis-locating and even dis-membering the subject〕脱‐分節化〔dis-articulation〕でもある。

Unheimliche を眼で直視しようとする努力の中でフロイトが直面する困難，いわばそれを吟味査定し，外層をはがし削除して内部の，しかし疑念の（大きくなる）影を決して排除しえずに「概念の核」に達すること——このことはすべて，不気味なものが還元できぬまでに主体の感情だとは考えられない場合でさえ，その対象構造がその複雑に構造化されたコンテクストから独立した，テーマ的な観点だけでは規定しえないということを示唆している。フロイトの結論が示唆しているように，das Unheimliche が文学的「フィクション」への特権的な関係をもつとすれば，それは単なるテクスト「の中で」，あるいはそれに「よって」表象される単なる内容への関係ではなく，その「形式的な」，テクストの構造そのものへの関係なのだ。私がこれから着手するよう提案する読解は，性質がどれほど素朴で予備的であれ，それでも——フロイトの Musterung のように——意識的にも無意識的にも知覚（「視覚」）という観念に由来する観点から，それ自体の活動性を確信し組織する解釈の袋小路を避けようとするものだ。それは，今度は，去勢の問題系が精確かつ決定的に脱臼させる存在論的前提，すなわち問題になっている「対象」の現前とアイデンティティに基づいている。以下の読解が単純にホフマンのテクストを語り直し，そのフロイトの分析を反復する以上のことをほんの僅かでも行っているように見えるとすれば，それは同一性ではなく重要な差異が，不気味なものの問題にとって重大な帰結をもって浮上するのを反復が可能にする地点にまで到達しうるという希望の中にある。われわれはそう思い始めているが，テーマ的現象としてばかりでなく，解釈そのものの要因としての反復に関わる問題にとって，である。それゆえこの最初の，比較的素朴な読解が，大幅

にテーマ的‐意味論的内容のレベルに留まるとしても，その読解を別の読解の必要性が抗し難くなる地点まで追跡することができる，私はそう望んでいる。

『砂男』

　学生ナタナエルは，子どもの頃の恐ろしい人物を思い出させる眼鏡屋コッポラ（コッペリウスとしても知られている）との出会いについて，手紙の中で書いている。ナタナエルの父親は，謎めいた「砂男」の訪問を定期的に受けていた。その訪問者への幼いナタナエルの好奇心は——本質的であるにもかかわらずここでは触れえないある必然性に従うのだが——「自分で秘密を探り，作り話めいた砂男を見てやろう」(das Geheimnis zu erforschen, den fabelhaften Sandmann zu sehen) との衝動へと膨らんだ。ある夕べ，彼は砂男が近づいてきたのを聞いて，父親の書斎に身を隠す。二人の男が部屋に入ると，砂男は法律家コッペリウスだということが判明する。時折の客は家族の夕食の席につくが，その法律家にしばしばいじめられているナタナエルと彼の妹はどちらも彼を憎んでおり，恐れている。コッペリウスはアシスタントであるナタナエルの父親とともに，部屋にあるストーブで科学実験を実行しようとする。法律家が，ナタナエルには「濃い煙からきらきら明るく光る塊」(hellblinkende Massen aus dem dicken Qualm) [25] と思われるものをむしり取ると，突然ナタナエルは，「そのあたりから，人の顔のようなものが見えるようであった。だが眼がない——その代わり恐ろしい深く暗い穴があった」

---

[25] E. T. A. Hoffmann, "Der Sandmann" in *Fantasie — & Nachstücke* (München: Winkler Verlag, 1968), p.333. 以下の引用はすべてこの版を参照している。〔本書では次のテクストを使う。E. T. A. Hoffmann, "Der Sandmann" in Der Umschlag zeigt verkleinert eine Federzeichnung (Reclams Universal-Bibliothek, 1991), p.9. 和訳には次のものを参照するが，訳文には変更がある。『ホフマン全集3』深田甫訳，創土社，1971年，p.21. 以下「砂男」と略す。〕

(als würden Menschengesichter ringsumher sichtbar, aber ohne Augen — scheussliche, tiefe schwarze Höhlen statt ihrer)[26]という感覚に打ちのめされる。ナタナエルは恐怖の中で叫び声を上げ、砂男は彼を発見してすぐさま彼の目をひったくろうとするが、父親が嘆願してやっと息子の視力を救う。ナタナエルは砂男があたかも自分の身体を取り壊し、それから組み立て直そうとするように思われる中で半狂乱に陥り、意識を完全に失う。

それ以来コッペリウスは一年間雲隠れしていたが、ある夕べ、彼の重い足取りがナタナエルの家の敷居に聞こえたのだった。少年の父親はおびえる妻に、不吉な訪問者に会うのはこれが最後になるだろうと約束し、それからコッペリウスとともに書斎に消える。すぐ後に「とてつもない衝撃音」が聞こえ (ein entsetzlicher Schlag...wie wenn ein Geschütz losgefeuert würde)、ナタナエルが書斎に駆け込むと、「黒く焼け焦げ、恐ろしく引きつった顔をして父親が、スチーム式の炉の前の床で死んで横たわっている」のを発見する。「……傍らに母親が気絶していた」(vor dem dampfenden Herde auf dem Boden lag mein Vater tot mit schwarz verbranntem grässlich verzerrtem Gesicht...die Mutter ohnmächtig daneben)[27]。

物語を始めるこの手紙は、ナタナエルが、フィアンセであるクララの兄、ロータールに宛てたものである。奇妙な失策によってナタナエルは手紙をクララに宛て、その後彼女が合理的な議論で自分に答えてきたことに腹を立てている。「あの不気味な力」は、彼女が書くには、「私たち自身の自我の幻想」と「私たち自身の鏡像」にすぎない (jene "unheimliche Macht" sei nur "das Phantom unseres eigenen Ichs" und "unser eigenes Spiegelbild")[28]というのだ。彼女はナタナエルに、自分が彼の守護天使になり、心の中で彼と共にいると約束

---

(26) Sandmann p.336/ p.9; 砂男 p.21.
(27) Ibid. p.338/ p.11; 同書 pp.24-25.
(28) Ibid. pp.340-341/ p.15; 同書 p.33.

する。しかしクララの代わりに，物理学の教授で，「天使のように美しい顔」(engelschönen Gesicht) をしているが，まるで視力がないかのようにどこかこわばった (starr) ように見える眼をした少女オリンピアの父親であるスパランツァーニがナタナエルを訪問する。この注目に値する眼を最初に一瞥するや，ナタナエルは「不気味な」感情に打ちのめされる。彼が住んでいた家が焼け落ちた後，ナタナエルはスパランツァーニ教授の家の真向かいの部屋に引っ越す。ここである日彼は，不気味な眼鏡屋コッポラの訪問を受けるのだが，その彼は学生に商品を売ろうとする。コッポラは，おびただしい数の眼鏡とレンズをテーブルの上に広げ，それがナタナエルには「何千もの眼が自分を凝視し，痙攣するようにひくついて見つめている」(tausend Augen blickten und zuckten krampfhaft und starrten auf) [29] ように見えるため，彼は恐れおののく。彼がコッポラを外へ放り出そうとした時，眼鏡屋は突然「ジャケットの脇ポケットに」(aus der Seitentasche des Rocks) に手を伸ばし，「多数の大小の望遠鏡」(eine Menge grosser und kleiner Perspektive) [30] を取り出す。ナタナエルは望遠鏡の一つを取って凝視してみると，「自分の目のすぐ前に物をこれほど純粋に，はっきりと，際立って押し出すレンズで見たことが今までなかった」(noch im Leben war ihm kein Glas vorgekommen, das die Gegenstände so rein, scharf und deutlich dicht vor die Augen rückte) [31] ため，仰天する。すぐ後で彼はオリンピアを見るが，それはあたかも「湿った月光が彼女の眼に立ち上っていた」ようで，「まるで初めて視力がその中に燃え立ったように」(als gingen in Olimpias Augen feuchte Mondesstrahlen auf. Es schien, als wenn nun erst die Sehkraft entzündet würde) [32] 見えた。ナタナエルは恍惚とし，

---

(29) Ibid. p.351/ p.27; 同書 p.55.
(30) Ibid./ p.28; 同書 p.55.
(31) Ibid./ p.28; 同書 p.56.
(32) Ibid. p.352/ p.28; 同書 p.56.

まるで魔法にかかったようだ（wie festgezaubert）。うっとりとして，彼はコッポラにレンズ代3ダカットを支払うが，眼鏡屋が立ち去る時に笑い声を上げるのを聞き，ナタナエルはぼんやりと「小さな望遠鏡にあまりに高い代金を払った——払いすぎたからだ」（weil ich ihm das kleine Perspektive gewiss viel zu teuer bezahlt habe — zu teuer bezahlt）[33]と思う。この時から，彼のオリンピアへの愛は留まるところを知らなくなる。ある夜，母親にもらった指輪を彼女に贈りに行く途中，彼はオリンピアの部屋から来る奇妙な騒ぎと荒げた声音を聞きつける。彼はなだれ込み，コッポラとスパランツァーニが女性の姿をしたものの「所有をめぐり怒り狂って争っている」（streitend in voller Wut um den Besitz）[34]のを見る。女性の姿をしたものはオリンピアだということが判明するが，それは女性的な何ものかとは言えないものである。それは等身大のロボットだということが明らかになったのだ。ナタナエルはコッポラがオリンピアを腕に抱いて消えるのを見るが，一方のスパランツァーニは怯える学生に「お前から盗んだ眼だまだ……あそこにお前の眼だまだ！」（die Augen dir gestohlen...da hast du die Augen !）[35]と叫んで彼女の眼を投げつける。ナタナエルは発狂して教授を絞め殺そうとし，取り押さえられて混乱した場所から引き離される。ずいぶん後に家に戻って，彼はベッドの傍らにいるクララの下で目覚める。コッポラは消えていた。ナタナエルとクララは今やついに共に幸せを見つけたように思われ，

---

(33) Ibid. p.352/ p.29; 同書 p.57.

(34) Ibid. p.358/ p.37; 同書 p.70.

(35) Ibid. p.359/ p.38; 同書 p.71. "dir gestohlen"〔お前から盗まれた〕というフレーズは，物語の明白な内容の観点からは不可解なように見える。しかしながら，オリジナル草稿では，砂男がナタナエルの妹を性的虐待し，"der Mutter treu Ebenbild"〔忠実な生き写しである母親が〕彼女の眼に触り，その結果失明させ少女を死なせたという——刊行された版から削除された——エピソードがあった。E. T. A. Hoffmann Sämtliche Werke, Bd.3（München: Historisch-kritische Ausgabe ［Maassen］, 1912）, p.359.

結婚の準備をする。ある日，彼らが町を散歩していると，クララが遠くの山々を見るために市役所の高い塔に登ろうと提案する。しかし山々の代わりに，彼女は「奇妙で小さな灰色の茂みが抜け出して，私たちの方にまっすぐ歩いて来るように見える」(den sonderbaren kleinen grauen Busch, der ordentlich auf uns los zu schreiten scheint)[36]ことに気がつく。ナタナエルは機械的に自分の脇ポケット〔side-pocket〕に手を伸ばして「コッポラの望遠鏡」を取り出し，横の方を〔sideways〕覗くと「クララが……レンズの前にいる！」のが見える。彼は直ちに突然狂気に駆られて，クララを塔から投げ落とそうとするが，彼女はすんでのところで助けに駆けつけた兄に救出される。その時ナタナエルには，他の人々にまぎれて「巨人のように」そびえる法律家コッペリウス (unter ihnen ragte riesengross der Advokat Coppelius hervor)[37]が下にいるのが見える。ナタナエルは突然飛び込んで死んでしまう。クララがついに別の人との間に見つけた，彼女が決してナタナエルとは得ることができなかった幸せについての簡潔な記述をもって物語は終わる。

テーマ読解の限界

この要約の後でわれわれは，物語の不気味さを生み出す上で眼と去勢の決定的な重要性を強調する，フロイトのこの強調が全面的に正当化されるということを理解しうる。恐ろしい秘密を見る強迫，自分の眼を失う結果をもって彼自身が見られるのではないかというナタナエルの恐怖，砂男による自分の身体の解体，光学機器による眼の代替ないし代補，オリンピアの眼。最終的には両親の役割，"entzetzliche(m) Schlag"〔とてつもない衝撃〕に続いて捻じ曲がった様相で死んで横たわる父親の光景，彼の隣で気を失っている母親

---

(36) Ibid. p.362/ p.41; 同書 p.76.
(37) Ibid./ p.42; 同書 p.78.

——これらすべてが去勢の方を指示し、またそのシナリオが演じられる舞台を設定する。Urszene,「原光景」の舞台である。しかしわれわれが指摘したように、the Unheimliche 論文でフロイトは、去勢を究極的には、あたかも単に・テ・ー・マ・的・-・素・材・的・な出来事であるかのように、それが本質的には知覚された現実、つまり抑圧に服し、それから同一の形で回帰するべき表象内容、Vorstellungsinhalt であるかのように扱っている。私は、去勢のより構造論的な理論がいかにしてこのテーマ的概念から区別されるのか、すなわち去勢がいかにして数ある中の一・現・象としてではなく、むしろ現・象・性・そ・れ・自・体・の・危・機・として扱われうるし、そう扱われるべきかを示唆しようとしてきた。なぜならそれは、もはや単純に知・覚・さ・れうるのではなく、むしろ読・解・さ・れ・解・釈・さ・れ・うる差異的かつ象徴的な新たなコンテクスト性を際立たせるからである。あらゆる実体的で決定的な表象や、場面や状況を去勢と同一視することは、あらゆる現象を象徴的なコンテクストに書き込む力動性を無視する、あるいは還元することである。しかし、この還元は去勢を固定した同一性を所有することとして実体的で可視的なテーマとして扱う時、フロイトが向かってゆくところである。私は今以下に、この還元がいかに、とりわけ彼の『砂男』の読解を、そして不気味なもの一般の彼の理論を規定しているかを証明しようと試みるつもりだ。

das Unheimliche についての論考への脚注で、フロイトはホフマンのテクストの「もともとの配置」（die ursprüngliche Anordnung）について書いているが、その配置は、どれほど著者の想像（Phantasie）によって変形されていても、それにもかかわらず本質的に「再構築され」（wiederhergestellt）[38] うるものだと書いている。フロイトのテクストへの解釈的なアプローチ全体は、そのような再構築の可能性によって規定されている。すなわち、それ自体があらゆる歪曲と

---

[38] 『不気味なもの』、SE 17 p.232; GW XII S.244; 著作集 3 p.339; 全集 17 p.24.

反復から十分に自由であり，作者の想像的な作業に先行するもともとの Urtext〔原テクスト〕の仮説的存在によってである。私は，この原テクストを再構築しようとするフロイトの試みの唯一の側面だけを詳論するに留めるつもりだが，それは私には範例的な地位をもっているように思えるのだ（というのはある意味で，それは例の，Muster〔見本〕そのものの地位に関わるからである）。コッペリウスとコッポラという砂男の二重の形象の背後に，フロイトはなるほど両価的(アンビヴァレント)であるにもかかわらず単一の形象を見ている。エディプス・コンプレックスの愛されていながら，憎まれ恐れられている父親をである。この形象が去勢を固定し，可視的で表象可能なものにしうるというのだ。つまり，不気味な効果が（フロイトの言葉では）「直に砂男という形象に結びついている」(direkt an der Gestalt des Sandmannes...haftet)⁽³⁹⁾限りでは，である。したがって他の反復，二重化，分割等はみな結果的に，究極的にはこの単一の形象の同一の意味に還元されうることになる。「物語の結論は」，とフロイトは書いているが，「そう，眼鏡屋コッポラが現実に弁護士コッペリウスで，したがって砂男でもあることをきわめて明白にしている」(Der Schluss der Erzählung macht es ja klar, dass der Optiker Coppola wirklich der Advokat Coppelius und also auch der Sandmann ist)⁽⁴⁰⁾。しかし，物語の結末は現実に〔really〕それほど明白なのか？

そして，現実吟味や「素材的」現実が，フロイト自身が認めているように，直接的には適用できないところであるフィクションのテクストでの現実〔reality〕（「現実に」〔"really is"（wirklich ist)〕）の地位とは何なのか？

いずれにせよ，結末についてのフロイトの説明を，それからホフマンのテクストそのものを読んでみよう。まずはフロイト。

---

(39) SE 17 p.230; GW XII S.242; 著作集 3 p.338; 全集 17 p.21.
(40) SE 17 p.230; GW XII S.242; 著作集 3 p.338; 全集 17 p.22（強調は私のもの）．

少女は自分の婚約者に，塔の上に登ってみようと提案する。その間，二人に同行している，婚約者である少女の兄は下に残った。上でクララの注意は，路上をこちらへ動いて来る奇妙な現象に引きつけられる。ナタナエルはポケットの中に見つけたコッポラの望遠鏡でその同じものを見て，新たに発作的に狂気に囚われる……下には，集まった人々の中に，突然また出現したコッペリウスが際立っている。われわれは，ナタナエルを狂気に追いやったのが，彼が接近してくるのを見たことだったと想定してよい。

(Das Mädchen schlägt ihrem Bräutigam vor, auf dem Turm zu steigen, wärhend der das Paar begleitende Bruder der Braut unten verbleibt. Oben zieht eine merkwürdige Erscheinung von etwas, was sich auf der Strasse heranbewegt, die Aufmerksamkeit Claras auf sich. Nathanael betrachtet *dasselbe Ding* durch *Coppolas Perspektiv*, das er in seiner *Tasche* findet, wird neuerlich vom Wahnsinn ergriffen... Unter den Menschen, die sich unten ansammeln, ragt der Advokat Coppelius hervor, der plötzlich wieder erschienen ist. *Wir dürfen annehmen*, dass es der Anblick seiner Annäherung war, der den Wahnsinn bei Nathanael zum Ausbruch brachte.) [41]

この想定（Annahme）の是非を議論する前に，ホフマンのテクストを再読してみよう。

> 「あの奇妙で小さな灰色の茂みを見て，抜け出して私たちの方にまっすぐ歩いて来るように見えるわ」とクララは言った。ナタナエルは機械的に自分の脇ポケットに手を伸ばした。彼はコッポラの望遠鏡を見つけ，横の方をじっと見た——クララがレンズの前に立っていた！——。突然，彼の脈と血管は発作的に震えた——死人のように蒼白になって彼はクララを見つめたが，ぐるぐる回る眼から赤熱した花火が飛び散った……。

---

(41) SE 17 p.229; GW XII S.241; 著作集3 p.337; 全集17 pp.20-21（強調は私のもの）.

("Sieh doch den sonderbaren *kleinen grauen Busch*, der ordentlich auf uns los zu schreiten scheint," frug Clara. Nathanael fasste *mechanisch nach der Seitentasche*; er fand *Coppolas Perspektiv*, er schaute *seitwärts — Clara stand vor* dem Glase ! — Da zuckte es krampfhaft in seinen Pulsen und Adern — *totenbleich starrte er Clara an*, aber bald glühten und sprühten Feuerströme durch die rollenden Augen...) (42)

フロイトは，砂男用にしか眼をもっていないように見える。虜になり，フロイトは彼を凝視し，クララを見ることを端的に拒む。哀れなナタナエルはそうではない。彼はどこに危険が潜んでいるのか知っており，何を自分が見ることを強いられているのか，間違えることは決してない。毒であると同時に解毒剤でもあるクララはレンズの前に立ち，死んだように蒼白になって彼はクララを見つめる……そして彼自身が飛び越える前に，その時塔から放り投げようとするのはクララなのである。ナタナエルが——彼のポケット（フロイト）ではなく，脇ポケット（ホフマン）に——手を伸ばすのと同じほど機械的にフロイトが無視する，あるいは反復する細部において，『砂男』のテクストは少なくとも das Unheimliche 論文では，フロイト自身が認める準備ができている以上に，去勢の本質を開陳しているのだ。というのは，去勢の注目すべき本質ないし非本質を包含しているのは，去勢する父親の可視的な形象ではなく，むしろあの〈ほとんど-何ものでもない-が-全く-何ものでもない-わけではないもの〉の瞥見，それゆえそれ自体がほとんど盲目的だが全面的に盲目的でもない一瞥だからである。それは同じ運動の中で自らを露わにし，かつ隠蔽する差異を「見る」からである。決定的な運動が機械的に脇ポケットに手を伸ばす斜めの方向へ，横の方に進むことは，それゆえ特有の意味をもつ。なぜなら，語「去勢」によって指示されているものは，まさに直接的に，まっすぐに，あるい

---

(42) Sandmann p.362/ p.41; 砂男 p.76（強調は私のもの）.

は正面に見ることの不可能性だからである。去勢は不気味なものそのものと同様に，常に横にずれて，オフサイドの側にあるがゆえに決して正面に見ることができない。これが，コッポラも，彼を機械的に自動的に反復するナタナエルも望遠鏡を取るために脇ポケットに手を伸ばし，ナタナエルが自分が見うるものを見るために横を見なければならない理由である。彼が見るものは，フロイトが仮定するように，クララが見たのと「同じもの」(dasselbe Ding)ではない。というのは，われわれが去勢について学んできたことはすべて，この仮定を支持できないものにするからだ。去勢の法則に従うと，何ものも決して同じではなく，あるのは，ただそれ自体が反復である別のものの反復だけである。それが，ナタナエルの動きが「機械的」だと述べられる一つの理由である。それは無意識的にコッポラの身振りを反復するが，それだけではない。このことはまた，彼が機械的に自分の脇ポケットから取り出す望遠鏡が，コッ・ポ・ラ・の・望遠鏡だと描かれる理由であり，フロイトが今やあのなじみの機械的な身振りによって，ナタナエル自身の証言——それ自体反復されている("zu teuer...")——に従えば，彼が非常に大きな対価を払って眼鏡屋から買った望遠鏡の所有者について，明らかに注目すべきことを何も見出さずに反復する事実でもある。しかし，人は自分の負債を決して完全には返済しないという逆説にもかかわらず，あるいはそれゆえに，去勢コンプレックスがすべての所有物を常に他人に属するものとして示すという意味で，望遠鏡はコッポラの所有物のままなのである。しかし，フロイトが描くやり方で奇妙なものを見たとしても，ナタナエルは砂男を，少なくともフロイトがあれほど（われわれに）見せようとするあの「同じもの」として，あるいは同一の形象として見たのではなかったであろう。というのは，ここで再びフロイトは，小さいが意味のある差異を省略するからだ。ホフマンのテクストに現れるのは，「奇妙で小さな灰色の茂み」（ちなみに，「ような」〔like〕ではなく隠喩的に同一）である。しかし，この小

さな灰色の茂みはそれ自身がコッペリウスの恐ろしい顔，実は物語の始めで，「灰色の茂みのような眉と，その下に突き刺すようなぎらぎらする緑色の二つの猫目」(bushigten grauen Augenbrauen, unter denen ein paar grünliche Katzenaugen stechend hervorfunkeln) [43] を持つと記述される目の反復と移動なのだ。しかしこの反復は，コッポラが「現実に」コッペリウスであり，二人の人物が究極的には同一だということの証だろうか？ あるいはそれは決定的な「現実」がここでは間テクスト的で，換喩的な移動，つまり決して完全に把握したり，単純に見たりすることのできない差異と欲望の運動にあることを示してはいないか？ おそらく，二重の名前，コッペリウス／コッポラにおいて最も重要なものは，フロイトと彼の先駆者が注目した二重の意味ではない。単に coppo が眼窩で，coppella がるつぼという意味だけではなく，そこには第三の意味がある。それは実体ではなく（言語的な）機能を指示する。copula〔繋辞〕（ドイツ語の Kopula）は，砂男の双子の人物形象と同じように，第三の次元を，言語と解きがたいまでに結びついた残余を露わにするのだ。それはちょうど，ナタナエルの好奇心が元来，「砂男」が語句の言い回しにすぎないのか，それとも眠れる透明な発言の形象以上に現実的な何ものなのかを発見することに向かっているのと同じである[44]。繋

---

(43) Ibid. p.334/ p.7; 同書 p.18.

(44) Ibid. p.332/ pp.4-5; 同書 pp.14-15. "'Ei Mama! wer ist denn der böse Sandmann, deruns immer von Papa forttreibt?" — wie sieht er denn aus?' — 'Es gibt keinen Sandmann, main liebes Kind,' erwiderte die Mutter: 'wenn ich sage, der Sandmann kommt, so will das nur heissen, ihr seid schälfrig unt könnt die Augen nicht offen behalten, als hätte man euch Sand hineingestreut.' — Der Mutter Antwort befriedigte mich nicht..." 「ママ，僕たちをパパから追い立てる悪い砂男って誰？――いったいどんな風に見えるの？」「砂男なんていないのよ〔Es gibt keinen Sandmann〕, 坊や」, と母は答えた。「ママが砂男が来ていると言うのは, ただあなたたちが眠くなって, 誰かがあなたたちに砂をまいたみたいに目をほとんど開けておくことができないってことよ」。――母の返事では私を

286

辞はたぶん，砂男のように同一性へと溶解することなく拘束する，この残りの第三項である。なぜなら，その組み合わせは統一するというよりは分離し，分割するからである。

はるかに多くのことがホフマンのテクストとフロイトのテクストへの関係について言いうるし，言われるべきである。私はしかし，少なくともさらなる探求の道筋が輪郭を描きうる地点に到達したと思う。とりわけ，フロイトによって完全に無視された語り手と語りの構造の役割を問い質さなければならない。なぜならこのことは，不気味なものに対して，またそれから切り離すことのできない知覚と身体の統合性の危機に対して，構成的な反復と分割の運動のためのコンテクストを供給するからである。この危機は伝統的な，表象的な語り口(ナラティヴ)の危機に関わり，またこのことはおそらく，the Unheimliche 特有の前線を際立たせる。しかし，問題をさらにホフマンの物語の中に追求する代わりに，私はそれを，語り手が参加者として機能し，彼の立場がある程度テーマ的である別のテクストを読むことで展開しようと思う。そのテクストはヴィリエ・ド・リラダンの手になるもので——ホフマンの『砂男』への参照指示がないわけではない——『クレール・ルノワール』と題されている。

ヴィリエ・ド・リラダン『クレール・ルノワール』

ホフマンとヴィリエとの関係は，重要かつ多様である。接点の決定的な地点はしかしながら，各々の作品の下に横たわる共通の関心

満足させなかった……」。母親の答えが "befriedigte nicht"〔満足させなかった〕のも不思議ではない。というのは，砂男の存在を与える〔gibt〕のは Es〔エス〕だからである。また，ナタナエルは彼がそれを「見る」時，否認のケースを認識しているのである（...in meinem kindischen Gemüt entfaltete sich deutlich der Gedanke, dass die Mutter den Sandmann nur verleugne...〔……子ども心にも，母はただ……否認しているのだという考えがはっきりと拡がった〕）。

と問題に由来する。これらの問題がわれわれが検討してきたものとはそれほどかけ離れてはいないかもしれないことの指標は，ヴィリエがホフマンを，『未来のイヴ』（第二章「蓄音機のパパ」への碑銘として）ではっきりと引用するまれな機会の一つがナタナエルが砂男を初めて見る場面だという——それ自体は確かに単なる偶然の一致ではない——事実である。"C'est lui !... Ah ! dis-je en ouvrant de grands yeux dans l'obscurité: c'est *l'Homme au sable* !..."〔彼だ！……ああ！暗闇の中で大きな眼を見開いて僕は言った。砂男だ！……〕[(45)]。それにもかかわらず，共通のモチーフの回帰は単に反復や「影響」を意味するわけではない。クレール・ルノワールはほとんど確実にクララをほのめかしているにもかかわらず，また短編小説の語り手かつ主人公が偉大な教授スパランツァーニの学生でもあるという事実にもかかわらず，それでも少なくとも最初に読者に印象づけるのは，二つのテクスト間の差異である。とりわけ，また単に形式的な意味以上のものであるのは，ヴィリエが，生理学の教授で様々な学会の名誉会員であるトゥリビュラ・ボノメという形象の中で到達する，語り手と語られるものの再統一である。トゥリビュラは描写されているように，"arrière-pensée de son temps"〔その時代の底意〕であり，プリュドム氏とフローベールのオメの綜合，そして——架空の著者である。より正確には，最も謎めいたクレール・ルノワール夫人のケースの，知らぬ間に，しかし不可避に彼自身のものになるケースの議事録の速記者である。

　もう一度，物語を語り直すことから始めよう。それ自体はトゥリビュラの，彼が眼を背けるほどの顔つきの描写で始まる。やはりそれは "la physionomie de mon siècle, dont j'ai lieu de me croire l'ARCHE-

---

(45)　Villiers de l'Isle-Adam, *L'Eve future*, *Œuvres complètes* I（Mercure de France, 1922），p.14.〔Villiers de l'Isle-Adam, *L'Eve future*, GF Flammarion, 1992, p.102; 『ヴィリエ・ド・リラダン全集　第二巻』斉藤磯男訳, 東京創元社, 1975 年, p.12〕

TYPE"〔私が自分をその〈元型〉だと考える理由がある世紀の人相〕[46]で、"à la fois envahisseur et vaporisateur"〔侵略者であると同時に噴霧器のような〕、幅を取り過ぎる鼻に支配されている。鼻はただの鼻、単なる身体器官ではないために、この特徴は非常に重要である。"Le Nez, c'est l'expression des facultés du raisonnement chez l'homme; c'est l'organe qui précède, qui éclaire, qui annonce, qui sent et indique. Le nez visible correspond au nez impalpable, que tout homme porte en soi en venant au monde."〔鼻は、人間における推論能力の表現である。それは先行し、明らかにし、予告し、感じ、指し示す器官である。可視的な鼻は、触知不可能な鼻に対応するが、あらゆる人間はそれをこの世にやってくる時に自分自身に身につける〕[47]。可視と不可視の、触知可能と触知不可能の間のこの一致は、来たる物語において小さからぬ役割を演じることになる。

　トゥリビュラの生活は、二つの大きな情熱に支配されている。最初のものは "les infiniments petits, les Infusoires, comme les a nommés Spallanzani, mon maître bien-aimé"〔無限小のもの、大好きな私の教師であるスパランツァーニが名づけた滴虫類〕[48]の観察にある。この情熱は、"qui mettent à nu les arcanes d'un monde momentanément invisible"〔しばらくの間不可視であった世界の秘儀をさらけ出す〕現存の最も進化したレンズや拡大鏡を手に入れるうちに、莫大な遺産を丸ごと食い尽くしてしまう。ナタナエルの窃視症がまだ本質的に私的で個人的で家族的なものだとすれば、トゥリビュラ・ボノメにあるこの情熱は

---

(46) *Œuvres complètes* III (Mercure de France, 1922), p.53. 続く引用はこの版からのものである。〔本書では以下の版を使う。*Claire Lenoir et autres contes insolites*, par Jacques Noiray, GF Flammarion, 1984, p.28;『ヴィリエ・ド・リラダン全集　第一巻』斉藤磯男訳、東京創元社、1980年、p.435. 訳文には変更がある。〕

(47) Claire Lenoir pp.50-51/ p.27; クレール・ルノワール pp.433-434.

(48) Ibid. p.54/ p.29; 同書 p.436.

社会化されて,野心的な小ブルジョワと,彼のイデオロギーである科学的実証主義との寓意であっただろう。しかし,この寓意は決して観念の単純な証明などではなく,トゥリビュラを,無邪気な俗物的ないしは低俗な実証主義者と混同すべきではない。というのは彼は,自分で主張するように究極的には夢想家だからだ。

> Ce qu'il est important de constater, c'est que l'esprit d'*analyse*, de *grossissement*, d'*examen minutieux* est tellement l'essence de ma nature, que toute la joie de vivre est confinée pour moi dans la classification précise des plus chétifs ténébrions, dans la vue des enchevêtrements bizarres, pareils à une écriture très ancienne, que présentent les nerfs de l'insecte, dans le phénomène du raccourci des horizons, qui demeurent immenses selon les proportions de la rétine où ils se reflètent !... La réalité devient alors visionnaire — et je sens que, le microscope à la main, j'entre de plain-pied dans le domaine des Rêves !
> 〔確認するのが重要なのは,分析の,無作法の,細心の検討の精神が,本当に私の性質の本質だということであり,その結果,それは人生全体の喜びは私には,最もひ弱なゴミムシダマシの正確な分類に,昆虫の神経を提示する非常に古い文字にも似た奇妙な錯綜を見ることに,その神経が映し出す網膜に比較すれば広大なままの地平の縮約現象に限定されている。……現実は幻のようになる―そして私は,顕微鏡を手に,いきなり〈夢〉の世界に入ると感じるのだ!〕[49]

しかしトゥリビュラは,ただ綿密に調べ,詳細に述べ,観察し,そしてとりわけ夢見るだけではない。彼は真に苦痛を感じ,描写困難な第二の情熱をもっている,より正確には,それに取り憑かれている。彼が "une AFFRE"〔悶絶〕と書いているように,生まれつきの恐怖症だと分かるが,それは不意に,また警告なく,表立った理由なく彼を打ちのめす。彼の冒険の経過の中でこの不安は,彼には我

---

(49) 同所。

慢がならない風と,空っぽの,開かれた人気のない空間を見ることと結びついて起こる。この二つの大きな情熱の関係に関してトゥリビュラは多くを話すわけではないけれども,たぶんわれわれは,嫉妬深い恋人であるかのように彼が見守る原虫を観察することに捕われる恐怖の中にヒントを見出すことができるだろう。"Mais je suis jaloux de mes découvertes et je me cache profondément de tout cela... Lorsqu'on me questionne à ce sujet, JE FAIT LA BETE."〔しかし,私は自分の発見に執着し,そのことすべてから深く姿をくらます……。このテーマについて尋ねられると,私は〈馬鹿のふりをするのだ〉〕[50]。

自分の真の興味を詮索好きの世間一般から効果的に隠すために,また潜在的な好奇心をかわすために,トゥリビュラは見事な操作を工夫する。彼は結婚を成立させるのだ。実際には自分の単細胞のinfusoire〔滴虫類〕にしか関心がないのだが,以前は二つであったところに彼は単一細胞を創り出す。結婚仲介業者を演じるのだ。こうしてわれわれは,ルノワールという夫婦の物語に行き着く。トゥリビュラは彼らをただ名前の力だけで結婚に持ち込んだ。若い女性クレールはルノワール家に生まれていて,トゥリビュラは,彼女を自分の良き友人であるセゼール・ルノワール医師と一緒にすることがまさに論理的だろうと思いついたのである。医師はこの提案を喜ぶ。というのは,クレールは美しいのに加えて聡明でもあり,実際たった一つしか欠点がなかったからである。それは弱視で,近く失明する可能性があることだ。クレールは受け入れて絆が結ばれ,トゥリビュラにとって表向きはこのケースは終わる。

世界旅行から戻って,トゥリビュラは若い英国人船長で抑鬱的なヘンリー・クリフトン卿に出会う。彼はトゥリビュラに,ある既婚女性への不幸な恋の悲しい話を聞かせるが,その女性は名前が明かされなかったにもかかわらず,奇妙にもトゥリビュラにクレール・

---

[50] Ibid. p.55/ p.29; 同書 p.436.

ルノワールのことを思い出させる。偶然にも、トゥリビュラはルノワール家を訪れるところである。下船した直後に、彼はパリでの科学アカデミーの注目すべき発見について報告する新聞記事を読む。人間による消費を運命づけられたすべての動物は、食肉処理される前に目の中に写真のように、解体が始まるまで自分が見た最後の映像を保存するという興味深い特性を示すというのだ。トゥリビュラは、この発見とそれが証になっている科学的進歩に魅了される。

すぐその後、彼は何年かぶりにクレールに会い、彼女の容貌に、より正確には眼と彼女を注視する人々の目から守るために今身に着けている巨大な眼鏡に深く動揺する。トゥリビュラ自身が体験するように、彼が彼女の眼鏡の背後にある彼女の眼を覗き見たように、"ils faisaient mal"〔眼は悪くなっていた〕[51]のだ。さして驚くことではないが、クレールの眼は鈍化し無表情なだけではなく、また彼女の一瞥は石のように固く鋭利なだけではなく、アクアマリンの眼の色そのものが、トゥリビュラに地中海のあの忌まわしい風を思い出させるため、全身に身震いを起こさせるのに十分だったのである。

その後の夕食は、ここで要約するにはあまりに長く退屈な議論で埋め尽くされるが、しかし完全に関心を引かないわけではない。セゼール・ルノワール医師は、自分が "hégélien enragé"〔獰猛なヘーゲリアン〕であること明かす。だが彼の観念論は非常に唯物論的な類のものである。というのは、〈観念〉の全能は理性や科学的進歩と同様に、磁気作用やテレパシー、死後の生においてその姿を現すからである。しかしおそらく、彼の "la réalité presque pondérable de l'Idée"〔〈観念〉のほとんど計量しうる現実〕への信念の最も症候的な表現は、ルノワール医師が医学年報から引用する次の物語である。

> Une femme, dont le mari fut tué à coups de couteau, mit au monde cinq mois après, une fille qui, *à sept ans*, tombait dans des accès d'hallu-

---

(51) Ibid. p.84/ p.47; 同書 p.456.

cination. Et l'enfant s'écriait alors: — "Sauvez-moi ! voici des hommes armés de couteaux qui vont me tuer ! — Cette petite fille mourut pendant l'un de ces accès, et l'on trouva sur son corps des marques noirâtres, pareilles à du sang meurtri, et qui correspondaient, sur le cœur, malgré les dissemblances sexuelles, aux blessures que son père avait reçues sept ans auparavant, pendant qu'elle était encore en deçà des mortels.
〔自分の夫がナイフの一撃で殺された女性が，五ヶ月後に娘を生んだが，7歳の時，その娘は幻覚発作に陥った。その子どもはその時こう叫んだ。——「助けて！ナイフを持ってわたしを殺そうとする男がいるの！」——この小さい娘はそれら発作の一つの最中に死んだが，彼女の身体の上には，殴られてできた血のような黒ずんだ跡が見つかった。それは，性の違いにもかかわらず，彼女がまだ生まれていなかった時の，父親がその7年前に心臓に受けた傷に一致していた。〕[52]

この血に飢えた例がまさに，la réalité presque pondérable de l'Idée〔〈観念〉のほとんど計量しうる現実〕以上のものを含んでいることは，ほとんど強調する必要がない。私が通りがかりに注目したいことはまさに，"malgré les dissemblances sexuelles"〔性の違いにもかかわらず〕父親の致命傷に一致するこれらの "marques noirâtres"〔黒ずんだ跡〕である。ルノワール医師の〈観念〉は，父と娘の，男と女の間のある一定の差異を消すことによって鈍重で触知可能なものになっているが，この霊魂の肉体化は透明性ではなく "marques noirâtres" を生み出すのである。われわれは後ほどこの地点に戻ることにする。

この陰鬱な物語は，hégélien enragé〔獰猛なヘーゲリアン〕に当てはまらないわけでは決してなく，トゥリビュラの方は彼の中に何か "vampire vélu"〔毛むくじゃらの吸血鬼〕[53]のようなものをさえ見ている。しかしルノワール医師は，やはりそうした思考に悩まされてい

---

(52) Ibid. p.150/ p.88; 同書 p.503.

(53) Ibid. p.104/ p.61; 同書 p.471.

るように見えながらも，それは彼が鋭く述べるように，身体あるいは物質一般の脆さは必ずしも霊魂や観念や理性そのものの利点ないしより偉大な栄光へと成就しないかもしれないという不穏な可能性を示唆しているのである。

デザートの時に真実がついに現れる。"Ce n'est pas un homme qui habite dans la forme humaine"〔人間の形態に宿るのは人間ではない〕とルノワール医師は告白する。むしろそれは "des bêtes invisibles, transfigurées par leur travestissement, si vous voulez...mais...des BETES RÉELLES!"〔目に見えない，変装によって変態した獣，お望みなら……でも……〈現実の獣〉なのです！〕[54]。今は一般的な形態においては，この洞察がどれほど独創性を欠くにせよ，それはルノワール医師が自分自身の特異なケースに移るにつれて，より特種的にも，より具体的にもなり始める。というのは，彼の身体の内部に宿っている獣は，単に肉食なのではなく，"un cannibale"〔食人種〕[55]だからである。

この眼に見えない獣が，トゥリビュラに彼自身のほとんど見えない infusoire〔滴虫類〕を思い出させるかどうかは記録されていない。あるのは，この瞬間以来，ルノワール家での状況が彼にとってますます耐え難くなり，しかも彼はそれゆえ，良かれ悪かれ，決定的な変化を起こすために極端な措置を取ることに決めたということである。ルノワール医師は嗅ぎ煙草の情熱的で過度の愛好家であり，この執着から健康を害している。医師でも科学者でもあるトゥリビュラにとって，また鼻の重要性に十分気が付いている人間として，この状況は回避できない挑戦であることは明白である。彼はセゼール・ルノワール医師の嗅ぎ煙草入れに，限りなく粉々になった植物の混ぜものを加えることで干渉する。いつもの彼の混ぜ物は，今や粉にした靴底から銀の硝酸塩まであらゆるもので豊かになっている。つ

---

(54) Ibid. pp.159-160/ pp.93-94; 同書 pp.509-510.
(55) Ibid. p.161/ p.95; 同書 p.511.

294

いにルノワール医師は脳卒中の発作で亡くなるのだ。彼の最後の言葉は，彼が不倫の問題で頭がいっぱいになっていたことを示している。その数日後——この要約を膨張させ過ぎないように——私が省略せざるをえない様々な注目すべき経験に引き続き，トゥリビュラは未亡人になったクレール・ルノワールを後に残して出発する。

　一年後，フランスアルプスを抜けて旅行している時，トゥリビュラはヘンリー・クリフトン卿の悲しい最期を知らせる手紙を受け取る。ヘンリー卿は，そうでなければ危険性の高い嵐と流砂で覆われた危険な島とのせいで皆に敬遠されていたオセアニアのある地域で，科学的調査の旅を引率する役を担っていた。まさにこれらの島の一つに上陸し，すぐ周辺を探索するためにゆっくりと内陸に移動していた時，巨大な黒い物体が突如岩陰から出現し，彼が身を護る前に首をはねたというのだ。恐れおののいた一行に追跡され，野蛮人は海岸に沿って逃走し，その後ゆっくりと流砂に沈んだ。だが彼がついに完全に消える前に，彼はヘンリー・クリフトン卿の頭をまるで勝ち誇ったかのように持ち上げたのだった。野蛮人は——トゥリビュラの文通相手が結論するには——オティゾール族の一員であり，この地域にあえて居住し，海賊としてそこに暮らす唯一の人間たちだったと推測しうる。彼らは"guetteurs de naufrages"〔難破船の監視者〕として知られているが，それはここでは探検する隊長が，別種の探索者に出くわしたことを示唆している。

　いずれにしても，ホフマンの砂男〔Sand*man*〕は，この作品のここでは，はっきりと人間以下に，黒い野蛮人になった。その正確な地位——生きているにせよ死んでいるにせよ——は規定しえない。そして人間以下である以上に，流砂〔quick-*sand*〕でさえある。この砂男から流砂への展開は，今初めて小説の結末になってその意味を明かす。この最後の場面はそれゆえ，われわれは単に語り直すのではなく，読解してみることにしよう。

　読者は，今トゥリビュラが隣接する部屋からある声が彼の名前を

余談，あるいは悪意の瞬間についての注記　　**295**

呼んでいるのを聞き，その声がクレール・ルノワールのものだと発見しても，ほとんど驚きはしないだろう。最後に出会ってから一年のうちにクレールは残酷に老け，病は致命的になっていた。彼女は喪服を着て背筋を伸ばしてベッドに座り，部屋の壁がその反射体としての役割を果たしている塗りたての白銀の部屋の真中にある黒い形象になっている。壁は明るさを強め，それによってクレールの衰えつつある視力を助けているように見える一方，他方では，彼女は巨大な青い眼鏡で光から眼を守らなければならない。クレールはトゥリビュラに，夫が死後も生き続け，ヘンリー・クリフトン卿との不倫疑惑を確信し，ルノワール医師がまもなく "par les yeux"〔眼から〕妻を連れ戻しにくるだろうと話す。クレールはさらに自分が繰り返し見ていた奇妙な夢を語るが，そこでは亡くなった夫がオセアニア居住民のような黒い生物の形をして現れる。この夢で彼女は，この形象が大きな岩陰に隠れている，またはあたかも何か，ないし誰かを待っているかのように，海岸を行ったり来たりしているのを見るのである。

　この地点から読者にはもはや，しかしながら明らかなことを認めることを拒むトゥリビュラにも，何が起こるはずなのかに関して疑いはないだろう。しかし，物語の宙吊りがこの瞬間に終わるという事実にもかかわらず，不気味なものはここで始まるのだ。というのは，the Unheimliche は去勢それ自体と同じように，何〔what〕ではなくいかに〔how〕に，反復と回帰と帰還の機制に，ここでは反射に関わっているからだ。

　突然，クレールは眼鏡を剝ぎ取ってこなごなにし，自分にはもう必要ないのだと叫ぶ。それから増大する恐怖とともに，彼女は白銀の壁に視線を釘づけにする。彼女のアクアマリンの眼は別の海と溶け合い，彼女の石のような一瞥は，オティゾール人が石のナイフをもってその背後に隠れる岩，島の海岸の黒い形象，またはベッドに直立する黒い形象に反射している。まさにこの瞬間，国民の祝日の

お祝いが外で始まり、ロケットが空に打ち上げられる時、クレールは見る、そして死ぬ。この瞬間口の利けない目撃者トゥリビュラは、抗しがたく奇妙な衝動によって圧倒されるのを感じる。彼は自分の頭が暴力的に下に向けさせられるのを感じ、ある声が自分に"regarde"〔見よ〕と命じているのが聞こえる。彼は女性の目を直接見入るように強いられるが、彼女は自身で自分が死ぬのを凝視したばかりだった。まず、彼には瞳の中におなじみの生気のなさときわめて小さな点しか見えない。それから、彼は自分が検眼鏡を持ってきていたことを思い出してそれをかばんから取り出し、それで死んだ女性の目を調べようとする。だがそれは、不可能ではないにせよ実行できないと思い直す。というのは、彼がこの目をそのまま見入るとすれば、映像は逆さまになるだろうからだ。どうすべきか？
彼の最初のインスピレーションは、あらゆる礼節を犯すものだとして却下される。彼は死体を上下逆さまにひっくり返し、足を上にして壁のフックに吊り下げる可能性を捨てたのだ。第二のアイディアはもっと実行可能で、われわれがホフマンのテクストを完全に忘れていないとすれば、われわれにはもはや、まったく見知らぬものというわけではないだろう。彼は死体をベッドの上で横に〔sideways〕置くことに決め、"en travers"〔横向きに〕、そうして頭はベッドサイドの向こうへ吊り下がり"suspendue au-dessus du plancher"〔床の上へ宙吊り〕になる [56]。今彼は、まさに床の上に吊り下げられている上下逆さまの頭を楽に見て、正しい側が上になった画像を得ることができるし、それに「礼節」も保たれる。トゥリビュラは、見すぎたからといって、危険にさらされることはない。検眼鏡の光の束——その pinceau de lumière ——で、彼はクレール・ルノワールの死んだ眼の中に浸透し始め、調査し、詳しく調べる。"Nul doute, à présent, que — s'il y avait *quelque chose* en leurs prunelles — cela

---

(56) Ibid. p.200/ p.118; 同書 p.539.

m'apparût dans le sens normal"〔今では，——彼女の瞳に何かがあるとすれば——それは正常な方向で現れることはまったく疑いない〕[(57)]。しかし，彼が見ているものは完全に dans le sens normal〔正常な方向に〕あるわけではなく，われわれはこの場面を少なくともすでに二度「見た」にもかかわらず，彼が責任をとれる範囲を越えたものでもある。しかもこの物語の主人公は（他のどの名前も単純に「固有」ではないが，それ以上に）わけもなくトゥリビュラ〔*Tri*-bulat＝3の〕と呼ばれているのではない。というのは彼の試みと試練〔tribulation〕は，彼がクレール・ルノワールの死んだ目に保存された写真状の鏡像において，出会う三度目にやっと自分の運命を認識できるという事実にもあるからだ。トゥリビュラの遺伝的な空間畏怖，窃視症，そしてすべてを知る強迫はすべて，ルノワール医師のぽっかりと開いた口に，そして彼自身が「帝王」切開の犠牲者であるヘンリー・クリフトン〔Clifton〕卿の切断された——裂けた〔cleft〕？——頭に反映されて真価を発揮する。しかし，トゥリビュラはすでにこのことについて，一度はクレールに，その前には手紙で知らされているのだ。不気味なものはむしろ，密封して塞がれた白銀のホテルの部屋での致死的反復と反射，つまり眼と映像の，映像と物体の，生と死の，男と女の，黒と白の，黒と黒の，名前と名前の間の差異を融合し，それを混同する運動である。ぎらぎら輝く部屋の中で，終わりがないように見える宿命的な反射は，外では街が浮かれ騒いでいる一方でトゥリビュラを狂気に駆り立てる。トゥリビュラが最後の発見をするまさにその瞬間に，"regarder dans l'Infini *par le trou de la serrure*"〔鍵穴を通して〈無限〉の中を覗く〕時に，祭りはその極みに達する。"Et, me faisant tressaillir, voici qu'empourprant les vitres, le bouquet du feu d'artifice de la Fête nationale éclata, dans l'éloignement, sur la ville exultante, *aux acclamations d'une multitude bisexuelle* "〔そして私をびく

---

(57) 同所。

つかせ，国のお祭りの花火の束が窓ガラスを赤く染め，遠くで，大喜びする町の上で，多数の両性の人々の歓声とともに鳴り響いた〕（強調は私のもの）[58]。

　父親と娘の性的相異はここで，正確にではなくむしろ en travers〔横向きに〕，小さな脇への回避〔sidestep〕をもって，その発見内部に両価的(アンビヴァレント)な反響をもって反復される。

　願わくはその主な道筋が現れ始めたテクストについての読解を続ける代わりに，私はいくつかこれらの導入的な注釈に予備的な結論を引き出してみよう。隠蔽されたままになっていながら，ある形で出現してきたものは，不気味なものを産出する。なぜなら，まさにその出現が知覚を逃れ，その存在は摑まえられないからであり，それは反復し，二重化し，分裂し，そして反射することによって——フロイトをだけではなく——脇に避け，脇道に逸らすからである。不気味なものはこうして知覚の，現象性の危機に固く結びついているが，それに伴って主体への，その身体の「完全性」への，したがってそのまさにアイデンティティへの致命的な危険に結びつく。アイデンティティが——われわれが精神分析のナルシシズム理論を受け入れるとすれば——モデルとしてこの身体イメージを土台にしているからである。

決定不可能性

　不気味なものはこのように主観的な情動に結びついており，情緒的な物差しでは，ある程度の精度でさえ位置づけられない。それは単に不安の一形態なのではなく，一方では恐怖，旋律，パニックの，もう一方では落ち着きのなさと予期との間に位置している。しかし，不気味なものの弁別的性格は，純粋に主観的な情緒の領域を超える構造論的な規定を要求する。この構造は，去勢の回帰と反復を含ん

---

(58)　Ibid. p.201/ p.119; 同書 pp.539-540.

でいるが，去勢はしかしながら私が示唆しようとしたように，それ自体が反復の一形態であり，一回の可視的な出来事と混同されるべきではない。他方で，去勢は純粋なある形式でもなく，実際にある一定の既定の出来事，状況，布置，すなわち原光景，女性の身体の象徴系に，また分節の法に結びついている。その法においては反復は，同一のものの再‐提示〔＝表象〕にではなく，むしろ決して完全には意味される意味作用に還元しえないマークと痕跡の不明確で絶え間のない，しばしば暴力的な移動にある。究極的ないし根本的な指示対象のない指示過程である。それゆえ，去勢「そのもの」——必須のフィクション——は，斜めに，脇から，seitwärts〔脇から〕，en travers〔横向きに〕見られうるにすぎず，決して en face〔正面から〕見ることはできない。それは集摂されることはありえないのである。

このことは，なぜ the Unheimliche の「現実性」か非現実性（＝幻想）かの問いが不適切なのかを示唆している。それは，トドロフが近年論じたように由緒ある伝統に従って，まさにこの区別と，このあいまいさが発する知的な不確かさとに基づく幻想的なものに対立する。不気味なものにとって構成的なのは，現実―想像性の二者択一ではない。というのはこの二者択一は，それがこうして問うものの同一性と意味とを前提とし，その存在論的地位を固定しようとするにすぎないからである。uncanny は表象，モティーフ，テーマ，状況に影響を及ぼし感染する一定の決定不可能性である。それらはヴァルター・ベンヤミンが記述した寓話のように，常に自分自身以外の何ものかを，自らの存在と実体を意味作用の渦の中へ引き込む形で意味するのである[59]。

---

(59) Walter Benjamin, *Ursprung des deutschen Trauerspiels* (Frankfurt am Main, 1963)〔『ドイツ悲劇の根源』浅井健二郎訳，1999 年，筑摩書房〕．特に寓意的二律背反性（Antinomien der Allegorese, p.193ff〔『ドイツ悲劇の根源　下』，「アレゴリー的なものの二律背反」p.45〕）とその根源（Ursprung, p.29ff〔『ドイツ悲劇の根源　上』，p.60〕）の概念。寓意的二律背反性のために，"jede

しかし，不気味なものは単にこの決定不可能性と同一であるばかりではない。それは二番目の契機ないし運動に，すなわち知覚と現象性のこの危機に対抗する防衛に関わり，その防衛を含んでいる。防衛，すなわち両価的(アンビヴァレント)であり，自らを強迫的な好奇心の中で，Wissgier，つまり脆い見え姿を下方にある――そして品位の低い！――本質まで見通そうとする渇望の中で，外観を剥ぎ，背後に潜在するものを発見しようとする欲望の中で表現する防衛である。(ラヴクラフトの物語のうち，題を二つ引用すれば)『戸を叩く怪物』あるいは『闇に囁くもの』。あるいは，見かけはもっと脅威的ならぬ純真なクララ。知覚の完全性を貫き，発見し，そして究極的には保存しようとするこの欲望。知覚する者と知覚されるもの，身体の全体性，視覚の力――これらすべてが，ほとんど見ることができないあの〈ほとんど‐何ものでもないもの〉の否認（Verneinung はフロイトの用語である）を含み，今度はこの否認が自らを反復し分節するナレーションの構造を含む。不気味なものの語りのコンテクストの問題はこうして，さらなる探求にとって決定的なものとして現れるのである。

　第二の問題系は，少なくともホフマンとヴィリエの並置の中に潜在的に作動しているが，the Unheimliche の歴史的な地位の問いであり，それ自体が不気味なものの中で活動的な，何か知覚と表象のあの危機のようなものに関わる，社会的に規定された客観的構造へのその関係である。ここでは研究の可能な道筋を示唆する以上のことはなしえないが，私はマルクスの商品の循環と生産の記述に注意を促したい。それはそれ自体が，対象化された社会の労働力をも，

Person, jedes Ding, jedes Verhältnis kann ein beliebiges anderes bedeuten"〔すべての人物，すべての事柄，すべての関係が，任意の別のものを意味しうる〕，また "Ursprung steht im Fluss des Werdens als Strudel und reisst in seine Rhythmik das Entstehungsmaterial hinein"〔根源は生成の川の中に渦としてあり，生起の材料をみずからの律動の中へ巻き込んでしまう〕。

両価的(アンビヴァレント)な対立する社会関係をも表している「感覚的 – 超感覚的な実体」として、「魔術幻燈」として現れる。この敵対関係は様々な形で分節されうる。商品は生産者(ある特定の社会構造：資本主義の下で)の再生産に必須であり,同時にその身体エネルギーを吸収・消費し、このようにしてその身体的存在への永久的な脅威を体現する。そして資本はまた、マルクスによって過去の「死せる労働」の回帰という観点で記述されてもいるが、それは「生の労働を吸い上げる吸血鬼のように生き、それはいっそう繁栄し、もっと多くのものを貪るのだ」(verstorbene Arbeit, die sich nur vampyrmässig belebt durch Einsaugung lebendiger Arbeit, und umsomehr lebt, je mehr sie davon einsaugt) [60]。そうした問いによって定立される方法論的な困難が何であれ、そのような歴史的な要因へのその関係を分類する前に「去勢」を存在論化することは性急であろう。不気味なものへの歴史的要因の影響はほとんど無視することはできないし、それらはおそらくこの「オフサイドの」領域がホフマン、ヴィリエ、そしてフロイトの時代以降その現実性をほとんど失っていないという事実に寄与してきたのである。しかしそれは、われわれがやっと語り始めたばかりの長い物語である。

---

(60) K. Marx, *Das Kapital* I (Berlin-Ost: Dietz Verlag, 1961), p.241.〔Karl Marx, *Das Kaptal: Kritik der Politischen Ökonomie*, Erster Band Hanburg 1872 (Dietz Verlag Berlin), 1987, in Friedrich Engels Gesamtausgabe (mega) Band 6, p.239;『資本論　第一巻　上』今村仁司他訳, 筑摩書房, 2005年, p.340.〕

不気味な思考

二つの注記……

　『フロイトの伝説』の初版を構成する三つの論文は 25 年ほど前に書かれ，フロイトの著作と思考がいかにして徐々に，自らが第一に記述し解明を始めるものへと取り込まれていくのかを探求しようとした。こうした観察されるものに観察者が巻き込まれることは，その主題的事象を安全な距離に保とうとする，ほとんどの科学的ないし学術的なテクストの努力と対照をなしている。考察される事象に対して治外法権の立場を想定することは，フロイトのテクストの運動そのものによって絶えず問いに付されるが，このことが今度は，ある一定タイプの読解を要求するのだ。伝統的に，「理論的」テクストよりは文学になじみ深い読解である。あるテクストはその命題的，意味論的，主題的な内容が統辞的な運動によって超えられ，掘り崩される程度に応じて文学的だと考えうる。テクストが言うことは，それが言う言い方と決して分離しえないのだ。さらには，事を分節表現する "how"〔いかに〕は，文学では決して単なる意味論的な "what"〔何を〕の道具ではない。これが，フロイトのテクストが「文学」と共有する特質である。テクストは，意味作用の一定の運動が表立って意図された意味を超える，あるいは価値を切り下げるところでさえ，その運動に従う用意のある読解様式を要求する。確かにある種の文学テクストとは対照的に，フロイトのテクストの命

題的内容は決して軽々しく受け取られるべきではない。しかし，命題内容が必然的に最後の決め言葉だと考えられるべきでもない。その結果，「思考」の「知ること」への，「知覚すること」の「観察すること」への——そして，これらすべての書くことへの——関係は，もはや自明だとは考えられないのだ。

こうした要請はもちろん，フロイトに独自のものではない。カント以来ずっと，少なくとも哲学史においては，「考える」は注意深く「知る」からはっきりと区別されてきた。『純粋理性批判』第二版への序文の脚注で，カントは次のようにこの区別を練り上げている。

> 一つの対象を知るためには，私が対象の可能性を，経験の証言に従って対象の現実性からであれ，あるいはアプリオリに理性によってであれ，証明しうることが要求される。しかし，私が自己矛盾さえしなければ，すなわち，私の概念が一つの可能な思考でありさえすれば，またあらゆる可能性の総括においてこの思考に客体もまた対応するか否かを私は保証することができないにもかかわらず，私は，自分が欲するものは何でも考えることができる(1)。

「考えること」と形容するためには，思考は現実に現存する対象に対応している必要はない。自己矛盾することを回避しさえすればよい。たとえばカントは続けている。「自由」のような概念は，たとえそれが理論的に「知られ」えないとしても，規定しうる存在者と同一化されるか，規定しうる行為に付与されるという意味では考えうる。それでもなお，それは合法的で必然的な思考なのだ。それは理論的理解に貢献しないにもかかわらず，一種の知ることを帰結することさえある。カントはこの種の「知る」を，それが理解する

---

(1) I. Kant, *Critique of Pure Reason*, translated by F. Max Müller (New York: Anchor Books, 1966), p.xxxviii n. 〔Immanuel Kant, *Kritik der reinen Vernunft* 1, Suhrkamp, 1968, p.31;『カント全集 4 純粋理性批判 上』有福孝岳訳, 岩波書店, 2001 年, p.44. 訳語に若干の変更あり。〕

ことよりも行うことに関わるがゆえに「実践的」と呼ぶ。

「知る」と「考える」の間の区別はこうしてカントにおいては，知ることそれ自体の内部に，空間－時間的な観点において規定されうる対象の理論的知識と，そうした規定を逃れるが，それでも自己矛盾しない限りで依然「考える」だとみなしえる物事の実践的知識との間の区別を含んでいるのだ。

まさに精神分析を発見しようとしている「ルーシー・R嬢」とのやりとりを語るフロイトの区別をカントのこの区別に比較せよ。

> （フロイト）――でも，あなたが社長さんを愛していると知っていたのに，なぜ私におっしゃらなかったのですか？
> （ルーシー）――私はそのことを知っていたわけではありません，むしろ知りたくなかったのです。念頭から追い出したかったし，全く考えたくなかったのです……。
> 私には，何かを知っていながら，同時に知らないという特殊な状況の，これ以上見事な描写を他には得ることができなかった[2]。

フロイトの治療を受けている間ずっとルーシーは，自分の「社長さん」に対する恋心を「知っていた」が，この「知識」を認めることができたのは，一定期間を経て初めてであった。とすれば以前は，彼女はそれ（自分が知っているということ）を知ることなく，あるいは本人が言っているように，「それについて全く考え」たくないと思いつつ何かを知っていたのだ（強調は私のもの）。すなわち，それについて熟慮し，それを反復し，きわめて文字通りには，それを認めたいと思わずに，である。反復と認めずに反復することはおそらく，知らずに知るというあの「特殊な状況」を可能にするものである。これ以上，あらゆる矛盾から自由で内的一貫性を要求する

---

(2) S. Freud and J. Breuer, *Studies on Hysteria* (New York: Basic Books), p.117n.; SE 2 p.117; GW I p.175; 著作集 7 p.89. ただし訳文には変更がある。

不気味な思考　　305

カントの思考の定義に忠実なものはありえない。「それについて全く考え」たくないと思う中で、ルーシーはカントの要求を満たすのに最善のことをするのだ。しかし、彼女はそれについて考えたくないかもしれないにもかかわらず、「それ」は確かに彼女について「考えている」。彼女はたとえそれ自体について考えなかったとしても、「それを常に知っていた」とフロイトに認めることによって、同様にそれを認めているのである。

　フロイトは、自分の未来の読者がおそらく、このやりとりに、ルーシー自身が最初に反応したやり方と異なる形で反応はしないだろうということを知っている。思考は、一貫していなければ思考の名に値しない。それゆえ彼は、ルーシーの承認の、そうした「知らずに知ること」がもたらす「特殊な状況」（eigentümlichen Zustand）の莫大な含意を読者に納得させようとはしない。その代わりにフロイトは、彼ら読者がすでにその状態に「なった」と喜んで認めるのでなければ、自分がまさに語ったものを彼らが理解するようにはならないだろうと確認するにすぎない。このことは何か命令したり前提したりしうるものではないため、フロイトは別の取り組みをする。彼は自分自身の経験から引き出した物語を語るのだ。

> 人は自分がそういう状態になってはじめてはっきりと理解することができるものである。私は、自分の目の前に鮮やかに存在するこの種の非常に変わった記憶をもっている。当時私に起こったことを思い出そうと努力しても、得られるものは非常に乏しい。私はその時、自分の期待に全くそぐわないものを見た。見たものによって私の確かな意図［Absicht］はいささかも惑わされなかったが、これらの知覚は私の意図を破棄すべきだったのだ。私はその矛盾を意識しなかったし、同じように反発感情にも殆ど気づかなかった。しかしながら、その知覚がまったく心理的価値をもたなかったのは、疑いなくこの反発感情［Affekt der Abstoßung］のせいなのである。私は、母親が娘に対して、夫が妻に対して、支配者が寵臣に対してかくも強く

感じる見ている目におけるこの盲目性［Blindheit bei sehenden Augen］に衝撃を受けた⁽³⁾。

　このストーリーにはほとんど，それが呼び戻し，探求する定めの状態以上に奇妙な，あるいは eigentümlich〔奇妙な〕ものはないことが判明する。一方でフロイトは，自分が「自分の目の前に鮮やかに存在するこの種の非常に変わった記憶をもっている」と宣言することから始める。彼は，多くの読者とは違い，自分自身もすでに何か似たようなことを潜り抜けているので，ルーシーが経験したことを理解できる。その一方では，「当時私に起こったことを思い出そう」と努力すると，彼は「得られるものは非常に乏しい」ことを認めなければならないのだ。

　そして実際，刺激的な逸話を期待していた読者は失望するだけではなく，混乱もするに違いない。フロイトは覚えているのか，覚えていないのか？　彼は単に覚えているふりを，読者を努力することに引き込むふりをしているだけなのか？　自分の覚えていることが何であるかを公開したくないから，読者を意図的に失望させているのだろうか？　あるいはルーシー・R嬢の知らずに知っているのと似たやり方で，彼が想起せずに想起することがありうるのだろうか？　いずれにせよ，彼のストーリーは際立って抽象的で一般的だということが明らかになる。具体的な状況もなく，特種な出来事もなく，単に当時の彼の「期待」に「そぐわ」なかった「知覚」という一般的なたとえ話にすぎず，それは自分の期待を修正するところへ導く代わりに，それ自体が却下されてしまったのだ。さらにフロイトは，自分自身の二つの目による証拠を拒絶するだけでなく，自分がそこに捕えられている「矛盾」に気づかないでいたことも認め

---

(3)　同所。*Institution and Interpretation*（Minneapolis: University of Minnesota Press, 1987），pp.73-84 におけるこのテクストについての私の議論を見よ。

る。後に「無意識」という名前を獲得することになるのは後者の，この自覚の欠如である。単に対象に関する意識の欠如ではなく，自分自身の（偽装という）活動に関する意識の盲目性である。この盲目性の観点からは，フロイトが書いている「反発感情」（Affekt der Abstoßung）とは単に対象としての知覚だけではなく，同様に行為者をも触発＝変状すること〔affecting〕として理解されなければならない。要するに，運動は知覚を拒絶すると同時に，本質的に意識には接近できない――知覚を抑圧せず，それと同様，その諸含意を否認もしない――行為の中で主体を四散させ，自分自身から分割するという両方向に進む[4]。

　フロイトの著作と思考を，まさに非精神分析の著者のものからだけでなく，同様に最も精神分析的な書き手の著作と思考からも区別するのは，この四散とその分枝の力動性である。そうした散乱はメタ心理学的な概念化の運動を際立たせ，フロイトの概念用法に弁別的な不安定さと皮肉な開放性を授けている。しかしこの四散は，ここで引用した一節でのように，物語り(ナラティヴ)と自伝的言説を，ただし両者の安定性を切り下げる形で使用するフロイトの著述スタイルにも見てとることができる。というのは，物語り(ナラティヴ)も自伝も一巡して元に戻らないからである。それらはむしろ，自らの自己同一性を覆す場面に書き込まれている。私が吟味したいのはこの場面への記入過程なのである。

　故意であろうとなかろうと，フロイトが「［彼の］目の前に鮮やかに存在する」がしかし，このような貧弱な結果しか生み出さない「非常に変わった記憶」の内容や分枝にはそれ以上深く分け入らないにもかかわらず，似たような経験（とストーリー）は彼の後の著作でも決定的な場所を占めている。これらの後のテクストにおいて

---

[4] フロイトはこのタイプの行為を「隔離」として記述することになるのだが，そこではある対象はその帰結から抑圧されるのではなく「隔離され」，その結果無害になる。本書 p.95 以下を見よ。

はしかしながら、自分の期待に「そぐわ」ない知覚に自らが直面しているのを見出すのは特殊フロイトではなく、すべての子ども、そして特殊すべての男児である。男児が期待するのは同じもののもう一回であり、男性性器の遍在性である。彼ら男児が直面するものは、女性性器の知覚による「解剖学的な性差」である。この知覚の拒絶は「去勢」のストーリーの――またストーリーとしての「去勢」の倒壊の――その Untergang〔没落〕の――、「エディプス・コンプレックスの失墜」の到来を告げる。フロイトの著作における去勢とはとりわけ、男性のアイデンティティの「期待」と、性的差異の知覚とを両立可能にするために、両性の子どもが自分自身に、だが単一の観点――男児のそれ――から物語るストーリーの題名である。女性性器の知覚は、あらゆる人間には同一の形で男性性器が備わっているはずだという期待に「そぐわ」ない。ストーリーの構築を通して、女性性器の知覚は単に徹底的に拒絶されるだけではなく、今日ではそう言われるかもしれないが、「コンテクスト化される」――セクシュアリティを異なる関係から肯定的な自己同一性の表現へと変える語り口(ナラティヴ)の中に枠どられる。

　語り口(ナラティヴ)の構築はこうして、二つの機能の遂行として記述されうる。第一に、差異を「時間化し」、それによって同一性の様相としてそれを定義し直すことによって、子どもが単一の、統一された同一性の「期待」を維持することを可能にする(5)。「昔々あるところに」とストーリーは進む、「ペニスがありましたが、今はもうありません。気を付けていなければ、明日は僕の番かもしれません」。このような語り口(ナラティヴ)を通してこのように未来は、自分自身を無傷で完全で自律的だとみなしたい自己のナルシシスティックな「期待」と両立するようになる。語り口(ナラティヴ)の構築の第二の機能は、第一の機能に関連している。それは、語り手として自我が、自分が出来事に感化されない

---

(5)　本書 pp.40-46 と pp.271-272 以下を見よ。

ままでいるように，それが語りつつある出来事から十分に分離した位置を想定しうるということを示唆する。このストーリーを自ら語る「私」はそれによって，それが単に描写する，あるいは語り直そうとする混乱させる可能性から表向きは安全に離反したところに位置づけられた，単なる「観察者」としての地位を確保しようと戦うのである。

ところがストーリーは，エディプス・コンプレックスの「没落」あるいは Untergang が示唆するように，そこでは終わらない。この没落は，まさに観想的に身を引き離した全知の観察者と語り手の立場を問いに付し，あるいは芝居の中に呼び込む。さらに，そうする中で語りは，その遂行において，同じように，おそらくとりわけ，賭かっているものが語り手の位置だということを露わにする。ストーリーの語りそれ自体は，「アクション」の一部に，つまりそれが記述することから分離しえない場面に組み込まれたパフォーマンスの一部になる。「私」あるいは自我は話し手〔speaker〕ではなく，むしろ受信者，語りかけられる〔spoken to〕者だということが明らかになるのだ [6]。心的構造はこうして，相互に依存しながらも還元不可能なまでに離散した審級の多様性の間に取り返しのつかないほどに分散する。エディプス・コンプレックスは，自分が支配しようとした分離が今や自我が克服すべき障害としてではなく，決定的に散り散りになった，しかし単一の自己構成力として経験されるがゆえに没落するのである。主体の場はもはや統一されておらず，自足的ではない。それは「他者」がそこから決して完全には排除されることのない場面である。「没落する」時，〈オイディプス〉と去勢のストーリーはシナリオとして書き直されるのである。

---

[6] 超自我は良心の呼び出しを通して自我に語りかけ，良心を発信者というよりむしろメッセージの受け手の地位に置く。ハイデッガーにとっても同様に，現 – 存在がその不気味な起源へと呼び戻されるのは良心の沈黙する「呼びかけ」を通してである。『存在と時間』，§57 を見よ。

これらの他者の侵入を通して、語り口(ナラティヴ)の機能と自己の位置とは演劇空間の中に「自分自身がいることを見出す」。ある空間が演劇的になるのは、その「中で」生じる表象が「ギャラリー」の前で、「そこ」の外にいる他者の前で上演される時である。上演＝表象〔representation〕はこうして外から内へと反転するが、観客は反対に裏表に反転するのだと言うことができる。「立場」のこの再定義は、白昼夢と（夜間の）夢における様々なパースペクティヴに比較することができる。白昼夢では、夢を見る者の立場は統一され、出来事から区別されているように見える。この種の夢は、一般的に「空想」としても知られている。夜間の夢とは対照的に、夢を見る行為を思い出す主体の表向きの距離があるにもかかわらず、夢を見る者の位置は分離した観察者の位置に同一視しえない。夢は隔たりがあると同時に近すぎるのである。実際に、隔たりと近さはもはや互いに排他的ではなく、無意識の空間ないし場面は、もはやこの非排他性を説明するものだとして考え直されなければならない。想起する「私」は、夢を見る者の「私」と同じように、夢からの明らかな距離があるにもかかわらず、自分が夢を通して散り散りになっていることを見出す。同時に傍にあり、かつ離れていることは、一定の四散の効果に従属することだ。そして実際フロイトは、夢は「私」がそうした四散に身を委ねる形式としてのみ理解しうると主張する⁽⁷⁾。

---

(7)　「夢は絶対的に自我中心的である。夢内容の中に私の自我ではなく、なじみのない一人の人物しか現れないところでは、私の自我は同一化を通してその人物の背後に隠れていると安んじて仮定してよい。［…］その場合私は、一つの夢の中で私の自我を何度も、何重にも表象することができる。［…］自分の自我が一つの夢に何度も現れる、あるいは異なった姿で出てくるということは結局、それが意識的思考において何度も、また異なった場所あるいは別の関係に含まれるのと同様に驚くことではない。たとえば、『私はなんという健康な子どもだったのかと私が考える時』という文で、である」。S. フロイト『夢判断』、SE 4 pp.322-323; GW II/III S.327-328; 著作集 2 pp.268-269. フロイトは夢の「エゴイズム」の通常の日常生活での性質を強調しよ

不気味な思考　　311

この分散は夢の空間を，無意識の空間を，還元不可能なまでに演劇的である「別の場面」として特徴づけるものである。演劇の舞台のように，この場面は比較的区切られ，局所化され，特異である。しかし，その限界は，場面を包囲することなく他者に開かれていなければならないため，決して一度で決定的に固定されることはない。演劇のシナリオはこうして，決して「一度で決定的に」〔once and for all〕起こることはなく，「一時に一場面で」〔one scene at a time〕起こる。それは単一でありながら反復的で，進行しながら，しかし決して完成しない。それは傍にありながら遠くにあり，なじみはあるが疎遠で，現前しながら通過していく。それは幕によってでも，あるいは演者によってでさえなく，演技することによって特徴づけられる。その時制と時間性は現在分詞〔present participle〕のそれである。「現前する」〔present〕よりむしろ「現前しつつあり」〔presenting〕ながら，それは決して一巡することのない，決して全体性を形成することのない参入〔participation〕を帰結する。これが，フロイトのテクストのそれを含むあらゆる演劇の舞台演出を，美的な意味における「芸術」から区別するものである。前者は作品〔work〕ではなく，（せいぜい）「作品化＝徹底操作」〔working-through〕に帰着する。その直接性と摑みどころのなさにおいては，そうした演劇性はなじみはありながら疎遠である。なじみの中の疎遠である。

　私は，この不気味な演劇性がフロイトの著作から，おそらく精神分析全体から分離しえず，そのどちらかにだけ限定しえないという

うとしているように見えるけれども，彼が記述していることの含意は他の形で機能する。自我の統一体の日常生活的な意味を問題を孕むものにするのである。というのは，それが夢を見る者によって断言される時，非常に問題含みになるのは，まさに彼が夢における「私」の表象の親密さを確証するために引用する一文なのである。ラカンなら言うであろうように，断言する，そして断言される「私」，énoncé〔言表〕の主体は，énonciation〔言表行為〕の話す主体と等価ではないのである。

ことを議論したいのである。私はこの不気味な演劇性の一定の側面を，精神分析に対して非常に違った関係にある二つのテクストの読解を通して探求しようと思う。

身を投げる——『砂男』

　最初のテクスト，というよりむしろテクストからの一場面は，不気味なものについてのフロイトの論文の核にある。それは E. T. A. ホフマンの有名な物語，『砂男』の始めに銘記されている。ストーリー全体は一連の巡り合いと記憶の周りをくるくる回る——ここでこの語は決して比喩ではない。記憶を呼び起こす巡り合いと，巡り合いの記憶である。婚約者の兄への手紙の中で若い学生であるナタナエルは，最近「自分に起こった」（mir wirderfuhr）表向きはありふれた出来事を語っている。「晴雨計売りが僕の部屋に入ってきて，自分の売り物を買わないかと申し出た。僕は何も買わず，階段から突き落とすぞと脅したが，すると自分から出て行った」[8]。この見たところつまらない場面への彼の驚くべき暴力的な反応を説明するためナタナエルは，長い間少年にはその身元が隠されたままであった，忌まわしい「砂男」が彼の家を定期的に訪れていた子どもの頃に経験した別の出会いを想起している。彼が知っていたことのすべては，この謎めいた砂男が訪問しに来る時はいつも，子どもたちは両親によってベッドへと追い払われたということだった。これらの訪問には，憂鬱な感じと不吉な前兆が伴ったが，それを避けることは困難のようだった。ナタナエルの両親は，ちょうどナタナエル自身が何年も後に，晴雨計売りが「自分の部屋の中に」（in meine Stube trat）単に入ってくることを止められないのと同じように，砂

---

(8) E. T. A. Hoffmann, "Der Sandmann," *Fantasie und Nachtstücke* (Munich: Winkler-Verlag, 1960), p.331/ p.3; 砂男 p.12.

男を入れないでおくことはできないように見えた。あたかも、壁もドアもほんの些細な障害にさえならないかのようだったのだ。フロイトはそれについて何もコメントしていないにもかかわらず、このことは砂男の制圧的な力の少なからぬ不吉な前兆である。彼の家庭空間に侵入し、突然そこにいることのできる能力、彼の「階段を登る重い、ゆっくりとした足音」(Sandmann p.332/p.7; 砂男 p.17) によって告げられる彼の到着。砂男が突然抗いがたく姿を現す、むしろそれが聞こえてくる突発性は、バラバラに打ち壊しうる力によって侵入される家庭空間の脆弱さを示唆している。

　いかにしてナタナエルはこの真に恐ろしい状況に反応するのか？彼は脅威の場所を見定めようとするのだ。そうするために彼は、まずは母親に尋ねることによって、最初は音響的な出会いであるものを視覚的なものに変えようと試みる。「ママ、僕たちをパパから追い立てる悪い砂男って誰？――いったいどんな風に見えるの？」(Sandmann p.332/ p.4; 砂男 p.14)。砂男の身元を特定することは、彼が「どんな風に見えるか」、wie er aussieht を知ることである。しかし、砂男の名前と物語はすでにこの効果を先取りし、いわばそれを脅威へ組み入れる。砂男は、母親がナタナエルに話すには、ありうるとしたら語句の言い回し以外には「存在しない」。「ママが砂男が来ている [der Sandmann kommt] と言うのは、ただあなたたちが眠くなって、誰かがあなたたちに砂をまいたみたいに [als hätte man euch Sand hineingestreut] 目をほとんど開けておくことができないってことよ」(Sandmann p.332/ pp.4-5; 砂男 p.14)。

　翻訳の奇妙さに注意するために、この物語の私の語り直しを中断させていただきたい。ドイツ語では、ナタナエルの母親は次の言い回しを記述するために直説法現在を使用している。der Sandmann kommt〔砂男が来る〕。しかし、これを英語に訳す時、私は時制を現在分詞に変更した〔the Sandman is coming〕。というのは、砂男は、実際の出来事が一度で決定的に起こると言われるようなやり方で「来

る」のではないからである。むしろ，告げられた行為という，聞こえはするかもしれないが決して決定的には完成しない行為というもっとあいまいな意味で，彼は「来ている」と言うのが避けられないように見える。砂男は来ている〔coming〕限りで存在する〔is〕のだ。ナタナエルの問題は，まさにこの来ていることの遍在的な可能性に関係しており，それは，われわれがそれによって自分の空間に閉じ込め，空間への接近を制御しようとするどんな境界線によっても締め出しえない偶発性である。

とすれば砂男の力は，近代において空間の中で最も神聖なものと考えられているものに侵入し，それを占拠できる能力にある。すなわち，家族の私的な空間，家〔home〕である。しかしながら彼は，家を内から外に反転させると同時に，家庭内の空間を強化もするが，それを安全の場所から恐怖と危険の場所に変える形で，である[9]。母親が，砂男はほとんど恣意的な言葉ではないとしても，単に言葉のイメージにすぎないと話した後，ナタナエルは一番下の妹の面倒

---

[9] これはもちろん恐怖の物語あるいは（より最近では）映画の topoi〔場所〕の一つである。私的な家庭内の所帯の locus amoenus〔心地よい場所〕があらゆる危険なものの場であることが明らかになるのだ。たとえば『ローズマリーの赤ちゃん』では，ローズマリーがおなかに悪魔の子どもを身ごもっている間にその力から逃れようとする。これは，まさに脱出の身ぶりが，そこからそれが逃れようとする脅威を再生産するジャンルの見本である。フロイトの自我の防衛機制はすべて——抑圧，否定，否認，隔離など——はこのパターンを生む。最も「固有」で適切であるべきもの，個人の身体が実際あらゆる可能な裏切りの場であるという恐れは，すでにデカルトの『第一省察』で明白である。「われわれは夢見ているのであって，われわれが目を開き，頭を動かし，手を伸ばすといった，それら個別的なものも真でなければ，もしかするとまた，われわれがそういう手を持っていることも真ではない，と〔仮定〕することにしよう」。*First Meditation, Decartes: Œuvres et Lettres*, texts presented by André Bridoux（Paris: Editions de la Pléiade, 1958), p.269.〔本訳書では次のものを参照した。*Œuvres de Descartes*（Paris, Librairie Philosophique J. Vrin, 1973), p.15;『デカルト著作集2』所雄章他訳，白水社，1993年，p.31.〕

を見ている「老女」から非常に違った説明を受ける。「老女」は彼に，砂男は「子どもがベッドに行こうとしない時にやってくる悪い男で，そうして目玉が身体から血まみれで飛び出る［herausspringen］ように，手にいっぱいの砂を目に投げつけるんですよ。それから，目玉を袋に投げ入れて半月まで持っていき，巣の中に座って待っている自分の子どもたちの餌にするんです。その子どもたちは梟のような曲がった嘴をしていて，それでお行儀の悪い子どもたちの目をついばむのです」(Sandmann pp.332-333/ p.5; 砂男 p.15) と話すのだった。

　砂男の破壊的な脅威はこうして，それが脅かすものから，小さな核家族の「巣」である家庭の内部性から分離できない。それでも，もはや巣は，完全には親密でも自足的でもない。それは複製され二重化されるが，しかし脱人間化された過程においてである（砂男の子どもは刀のように鋭い嘴を持った梟に似ている）。家族の巣はまだ共通に分かち合った食事を囲んで回るが，その食事は，そこに参加する身体的主体の統合性を安定させたり堅固にするどころか，その脆弱さを際立たせるのだ。身体からの眼の分離可能性はたとえば，他の家族，他の巣，ナタナエルを捕まえ離さない別の場面の conditio sine qua non〔必要条件〕になる。

　この二重化の効果は二重である。第一に，ナタナエルはますます「不気味な亡霊」(unheimlicher Spuk) の，「おそろしい砂男のイメージ」の，そして「自分自身で，たった一人で，架空の砂男を見るという秘密を探求すること……の空想」のとりこになる。この空想は単に彼の「子どもの頃の気持ち」を捕まえるだけではない。それは，あたかもそれが巣である (sich einnistet) かのようにそれを占拠する。この占拠の効果は，文字通り，ナタナエルが謎を暴こうという強迫を表すドイツ語のフレーズの統辞法に書き込まれている。"aber selbst — selbst das Geheimnis zu erforschen, den fabelhaften Sandmann zu sehen"〔自分で——自分で秘密を探り，作り話めいた砂男を見てやろう〕(Sandmann p.333/ p.6; 砂男 p.16)。語 selbst のこの反復

はまさにナタナエルの「空想」を形成し，一方でそれを超え出もする両価性(ルビ:アンビヴァレンツ)を分節している。たった一人で「秘密」を持ちたいという欲望は，単一である前に二重であるあの自己の不統一性を確証しているのである。

　砂男が「来ていること」が，視覚的よりむしろ音響的に強調するのは，この自己の分裂——いやむしろ，二枚舌（zwiespältig）である中にしか「存在し」ない自己の出現である。こうして，決定的な瞬間は夜9時を打つ頃に（auf den Schlag neun Uhr）到来する。ドイツ語の語 Schlag が時を刻む「一打」を強調し，それによって時系列的な時間の核心にある一定の暴力を位置づけるとはいえ，その英語の等価物——それがもつもっともエロティックな含みとともに——"stroke"〔一打，ピストン運動，なでること〕も，われわれが後に見るように，完全に不適切だというわけではない。

　しかし，確かに見る前にわれわれは，まずこのストーリーの Urszene〔原光景〕，そしてたぶん，よくフロイトの精神分析的思考一般の Urszene でもあると記述されうるものに手をつけなければならない。この光景を「原初の」〔primal〕——あるいはむしろ，もっと文字通りに，もっとドイツ語に近づいて「根源的な」〔originary〕あるいは「源を発する」〔originating〕——と記述する資格を与えるものは，それがその特殊な内容を通して，それが光景それ自体の突然の出現を，言い換えると「ストーリー」の「シナリオ」への変容を演出するということである。

　シナリオはほぼ次のように進む。階段を上る砂男の重い足取りの音と，立ち去ってベッドに入り，そこを離れ，両親と別れなければならないというナタナエルの理解——これらすべてが少年の中に大きな不安を喚起し，それに対抗して彼は砂男を見たい，そうすることで本当は彼が何者なのかを発見したいという覗き見的な欲望で反応する。この防衛的で反動的な欲望からナタナエルは，父親の書斎の見たことのない光景に滑り込み，「ドアのすぐ脇にあって，父親

の服が掛かっている開いたタンスの前に引いてあるカーテンの背後に」(Sandmann p.333/ p.7; 砂男 p.17) 隠れる。

かろうじて父親の衣服の背後に隠れ、ナタナエルは砂男の脅かすような足音がますます大きくなる中、観察者としての危険な立場を引き受ける。彼には、咳のように意志的ではないが人間のものらしき物音と同時に、うなったり (brummen) かさかさいったり (scharren) する動物的な、生気のない音も聞こえる。物音はますます近づいてくるが突然、一連のもっと決定的な音によって中断される。「鋭い足音――ドアノブへの激しい一撃、勢いよくドアは開き、がたがたと音を立て [rasselnd]、ナタナエルにはついに「砂男が書斎の中央で父の前に立ち、まばゆい光が彼の顔を照らしている」のが見えた！　「砂男は、恐るべき砂男は、時々ぼくらと一緒に昼食を食べる〔isst〕、あの年老いた弁護士コッペリウスだったのだ！」(Sandmann p.334/ p.7; 砂男 p.18)。

ナタナエルは自分がついに神秘を見抜き、砂男とは誰なのかを発見し、彼をしかるべき場所に置くことができると信じている。しかし、その場所はどこにあるのか？　砂男は舞台の中央で（「書斎の中央で父の前に」）、あたかもスポットライトに照らされているかのように光を浴びて立っている。ナタナエルは、自分がついに一度で決定的にこの人物を同定できると考えているが、それは彼を名前によって同定することを意味する。しかしその名前は、いわば奇妙で実際に不気味な述定によって縁どられている。"The Sandman *is*..."〔砂男とは……である〕。この翻訳を含めて、どんな英語訳も、この「である」〔is〕が、ドイツ語テクストの中ではどれほど特異で奇妙なものに見えるのかをきちんと捉えることはできない。"is"は一つだけ存在するのではないからだ。それにほとんど音声的な分身が、あるいは Doppelgänger〔分身〕である別の語が反響し、そうやって固有名詞であるべきものを最も非固有で不適切な言葉遊びの中に書き入れる。"Der Sandmann ist der alte Advokat Coppelius, der manchmal bei uns zu Mittage *isst*"〔砂男は,時々ぼくらと一緒に昼食を食べる,あの年老いた弁護士コッペリウスだったのだ!〕(同所,強調は私のもの)。

ついに視覚の対象として,また認知の対象としての場所に閉じ込められるように見えるちょうどその時,砂男は下手な機知の一部であることが判明する。というのは,彼が占領する場所は舞台の中央であるが,そこで自らを演じ上げているシナリオは決して判明かつ明晰ではないからである。もちろん認知のショックがある。しかしその認知――あらゆる不気味なものはそうした認知を伴う――は言葉の,ないし言葉についてのこの遊びの中に凝縮されるという理由から,同時に誤認,誤解でもある。というのは,認知は反復や再帰を前提にしているが,しかし反復し再帰するものは,決して単純に同じものの回帰を帰結しないからである。再帰するものはその再帰において,以前に生じたものとは異なる傾向をもち,同時にそれが変質させるものに参与するからである[10]。このことすべては,二つのドイツ語の語 ist と isst,つまり "is"〔である〕と "eats"〔食べる〕の反復に凝縮されている。砂男は,家族の食卓に頻繁に訪れる昼食の客,弁護士コッペリウスとして認知される。コッペリウスの「法」はたぶん,彼は食べる限りでしか存在しないということである。少なくとも彼はナタナエルに自らを,そのように提示するのである。

自分の巣で幼子に食べ物をやる砂男についての老女のストーリーは,こうして,いわば自宅に帰り,止まり木に止まる。この奇妙な

---

(10) 「反復の弁証法はじつに容易である。というのは,反復されるのは,かつて存在したものだからである。そうでなければ,反復されることはできない。しかし,ほかならず,かつて存在したというこのことが,反復を新しいものにするのである」。S. Kierkegaard, "Constantine Constantius," in *Repetition (Gjentagelse)*, translated by Howard V. Hong and Edna N. Hong (Princeton: Princeton University Press, 1983), p.149.〔Sören Kierkegaard, *Gesammelt Werke*, Eugen Diederichs Verlag Düsseldorf, 1955, p.22;『キルケゴール著作集 5』桝田啓三郎訳,白水社,1962 年,p.235.〕

帰宅がいかにして家族の止まり木を変容させるのかを理解しようとすれば，さらに読み進めるだけでよい。もはや不可視ではなくなった砂男は，今や記述され，比較され，同定しうるのだ。しかし「砂男は実際にはどんな風に見えるのか？」という質問への答えは相変わらず，とても安心させるものではない。なぜなら，砂男がそのようなものだと判明するものは，彼が最もそのようではないはずのものであって，それは完全に異なる種類のものだからである。彼がそのようであるものは，動物であろうと無生物であろうと，とりわけ非人間的なものなのだ。例えば彼の特徴は，必ずしも家猫が指示されていないにもかかわらず，ネコ科のものとして描写されている。「灰色の茂みのような眉と，その下に突き刺すようなぎらぎらする緑色の二つの猫目 [ein paar grünliche Katzenaugen stechend hervorfunkeln]」（同所）。このほのめかしは老女の話のモティーフを反復し，フロイトがそのストーリーと，一般に精神分析理論に適し，それによって我有化しうるという意味で不気味なものとを解釈する試みの中で，あの強調を置くことになる Augenangst〔眼球恐怖〕を先取りしている。しかし「ぎらぎらする」これらの眼は，あらゆる同一化と統合の努力に抵抗する。それは結合せずに分離するのだ。砂男の眼は，実質的にはその眼窩から飛び出る (hervor-funkelnd) のと同様に，「突き通す」——文字通りにはパンクさせる，stechend ——と描かれている。一度で決定的にそれ固有の場所に置かれる代わりに，ここでの眼は物事を据え置いておくことの失敗，場所が固有であることの失敗の典型的な例として出現する。しかし人間の境界を越えるように見えるのは，彼の眼とその周辺だけではない。「奇妙なシューッという音」が「閉まった歯の間から漏れ出る」と描写されている。そして子どもたちが最も不快に感じたのは，ナタナエルが思い出すには，「彼の大きなごつごつした毛深いこぶし」であって，それは食卓で触れたすべてのものに嫌悪をもよおさせるほどであった。子どもに食べさせるのを手伝う代わりに，この砂男は母親が子

どもにあげようとしていた食べ物に触れ，それを立ち入り禁止にしてしまうのである。

　少なくとも砂男はいまや同定され，認識され，記憶された。自分が隠れている場所から，ナタナエルは絶対的に「魔法で金縛りにかかって」(festgezaubert)——麻痺させられ動けないと感じている。見るために彼は，自分をその光景から遮るカーテンから頭を突き出さなければならない。「さぁ仕事だ！」と砂男が叫ぶと，彼とナタナエルの父親は普段着を脱ぎ，「黒い作業着」を身につける。それから，ナタナエルの父親は，

> はめ込みタンスの閉まっている両開き扉を開けた。しかし，ぼくが長い間そうだと思っていたものがタンスなどではなく，むしろ黒い空洞［schwarze Höhlung］で，その中に小さな炉があるのが見えた。コッペリウスはそれに近づき，青い炎が炉の上でぱちぱち音をたてて立ち登った［knisterte...empor］。ありとあらゆる種類の奇妙な器具［Geräte］が周りにあった。ああ神様！——僕の年老いた父が火の方へ身をかがめた時，彼は完全に違った姿で現れた［da sah er ganz anders aus］。身の毛のよだつようなひきつった痛みが彼の柔和で正直な性格を，下品で厭うべき悪魔の像へと歪めたように見えた。父親はコッペリウスに似ていたのだ。コッペリウスは真っ赤に焼けた火ばしを揺らし，濃い煙から輝いて点滅する塊を引っ張り出し，次にそれをせっせとハンマーで打った。ぼくには，そのあたりから顔のようなものが見えるようだった。だが眼がない——その代わり恐ろしい深く暗い穴があった——。「眼だまをよこせ……眼だまをよこせ！」コッペリウスは鈍い，脅すような声で叫んだ。ぼくは激しく恐怖に捕らわれて［erfaßt］叫び声を上げ，隠れていた場所から床へと倒れこんだ。すると，コッペリウスはぼくを摑んだ［Da ergriff mich Coppelius］[11]。(Sandmann pp.335-336/ p.9; 砂男 p.21)

---

(11)　私はドイツ語の副詞 "da" のこの用法の含みをいくつか議論したことがある。それは「普通」ある場所への言及と考えられているが，語りのコンテクストにおいてはしばしば時間的なターニングポイントを刻むため

どういう意味で、この悪夢のような光景が Urszene〔原光景〕なのか？　確かにそれは、直接的には、フロイトが普段「原光景」の概念に関連づける両親の性交を描写してはいない。しかし、それが示すものはそれでも情熱的であり、性的なものでもある。自分の面前で展開する予期せぬ光景を前にして、いわばメドゥーサ化された、恐怖で立ちすくむ子どもの眼の前の、作業着の二人の男である。「はめ込みタンス」は、その扉が開いて、服で埋まった別の家庭内空間ではなく、炉のある「黒い空洞」であることを暴く。この炉は家庭のいろりに似ているにもかかわらず、はるかにもっと危険であることが判明する。それが発生させる熱と光は、眼窩から眼の、なじみのあるものから見られたものの分離に似た火花として飛び散る。「ああ神様」とナタナエルは、自分の「年老いた父親」が、自分が期待し、想起するものといかに違って見えるかを目の当たりにするがゆえにため息をつく。火の光の中で、ナタナエルの父親は自分のいつもの安心させるその人ではなく、むしろ痛みで（あるいは快楽で？）痙攣しているように見える。「彼はコッペリウスに似ていた」。そして、コッペリウスがそう見えるものを、今度は彼が演じ始めようとしている。he ist〔彼は存在する〕は、he isst〔彼は食べる〕であった。そして、彼は眼だけではなく、身体、有機的な全体の、美しく自足的な形態の縮図として出現することを期待される人間の身体も「食べる」のだ。彼の眼への嗜好はしかしながら、ほとんど恣意的なものではない。なぜなら眼は、身体的な統一性を期待することが伝統的に割り当てられている身体器官だからである。自分「自身の二つの眼」で見ることのできるものは、同定しうる。「砂男とは誰か」

に使われる。Samuel Weber, "Einmal ist Keinmal: Das Wiederholbare und das Singuläre," in Gerhard Neumann, ed., *Poststrukturalismus. DFG-Symposion 1995* (Stuttgart/ Weimar: Metzler, 1997), pp.434-448. このテクストで私は、永劫回帰に関係する『ツァラトゥストラはこう言った』からのよく知られた一節における "da" のニーチェの用法について言及している。

を見出すことは,「彼はどんな風に見えるのか」を発見することに等しい。砂男はしかしながら,形勢を逆転させる。彼は何かなじみのあるもの,再認できるもののように見えないだけではなく,他人を自分に似せるのだ。ナタナエルにとってはたとえば,自分のあわれな年老いた父親が突然砂男のように見えるのである。それが意味するのは,彼が痙攣性の,ひどく不快な,悪魔のような,"ganz anders"〔全くの他人〕に見えることだ。コッペリウスが弁護士だとしても,彼が遵守する〈法〉は単に〈父親〉の〈法〉ではない。おそらくラカンが les non-dupes errent〔欺かれぬ者たちが－彷徨う〕と主張した nom du père〔父－の－名〕という意味を除いてである——信頼できる承認の土台を提供しようとそうした法に眼を向けるあの人々が,この上なく道を踏み外すのだ。

　ある意味で,これがナタナエルの運命である。砂男という亡霊を彼が誰なのか,誰に似ているのかを発見することによって終止符を打とうという希望の中で,彼は砂男が分解する暴力を名づけるのだということを発見する。それは確かに恐れと強い憎しみを引き起こすが,魅惑と欲望をも喚起するのだ。というのは,おそらく最もこの場面で注目に値すること——そしてそれが単なるストーリーとスペクタクルであることをやめ,その代わりに演劇性のシナリオになる地点——は,ナタナエルが身体のないこれらの眼に取りつかれ釣り込まれ,隠れている場所から跳び出して,砂男の足元に身を投げ出してしまう時に起こる。そうする中で,彼は見るが見られることのない観客という役割を捨,舞台上へ,劇場の中へ……身投げし,そうして身を晒すことが引き起こすリスクにもかかわらず(またおそらくはそれゆえに)自分自身を他者の危険な視線に委ねるのである。

　それはストーリーの最後に反復されることになる宿命的な身投げである。実際に,それはストーリーに終結を与える。婚約者クララと眺めを得ようと一緒に塔に登って,狂気の発作に捕らわれる時,

ナタナエルはクララを高みから投げ落とそうとし，ついには自分で身を投げる。ホフマンの話はその時，二つの暴力的で意志的ではない身投げの間で縁どられている。最初に，見えざる観賞場所の表向きは隠され護られた安全性から，その境界を定義するのが困難な舞台上への身投げがある。なぜなら，境界線は，自らが単純に内包も位置づけもできない運動に応じて変化するからだ。脱身体化された眼の突発的な痙攣はそうした運動を示唆しているが，しかしながら決してそれは，この特殊な身体器官に限定することはできない。コッペリウスはナタナエルを捕まえ，真っ先に彼の眼に手を出す。しかし，ナタナエルの父親の嘆願に対して，彼は代替物を受け入れる。

> 「それじゃ小僧，眼は持ったまま，宿題でいくらでも泣き喚くがいい。だが，それじゃ，手足の仕掛けはちゃんと観察しておこう」。それから彼は，間接がきしむほど激しくぼくを摑んで，手足をねじり，それをこちら，あちらと向けた。……こちらでは，ぼくの周りのものすべてが黒々と暗くなって突然，神経と骨に痙攣が走り——ぼくはもう何も感じなくなった。(Sandmann p.336/ pp.9-10; 砂男 p.22)

ナタナエルは要するに身投げする。子宮から跳び出し，舞台へと身を投げる（ドイツ語の語 stürzt は，落ちると強く押される，あるいはバランスを失う，この両方の意味で「身を投げる」を意味する）。この第二の誕生はこのように，観客という安全性から舞台の晒された空間の上に，またその中へと落ちることを含んでいる。そうした露出の場は，何よりもまず身体である。あるいはむしろ，そうした物があるかのような単なる「身体」ではない。そうではなく自足し，統一され，一体化した，自我にとっての母体としての身体のナルシシスティックな概念である。舞台上で分解するのはこの身体の想念である。ナタナエルの手足はねじが緩んでおり，身体はバラバラ，その結果，彼は「突然の痙攣」の中で意識を失う。この意識の喪失は，統合した全体性としての身体というナルシシスティックな想念

に結びついている。その想念が去る時，意識もまた去る——意識は常にある対象の意識であらねばならないが，すなわち，一である対象の意識である。対象が一以上，あるいは一以下の存在として，われわれが再読している場面の空間自体のように分裂し，ないし二重化されたものだということが判明する時，結果的に生じるのは，そこではおそらく痛みから快楽を分離できない「突然の痙攣」である[12]。

　このテクストの読解においてフロイトは，「知的な不確かさ」——不気味なものの研究の先駆者，イェンチュによって導入された用語——は重要なことではないと主張する。彼が主張するのは，このストーリーにおいて不気味なのはオリンピアに関する不確かさや思い込みではなく，むしろ砂男の形象に，それゆえ自分の眼を失う恐怖に結びついた（去勢）不安だということだ。しかし，フロイト

(12)　私はジェニファー・ストーンに，明白であるはずだったが（私にとって）そうではなかったことを指摘してくれたことに感謝する。ナタナエルが自分の隠れているものと「同じ」ものだと期待するはめ込みタンス——すなわち，父親の服がかけてあるタンス——がまったく異なるジャンルとジェンダーのクローゼット——だということが判明する。すなわち「オーブン」が隠れている「暗い穴」，究極的にはナタナエルの父親と彼自身のどちらにも死と破壊をもたらすことになる炉である。あの「炉」（Herdは炉とオーブンの両方を意味する）は，その外へ，火花が飛び散りそのあとで眼が眼窩から取り外されるのだが，「ソケット」と裂け目，モデルとなる観客-観察者であるナルシシスティックな男性の自我のパースペクティヴからは女性性の形象である。この奇怪な「穴」（とそれが内包し隠蔽する「炉」）以上に「もっと悪く」さえあることは，どんな形象も，Gestaltも，明らかにしないという意味で，何も提示しないが，むしろしかし，一定の透明さがそこで一定の不透明さに収斂する奇妙で不気味な状態を明らかにする謎めいた明白性と透明性である。「クララがレンズの前に立っていた！」。われわれはすぐこのことに立ち戻ることにする。ナタナエルがこうして身を投げる時，それはまた，そしておそらくとりわけ，「悲劇」のではなく，キルケゴールの『反復』の第一部で議論されている何か「笑劇」にもっと似ているものの「誕生」でもある。

がこの解釈を大きな確信と力を持って提示するという事実にもかかわらず、この論文を通して「知的な不確かさ」は回帰し、そのテーゼに付きまとい、実際にそれを寸断するのを助け、抑圧と克服の間、フィクションと現実の間の限界設定がその最も明白な例でしかない様々な異なるテーマへとばら撒く。去勢不安が精神分析にとって構造的な重要性をもつとしても、それは去勢不安が、主体が「私」として自己同一性を堅固にするために自ら語りたがるストーリーに繰り返し付きまとう限りにおいてでしかない。しかし不安一般、そして特に去勢不安は、フロイトが後に言及することになるように、自我として解釈されるあらゆる主体性が逃れることのできない危険を記している。自我は様々なやり方でこの危険に反応することしかできない。この危険に対する——主要なものではないにせよ——一つの反応は、言うまでもなく不安であり、不気味なものは不安を前提にしている。そうした反応はもちろん、一度で決定的になされることはない。無意識の、また特にそれを発生させる光景の、Urszene〔原光景〕の時間性は、決して線的でも継起的でもなく、常に断続的、nachträglich〔事後的〕、après-coup〔同〕である。フロイトの表立った議論を超えて不気味なものが示唆することはまさに、その断続性がそこで自らを分節する構造は、"coup de théâtre"〔劇の一撃＝どんでん返し〕の構造、拍子をもたらし、時を刻むが、出来事の継続的、進歩的、線 - 目的論的な道筋の期待を遮るcoup、一撃あるいはSchlagとしての演劇性なのである。すなわち、不気味なものはあの再来あるいは反復であって、それは不意にであるが、断続的かつ事後的に、その"coup"が決して元の位置に戻らない現在と、そして常に近づいてきているが決して完全にはここにはない未来への分裂であることを露わにするのである。

　この一撃、このSchlag、このcoupによって粉砕されるものは、究極的には舞台の不統一性になる場所の統一性である。なぜ舞台は統合されていないのか？　なぜなら、それはどんな一個のパースペ

クティヴからも見ることができず，把握することができないからである。ナタナエルのストーリーは唯一の観点から語ることはできず，友達への手紙の中ではまず一人称話法で書かれ，それから突然でぎこちない移行に続いて三人称の語り手の話法の中で継続されなければならないのだ。

　不気味なものは感情を伴うがゆえに十分に客観的たりえず，対象化できないため，真剣な研究対象として扱えない，そう何度も何度も言われてきた。しかし，不気味なものは単純に主観的な感情でも客観的な出来事でもない。むしろそれはこの両極性の，一人称と三人称の話法の混同を際立たせる。しかし，不安定性は複数の語りの立場の間にあるのではない。それはちょうど砂男がすでに家庭の壁の内部にいるように，すでにその両者の内部にある。このことは，おそらくテクスト全体の，少なくとも反復された読解の最も不気味な瞬間をなすものの中で明らかになる。一度読者がストーリーの「内容」を発見すると，「知的な不確かさ」ないし決定不可能性は，もはや単純な出来事や事実にではなく，むしろその意味作用に関係する。このテクストで最も目を引く要素は，その意味作用が内容の表面上の価値のなさとくっきりした対照をなして現れる要素である。それはしかしながら，宿命的な結末の引き金を引くさりげない注記である。二人が全景の眺望を得ようと登った塔の頂上で，クララは奇妙な光景にナタナエルの注意を促す。

> 「あの奇妙で小さな灰色の茂みを見て，抜け出して私たちの方にまっすぐ歩いて来るように見えるわ」とクララは言った。ナタナエルは機械的に自分の脇ポケットに手を伸ばした。彼はコッポラの望遠鏡［Perspektiv］を見つけ，横の方をじっと見た——クララがレンズの前に立っていた！——。突然，彼の脈と血管は発作的に震えた——死人のように蒼白になって彼はクララを見つめたが，ぐるぐる回る眼から赤熱した火花が飛び散り，狩り立てられた動物のように恐ろしげにほえた。それから，空中高く飛び跳ね，その間に身の毛

もよだつ笑い声を上げながら，切り刻むような調子で絶叫した。「木の人形，ぐるぐる回れ——木の人形，ぐるぐる回れ」——そして猛烈な力でクララをつかみ，彼女を足場［the platform］から下に投げ落とそうとした。(Sandmann p.362/ p.41; 砂男 pp.76-77)

すでに奇妙な脇への動きについてはコメントしたので(13)，私はここでは狂気の到来とクララを死へと投げ落とそうとする努力の引き金になる短い一文についての注記に話を限ることにする。それは物語が開始する陳腐なシーン，商品を売ろうとする行商コッポラの登場と同様にそれほど目立ちもせず劇的でもない一句である。フロイトが自分のコメントでは完全に無視しているが，決定的な場所に位置づけられるこの一句は，単純にこうだ。「クララがレンズの前に立っていた！」(Clara stand vor dem Glase!)。私が指摘したいのも同様に，単純なことである。すなわちこの陳述は，特にその感嘆符は，フランス語で "style indirect libre"〔自由間接話法〕，ドイツ語で "erlebte Rede"〔体験話法〕として知られているものの明白な一ケースである。それは文法的に三人称で表現され，それによって描写されているものからの一定の分離を暗示する。ところが，感嘆符の使用は一人称のパースペクティヴに対応する緊急性を創り出す。ナタナエルが耐えることのできない不気味な発見を際立たせ，純粋な確認文であるものを文法的に感嘆文へと変容させるのは，この一人称と三人称の，自我とエスの（そしてドイツ語で，フロイトがはるかにもっと固有語法的な代名詞である Ich と Es を使用していることを思い出すべきだ）パースペクティヴの解きほぐしえない交絡なのである。「クララがレンズの前に立っていた！」

しかし，クララがその前に立つレンズとは何か？　ドイツ語で，レンズに対して一貫して使われている語は Perspektiv である。17世紀以来この語は，望遠鏡——視覚器官を代補する人工器官の，眼の

---

(13) 本書「余談」を見よ。

道具に割り当てられていた。フロイトの去勢のストーリーにこれ以上よく合うものはないだろう。望遠鏡は今ここにおいて,〈同じもの〉をいたるところに発見するために不可視のものを可視的にしようとする不可能な欲望を生み出すべくして生じる技術的な装置であろう。しかし〈同じもの〉——たとえば同じタンス,あるいは同じ父親の衣服——の代わりに人工器官がさらに近くにもたらすものは,分離の不可避性である。眼窩からの目の分離,それが明らかにしそれを通して見えるものからのパースペクティヴの分離である。コッポラの「パースペクティヴ＝望遠鏡」の「他の側面」は,彼の名前がイタリア語で意味すること,eye socket〔眼窩＝眼のソケット〕である。眼窩はその一部が自分自身を全体物から分離してしまい,それ自身の生命を帯びる「木の人形」のように「ぐるぐる回り」,終わりなく円になって旋回する時の身体の残りである。ナタナエルに残されたものすべては円それ自身であり,それは,彼が決して見ることのない視覚の希望をも,彼がこれまでそれを見ることができたとすればその宿命の確証をも圧縮している。「火の円よぐるぐる回れ」(Feuerkreis dreh dich) (Sandmann p.362/ p.42; 砂男 p.78)。この円の内部では,誰も,何も自らがそうあるもののままでいることはできず,それゆえナタナエルは円を後にし,もう一度,第二の身投げをする以外に手だてはない。今回は舞台上の誕生に向かってではなく,死に向かって。

　コッポラとは品物の,商品の,日用品の,「美しい目」(「外国語」イタリア語によって切り離されたドイツ語のSköne Oke) の行商であり,それは実際に技術的な人工器官であり,一定の見る力の不在を確証する。これらのSköne Oke は——ほとんど少しも不気味さのない効果をもつ——今日ではテレビと呼ばれているものの,遠いけれども再認しうる先駆者である[14]。

---

(14)　論文 "Television: Set and Screen"で,私はこれらのいくつかについて議

この最後の光景はその時，不気味なものがこのドイツ語の語の両方の意味で perspective の問いから分離しえないということを明らかにする。どんなパースペクティヴも固有ではなく自足的ではない。それゆえ人工器官の代補の，Perspektiv の不可避性はそこに由来する。しかし，商品と同じように，この Perspektiv は決して決定的に我有化されることはない。それは循環する中でだけ存在し，また循環する中で他のパースペクティヴを合流させ，そこから分岐する。そうした循環は一巡して元に戻ることはなく，それゆえどの場所も侵害されぬままにはおかず，どの身体をも完全なままにはおかない。手紙は意図されていなかった宛先に届き，望んではいない，期待していない返答を誘発する。友人ロタールへのナタナエルの手紙は，ロタールの妹クララに間違って届き，彼を大いに不快にさせることには，彼女は（今では明らかな理由で——つまり手紙は Mänersache, 男同士の事柄のままであるべきだったのだ）自分が読むはずではなかった手紙に返事をするのだ。しかし，この予期せぬ回避できない他者の——他の女性の，他者としての女性の——干渉は，ある一定のパースペクティヴからしか，不気味なものとして現れることがない。あまりにもなじみがありながら還元不可能なまでに異質なパースペクティヴからしか。

　真に生きられた経験——それがホフマンの物語における「新しい」第三者の語り手の経験であれ，あるいはルーシー・R嬢についての説明におけるフロイトの経験であれ——へのいかなる訴えも，決してこの不気味さに打ち克てはしない。というのは，砂男のように，それはすでに各家庭の中心と炉で忙しく機能し，style indirect libre〔自由間接話法〕が権威的な第三者と，巻き込まれている一人称の語りの境界とをあいまいにするのとちょうど同じように，あらゆる権

　　論した。*Mass Mediauras*（Stanford: Stanford University Press, 1996），pp.108-128 収録。

威を汚染し失墜させるのである⁽¹⁵⁾。

　問いに付されるのは「第三者」の権威だけではなく，観客としての読者の立場でもある。実際に不気味なものの演劇性はまさに，すべてのパースペクティヴをもはや単にスペクタクルとしては理解しえないシナリオに書き込むことにある。このことは，そうした演劇性を伝統的な意味においての「理論」から区別するものでもある。考察されているものからの安定した分離の可能性はもはや存在しない。一定の乱雑さが観客の場面の中への，語り手のシナリオへの書き込みを記す。「立ち位置」と「パースペクティヴ」は決して，「行動」に一貫性をもたせて全体ないし「作品」になることのない過程の中の「役割」と「役目」になるのだ。そしてこの過程が常に，主体と客体の表面上は安定した弁証法の場面の背後で「働いて」きたという認識は，それをあまりにもなじみのあるものとして，少し見苦しくさえあるものとして脇におく原因になるものなのである。

　それにもかかわらず，最も「学術的な」言説と研究によって不気味なものを脇に逸らすことは，その解決に成功することはない。むしろ砂男のように，不気味なものは驚くべき回復力をもって，ほとんど期待されないところに何度も何度も不意に出現する。言語形象として，ストーリーにおける雰囲気として，寓意的な審級として。近づいてくる足音，荒い息づかいの，ぜーぜーした息や咳の音，あるいは半ば分節された音によって予告されつつ，不気味な形象と状況は回帰し，われわれに言語と現実の間を，感情と状況の間を，われわれが知っていることと知らないことの間を明確に区別することの難しさを想起させる。形象を脱形象化しながら，砂男は（そこに）あるものとないものが，存在と不在が，来ることと行くことがもはや明確に区別されえなくなる地点を記すのである。

---

(15)　V. Volosinov, *Marxismus und Sprachphilosophie*, translated into Germain by Renate Horlemann（Berlin: Ullstein Verlag, 1975), p.186ff.

この制御不可能な可能性——制御の一定の喪失の可能性——はたぶん，なぜ不気味なものが精神分析それ自体の内部においてさえ辺境的な概念に留まるのかを説明しうる。というのは精神分析は，フロイトが生きた時代と同じように今日でも，自らを安定した制度の中に確立しようとし，それが位置する社会の中に広まっている確立された真理概念と価値基準をめったに問わない実践と理論の中に自らを基礎づけようとするからだ。これらの概念と基準はしかしながら，まさに若いナタナエルが想定しようとしながら，彼がまず目撃し，それから参入する光景の衝撃のもとで放棄するのを強いられる種類の空間と場所と位置取りを前提にしている。超然たる観客という位置である。身投げをするが，しかしそれを非意志的に行う中で彼は，実際には決して場面の中に参入することから彼を守らず，あるいはそれを妨げてこなかった距離を放棄する。彼の位置を変えるものはその役割である。不気味なもの自体をかくも不気味にするのはたぶん，この役割である。あれほどなじみがあり陳腐でさえありながら，かくもとらえどころがなく，手に負えない。

　フロイト自身がいかに暗にであれ認めるのを強いられたように，不気味なものはあらゆる判断の基礎を問いに付すがゆえに「知的な不確かさ」から分離することが難しい。基礎，すなわちそこから区別が引き出される位置である。デカルト以来ずっと，「確実性」の探求は自律的な主体を構成し保護する計画を駆り立てる力であった。この計画は Uncanny〔不気味なもの〕の条件であり，それは「回帰」して，その影として付きまとう。デカルトにとって確実性を獲得するための本質的な条件は，その他者性においてもはや信頼しえない世界からの主体の退隠であったが，その一方では，不気味なものを構成する誤認を形成するのは，まさにそうした退隠が fata morgana〔幻影〕であり，擁護できない構築物であるという発見である。不気味なものは，デカルトのコギトの反省性が，それが取って代わろうとする世界と同じくらい，媒介され，それ自体から隔てられ，そ

れゆえ「確実」でも安全でもないという根絶できない嫌疑を糧にする。カーテンの背後に隠れながらナタナエルは，自分自身の二つの眼で，まさに砂男が実際に誰であるのかを発見したと信じる。彼は，自分が形象的な記号表示である「砂男」を真の固有名詞に置き換えたと信じる。しかし彼が見つけ出す名前は，それが締め括るつもりのものをほどくシニフィアン連鎖の中の一リンクであることが判明する。「コッペリウス」は Perspektiv〔パースペクティヴ＝望遠鏡〕の行商である「コッポラ」になり，その名前はすでに述べたように，「眼窩」あるいは「空洞」を意味するが，音声的には copula をも思い起こさせる。砂男は「存在する（食べる）」〔is(st)〕弁護士「である」〔is〕。弁護士は人工器官の行商「であり」，その名前は述定そのものの操作子のことを思わせる。しかし the "is" isst〔「ある」は食べる〕，こうしてその一義的な意味を消費する中で，この is(s)t は分岐しながら共存するものの離接的な接合点として，決して全体にはならない部分として立ち現れる。それは判断することなく単に存在する Ur-teil〔原－分割＝判断〕である。「クララがレンズの前に立っていた！」。われわれは決して，ナタナエルがレンズの前に立つ彼女を見たのか，それともそこで彼女を見なかったのかを，聞くことはない。読者であるわれわれに残されるすべては，あの感嘆符の力であり，それはピリオドを形成せずに句読点を打つ。クララがレンズの前に立っていた！ピリオド。

　おそらく，感嘆符によるピリオドの置き換えは，精神分析的であろうとなかろうと，理論的な言説においてなぜ不気味なものがそれほど周辺的な論点に留まるのかを説明する助けになりうる。というのは，それは述定と判断を混乱させ，ある一定の「事実確認的な」言説の形が常にすでに「行為遂行的」なものだと暴露するからである。このジャンルの混同は，知ることと知らないことが互いに排他的だと依然として主張する学問概念への挑戦を突きつけるのである。

不気味な思考

不気味な生起

　私が読み直そうと思う二番目のテクストは，少なくとも表面上は，フロイトのテクストとはそれほど異なるものではないだろう。もちろん，それは文学テクストの読解を含んでいる。問題のテクストはしかしながら，自己意識の問題に関わる近代的なものではない。むしろ，それは人間存在の本質に関わるし，少なくともそのように提示されている。そのテクストはソフォクレスの『アンティゴネー』の第二のコロスの歌であり，読み手はマルティン・ハイデッガーである。彼はその『形而上学入門』の最終章でパルメニデスの有名でありながら謎めいた，to gar auto noein estin te kai einai, 普通は「思考と存在は同じである」と訳される格言を論じるコンテクストの中でこのテクストを注釈している[16]。ハイデッガーによると，この紋切り型の訳は，ひとを欺くまでに単純であり，広範なやり直しを必要とする。ソフォクレスのテクストに立ち戻ろうとの彼の決断は，その過程における第一歩である。このような第一歩でしかない詩的テクストの使用はここでは，長く深く根づいた哲学的な伝統を引き継いでいる。文学的テクストの援用は，より困難で，より深刻で，より接近し難い哲学的テクストに接近する時に準備研究として役立つにすぎないのだ。そうなるとフロイトと同様に，ハイデッガーの読解においても不気味なものは，われわれの理解を進める中心的な課題に対して中心を外れた位置を占めることになる。フロイトにとって賭かっている理解はもちろん心的なものであるが，ハイデッガーにとってはそれは〈存在〉の理解である。両者の著作の本体ではそ

---

(16) Martin Heidegger, *An Introduction to Metaphysics*, translated by Ralph Manheim (New Haven: Yale University Press, 1959), p.145.〔本訳書では次のものを参照した。Martin Heidegger, *Einführung in die Metaphysik*, Gesamtausgabe, Bd.40, (Vittorio Klostermann, 1983), p.154; 以下のものを参照するが，訳文には変更あり。『形而上学入門』川原栄峰訳, 平凡社, 1994 年, p.238. 以下「入門」と略す。〕

れゆえ，不気味なものの議論は重要でありながら，明らかに限られた空間しか占めていない。フロイトもハイデッガーも，いったんはっきりと不気味なものが扱われるや（フロイトは不気味なものについての論文で，ハイデッガーの場合はまず『存在と時間』[1927年]で，その後，次で第二であり最後であるが，元来は1935年に行われた講義『形而上学入門』で），そのテーマに立ち戻らなくなるのである。

ソフォクレスのテクストを導入する中でハイデッガーは，彼がこのテクストに与え，およびそこでの不気味なものの分節に与える重要性にもかかわらず，なぜ不気味なものの話題が彼にとって暫定的な観点としてしか役立たないのかをきわめて明確にしている。コロスの歌の中でハイデッガーは，「人間存在の決定的な規定［entscheidende Bestimmung］」（Einführung p.155; Introduction p.146; 入門 p.239）[17] が分節表現されていると論じている。しかし，「決定的な」，ent-scheidende ものは，そこから，すなわち語「人間的」から離れ去ら（scheiden）なければならないものでもある。要するに，不気味であるものは，少なくともハイデッガーにとっては，自分自身から離れ去り，他の何ものかに，何かあまりにもなじみがありながら，還元不可能なほどに疎遠であり，奇妙で著しく制圧的なものになることによって自らを定義するものとしての「人間的な」ものの承認である。

不気味なもののハイデッガーの議論をフロイトの議論と区別するのは，まさに恐れや不安や欲望であるより，むしろこの力の強調である。ハイデッガーのコロスの歌の訳はこのことを完璧に明白なものにしている——それを私はできる限り「統辞的逐語性」[18] をもっ

---

(17) このテクストからのすべての英語の引用は私の訳である。テクスト本文における（ ）内のページ索引は，ドイツ語と英語の編集のページ番号をそれぞれ引用してある。したがって読者は，私の訳と出版されている訳を比較することができる。

(18) "Wörtlichkeit der Syntax"〔統辞法の逐語性〕——"verbatim syntax"〔逐

て(強調のためにイタリック体にしつつ)英語に訳し直した——*1。

Vielfältig das Unheimliche, nichts doch über den Menschen hinaus Unheimlicheres ragend *sich regt*.	不気味なものはいろいろあるが,人間以上に不気味に,ぬきんでて活動するものはあるまい。
Der fährt aus auf die *schäumende* Flut beim Südsturm des Winters und kreuzt im Gebirg der wütiggeklüfteten Wogen.	人間は荒れ狂う冬の南風に乗って,泡立つ上げ潮に乗り出し,さかまく大波の山の中をくぐり抜ける。
Der Götter auch die erhabenste, die Erde, abmüdet er die unzerstörlich Mühelose, *umstürzend* sie von Jahr zu Jahr, *hintreibend und her* mit den Rossen die Pflüge.	神々の中でも最も崇高な大地,滅びず,朽ちぬこの大地をさえ,人間が疲れはてさせてしまう,年々歳々掘り起こし,行きつ戻りつ,馬で鋤を引き廻して。
Auch den leichtschwebenden Vogelchwarm	軽やかに飛ぶ鳥の群をも

語的な統辞法〕——は,翻訳に対するヴァルター・ベンヤミンの究極の判断基準である。翻訳可能性〔translatability〕としてのこのことについての私の議論を見よ。*Benjamin's –abilities* (Cambridge, Mass.: Harvard University Press, 2008) 収録。このテクストのドイツ語のヴァージョンは次の通り出版されている。"Un-Übersetzbarkeit," in: *Die Spraphe der Anderen*, edited by Anselm Haverkamp (Frankfurt am Main: Zeit-Schriften: Fischer, 1997), pp.121-146.

*訳注1——英語オリジナルにはウェーバー自身の英語訳しか掲載されていないが,ハイデッガーのどのような翻訳を訳したのかを比較可能にするため,訳者はハイデッガーのドイツ語訳を掲載し,それがどのように日本語に訳されるのかを川原訳によって対訳の形で添え,その後にウェーバーの英訳を掲載するという道を選択した。さらに著者が強調している現在分詞を対訳にも反映させている。なお未掲載だが,アカデミックには日本語にどのように訳されているのかを知るには,呉茂一訳(岩波文庫『アンティゴネー』,pp.27-30)を参照されたい。

umgarnt er und jagt	人間が網にかけて獲り，
das Tiervolk der Wildnis	荒地のけものも
und des Meeres einheimisch Gerege	海に棲む魚も
der umher *sinnende* Mann.	思案をめぐらす男が刈り獲ってしまう。
Er überwältigt mit Listen das Tier,	山に宿り山をさ迷うけものをば
das nächtigt auf Bergen und wandert,	人間は才智で牛耳る。
den rauhmähnigen Nacken des Rosses	粗いたてがみのある馬の首や
und den niebezwungenen Stier	いまだ強いられたことのない牛にも，
mit dem Holze *umhalsend*	木の首輪を̇は̇め̇こ̇ん̇で
zwingt er ins Joch.	むりにくびきにつないでしまう。
Auch in das Getöne des Wortes	語の響きと
und ins windeilige Allesverstehen	風のように速く理解するすべに
fand er sich, auch in den Mut	人間は精通している。
der Herrschaft über die Städte.	町を支配する勇気をも。
Auch wie er entfliehe, hat er bedacht	悪天候や霜などの害に
der Aussetzung unter die Pfeile	さらされていても，
der Wetter, der ungattigen auch der Fröste.	のがれるすべを　　心得ている。
Überall hinausfahrend unterwegs,	到る所を駆けずり廻っているうちに，
erfahrungslos ohne Ausweg	経験したこともなく，逃げ道もなく，
kommt er zum Nichts.	人間は無へとやって来る。
Dem einzigen Andrang vermag er, dem Tod,	たった一つの圧力，　　死だけは
durch keine Flucht je zu wehren,	なんとしても逃げようがない，
sei ihm geglückt auch vor notvollem Siechtum	危い長患いでさえも，　　うまく
geschicktes Entweichen.	逃げおおせることもあるのに。
Gewitziges wohl, weil das Gemache	如才なく，
des Könnens, über Verhoffen	すべての望みを叶え通̇す̇力̇を̇持̇っ̇てい

不気味な思考　　337

bemeisternd,	るので，
verfällt er einmal auf Arges	人間は悪事をはたらくこともあるが，
gar, Wackeres zum anderen wieder gerät ihm.	勇敢なことをしでかすこともある。
Zwischen die Satzung der Erde und den	大地の掟と
beschworenen Fug der Götter hindurch	神々に誓った正義との間を人間は通る。
fährt er.	そういう人の居所は高くそびえ立って
Hochüberragend die Stätte, verlustig der Stätte	いるが，
	冒険をするために，存在しないものを存
ist er, dem immer das *Unseiende seined* der Wagnis zugunsten.	在するものと思ってしまうような，
	そんな人は居所を失ってしまう。
Nicht werde dem Herde ein Trauter mir der,	こんなことをしでかす人が
nicht auch teile mit mir sein Wähnen mein	我が家のかまどに親しむことがないように，
Wissen,	そんなものの妄想が私の知に混じりこ
der dieses führet ins Werk.	まないように。

> Multiple is the uncanny, yet nothing
> shows itself, beyond man more uncannily *jutting* forth.
> He sets out on the *foaming* tide
> in the south storm of winter
> and crosses the crests
> of the wildly cleft waves.
> Of the Gods even the most sublime, the Earth,
> he exhausts, indestructibly inexhaustible
> *overturning* it from year to year,
> *driving* back and forth with steeds
> the plows.
>
> Also the light-winged flock of birds

he entraps and hunts
the beasts of the wild
and the ocean's native hosts —
circumspectly *meditating* man.
He overwhelms with tricks the animal
that roams the mountains by night and wanders,
the raw-maned neck of the steed
and the untamed bull
with wood the neck *enclosing*
he forces under the yoke.

Also in the resonances of the word
and in wind-swift all-understanding
he found himself, also in the courage
of rule over cities.
Also how to escape he has considered,
from exposure to the arrows
of the weather, also the inclemency of frost.

Everywhere *making* his way, but with no way out
he comes to naught.
Against one assault only unable, against death,
through any flight ever to defend himself,
even if debilitation through illness
he has successfully avoided.

Possessed of his wits, fabrication
skillfully *mastering* beyond all expectation,
he succumbs at times to misfortune
still, at times accomplishes great things.
Between the laws of the Earth and the
conjured order of the Gods he wends his way.

不気味な思考

> *Rising* far above the sites, deprived of the sites,
> is he, to whom always *Unbeing being*
> for the sake of the venture.
>
> Not my hearth will be familiar to such a one,
> nor share with me his madness my knowledge,
> who brings this to be in a work.
> 　　　　(Einführung pp.155-157; Introduction pp.146-148; 入門 pp.240-243)

　イタリック体で強調した語と句にはある共通のものがある。それらはすべて，現在分詞の周囲に構成された副詞か副詞句である。jutting〔突出している〕, foaming〔泡立つ〕, overturning〔ひっくり返す〕, driving〔突進する〕, meditating〔思索する〕, enclosing〔囲い込む〕, making〔なす〕, mastering〔会得している〕, rising〔そびえる〕, そしてとりわけ unbeing being〔存在しない存在〕である。人間はこうして, "unbeing"〔非存在（する）〕と "being"〔存在（する）〕が, それにとってはもやは単純に対立させることも, 区別もできない "being" の仕方という観点から定義される。being と unbeing のこの収斂がその中で自分自身を分節することへと向かう言語上の「時制」は, 現在分詞とそれから形成される副詞的名詞——"being" と "unbeing" のような名詞——の時制である。一般的に, 常にわれわれの周囲で進行しているこれらの活動や過程を示す現在分詞以上にもっと一般的で, もっとなじみがあり, もっと "heimlich"〔居心地のよい〕でありうるものがあるだろうか？　しかしこの時制をもっと詳しく調べてゆくと, 反復し回帰するそうした進行が, 決して一巡して「本拠地(ホーム)」に戻らず, 決して完全なものにはならないということが発見される。現在分詞はこうして直説法現在 "is" に基づいて解釈される現在の他の諸形式から離れ去ることを示している。"is" とはハイデッガーが『形而上学入門』の中で,「存在忘却」の, あるいは "being" と "beings" の存在論的差異の忘却の範例として指摘

するものだ⁽¹⁹⁾。ただし英語ではこの差異が，不定名詞 Sein が，ハイデッガーがまさにそこから Sein を区別しようとする動名詞 being を通して翻訳される限り，すでにあいまいになっているのはすぐに分かる。それはあたかも英語という言語がそれ自体 Seinsvergessenheit の，存在忘却の，存在論的差異の忘却の貯蔵庫であるかのようだ。でなければ……。

あの存在論的差異がそれ自体，不可避なまでに現在分詞とその様々な派生物に関連していなければ，である。この疑念をこそ，ハイデッガーの翻訳と，それ以上に『アンティゴネー』のコロスの歌についての彼の議論がわれわれに探求するよう勇気づけるのだ。彼によるこのテクストの読解は，三つの Gänge〔行程〕あるいは「走破」〔run-through〕に分割される（もちろん，ハイデッガーのような思想家は歩き，時には行進することはあっても，決して走りはしないことを心に留めて置こう）*²。最初の読みは，テクストの内的構造を識別することを狙いとしており，その最上級 to deinotaton が「人間」を指示するために使用されているギリシャ語 deinon の両義的な意味についての議論で始まる。deinon をハイデッガーは，制圧的な力と力の行使として，「圧倒的な」〔overpowering〕とも「強力な」〔powerful〕とも訳している。人間は，なじみのあるものの限界を超えて「制圧的なもの」に向かって自分の道を押し進める時，最も不気味なもの，to deinotaton である。

---

(19) Einführung p.98; Introduction pp.69-70; 入門 pp.154-155.

*訳注2 ——「第一の道行きでわれわれはとくに，この詩の内的な実質をなし，従ってそれに対応しつつ言語形態で全体を支え，一貫して動かしているものを際立たせる。

　第二の道行きでわれわれは，詩節と反覆詩節を順次たどって，この詩が開示している全領域の限界を歩測する。

　第三の道行きでわれわれは，この詩作的な謂いによれば人間とは誰であるのかを算定するための立場を，全体の中央で獲得するよう試みる」（Einführung p.157; 入門 p.244）。

フロイトと同じように，ハイデッガーが不気味なものに，語そのものの両価性(アンビヴァレンツ)を通して接近するのは注目すべきことである。だが，それは同じ両価性(アンビヴァレンツ)なのか？　フロイトにとっては，「不気味な」(unheimlich)は「居心地のいい」〔canny〕，heimlichの一部であるが，それ自体の中に「なじみのある」という概念と「隠された」という概念を包含している。ハイデッガーの方は，なぜdeinonがunheimlichと訳されるべきなのかを説明する中では対立の論理を受容しているように見える。「われわれは不気味なものを，われわれを『家的＝土着の』〔heimisch〕ものの外へ放り出すものだと理解している［…］。不気味なものはわれわれを，決して家に居心地よく［einheimisch〕いさせない。そこに制圧的なものがある」。彼はただちに論じ続けるが，「人間」はしかしながら，この〈否〉を自分に対する外的な力としてではなく，むしろ自分の内部的存在の一部として経験する。コロスの歌によると，人間はなじみのものすべて——家，国，家族——の境界を捨てざるをえず，人間がその下で自分の道をなさねばならないこの制約が人間を制圧的なものに晒すのである。簡潔に"always, no way"〔常に，道がない〕と——あるいは，もっと分かりやすく"everywhere making his way, but with no way out/ He comes to naught"〔いたるところに道をつけながら，逃げ道もなく／人間は無にやってくる〕*3と訳しうるようなギリシャ語の"pantoporos aporos ep'ouden erchetai"からハイデッガーが読み出すのは，自らの道を開く，そして失うことである*4。この動詞の二律背反は，ハ

＊訳注3——この部分は，ハイデッガーの翻訳の第三詩節 Überall hinausfahrend unterwegs, erfahrungslos ohne Ausweg/ kommt er zum Nichts.「到る所を駆けずり廻っているうちに，経験したこともなく，逃げ道もなく，人間は無へとやって来る」（本書 p. 337）を指示している。
＊訳注4——「いたるところに人間は進路をつけ，あえて存在者の全領域，制圧的な支配の全領域に進入し，そして同時に全進路から投げ返される。それによって初めて，この最も不気味なものの全き不気味さが開示される」

イデッガーが指摘するには polis に関する次の節で反復される。ハイデッガーが問題の "polis" は単に政治的な概念でも単に都市国家でもないと警告していなければ, hypsipolis apolis を "hyperpolitical apolitical"〔超政治的な非政治〕と訳す誘惑に駆られるかもしれない。むしろ彼は, それは人間の歴史の生起する場所だと主張する*5。そうした生起は, われわれが政治的だと認識する制度から引き出すことはできない。そういう制度が最初に設立されるのは歴史的な生起によって初めてだからだ。この場こそ, 人間が不気味な暴力の中でも現実には決して占拠しえないものである。真の暴力はそれゆえ人間の無能さにある。場を「もち」, ある場所に「住まい」, その法を受け入れその境界を遵守しえない無能さである。力と脆弱さの不気味な収斂の観点で人間を定義づけるのは, まさにこの無能さなのである。

(Einführung p. 161; 入門 p.250)。
*訳注5 ——「polis をひとは国家と都市国家によって翻訳する。これは十全な意味を捉えていない。polis とはむしろ, 歴史的なものとしての現-存在〔Dasein〕がそこに, そのようなものとしてある場所〔Stätte〕であり, 現〔Da〕である。polis は, 歴史の場所〔Geschichtsstätte〕であり, 現であって, その中で, そこから, そしてそのために歴史が生起する。〔…〕例えば詩人がただ詩人であり, しかしその上実なる詩人である限り, 思索者がただ思索者であり, しかしその上実なる思索者である限り, 祭司がただ祭司であり, しかしその上実なる祭司である限り, 支配者がただ支配者であり, しかしその上実なる支配者である限りにおいて, 彼らはポリス的と呼ばれるものであり, すなわち歴史の場所に在るのだ。在る, これはしかし, 暴力-行為的なもの〔Gewalt-tätige〕として暴力を用いること, そして創造者として, 行為者として歴史的存在において高く抜きんでた者になることを意味する。歴史の場所で高く抜きんでた者になると彼らは, 同時に apolis になる。つまり都市も場所もなく, 孤-独なもの, 不気味なもの, 全体としての存在者のただ中で逃げ道がなく, 同時に規約も限界もなく, 構造も接続秩序〔Fug〕もない。なぜなら, 彼らが創造者として, その都度これらのものを初めて定礎しなければならないからである」(Einführung pp.161-162; 入門 pp.251-252)。

不気味な思考 343

このことがハイデッガーを第二の走破へ導く。その中で彼は、テクストの力動的な進展を辿り直すことを提案し、今や逐語的で統辞的な、第一の走破で識別された意味論的内容がいまやその内部に書き直されるべき逐語的かつ統辞的な諸要素の関係に注意を払っている。実際、第二の読解で暗に問題になっているのは、内容と抑制〔containment〕の概念である。少し逆説的であるが、この読解は時間よりは場所と空間に関わっている。人間は未知のものに踏み入るために足元の確固たる土地をあきらめるが、この「始まり」が残りすべてのものをかくまう。未知のものを求めて既知のものを後にする時、人間は自分の秩序を生のあらゆる領域に押しつけようとする。しかし人間は、存在の領域を組織し切り開く偉大な技能の開発に成功するにもかかわらず、自分がすでに通ってきた道に何度も何度も投げ返されることに気づく。要するに、『砂男』におけるナタナエルと同じように、人間はここでは円環に捕われている。その中で、「人間は円環の中で多方向に回り」（Einführung p.167; Introduction p.157; 入門 p.259)、あまりになじみのあるものの轍の中に捕えられ、あらゆる種類の道を発見することにどれほど敏捷で巧妙であろうとも逃げる道はない*6。死においては、最も力強い人間の能力さえ困難に出会うのだ。というのは死は、「あらゆる完成を超えて－終結し、あらゆる限界を越えて－限界づける」からである（Einführung p.167; Introduction p.158; 入門 p.260)。そして、不気味なものが現れるのはここである。

　　しかし家的＝土着のものから端的かつ一挙に、決定的に締め出す

＊訳注6 ——「逃げ道のなさとはむしろ、人間が自らの軌道の上で動けなくなり、自ら拓いたものに巻き込まれ、自縛のなかで自らの世界の円環を描き、仮象の巻き添えになり、存在から閉め出されることによって、自らが拓いた道に投げ返されることにある。このように人間は、自身の円環の中で多方向に回る」（Einführung pp.166-167; 入門 p. 259)。

> この不気味なもの，この非‐家的＝非‐土着のもの，dieses Un-heim-liche は，結局はそれが出現するからといって，他のものと同様に名指されるべき一つの特殊な出来事ではない。人間は，死に赴く時に初めてではなく，絶えず本質的に逃げ道なく死に対している。人間は，ある限り，死の見えなさの中に立っている。現‐存在［Da-sein］はこのように，生起する不気味さそのものなのである。(Einführung p.167; Introduction p.158; 入門 p.260，強調は私のもの)

不気味なものがなぜ，そしていかに「特殊なものではない」し，記念碑的でも区分可能でもないのかを，しかも実際の出来事だと考えられている死ぬことにも関係がないことを定式化する時になると，ハイデッガーが生起しつつある〔happening〕ものとしての不気味なものを，経験主義的な出来事としての死から区別する時間性を指示するために，動詞「生起する」の現在分詞（geschehend）に訴えることに注目すべきである。このことは，人間の歴史を記す諸々の道の循環性について，そして道がもっている自らの周囲を巡る傾向についての彼の先行する注釈を考慮すれば，とりわけ重要になる。「火の輪……」。親しさの，家の円環は，冒険と未知のものを求めてそこから逃れ，脱出しようと容易に望みうる独我論と同語反復(トートロジー)と，さらには死からなる，高潔さのより低い輪に変わる。しかし，そうした望みは，始まりの始まりを，なじみあるものと家族の円環の円周を見出しうることを前提にする。そうでなければ，どうして逃れることを望めよう？

われわれには，なぜハイデッガーがこの外側への運動を記述するために，軍事的な含意をもった語に訴えるのか—— aus-rücken＊[7]，口語では軍隊がするように「撤退する」〔to move out〕と訳される

＊訳注7 ——「暴力‐行為者，創造者，いまだ言われざるものへと出動し〔ausrückt〕，思惟されざるものへと侵攻する者，生起せざるものを強奪し，見られざるものを現象させる者であるこの暴力‐行為者は，常に冒険の中に立つ」(Einführung p.170; 入門 p. 265)。

——が見え始めているとはいえ，その語はまた，ここで興味を引く別の含意をもっている。文字通りには，aus-rücken は「手を引く」ことを意味する。ハイデッガー自身のテクストの選択が示しているように，前方への動きはどれも後方への動きを含むため，脱出するは同時に手を引く，ないし後退するを意味する。この言説の純粋に好戦的な調子はこうして，不気味なものの影によって追い越される。そうした前進と後退の収斂は，不気味なものの生起の諸次元の一つとなりうるのか？　脱出することと手を引くこととの収斂は，前方と後方の，前進と後退の指向的な極の混同の中で不気味なものになるだろう。それでは，それについてハイデッガーはかくも固執するが，生起として，いかなる種類の「歴史」が思惟しうるものになるだろうか？

いずれにせよ，ハイデッガーにとって，「この支配力あるもの［Gewaltigen］と不気味なもの［Unheimlichen］を名づけることによって，存在と人間存在の詩的な企投はそれ固有の限界を設定する」のは明らかである。とすれば，後に続くのは，以前言われたことをその「根本特徴」に関連づけることによって要約することに他ならない。すでに論じた deinon の二重性に，である。この二重性は今や，他の二つの語に関連して展開されている。techne と dike である。techne は単に技術〔technology〕ではなく，むしろハイデッガーが最初に Gemache〔人為〕と，続いて彼のコメントで Machenschaft〔工作機構〕と翻訳するものである。私は最初のものを "fabrication" と，二番目のものを "machination" と訳す。dike の方は，ハイデッガーはそれを Fug〔接合〕と訳すが，英語では "articulation"〔分節〕と翻訳しうるだろう。幸運にも，（不可能な）翻訳よりももっと重要なのは，これらの二つの力ないし立場の葛藤的な相互作用の結果の方であり，それは「制圧的な」もの（Fug）の「暴力-行為的な」もの（Gewalt-tätiger）に対する関係を練り上げ，さらに深く規定する。techne は，ハイデッガーが論じるには，とりわけある種の「知」であるが，単

純に何であるかを認識するものではない。むしろ，それはノウハウを，「存在を，その都度しかじかの存在者として作品 – の中に – 置き – うること」(das Ins-Werk-setzen-können des Seins als eines je so und so Seienden)(Einführung p.168; Introduction p.159; 入門 p.262) を意味する。そしてこの過程の弁別的な本質を記述するために，ハイデッガーはもう一度現在分詞に訴える。「作品 – の中に – 置くことは存在を存在者の中に開示しつつ成 – 就することである」(eröffnendes Er-wirken des Seins im Seienden)(Einführung p.168; Introduction p.159; 入門 pp.262-263)。あたかも，決定的な開示の運動がここで現在分詞 (eröffnendes, er-wirkende) を要求しているかのようだ。そして再び，この過程の要約の中で，「暴力 – 行為性 [Gewalt-tätigkeit] は制圧しつつあるもの [das Über-wältigende] に対する統治暴力の行使 [Gewalt-brauchen] である。それ以前は閉ざされていた存在を存在する者として [als das Seiende] 現象してくるもの [Erscheinende] の中へと知りつつ [wissende] 戦い取ることである」(Einführung p.169; Introduction p.159; 入門 p.263)。これがハイデッガーを第三の読解へと導く。

　存在を特定の作品の中へと開示する過程は，それが葛藤的であると同じくらい脆くはかないものだという結果をもたらす。ある異なる種類の運動が，われわれになじみのある運動から描き出されなければならない。時間は人間を，単にそれを消滅の瞬間へと移動させることによってではなく，それが自らを定義し，同語反復的な反復の終わりなき循環の中で自らがそうあるものであることを可能にすることによって，その終わりへと引き寄せる。この反復の悪魔的な同語反復からの唯一の逃走とは，脱出や決別ではなく，いわば，単に何か同じものの回帰とは別のものとして回帰する反復のために後退し，そのための道を開くことによって手を引くことにある。このことは作品の破砕を通して，そうした破砕が起こることを可能にするよう構成された作品を通して起こるのだ。これが作品であり，「裂

不気味な思考　　347

け目」と考えられた人間であって、それはあるきわめて特別な種類の場所を要求する。「人間はしかし、そうした現 – 存在へと強いられ、その存在の必然 = 窮迫〔Not〕へと投げ込まれている。なぜなら、制圧するものそれ自体が、支配しつつ［ある中に］現象するために［waltend zu erscheinen］自分のために開けの場を必要とするからである」（Einführung p.171; Introduction p.163; 入門 p.267）。

作品の破砕は、存在がそこに現象しつつ割り込む（erscheinend hereinbricht, Einführung p.172; Introduction p.163; 入門 p.267）裂け目として人間の場所を開く。dike は人間の、その techne と作品の堤防〔dike〕を打ち砕き、そのすべては究極的には制圧されるべくそこにある。こうして裂け目として制圧される中で、人間は変質、変形、歪曲に自らを開くことを強いられる。というのは、暴力と不統合をさえ含みうるこの強いられた、かつ暴力的な開けの中にこそ、何ものかが生起する空間が存在するからである。

ハイデッガーのカテゴリーの、特に存在の見かけ上の静態性にもかかわらず、彼の不気味なものについての議論は、離接の時間性と geschehend、生起しつつあるという意味において、それだけが「歴史的な」、geschichtlich と呼ぶに値すると彼が主張するものを枠組みにしている。そうした生起は決して十分に予測可能あるいは計算可能ではなく、決して単純に、部分が全体に依存するような形での、特殊の一般に対する依存関係ではない。生起はその特異性がそうした包摂（あるいはヘーゲルの意味での止揚）に抵抗する時に歴史的である。その抵抗が最も強力に、最も単純に、その親密さと疎遠さの中で分節される形は、現在分詞の不気味さにおいてであって、そこでは部分は、われわれの目と耳を前にして、永遠に不完全で、決して一巡して元には戻らず、常に変化へと開かれた反復としてもたらされるのである。

現在分詞の現前はどこに見出されるべきか？ その反復する回帰の隙間にである。現在分詞はこのように、ハイデッガーが最終的に

人間存在の定義として記述するものを最もよく分節する。Zwischenfall,「突発 - 事」,文字通りには「間 - 落」〔fall-between〕である。人間存在はこうして,そうした現前しつつあることの離接する突発 - 事と,「その時そこに」存在しつつ,「今ここ」に参与するこれらの不連続的な進行を記しつつ,現在分詞の回帰の「間に落ちる」のだと言いうる。われわれはいかにして今 - ここでもその時 - そこでもあるこの奇妙な「場所」を解釈すべきなのだろうか? ハイデッガーはよく知られているように,それを「明け開け」と,Lichtung と名づけることになる。しかし,不気味なものを際立たせる奇妙な明暗法の中で,この場に対するもう一つ別の名前が,限界をも開放をも含意する名前が示唆される。この場は決してそれ自体として見ることのできないものを暴くのである。

　先に引用した『形而上学入門』の一節の翻訳において,その英訳者ラルフ・マンハイムはこの名前をほとんど後知恵として書き込んでいる。「人間はそうした現 - 存在へと強いられ,そうした存在の必然＝窮迫 [Not] の中に投げこまれている。なぜなら,制圧するものそれ自体が,その力の中に現象するために,ある場所を,暴露の場面〔a scene of disclosure〕を必要とする〔require〕からである」(Introduction p.163)。この翻訳では,不気味なものの生起の中で,また生起として制圧するものを開き暴くこの場(あるいは Stätte〔所在地〕)は,ここでは「場面」〔scene〕と名指されている。もちろんどこでも,ハイデッガーは(フロイトとは対照的に)ドイツ語で scene と等価な語を使用してはない。Stätte には,場には,まわりに演劇的なものは何もないのだ。それでもなお……ある種の演劇性だけが,この場所が暴露あるいは露出の一つであるからだけでなく,それが隠蔽や誤認を含むがゆえに,ハイデッガーがこの場所に割り当てる目的を満たすことができる。

　コロスの歌の最終節についての当惑させる,かつ性急なコメントで,ハイデッガーは最終的にコロスそれ自体を審理し,コロスが,

たとえ劇場の中ではないとしても、少なくともそれが記述してきたもの、すなわち dike と techne の葛藤的な相互関係の中に、「制圧的な接合」(überwältigende Fug) と「知の暴力 − 行為性」(Gewalt-tätigkeit des Wissens) との葛藤的な相互依存の関係の中に位置づけられる唯一の審級として存在することを認めている（Einführung p.174; Introduction p.165; 入門 p.271）。コロスの最後の言葉は、もはや何で
・・
あるかを述べるのではなく、むしろ願望あるいは警告を発しており、コロスの以前の言説の表向きの中立性と透明性から離れ去り、言われつつあるものとの深遠な関与を見せている。まさに家と炉（die Herde）を今しがた記述されたものから護るために、自らを防衛的に表現する関与である。しかし若きナタナエルの、偽のはめ込みタンスにある Herde（「小さな炉」）の発見が示唆しているように、コロスにとってもまた、敵はすでに intra muros〔壁の中〕におり、人間の有限性の特権的な舞台としての家に住み込んでいる。コロスは、ハイデッガーの訳において接続法で話すとき、その「知」(mein Wissen) が、それが記述したばかりの人々の「迷妄」(Wähnen) から護るという恐怖に満ちた願望と決意を発するのだ。しかし、それが記述したばかりのことは、ある特殊な英雄的人物の型ではなくむしろ、少なくともハイデッガーによれば、人間存在そのものなのである。とすれば、mein Wissen は、私の知は、いかにして欲望や空想や迷妄に―― Wähnen に――必然的に巻き込まれている人間から護られうるのか？（『アンティゴネー』が十分に証明しているように）炉とその制度の防衛によってでもなければ、ハイデッガーのいくつかの他のテクストが示唆しえたように、作品としての演劇の
・・・・・・・・
創造においてでもない。むしろ知識は、コロス――そこからの安全な距離を保とうとする一方でその演劇に参加する存在体――の
アンビヴァレンツ
両価性として、ハイデッガーが多大な正確さで記述しているにもかかわらず、彼が無視することを選ぶ作品のあの分解の中に、保護されるのではないにせよ保存されている。Stück, pièce, 一部分で

あるが決して結局は全体にならない芝居でもある作品の演劇性において，また演劇性として上演されるのは，この不可能なまでに分裂した欲望なのである。

　不気味なものが生じるのはまさに「作品」の演劇的攪乱においてであり，それこそがおそらく，媒体としての演劇を，古典的な美学によって規定されるジャンルとしての芸術から究極的に区別する。作品とは違って，演劇は決して自足することはない。それは「実演」の中にだけ「あり」，形式遂行〔performance〕としての形式〔form〕ではなくむしろ形式歪曲〔deformance〕を含む。その時間性は予期せぬ不連続なものの，アリストテレスの peripeteia〔展開の急変〕，coup de théâtre〔どんでん返し〕の時間性である。演劇のパフォーマンスはこの"coup"〔一撃〕とそれが残す痕跡の間で宙吊りになっているのだ。演劇はヴァルター・ベンヤミンが述べているように，あらゆる "Exponierung des Anwesenden"，「現在の」あるいは，より文字通りには「現在しつつあるものの発露」である[20]。現在分詞は，変更不可能なまでに現在を，不気味でも演劇的でもあり，しかし再びいくらか不評な運動にさらす。相関的に，演劇的なものは媒体ないし場面という意味において，本質的と考えられるものからの単なる分岐だとみなされている。もの自体からの，である。アリストテレスがいかに場面的な媒体に直接的に関係するものすべてを評価するのを拒み，その代わりに悲劇がある内容を，行為を表現する方法を議論する方を好んで，その結果，それらが意味があって集成的になると言うのかを見るには，『詩学』を読み直してみればよい。しかし，アリストテレスが「総攬的な」見方を要求する場所で，ハイデッガーのテクストにおいてもフロイトのテクストにおいてもわれわれが見出すものは，場面とそのシナリオへの，単に観客の組み込

---

[20]　Walter Benjamin, "Der Autor als Produzent," GS II.2 (Frankfurt am Main: Suhrkamp Verlag, Werkausgabe, 1980), p.698.〔『ヴァルター・ベンヤミン著作集9　ブレヒト』石黒英男訳，1971年，晶文社，p.185.〕

みだけではなく，還元不可能なまでに複数で分裂したパースペクティヴの組み込みである。

フロイトは何度も何度も問うているが，いくつかの主題と出来事が——身体から切断された手のように——時に不気味に見え，時にそう見えないのはなぜか？　この回帰する問いはフロイト自身の知的な不確かさを際立たせ，イェンチュの「知的な不確かさ」の概念を追放して，この分野における彼の先駆者から不気味なものの所有をもぎ取ろうとする彼のあらゆる努力に憑きまとう。その時これが，フロイトがこの問いへの決定的な答えを与えようとする最終的な試みである。

> 答えは簡単に与えることができる。それはこのように聞こえる［Sie lautet］。われわれはこの物語で，王女の感情にではなく，「盗賊の首領」の優れたずる賢さに順応する［wir（werden）eingestellt］ということである。王女はその時，不気味な感情を免れなかったかもしれないし，われわれは彼女が失神して倒れるのもそれ自体信用できると思うが，不気味なものを感じることはない。というのは，われわれは彼女のではなく，別の者の身になるからである[21]。

とすれば最終的に，不気味なものはパースペクティヴの，位置取りの問いから，したがって場面への観客の，観客へのシナリオの関係から切り離すことはできない。不気味なものにおいて問題となっているのは，「自分自身が別の者の身になる」性向以上でも以下でもない。フロイトにとって，その別の者の身はもちろん「王女」ではなく，ずるがしこい「盗賊の首領」が占めている。しかし——ハイデッガーのコロスの読解が示唆するように——，「ずるがしこさ」〔cunning〕の総和は，結局決して全体にはならない分詞の，多重であいまいなパースペクティヴにおいて自らを永遠に現前させつつあ

---

(21)　S. フロイト『不気味なもの』，SE 17 p.252; GW XII S.267; 著作集 3 p.356.

る存在から盗み出すほどには決して偉大なものではなく，盗賊は十分に見事なものではないことになるだろう。

サミュエル・ウェーバー
1999年6月，パリにて

解題にかえて

サミュエル・ウェーバー
前田悠希／港道隆

往復書簡

はじめに

　前田悠希さんによる本書 *The Legend of Freud* の翻訳が終局にさしかかっていた頃、私は知己であるウェーバー氏にメールを書き、不用意にも「日本語版への序文のようなものを書く気があるか」と尋ねた。そこで返ってきたメールには、「お前との往復書簡なら応じてもよい」とあった。まったく予想外の返答だった。なぜ自分に「余計な」、ということは計算外の仕事を増やしてしまったのかと、不用意な提案をしたことにいくぶん後悔の念を覚えた。「余分な」「余計な」、計算外の「出来事」である。「出来事」とはそうしたものであり、デリダが幾度も言い当て、書き記してきたことである。しかし、「来たれ」と呼ぶ「出来事」が起こってしまった以上、それに応えるのが僅かではあるが今回の翻訳に関わった私の責任であるだろう。実際、本書には難解な部分が少なくなく、とりわけ英語で読んでいた私にも、議論の成り行きの理解に漠としたところがあった。

　そこで予め私が案をつくり、前田さんと相談して、あまりに長くなるのも回避しつつ二人の疑問点を集約して手紙を連名で送った。驚くほどすばやく返答が届いた（時差があるため日付は同日である）。それが第一の往復書簡である。（日本への精神分析の「輸入」の経緯は、ウェーバー氏の要請で書いたものである。）質問をするわれわれの最初の手紙には、私の提案で、「去勢」に関していくぶん「挑発的な」スピーチ・アクトを忍ばせていたため、著者の返答に対しては少なくとも一度は、さらなる問いかけを返す必要が生じると予想していた。そこで成立したのが第二の往復である。

　とりわけウェーバー氏とは、デリダの周りに多彩な研究者が集まるフランスのスリージー・ラ・サールでのコロークで知り合った私は、フランス語でやりとりをしていた。言語の「天才」である彼に対して、今回も私はフランス語でメールを書いていた。従って、書簡も、現

在の私には，議論をするために最も楽な言語がフランス語であるという事情から，無批判にフランス語で書いた。ところが，彼からは「お前のフランス語は理解しているが，私は英語で返答させてもらえるか？」との逆提案があって，もちろんそれを承諾することになった。その事情をウェーバー氏は，第一の返答の冒頭に組み込んでいる。何か高度な計算に基づいたわけではない。これまた計算外の出来事ではあるが，理解のために注記させていただきたい。

　なお，前田さんがウェーバー氏の返答を翻訳し，質問は私が日本語にしている。
　　　　　　　　　　　　　　　　　　　　　　　　　　（港道）

*　　*　　*

サミュエル・ウェーバー 様

『フロイトの伝説』の日本語版を出版するこの機会に，あなたの返答を期待してあなた宛にお手紙を書くことは，われわれの喜びです。申し上げてありますように，あなたの返答は翻訳され，訳書の末尾に添えられることになっています。

いくつかの質問をする前に，われわれは簡単に精神分析的思惟の日本での状況を理解するための最小限の情報をお届けします。

1910年代に注目されだした精神分析は，20年代に入って二人の日本人とともに，その導入に新たな展開を見せました。丸井清泰と矢部八重吉です。東京帝国大医科大学・医学科卒業後，1916年から1919年のアメリカ，Johns Hopkins大学への留学でアドルフ・マイヤーに学び精神分析に深い関心を抱いた丸井は，帰国後，

東北大学医学部の教授になります。その丸井は1927年フロイトに手紙を書き、翻訳の計画を打ち明けます。喜んだフロイトは、好意的な返書を送りました。

しかし丸井は、翻訳を進める傍ら、1930年までの3年間フロイトに連絡を取りませんでした。その間にカリフォルニア大学で心理学を学んだ矢部がイギリスに留学し、グローバーから教育分析を受け、ジョーンズから講義を受けて、IPAから分析家資格を付与されます。彼はすでに翻訳していた「彼岸」を携えてフロイトの許に赴き、東京にIPAの支部を置きたいと提案し、それは認められました。

1930年、フロイトからの手紙で矢部のことを知った丸井は、急いでフロイトに連絡を取り、翻訳の出版予定を告げ、実は仙台に支部を置きたかったのだと告げて、その許可を求めます。フロイトとIPAは、日本に二つの支部ができることにとまどいながら、将来の統一を条件にしてそれを認めました。丸井自身も1933年にウィーン精神分析協会に出席し、フロイトと会い、ロンドンではジョーンズとグローバーに会って、1934年、ジョーンズの許可を得て、国際精神分析協会の仙台支部を設立しました。こうして、IPAの支部が東京と仙台の二カ所に存在するという変則的な事態が出現したわけです。

東京にはもう一つの動きがありました。1928年に矢部および大槻憲二らが開設した東京精神分析学研究所です。そこには作家も参加していました。1933年に所長に就任して以来1978年まで、戦争によるブランクを超えて、雑誌『精神分析』を刊行し、フロイトの翻訳にも参加しています。東京支部は、1945年の矢部の死亡とともに消滅しました。

日本の精神分析の伝統には、もう一人重要な人物がいます。丸井の弟子であった古澤平作です。若くして1932年ウィーンに留

学した彼は精神分析を学び，帰国後は開業医として精神分析治療を実践し，戦後の日本における精神分析研究を組織する中心人物となって行きます。さらに古澤のイニシアティヴによって1949年，東京に精神分析学研究所が設立され，今日にいたる精神分析学会の前身になりました。

フロイトの最初の翻訳は，1926年，二つのグループとは独立に，京都の医師である安田徳太郎が行った『精神分析入門』ですが，この仙台支部と東京のグループは別々に著作集を翻訳することを計画し，東京が春陽社，仙台がアルス社から翻訳を出版するという事態が出現します。そして実際，1930年前後に二系列の翻訳書が出版されることになりました。各々20巻以上，10巻以上のシリーズです。

戦後は，新たに二系列の新たな翻訳がなされ，日本教文社17巻が戦争直後から，人文書院13巻が1970年代から出版されました。少なからぬ翻訳者が両方の系列に参加しています。今日までは主に，最新の人文書院版が使われてきましたが，しかし翻訳には問題も多いのは事実です。専門用語の訳語が統一されておらず，誤訳も多く，不明な訳文も数多くあります。こうして不幸にも，フロイトの思想は普及しているとはいえず，広く教養として定着していないのが現状です。それは注目すべき事実であり，不十分そのものでもあります。広く教養に浸透しているマルクスと比較した場合，大きな差異だといえましょう。

実際，『絵葉書』を含めたジャック・デリダ，スラヴォイ・ジジェク，ショシャナ・フェルマン，ジュディス・バトラー，サラ・コフマンなどは翻訳されていますが，フロイトを読む日本人思想家は多くはありません。

それでも現在，フィッシャー版『全集』に基づいた新たなシリーズが刊行されつつあり，人文書院版がもっていた欠陥を是正し

て用語の訳を統一し，厳密さを目指しています。それは，フランスのPUF版の企画に似ていると言えましょう。これをもって初めて，教養と研究の基礎になるかなり満足できる文献になると思われます。

　導入の当初から，一神教の禁止する父親が不在の日本のような「仏教社会」にどのように精神分析を導入するかという議論がありました。1930年にフロイトを訪れた矢部は，なぜ「快楽原則の彼岸」の翻訳を選んだのかを説明すべく，「死の欲動」ないし「涅槃原則」というフロイトのアイディアは，仏教の死生観の影響が強い日本では，この作品による精神分析の理解を容易にするからだと言ったということです。さらに，古澤は「阿闍世コンプレックス」という論文を書き，仏教的世界では，父親殺しのコンプレックスよりは，母親－息子の関係の方が重要だと主張しました。いずれにせよ，ユダヤ－キリスト教的西洋対仏教の日本という(形而上学的) 対立の中で文化の差異を考えるという伝統は，精神分析に限らず日本の思惟を制約してきましたし，ただちに古澤の議論がナショナリズムに属すとはいわずとも，それは日本ナショナリズムの発想を裏付けてきました。今日でもその伝統は思惟のプログラムとして働いています。(以上を綴るにあたり，資料を提供してくださった甲南大学教授・森茂起氏に感謝する。ただし，いただいた資料にさえ，はるかにもっと豊かな情報が含まれているのだが，ここでは書簡の性格上，最小限に留めたことをお断りしておく――港道)

　こう言った上でわれわれは，あなたの著書『フロイトの伝説』に移ります。

　著書の最初の版をなす最初の3部を通じてあなたは，フロイトの諸概念を吟味し，彼の議論を，その議論が不可避にパラドック

スを産出する地点まで追跡します。心的なるものの「理論」としてのフロイト精神分析は，自我が自らをナルシシズムによって構成するために，他者（他の審級）との様々な葛藤を（Auseinandersetzung〔論争的対決〕を）避けることができないということを証示しようとするわけですが，同時にそれ自体が，本質的な理由から，他者との葛藤の中に取り込まれて行きます。離脱者たちとの，当時の社会からの抵抗との，しかし何よりも自らが解釈しようとする心的現象との Auseinandersetzung です。フロイトの解釈的かつ説明的言説は従って，超越的な視点を想定するような，そして同一の対象の観察を可能にする同一性と同一物の反復に基づいた透明な言語によって構成されることはできません。それはフロイト自身が，自らの言語が「比喩言語」だとして認めざるをえなくなることです。対象を外部から説明するような科学「理論」に常に誘惑されながらフロイトは，その理論的投企の諸限界に絶えず直面することになります。フロイトが常に訴えざるをえない「物語」の回帰の必然性がそこに由来します。

　こうしてあなたはフロイトを，彼の「理論」に（彼の抵抗理論に）抵抗する諸契機が解釈しうる「意味」には還元不可能なものとして出現する地点にまで追跡します。「夢の臍」であり，Aufsitzer〔当て馬〕としての無意味な Witz〔機知〕であり，Todestriebe〔死の欲動〕と Wiederholungszwang〔反復強迫〕，そして das Unheimliche〔不気味なもの〕がそれです。フロイトの偉大さとは，彼の精神分析が語のあらゆる意味でフランス語の « comprendre »〔理解する，包摂する〕に至らない次元を開いたことにあることを，あなたは証明しています。不可避に代補的かつ unheimlich〔不気味な〕残余を産出してしまうことになります。実際，訳出した現在の版のために付加された二つの章「余談」と「不気味な思考」

であなたは，根源的な「同」の反復によって支配できない das Unheimliche とフロイトの思惟が結んでしまう unheimlich な関係を説明しています。

　われわれの以上の理解が，少なくとも大筋においては不正確ではないと仮定して，われわれはあなたに，以下のような代補的なご説明を求めたいと思います。以下にはそのために，読者の，つまり「他者の代表」としていくつかのご質問をさせていただきます。

1．われわれにはいまだに，プラトンの『饗宴』のヘパイストスが登場する場面のあなたの読解の地位を理解できたという感がありません。その読解は，本書の最初の版を構成する3部を「結ぶ」ものですが，われわれの印象では，あなたの議論をむしろ開いたままにしているように思われます。あなたは « speak for »〔代弁する〕について語っていますが，あなた自身が何か別のものを「代弁して」いるのでしょうか？

　さらに，章 The *Fort* をあなたは "For there is still one more story to be told"（本書 p.224）と「結んで」いますが，フロイトの思弁が行き着く身振りを「模倣している」のでしょうか？　それとも，その動きを記述しているのでしょうか？　記述しているなら，「もう一つ」が最終なのでしょうか？　われわれには，そうは思えませんが。もちろん，「脱構築的」と言いましょう，そうした読解には唯一かつ同一的な結論はありません。それでもわれわれは，もう少し明らかな含意を求めています。

2．Unheimlichkeit についてのハイデッガーのテクストの中で，あなたは「現在分詞」の用法を強調しておられます。確かに，« *Der Sandmann is coming* »〔砂男が来ている〕から，この現在分詞

へのラインを引くことはできるのですが，われわれにはしかし，ハイデッガーに割かれているページが少なく，これでは日本語の読者があなたのハイデッガーとの Auseinandersetzung を理解するには十分ではないと思われます。この点について，いくつかの指摘をいただけたら幸いです。

3．あなたは，フロイトの去勢の観念に数度言及しておられます。それが「構造論的」に解釈されたものであっても。この観念がフロイトにおいては，男児の視点から形成されたものであることを指摘されてはおりますが，あなたはその観念の「男性中心主義的」性格を問い直されてはいません。そこには，著書の議論にとっての何らかの，例えば「戦略的な」理由があるのでしょうか？

　性差に関連する質問をもう一つ。あなたは，ヴィリエ・ド・リラダンを読みながら，répétition "malgré les dissemblances sexuelles"〔性的違いにもかかわらず起こる反復〕に言及し（本書 p.293），後に "The sexual dissemblances of father and daughter is repeated here"〔父親と娘の性的相異がここで反復される〕（本書 p.299）という文であなたの読解を結んでいますが，「性的差異」への言及が何を示唆しているのか明らかではないように思われます。この点についても，お言葉がいただければ幸いです。

4．第一級の重要性をもつ最終質問を。タイトルについてです。われわれは，あなたがなぜ語 "legend" を選ばれたのか，その理由を知りたいと思います。言い換えれば，語の含意がどこまでの射程をもっているのかです。それを日本語に一語で翻訳することには問題はありません。しかし，この語は例えば「フロイトの伝説はこうだ。しかしそれは正しくない」といった否定的な用法が可能です。われわれはもちろん，このような否定的なコノテーシ

ョンが含まれているとは思いませんが。

　われわれ，この手紙の署名者の一人である港道は久しい以前から，ジャック・デリダが開いた（複数の）脱構築に関心を抱いてきました。私は今日，ご著書によって深く，しかし遅ればせながら魅了されています。遅ればせにというのは，あなたの名前とあなたの著書への参照指示はデリダのテクストのあちらこちらにあるからです。本来なら私はあなたの著作に，はるかにもっと早く「出会って」いなければならなかったはずです。そうならなかった理由は自分でも分かりません。とはいえ，指摘しましたように，日本でフロイトの著作集の新たな翻訳が刊行されつつあるこの機会に，あなたの『フロイトの伝説』は，今日の思想にとって不可欠の作品として翻訳されるべきだという計画を抱きました。そのために，前田さんという良き翻訳者を得ました。彼女は雑誌『みすず』にあなたの論文「フロイトの『人間／男モーセ』を始末する」をも訳出しました。

　お返事を待ちつつ予めお礼を申し上げます。われわれの敬意をお受け取りください。

2008 年 8 月 28 日

前田悠希
港道　隆

＊　＊　＊

〈返信〉

前田悠希 様，港道 隆 様

　フランス語で送って下さった質問に英語で回答させていただきありがとうございます。私たちの討論が後に日本語で翻訳され出版されることを受け入れなければならないのは，私にはいくぶん寂しいことでした。残念ながら日本語は読めない言語なのです。

1．ですが最初のご質問に回答する中で私は，この対話に二つの言語で携わりながらあることに気が付きました。この対話は後に私の読むことのできない第三の言語で出版されることになるわけですが，私たちの状況はある意味で，プラトンの対話『饗宴』の中でアリストパネスが語ったストーリーに登場するヘパイストスという人物に関して私が記述しようとする状況に非常に適しているのです。あの対話がアポロドロスとグラオコンという二人の男性の出会いの高度に様式化された記述で始まるのを憶えておられるでしょう。そこでグラオコンはアポロドロスに，第三の人物であるアガトンが催した晩餐会に関わるストーリーを話すよう頼みます。グラオコンはアポロドロスがそのストーリーが話している晩餐会に出席していたと想定していますが，そのパーティーは何年も前に，「ぼくらがまだ子どもの時に」催され，したがって彼はそこにはいなかったことが判明しただけでした。コミュニケーションをストーリーの起源に関する混乱としてこう演出することは，このように言語がその指示対象——ここでは晩餐会——とその話者との，つまりここではもともとのパーティーにはいなかったアポロドロスのどちらもの不在の中で起こるそのやり方をすでに先取りしています。要するに，アポロドロスは他の誰かを，あ

解題にかえて　　365

るいは何か他のものを「代弁し」ますが、ストーリーを語ることによってそうするのです。または実際にそれを語り直すことによって。彼がグラオコンに、グラオコンが尋ねている同じストーリーを二日前に話したことを告げるからばかりでなく、ヴァルター・ベンヤミンが論文「物語作者」の中ですべての物-語りは構造的に「語り-直し」であると主張しているからでもあります。他者によって伝えられ、他者のために意図された物語の作り直しです。それなら「代弁」は、殊にフロイトにとって重要である言語のこの側面を指示する一つの方法ですが、決して彼の著作や精神分析にさえ限定されません。——それはたとえば私たちが「文学」や「詩」と呼ぶものにおいて明白です。フロイトのエネルギーの「拘束」〔biding〕と「非拘束」〔unbiding〕——すなわち力動的衝動が、たとえば言葉やイメージのような、多かれ少なかれ安定した「表象」に結びつくやり方——という着想に関わる初期の精神力動的理論は、言語のこの側面を説明する彼の最初の方法だと私は思います。ソシュールが「意味作用」として、「シニフィアン」として記述するものの過程として、言語は「代弁され」えるにすぎず、決して自らのために語ることはありません。あるいはむしろ、代弁する——何か他のものを——中で自らのために話すにすぎません。ラカンがどこかで述べているように、記号は誰かのために何かを代理表象し、シニフィアンは別のシニフィアンのために主体を代理表象します。ヘパイストスは、接合〔biding〕と熔解〔unbiding〕の神——そしてそれによってある意味で技術の、関係を作り破壊することの、道具と器具の神として、アリストパネスのストーリーの中で恋人たちに話させますが、彼らの口に言葉を放り込むことによるだけでした。恋人たちは、私が本の中で書いたように、「沈黙したまま」です。彼らは、ヘパイストスに「代弁される」のです。私は彼をあの絶え間ない変数と、フロイトが自分のすべての

「等式」の中でそれらが意味をなすのを要請されると主張するあの「大文字のX」と同一視しています。ですがこのことは、含まれている「意味」が決して十分に定義されたり決定されたりしえないある変数に依存することを意味します。だからこそ精神分析は、感覚と意味が内在的な地位を十分に持ちうるし持つべきであると信じるある一定の合理主義的な伝統にあれほど懐疑的なのです。アドルノはかつて、思想家と批評家の任務とは「物事が自分で語ることを助ける」こと（die Dinge zum Sprechen zu verhelfen）だと書きました。プラトン‐アリストパネス（そして再び、誰がここで話しているのか私たちには確かではないのですが）の二人の皮肉な反応は、フロイトのそれと同様、「物事」が代弁されることによってしか、言い換えれば他者によって代弁されることによってしか自らのために話すことができないということです。これは徹底した他律の理論です。そして、この他律性のより大きな構造が物‐語りに関わるとすれば、そこには常に少なくとも「語られるべきもう一つのストーリー」があることになります。というのはおのおののストーリーは、ベンヤミンが再び論文「物語作者」で物語の聞き手に帰する問いを招くことによってしか「終わる」ことはないからです。「そして、次には何が起こったのか？」（"Wie ging es weiter？"）ストーリーは決して端的には終わらないのです。それらは立ち止まり、中断され、そうすることで変質でもある再‐反復、語り‐直しを招き、呼び起こします。人間は有限で死に至りますが、人間が語るストーリーはしばしばそうではありません。ストーリーは不滅ではないかもしれませんが、それらが呼び起こす反応の中で生き延びます。記述的なのか確認的なのかとお尋ねになった「語られるべきもう一つのストーリー」は、プラトンの『饗宴』の「ストーリー」がドアを「たたくこと」によって、外部から来る「物音」によって、「歩き回る人々の声」

によって——その方向は確定できません——，そして「笛吹き女の音色」，分節された言説という意味のある音とはすでに非常に異なった——異なってはいますが，言語に無関係ではない音によって，締められるというより，むしろそれ自体がいかに中断されているかを記述することで終わるのです。

2. ある意味で，最初のご質問への私の回答はすでに二番目の質問を先取りし，それへと導きます。というのは，最終的結論のないストーリーを生み出すある「代弁」の状況は，終わるというより中断されるストーリー，単に語られるというよりは語り直され，未来の語り直しを招くストーリー——このことのすべては多くの文化でフロイト，そしてハイデッガーがドイツ語で Das Unheimliche〔不気味なもの〕，つまり非‐家的＝非‐土着のもの〔unhomely〕と呼ぶものの感覚を生み出すからです。多くの文化，とりわけ私がここで考えている西洋の文化，宗教改革以後の「個人主義的な」文化にとって，「家に＝なじんで」〔at home〕いることは，究極的には均質的である閉じた円の中に存在しうることを意味します。同時に，西洋の「個人主義的な」文化は——というのは宗教改革以後，すべての「西洋」，すなわち「キリスト教」文化は，自分の他者への関係に先だって自己自身を定義しなければならない孤立した個人に宗教改革が置く強調によって特徴づけられるからです——「個人」が自分自身に「家で精通して」〔at home with itself〕いないため，フロイトが「両価性」(アンビヴァレンツ)と呼ぶことになるものによって刻印されています。それも個的存在が，生ける存在の根本的な特異性を説明しなければならない救済の語り口(ナラティヴ)——ドイツ人はこれを "Heilsgeschichte"〔救済史〕と呼びます——の観点から自分の致死性と折り合いをつけなければならないという，そう単純ではない理由からです。『存在と時間』でハイデッガーが「死に‐

向かう-存在」として記述したものです。「戦争と死に関する時評」でのフロイトにとって、第一次世界大戦はこの矛盾の歴史的な爆発を記しました。つまり個人は個人の資格で、キリスト教会によって救済を約束されるのですが、しかし宗教改革以降、「カトリック」教会の普遍性——個人の「堕落した」「罪深い」致死性と贖罪とを仲介する能力——に関して一般的なコンセンサスはまったくないため、これは「民族」としてであろうと「国民国家」としてであろうと、集合的なものの責任になります。第一次世界大戦は後者の、つまり国民国家が個人をその死すべき特異な存在としての運命から「救う」ことの無能性を際出たせ、第二次世界大戦はこのことを「民族」に関しても同様に裏付けます。神の福音、新約というキリスト教の約束を満たし、したがって特異性と個体性〔individuality〕——個体性は文字通り分割できず〔in-divisible〕、持続的なものとしてのアイデンティティの規定です——を和解させることに利用できる実体は何もありません。ですがことの根幹は、宗教改革とその直接の余波の時代に遡ります。たとえばデカルトは、彼の"cogito"〔我思う〕を——ここでようやく、ご質問にたどり着きます——単に"cogito"ではなく"cogitans"〔思考している〕として、すなわち現在分詞を使って規定します。彼は『第一省察』でも他のところでも議論していますが、自分が思考していることを意識している限りで、私はやっと自分の存在を確信できるのです。このことは、時間性は同一化の媒体であり、それはもはやキリスト教徒の語り口(ナラティヴ)の救済的な、考古学的-目的論的な時間性(エリオット:「私の始まりは私の終わりにある」)ではなく、むしろ継起的な"Augenblicke"〔瞬間〕からなる断続的で制限された時間性、結局全体もしくは連続体にならない契機あるいは瞬間です。このように、自我の同一性を純粋で均質的な自己-意識として定義することによって純化しようとする努力は、超越することを要求さ

解題にかえて　　369

れている断続的な時間性の外では自分自身を構成しえない「自己」という障害に躓きます。デカルトはこうして,「思考しているもの」〔res cogitans〕における「記憶」の問いを無視するのです。そして,戻って来て西洋自我－意識という「私は」に憑き纏う,すなわち不気味なものの形で回帰するのが「記憶」なのです。「私は」は,まさにそれがキリスト教のアイデンティティ概念——究極的には時間と空間によって分割されず,この意味で「非分割個体」〔individual〕であるアイデンティティ概念によって期待され要求された統一化の原理を供給しえないがゆえに,「家にいる主」〔Herr im Haus〕ではなく,自分自身に精通して〔at home with〕はいないのです。現在分詞の時制形態は,動詞の,つまり行動〔action〕の媒体として,この断続的で反復的な時間性を表現します。——行動は (actus purus〔純粋現実態〕という意味で)「行為する」〔act〕というより「行為している」であり,そういうものとして自分自身の変質に開かれ,決して完成せず,その言表への関係,つまり同時性の一つではあっても均質性の一つではない関係によって規定されます。現在分詞の身分は,特定の言語によって異なりますが,それが文学（「砂男が来ている」）や哲学において機能する仕方を間近で見れば,それが自分自身に閉じているという意味では決して自己－現前〔self-present〕しない現前〔presence〕の形態を分節することに気がつくことでしょう。フランス語では,興味深い一例は語 "maintenant"〔今〕でしょう。それは英語に翻訳すると文字通り "main-taining"〔手－持している〕を,またはもっと文字通りには,"hand-holding"〔手に－握っている〕を意味しますが,いずれにせよ,直説法現在〔the present indicative〕とは非常に異なるやり方で現在を区分化する,進行中の異化反復する断続的な過程を示唆しています。現在分詞では,あなたはその一部であるために何が起こっているのかをたやすく「指し示す」——言い換えると

「指摘する」〔indicate〕——ことはできません。ホフマンの物語『砂男』で、法律家コッペリウスと一緒にいる彼の父親の不気味な原光景を発見する時に少年ナタナエルの経験を特徴づけるのはこのことです。ナタナエルは隠れている場所から部屋に「身を投げた」（stürzt）と記述されています。「身投げ」（Stürt）は故意でも意志的でもなく、単純に受動的でもありません。それはフロイトの無意識の効果のように非意志的であり、それはまた受動性と能動性という単純な対立を掘り崩すのです。

結局、私が宗教改革と、それが崩壊させるキリスト教の救済的な語り口（ナラティヴ）の役割を非常に強調するのは、まさに不気味なものという概念は何よりも長いスケールの、それにもかかわらず普遍的ではない文化的・歴史的な現象の一部だと理解すべきだと思われるからです。それは罪の罰として、したがって何か人間あるいは神の行為が「救済し」うるものとしての死についてのキリスト教の語り口（ナラティヴ）に結びついた、個人的かつ集合的なアイデンティティの規定に関係する現象なのです。とすれば今度は、問いはいかにしてこのことを、この同じ語り口（ナラティヴ）には、この同じ個人への焦点には従属していない他の文化に関係づけるかです。私はこのことが仏教文化にも当てはまると考えますが、よく分からないのでこれ以上言うことはできません。ですが私のここでの論点は、私がもっぱら強調しているキリスト教的なアイデンティティの危機と不気味なものとの間には何の関係もないと示唆することではなく、むしろ不気味なものに関する文化的に特殊な差異の方を議論することなのです。そのことが私をあなた方の三番目の質問へと導きます。

3. つまり「去勢」の問いです。このモティーフの力は、もちろん特にキリスト教文化に限らずギリシャ文化からも派生する「西

洋」文化に広まる（他の文化とも同様ですが，ここでは二つの主な源泉に限ります）アイデンティティの着想に関係しています。古代ギリシャ文化では，キリスト教世界と共に出現する個人に対しては同じ強調はなく，時間を超越し，持続的なものとしてのアイデンティティの方に強調が置かれます。存続することは過ぎ去るものよりも優れており，存在の中ではより高次です。フロイトが「去勢」として記述しているものの場面を設定するのは，個体性と結合し，従って個体性に焦点が当たったこの永続性の概念です。それゆえ，去勢は家父長制文化に明らかに結びついていますが，特定のギリシャとキリスト教のコンテクストでは，持続性と個体性を自己の二つの主な特質として設定します。あなた方が，第一に男児のパースペクティヴから，そして第二になってやっと女児のパースペクティヴから見られるフロイトの「去勢」についての説明の根本的に「男性中心的な」性質を私が問うていないとおっしゃることに，私は全面的には賛成でありません。フロイトの出発点は，最も直接的な形で実際にいまだ男性中心的な文化です。彼はその事実を考慮に入れていますが，同時にいかにそれでは十分でないかを示しています。「エディプス・コンプレックスの没落」についての短いテクストの中で実際に，彼は「去勢コンプレックス」が本質的にナルシシスティックな個人の最終局面であり，まさにその後，個人は「超自我」の形成を認めることによってその非‐分割性〔in-dividuality〕を捨て去らなければならないと論じています。この超自我は，自己〔self〕をその「非‐分割性」というよりむしろそれ自身の「分割性」〔dividuality〕に直面させそれと交渉するように強いることによって，自己を分裂させるのです。超自我の導入に伴って，自己はもはや本質的に観客あるいは聞き手としては考えられなくなり，それは常にそうであったもの，すなわち分岐によって，そのアイデンティティを作り上げる葛藤

に満ちた衝動によって分割される参加者であることを明らかにします。彼が書いていた時代——フロイトは，他のいかなる作家とも同様に，自分の歴史的文化的な状況に不可分に取り込まれています——，この切迫した葛藤はその備給解除をも含む男根〔ファルス〕という備給形態を帯びました。これは，「ナンバー・ワン」であること，あるいはそうなることという観念によって形成される国境を越えた経済競争を指す限り，私にはそう思われますが，今日「グローバリゼーション」の名の下に力が衰えるどころか，実際には強まり続けている力動的な過程です。「去勢」の概念は，特に同一化の過程かつ変質の過程として構造論的に解釈される時，所与の歴史的，社会的，そして文化的状況の「男性中心主義的な」歪みを帯び，その内的矛盾を晒し，それによって状況を潜在的な変化へと開くのです。

そうした潜在的な変化の主要な力動の一つ——そして私はご質問の第二の部分にやってきます——がまさに性的な差異です。去勢は，女児のというよりむしろ男児のパースペクティヴに焦点を当てることによって，フロイトにおいては性的差異を否認するように見えますが，性的差異のこの「男性中心的な」否認の限界をも暴露します。それは大規模な事実で，単純なジェンダー－同一化を超越するものです。なぜなら，それは男性であろうと女性であろうと，すべてのアイデンティティの不均質性を証明するからです。あなた方が言及し，私が本の中で論じているヴィリエ・ド・リラダンからの一節は，性的差異が「同じもの」あるいは「似たもの」を差異の中でしか作り出さない異化反復〔iteration〕といかに関わるかを示唆しています。しかし，私はこの本の中では言及しませんでしたが，今では強調しようと思うこのテクストのある側面があります。なぜなら，それはこの話題を，プロテスタントの宗教改革が歴史的に記したアイデンティティの危機についての

私の以前の議論に関係づけるからです。それは「心（臓）」〔the heart〕への言及です。"correspondence...malgré les dissemblances sexuelles, aux blessures que son père avait reçues sept ans auparavant."〔性の違いにもかかわらず、……父親がその7年前に受けた傷への一致〕の場所であるのが心（臓）——"le cœur"——です。「心臓」は宗教改革後のヨーロッパと、さらに西洋の近代一般において新たな重要性を帯びる器官です。というのは心（臓）はあの孤立した個人の中心だからで、そこで個体性と特異性は分かちがたく、しかし葛藤の中で、互いに緊張の中で還元できないほどに連結されています。父親の形象は——耐え難い権威、禁止すること、純然とし完璧な主権の蜃気楼、所有と排除として——そうした葛藤を否認する努力と、その抑圧できない力の確証の両方を明らかにします。それゆえそれが「凝固血液のように」「黒くなった印」の場所である「心（臓）」だという意義は構造的にも歴史的にも大きいのです。すなわち「心臓」は、個人の生存を要求する血の循環を維持することを意味していますが、それはその循環が止められ、凝固する——あるいは、ヴィリエのフランス語のテクストにある語を使用すると、"meurtri"ための場所でもあります。その語は、「殺人」——meurtre——を表す語と関連しますが、単なる死や身体的損傷ばかりでなく、——引用のコンテクストからも明らかなように——外部からの強制された死を示唆します。そしてこのことは、まさにキリスト教文化の傾向なのです。死は人生の一部としてではなく、罰、個人とその自己同一性とは構造的に異質で無縁である暴力行為として理解されます。そして、心（臓）はあの個人の内部性の核の比喩形象です。だから性的差異の隠蔽の中での類似に関わる「異化反復」は、「心（臓）」の均質性に基づくこのアイデンティティ概念の核に打撃を加えるのです。この均質性への、自己充足への要求は、いわばそれが依存する循環に

よって凌駕されます。ということは、この一節で触れられているのは単に心臓ではなく、心臓を通して血が循環するという事実なのです。循環は反復可能性の媒体であり、vice-versa〔逆もまたしかり〕。究極的には所有権取得に基づいた資本や商品の循環ではなく、個人的な所有権‐所有者によって再我有化されえない循環です。異化反復可能性〔iterability〕は循環の観点で理解されなければなりませんし、循環は異化反復可能性の一形態として考え直さなければなりません。だからこそ私は、Ewige Wiederkunft des Gleichen〔同じものの永劫回帰〕というニーチェの偉大な思想を、英語で普段なされるように the Eternal Return of the Same ではなく、the Eternal Arrival of the Like〔似たものの永劫的到来〕と翻訳する方を好むのです。

4. このことが、私が本のタイトル "Legend of Freud"〔フロイトの伝説〕で使っている "Legend" という語についての、あなた方の四番目の、そして最後の質問へと、私を連れて行くことになります。伝説はストーリーであり、神話ですが、先に述べた意味で、私は物‐語りのこの契機の還元不可能性をまさに強調したいのです。ですが、それは単に語られるだけではなく語り直され、単に聞かれるだけではなく伝達し直され変形されるストーリーで、そのことがストーリーを循環過程にします。ストーリー——伝説——は循環し、変形します。しかし私にとって重要なこの英語の別の意味があり、それは語源的に語 "reading"〔読解〕に関わります。「伝説」は読まれるべき何ものかでもあります。そして、読むことは変形することであり、変形されることでもあります。たとえば、あなた方の質問は私に、自分「自身の」テクストを読み直し、それによって私が最初に書いた時には気がつかなかった諸々の要素を発見する機会を与えてくれました。私は、あなた方

が訳されているテクストがすでに、私がドイツ語で書いた「オリジナルの」本の、その後新しい章を加えて英語に翻訳した翻訳書であることを付け加えたいと思います。だからこの本自体が異化反復可能性の一例なのです。そしてこの過程はストーリーの語り直しと循環と同じように、ご質問に答えて私が今日読み直す時に継続しています。たとえば宗教改革の、キリスト教の救済的語り口(ナラティヴ)の解釈や近代「西洋の」アイデンティティへの含意は私にとって、何かこの「伝説」を書いた後に初めて浮上したものなのです。最後に、私たちが「現在分詞」について言及してきたことに関して、単に時間的なだけではない、その力動的次元を明るみに出すこの形式の用法もあります。たとえば、ラテン語では時々大カトーのものだとされる"Carthago delenda est", 通常"Carthago must be destroyed."〔カルタゴを滅ぼすべし〕と訳される有名な句があります。ここで私の関心を引くのは、一種の命令法、駆り立てるけれども実際に命令することはできない未来についての陳述としてのこの動詞形態の用法です。"delenda est"〔滅ぼすべし〕は――カルタゴは「滅ぼされつつある」〔is being destroyed〕という――事実の陳述ではなく、むしろ希求法であり、それ自身の言表以外のどんな力も持たない規範であって、それは直説法現在――est――と現在分詞――delenda――を現在ではなく、決して完全には「そこに」ないであろう来るべき現在を記述するために接合するのです。この意味においてもまさに私は、働かせるべき「伝説」を常に理解してきたのです。すなわち、単純に純粋なフィクションあるいは純粋な過去をではなく、たとえそれが決してそれ自体を現前させないにしても、現在の力を持つありうるべき未来を記述するために。それは直説法現在と、それが予告していながら、私が読むこと一般を、とりわけ『フロイトの伝説』を位置づけることを命じることのできない未来との間のギャップの中にあ

るのです。

　結びに，私にこの『伝説』を再読させてくれたことにお礼を申し上げたいと思います。また，あなた方の仕事が日本人読者の間に新たな循環の道を見出すことを願って感謝致します。

2008 年 8 月 28 日

サミュエル・ウェーバー

＊　＊　＊

サミュエル・ウェーバー 様

　貴重なご返答に心から感謝します。実を言えば，前の手紙でわれわれがした質問は，明確な的のない遂行表現でした。その妥当性に不安を抱えていたのです。われわれは時に，ゲシュタルト心理学の有名な「地と図」という形象を借りて言えば，うまく輪郭を描かれていない地の上の図しか手にしていませんでした。しかし今，あなたの詳細な説明は，とりわけ歴史的な問題系へのご見解は，われわれに幾分不明なままだった点を明らかにしてくれました。(「地の上の図」とは掘り出し物の表現です。われわれが遂に手にしているのは「無底の＝地なしの」(Abgrund) 思惟の「地の上の図」だからです。)

　フロイトの「去勢」の性格についてのわれわれの第三の問いは，少々挑発的な遂行表現でした。その点はお詫びします。あえてそ

の問いを立てたのは、今日精神分析のテクストを読むときには、この問題系は基本的でも不可避でもあると思うからです。その上、あらゆるところに、すべての社会に近親姦がある限り、そしてひとは性の領域で何でもできるわけではない限り、いたるところに、従って日本社会にも、去勢に相当する現象を見出すことができるでしょう。しかし、ある社会ではその現象を去勢という語をもって、去勢の歴史を解釈しており、他のところではそうではない、この差異は無視することができません。そして、この差異をいかに考えるかは重要な問いです。

異化反復（itération）の一例としてあなたは、この本が最初にドイツ語で出版され、次に英語で出版された事実を指摘されました。「同じ」テクストの反復です。実際われわれは *Freud-Legend*（1989年版）をもっており、それは英語版への序文（のドイツ語版）を含んでおり、そこであなたは、スタンダード・エディションの問題を指摘しています。ところが、ドイツ語の、フロイトのオリジナル言語の版においては、二つの言語の差異と、この差異に由来する諸々の問いが消滅します。（同じ出来事は、ガルシア・デュットマンによるデリダの『精神について』のドイツ語訳でも起こったことです。）例えば Freud-Legend の 91 ページには、*The Legend of Freud* の 127 ページで取り上げられている、ストレイチーによる "Einkleidung" の誤訳についての議論がありません。

諸々の仏教文化については、われわれもまた手紙の枠内で議論を即興することはできません。確かに差異はありますが、それを安易に対立に仕上げるなら、その身振りは西洋形而上学に陥ることになりますし、その効果は時に不吉なものです。そもそも仏教諸文化がご存じのように一枚岩ではありません。さらに日本ナシ

ョナリズムの，日本的と称する西洋的形而上学の場合には，まず西洋と東洋を対立させ（ただし両者の間の地理的・文化的な境界の場所は曖昧なままで），次に日本文化を，西洋に対立する東洋の反応を導く「代表」だと解釈します。歴史的には事実，キリスト教の西洋に仏教という対立がしばしば唱えられました。単純でもあれば厳格でもあるこの図式は，西洋形而上学を相続する形而上学的反動を構成します。それは「近代化」が生む一つのダブル・バインドです。

　「グローバリゼーション」に言及なさっておられるので，この最後の質問をしたいと思います。今日フランスで，またアメリカでは久しい以前から精神分析に向けられている暴力的な攻撃をどのように考えるべきでしょうか？　そこには，精神療法の分野での「グローバリゼーション」と何らかの関係があるのでしょうか？　ご意見をいただければ幸いです。
　さらに，最後の代補的な質問を。精神分析の読解に限定しても，自らの言語－エクリチュールを絶えず問い直すデリダやあなた自身の思惟と，そうはしない例えばドゥルーズのような思惟との間に，もしあるなら，存在する差異とはどのようなものなのでしょう？
　二通目の手紙をいただくことに予め感謝します。

2008年9月6日

前田悠希
港道　隆

＊　＊　＊

〈返信〉

前田悠希 様, 港道 隆 様

　コメントとご質問をありがとうございます。そのどれもが非常に示唆的で的を射ていると思います。「去勢」の問題に関しては,私はそれがフロイトの精神分析によっておかれた最も重要で困難な論点の一つだと賛同します。そして私たちが「ヨーロッパ人」あるいは「西洋」から,たとえば日本のような非常に異なった文化的コンテクストと歴史へと移動する時にもさらにそうなのです。「グローバリゼーション」の均質化する傾向が今日,これらの差異をあいまいにするのは許されるべきではないし,あなた方のご質問への私のむしろ広範な歴史的反応は部分的には,フロイトが参入して行き,そこから精神分析が展開してきたコンテクストに特有でありうるものを特定する試みを意味していました。ですがご存知のように,そのコンテクストの内部でさえも,「去勢」のようなものの概念はほとんど,多様な観点から取り組まれずにきたわけではありませんでした。私はラカンがこの点で非常に有益であると信じています。なぜなら,彼の「象徴界」,「想像界」,そして「現実界」の発想は,それがフロイトが「解剖学的な性差」と呼ぶものへの特有の反応を含んでいるにもかかわらず,「去勢」が単純に生理学的あるいは「文字通りの」ではない欲望の一定の否定性を含んでいるということを理解する助けになるからです。私自身の確信は,そうした否定性と「去勢」との同一視は,申し上げましたように,「特異」であると同時に「個体的」でもあろうとするアイデンティティ概念を形成しようとする宗教改革後の西洋文化の傾向に結びついているということです。「異なって」いるという意味で特異であることと,その差異の内部で,あるい

は差異にもかかわらず同じであるという意味での「個体」です。西洋で，そして「グローバリゼーション」の名目の下に発展する生産の資本主義的形態は，自分自身を普遍化する過程の中で，この分裂を継続します。交換される「商品」は，その「交換－価値」が商品をその「使用－価値」から分離するために，一方では差異化的な現象です。なぜならその「交換価値」はそれをその「使用価値」から切り分けるからです。しかしもう一方では，商品の交換それ自体は目的ではなく「利益」を生産するようにできていますが，それは自分の「私的所有」として個人所有者が我有化するようにできていることを意味します。この意味で――マルクスは同じくこのことにはっきり気づいていました（『経済学批判要綱』での資本の動きと三位一体の並列を見てください）――，資本主義は，救済の究極の主体としての個人というキリスト教の投資の後継者であり，かつその延長なのです。おそらく西洋のコンテクストにおける「去勢」の象徴的な意味作用を他の文化的な伝統から区別するのはこの「個人主義」です。しかし，このことが意味するのは，この区別が欲望に関係するある種の否定性がこれらの他の文化にとって何ら意味を持たないということではありません。その意味が「男根的」かつ「去勢的」である伝統を通して最もよく表現されるのか否かは，それぞれの文化に対して議論されなければならない問いです。言い換えると，精神分析は文化的にも歴史的にも特種なもので，しかしながらその中で，この特種性はたぶん，たとえば個人の讃美が同じ地位を持っていない他の社会と伝統における緊張に光を当てる手助けになりうるでしょう。

　グローバリゼーションの傾向に関連して，精神分析への「暴力的攻撃」についてのご質問に答えるべく，私は理由の一つはかなり明らかであると思います。流布しているグローバリゼーション

「イデオロギー」は,それが個人の消費と富の私的蓄積を強調する限り,私が議論してきたある種「個人主義」偏重に非常に密接に結びついています。それは特異性の差異的な次元を取り上げながら,それを他の誰「よりも優れた」個人——「ナンバー・ワン」——の構成へと従属させる傾向にあります。だからこそ,競争するスポーツがあのような巨大な国際的意義を獲得してきたのです。常にきっぱりとした勝者と敗者があり,きっぱりとしたランク付け(金,銀,銅メダルなど)があります。確かにそれは集合体間——チーム,国——の競争ですが,スターになる個人の勝者を生み出す競争は広告装置に組み込まれ,それによって報酬を与えられ,そうして利益を生産するという発想の周囲に組織されたシステムに,他の象徴的な形態と同様に金融形態にも直接参加するのです。この種の競争の本質は,根本的に「意志」としての主体性概念に結びついています。勝つために,勝利を得るために,個人と同様,制度レベルで意志の規律とエネルギーが強調されます。

さて,精神分析が問いに付すのはそうした「主意主義」——それは「グローバリゼーション」の根本要素です——の意義です。直接的にではありません——私の知る限り,フロイトは(ショーペンハウアーやニーチェとは対照的に)「意志」の問題を直接的にはめったに扱いませんでした。ですが間接的には扱っています。無意識が「意志」を離れるところです。間違いなく,個人が自由で自律的だと見なされ,自分の行為と,究極的には運命に対して十分に責任があると考えられる資本主義の社会組織によってたやすく同化される地点においてではありません。成功と失敗は「自由主義的」観点からは,完全に個人によるものであり——ほとんど集合体,歴史,伝統によるものではありません。そして個人次第で,それらは,フロイトの精神分析が絶えず高度に問題をはら

むことを示す，意志による現実の制御を前提しています。私はフロイトの無意識の中に「意志」を見出すことができると考えていますが，それは確かに単純に個人の自己意識的な努力によるものではありません。あるいはそうだとすれば，非常に逆説的なやり方でそうするのです。たとえば，いわゆる精神分析的治療の「黄金法則」とは，人の日常の批判的衝動を宙吊りにし，心に浮かぶものは何でも検閲も選択もせずに言うことです。このことは，意志が目的指向である意志の通常の概念に反して向けられることを示唆します。カントはどこかで，意志はさかさまになった概念だと書いています。概念が自分の外側の現実に一致しようとする一方で，意志はその表象を実現しようと，言い換えるとそれらを現実に仕立て上げようとします。そうした「現実化」〔realization〕は——今日のアメリカ英語において，動詞 "to realize" が第一に「実現する」というよりむしろ「気づくようになる」を意味するのは興味深いことです——，フロイトの精神分析的観点からは，決して自発的ではなく，常に反動的で隠蔽するものです。それは心的過程の真の起源である差異を覆い隠すために作用するのです。語のなじみの——少なくともグローバリゼーションの文化に対してなじみの——意味での「意志」は，こうしてまさに無意識が，統一不可能な葛藤の機能として，付帯現象であることを明らかにするものです。そしてだからこそ，究極的に精神分析は，グローバリゼーションによって促進され，またそれを促進しているあらゆる現行の傾向に忌み嫌われるのです。これはまた，意図的な，言い換えると目的指向的な活動の他のすべての形態にも当てはまります。つまり「自己」の構成要素としての「知識」にもです。しかし，それは究極的には「意志」に当てはまります。なぜなら，ニーチェが，次にはハイデッガーが理解したように，「意志」は「主体」がそれ自身の差異と否定性，あるいは私が述べたように，そ

の「特異性」を再我有化しようとする道だからです。精神分析は，少なくともフロイトの形式においては（たとえばユングは除外して）常に特異性の側にあり，したがって「個人」の私的所有としてそうした特異性を我有化しようとする，あらゆる力の抵抗を受けるのです。

もちろん，「グローバリゼーション」のより生産的な別の面があります。とりわけ，たとえば自らが認めうるより常にはるかに制限され，相対的で，特種である「人間的なもの」の概念の下で，これまで当然だと考えられ普遍化されてきた文化間での特異な差異を浮き彫りにするのを助ける文化交差的な連絡の円滑化です。

さらに，あなた方が言及する「精神療法の領域」に影響するこの問題の別の側面もたくさんあります。しかし私は，ことの「底辺」は精神分析が「底辺」の概念を問題視することであって，そしてこのことが少なくとも私が理解する限りで，グローバリゼーションの文化を支配する「意志を通した制御」の投企を狂わせるのに十分であると考えます。

以上のことが私をデリダのような思想家の，ドゥルーズのように彼にかなり近い，いくつかの概念的な観点にいるように見える思想家に対する特種性に関する最後のご質問へと連れてきました。ここでも私は，特異性の概念が答えの基礎を提供しうると考えています。デリダの「テクスト」の，エクリチュールの，そして読解の概念は，彼の仕事をドゥルーズを含む大半の彼の同時代人の概念から区別します。デリダにとって，読者および「異化反復者」としての「テクスト」への関与——過程の中でそれを継承し，それを変形させることを意味します——は，思考することが特異な

審級と「出来事」に結びついており，しかも思考の諸々の「概念」と前提があの構成的な限界画定をあいまいにするのは決して許されるべきではないと強調します。だからこそ，デリダのテクストは「演劇的」でもあるのです。彼のテクストは特定の訴え，機会，予期に反応しますが，決して十分には予言可能ではない形です。変形的な実践としてのエクリチュールは――演劇パフォーマンスのように――常に位置づけられ，常に「舞台」と特定の観客に結びついています。それはしかし，決してあの舞台によってもあの特定の観客によっても十分には規定されません。舞台も観客もエクリチュールの介入によって変形されるのです。私は，同じことがフロイトについても言えるだろうと思います。彼の著作を，彼の弟子たちの，いわんやもっと後に登場する人々の著作に比較してみれば，フロイトのテクストが観客への，テクストが立ち現れる状況への，テクストが生じる場である状況への，そしてそれが訴えかける読者への目でもって注意深く構成されていることに気づくでしょう。フロイトはこの意味で，デリダやキルケゴールやその他大勢のように「演劇的な」書き手でもあります。大半のデリダの，フロイトの同時代人はそうではありません。彼らはいまだ特異な出来事の Unheimlichkeit〔不気味さ〕の中にではなく，むしろ一般的な概念と仮定の領域でくつろいでいます〔be at home〕。この意味で彼らは，書き読み演じる過程に参与するのではなく，むしろその過程の上方に佇んでいるのです。このことは私にとって，例えばフーコーにも当てはまるように思えます。そしてたぶんこのことが，結局は，学術研究者たちがデリダよりもフーコーに快適さを感じる理由なのです。フロイトのように，「学者」の認識論的な権威は決して特異性との遭遇から無傷で逃れることなどできないのですから。

私が少なくとも部分的にはあなた方のご質問に返答できていることを願いつつ，このような機会を与えていただいたことにもう一度お礼を申し上げます。

　2008 年 9 月 9 日

サミュエル・ウェーバー

訳者あとがき

　本書は Samuel Weber, *The Legend of Freud*, Expanded Edition, Stanford University Press, 2000 の全訳である。
　この作品は，本訳書の最初の三部が 1979 年にドイツ語版（*Freud-Legend: Drei Studien zum psychoanalytischen Denken*, Walter Verlag）として刊行され，その英語版が 1982 年に University of Minnesota Press から発表されたのだが，後に新たに書き下ろした論文二篇を加えて現在の形になった。
　サミュエル・ウェーバーは第Ⅰ部で，相手の場合には批判する準備がありながら「論争には加わらない」と宣言するそのフロイト自身が，必然的に同じ Auseinandersetzung（対決・論争）に取り込まれ，Entstellung（歪曲・脱設定）に陥り，be dislocated（脱臼されて）いく様子を描き出す。続いてその同じ自己言及構造を，フロイトの個人的資質ではなく，内部に葛藤を抱える精神分析そのものに読みとることによって，「夢判断」「制止，症状，不安」「機知」「快楽原則の彼岸」などのフロイトの重要論文を用いながら，第Ⅲ部へと本体ともいうべきひとつの流れを作っている。
　それに続く，後の英語版に追加された書下ろしの二論文は少々雰囲気が異なるが，『砂男』『クレール・ルノワール』『アンティゴネー』という文学テクストに注目して，基本的に同じ展開を見せていると言ってよい。
　最後の往復書簡は，当初は「解題」として港道隆氏による解説の予定であったが，計らずも「書簡」という形を取ることになっ

た。その経緯は「書簡」の「はじめに」に記されている通りである。このサプライズによって本書には、論文がさらにもう一篇加わったと言いうるような、オリジナルにはない味わいのある本に仕上がったのではないかと思う。

　以上のような、翻訳書が底本にした増補版の成り立ちから、引用箇所の指示の仕方や注の表記にばらつきが生じている。本訳書では可能な限り表記を一貫したものにし、後に読者の追跡可能なように引用箇所を細かく載せている。本文内では触れなかったフロイトの引用文献の表記については、次の版を使用したことをお知らせしておきたい。

> Sigmund Freud, *the Standard Edition of the Complete Psychological Works of Sigmund Freud*, translated by James Strachey, The Hogarth Press, 1953-1964.
> Sigmund Freud, *Gesammelte Werke in Einzelbänden*, S. Fischer Verlag, 1961-1978.
> 『フロイト著作集』人文書院、1968-1984 年。
> 『フロイト全集　第 17 巻、第 18 巻』岩波書店、2006, 2007 年。
> 『フロイド選集　第 10 巻』日本教文社、1955 年。

　ここで簡単に著者について触れておこう。著者紹介にもあるように、ウェーバーはコーネル大学でポール・ド・マンのもとで学び、その前後に二度のドイツ留学を果たしている。その過程で彼は、様々な思想家を各地に紹介してきた。1965 年からの二度目のドイツ留学時代にはドイツでジャック・ラカンやジャック・デリダ等を、その後彼が共同で設立し編集を務めた雑誌 *Glyph* では、デリダを始めとするフランスの思想的営為をアメリカ知識人に広めた。そのような背景の中、献辞からも推察されるジャック・デ

リダとの親交はヨーロッパで始まったと思われるが，1975年にポール・ド・マンの招きで始まった，デリダのアメリカでの定期的なセミネールによってますます深まったと想像される。デリダ自身もウェーバーを「大親友」と形容しているが，近年その日本語訳が刊行されたデリダの著書（邦訳名『精神分析の抵抗』鵜飼哲他訳, 青土社, 2007年）においても，議論を展開する前提として本書が言及されている。このように思想的にも常にデリダの近くにい続けながらウェーバーは，彼独自の問いかけを展開してきた。上述の雑誌 *Glyph* と平行して準備されたのが本書の元になった *Freud-Legend* (1982) であって，その徹底ぶりは若い頃からの彼の研究の結実の一つと言いうるだろう。(Simon Morgan Wortham, *Samuel Weber: Acts Of Reading* 等を参照した。) なお，著者の経歴と著作については，野内聡氏が独自に編集し翻訳したウェーバーの唯一の邦訳書，『破壊と拡散』（月曜社, 2005年）の「訳者あとがき」に詳しいため，そちらを参照されたい。

*

　本書では，訳者の判断でオリジナルに変更を加えた部分がいくつかある。まず，オリジナルでは冒頭にあった「不気味な思考」は，本書では思い切って，オリジナル最後の論文である「余談」の後に回すことにした。この論文のハイデッガーの部分は特に難解で，一見フロイトとの関連も理解しにくいため，読者が本書を読み進める勇気を挫くのではないかと危惧したからである。同じ理由で，あの「走破する」ハイデッガーの部分に訳注をつけ，読者の理解に役立てようと試みた。その上で，本全体にも原書にはなかった小見出しをつけ，展開の早い議論の流れを整理できるようにした。目次にない小見出しがそれである。この変更は港道隆氏の助言の賜物であって，すべて著者ウェーバー氏の快諾を得ている。

本書を訳すに当たって，往復書簡への参加者，甲南大学文学部教授である港道隆先生には，拙い訳稿への細やかな助言や数々の情報提供は言うまでもなく，何よりもまず一貫して「翻訳者はテクストと読者への責任を負っている」ことを身をもって知らしめてくださったことに心からの感謝をお伝えしたい。身の丈を超えたテクストに対峙する，経験の乏しい訳者に付き合ってゆくのは，ご自身の仕事に対するのと同様，いやそれ以上に重い責務であったことは想像に難くない。その姿勢に触れえたことは，訳者として何にも代えがたい幸運であった。

　また，法政大学出版局の前編集長平川俊彦さんには，予定を過ぎても遅々として進まない訳稿を辛抱強く待っていただき，彼の退職に伴って後を継がれた郷間雅俊さんには，微に入り細を穿ち情熱を持って取り組んでいただいたことにお礼を申し上げたい。皆さんのご苦労に応える本になっていることを祈るばかりである。

2009年2月9日

前田　悠希

《叢書・ウニベルシタス　910》
フロイトの伝説

2009 年 3 月 6 日　初版第 1 刷発行

サミュエル・ウェーバー
前田悠希 訳
発行所　　財団法人　法政大学出版局
〒102-0073 東京都千代田区九段北3-2-7
電話 03(5214)5540　振替 00160-6-95814
印刷：平文社　製本：誠製本
© 2009 Hosei University Press
Printed in Japan

ISBN978-4-588-00910-5

著 者

サミュエル・ウェーバー（Samuel Weber）
1940年ニューヨーク生まれ。ノースウェスタン大学教授。ポール・ド・マンに師事し，ホルクハイマー，アドルノ，ベンヤミン，フロイト，ラカン，デリダ等を研究する中で思想を形成。哲学，精神分析，文学批評，演劇等，幅広い分野で活動を展開する。政治経済，戦争，歴史，メディア問題など「アクチュアルな」問題にコミットする一方，それゆえにこそ古典的テクストの脱構築的読解を実践し続けている。アドルノやデリダの翻訳者でもある。多数の著述がありながら日本ではまだあまり注目を受けていない思想家で，まとまった邦訳は論文集『破壊と拡散』（月曜社）のみ。その他，主な著作に『フロイトへの回帰』『バルザックを脱梱包する』『制度と解釈』『メディオーラス』『臨機標的』『暴力，アイデンティティ，自己決定』（共編）『宗教とメディア』（同），最新刊に2008年刊行の『ベンヤミンの諸可能性』がある。

訳 者

前田悠希（まえだ・ゆき）
1977年生まれ。甲南大学大学院・人文科学研究科修士課程修了。人間科学（心理臨床）専攻。臨床心理士。共訳書にアブラハム／トローク『狼男の言語標本』（法政大学出版局）。

解題協力

港道 隆（みなとみち・たかし）
1953年生まれ。パリ第一大学哲学史科博士課程修了。哲学専攻。甲南大学文学部教授。著書に『レヴィナス』（講談社），『心と身体の世界化』（編著，人文書院）ほか。訳書にデリダ『精神について』『アポリア』（人文書院），ラパポート『ハイデッガーとデリダ』（共訳，法政大学出版局）ほか。